CON MUCHO GUSTO

Lengua y cultura del mundo hispánico

Jean-Paul Valette
Gene S. Kupferschmid
Boston College

Rebecca Valette
Boston College

Holt, Rinehart and Winston

New York   San Francisco   Toronto   London

Cover design by Jack McCurdy
Line illustrations by Ric Estrada

Acknowledgments for reading selections and illustration credits appear on page 500.

Library of Congress Cataloging in Publication Data

Valette, Rebecca M
  Con mucho gusto.

  1. Spanish language—Grammar—1950- I. Kupferschmid, Gene, joint author. II. Valette, Jean Paul,
joint author. III. Title.
PC4112.V28   468′.2′421   79-22041

CONTENTS

UNIDAD II.   El mundo hispano de todos los días   57

UNIDAD III.   La vida estudiantil   93

UNIDAD IV.   Entre amigos   128

UNIDAD V.   De día en día   161

CONTENTS

PREFACE

CON MUCHO GUSTO is a beginning Spanish course designed to introduce American students to the language and culture of the Hispanic world from Spain to Mexico, and from Argentina to California and New York. It is a thoroughly integrated cultural approach to language learning, emphasizing the everyday aspects of the contemporary Spanish-speaking world while teaching the four basic skills. By the end of the course, the students should feel comfortable traveling in Spanish-speaking areas and be better able to communicate with Hispanics.

ORGANIZATION

CON MUCHO GUSTO is divided into twelve *Unidades*, each built around a cultural theme. In addition, a Preliminary Unit covers fundamentals of the language such as the alphabet, basic pronunciation guides, and commonly used expressions.

Each *Unidad* is divided into three thematically connected *Lecciones* which are organized as follows:

a. *Presentation material*. The presentation text, followed by a series of comprehension questions, introduces the students to the new vocabulary and structures of the lesson through a wide variety of formats: narratives, dialogs, interviews, letters, and questionnaires. These texts focus on cultural topics of interest to young people, such as modes of dress, leisure time activities, student life, and contemporary issues.

Each presentation is followed by a *Nota cultural,* in English, that provides additional cultural information related to the presentation.

In the first eighteen lessons, the cultural note is followed by a *Fonética* section which provides practice with specific aspects of the Spanish sound system.

b. *Vocabulary and grammar*. The active vocabulary of the lesson is listed in thematically organized *Vocabulario* sections. Where appropriate, vocabulary words are introduced through line drawings.

The section called *Lengua española* introduces aspects of Spanish grammar in small, manageable segments. The grammar presentation is in English to prevent any confusion on the part of the students. The important points and key constructions are highlighted in a second color for easy student reference.

The exercises accompanying the grammar presentations are lively and innovative, frequently simulating real life situations. In addition to role play, directed dialogs, and personalized questions, there are also some more traditional learning exercises such as completions and substitutions.

The vocabulary and grammar section ends with an optional activity

(*Intérprete*) which reviews the contents of the lesson by asking the students to translate sentences into Spanish.

c. *Reading and self-expression.* The first two lessons of each unit end with a section entitled *Realidad hispánica.* This section begins with a *Lectura cultural,* a reading passage in Spanish focusing on social, cultural, political, and economic aspects of the Hispanic world that are of particular interest to college students. The reading is followed by a series of comprehension questions entitled *¿Comprendió Ud.?*

The *Aumente su vocabulario* section encourages students to build their vocabulary by learning to recognize Spanish-English cognates.

The section concludes with a creative writing exercise based on the lesson's theme and structures, *Ahora le toca a Ud.* Here the students are first asked to produce simple sentences and then progress to guided compositions and later to freer expression.

The third and final lesson of each Unit closes with *Voces hispanas* which introduces students to original selections of Spanish prose and poetry, fiction and non-fiction, by such writers as Borges, Alberti, Cela, Neruda, Vargas Llosa, and Gómez de la Serna.

After every three Units there is a review section or *Repaso.* Answers to these review exercises are provided in an Appendix so that the students may test their own progress without the aid of the instructor.

The Appendices also include the English equivalents of the presentation texts of the first nine lessons, as well as charts of regular and irregular verbs. The Spanish-English vocabulary lists all the words used in the book, while the English-Spanish list contains only the active vocabulary.

ANCILLARIES

Student workbook. The *Cuaderno de ejercicios* provides students with additional written practice. It is carefully coordinated with the text lesson by lesson, both in its usage of grammatical structures and vocabulary. Each Unit in the workbook concludes with a *Repaso de vocabulario* section which lets the students review all the active vocabulary of the three preceding lessons.

Tape program and student lab manual. The tape program contains recordings of the basic material of each lesson in CON MUCHO GUSTO: The presentation text, *Fonética,* key vocabulary words and grammatical structures. In addition, it provides further language practice through listening, speaking and writing activities.

Instructor's manual. The *Instructor's manual* provides detailed suggestions for implementing the program and adapting it to meet the needs of individual schools and classes. The manual also contains sample lesson plans and test guidelines, as well as the script for those portions of the tape program not found in the student text.

ACKNOWLEDGMENTS

The authors would like to thank Teresa Carrera Hanley for her careful review of the entire text. We would also like to mention the following readers: Elba López, Ana María Migliassi, Judy Veramendi, Argentina Palacios, and Helen Agüera. Much of the realia was collected by Bernard Kupferschmid.

In addition, we are grateful to the following reviewers for their helpful comments:

Milton Azevedo, *University of California, Berkeley*
Ronald Barasch, *Montclair State University*
Lorraine Ben-Ur, *Boston University*
Walter Borenstein, *State University of New York at New Paltz*
Patricia Boylan, *University of Illinois at Urbana-Champaign*
Karen Breiner-Sanders, *Georgetown University*
Joe R. González, *Sacramento City College*
Pedro Hiort-Lorenzen, *Solano Community College*
Sep S. Inman, *University of Akron*
Leonard Isemonger, *State University, Agricultural and Technical College at Farmingdale*
Lynn Sandstedt, *University of Northern Colorado*
William M. Sherzer, *Brooklyn College of the City University of New York*
Emily Spinelli, *University of Michigan-Dearborn*
Jeremy Tyler Medina, *Hamilton College*
Angelo S. Villa, *Los Angeles Valley College*
Paul Warschawski, *Fulton-Montgomery Community College*

To these people, to the many other students, teachers and colleagues who helped with their suggestions, and to our diligent editor Karen Misler, we wish to say *¡Gracias!*

Jean-Paul Valette
Gene S. Kupferschmid
Rebecca M. Valette

LECCION A
¡Qué coincidencia!

Two young tourists are visiting the Prado Museum in Madrid. They smile, nod, and strike up a conversation.

ANTONIO:	¡Hola! Me llamo Antonio Gómez. ¿Y tú?
CARMEN:	Me llamo Carmen Montoya. Soy de Panamá.
ANTONIO:	Yo también.
CARMEN:	¿De la universidad?
ANTONIO:	Claro.
CARMEN:	Momentito... ¡La clase de historia...
ANTONIO:	...con el profesor Castro!
CARMEN:	¡Exactamente!
ANTONIO Y CARMEN:	¡Qué coincidencia!

ANTONIO:	Hi! My name is Antonio Gómez. (*literally*, I call myself . . .)
	And what's your name? (*literally*, And you?)
CARMEN:	My name is Carmen Montoya. I'm from Panama.
ANTONIO:	So am I. (*literally*, I also.)
CARMEN:	From the university?
ANTONIO:	Of course.
CARMEN:	Just a moment . . . The history class . . .
ANTONIO:	. . . with Professor Castro!
CARMEN:	That's it! (*literally*, Exactly!)
ANTONIO	
AND CARMEN:	What a coincidence!

NOTA CULTURAL

The Prado Museum

The Prado in Madrid is one of the world's finest museums. It houses masterpieces by the great Spanish artists (El Greco, Velázquez, Goya), as well as important works by famous painters from other lands (Rubens, Raphael, Rembrandt, Bosch).

El Prado es uno de los grandes museos del mundo (*world*).

NOTA LINGÜISTICA   Accent marks and punctuation

As you read the dialogue for the first time, you were probably able to grasp the meanings of a few words, or maybe you were even able to understand the whole exchange. This is because of the many similarities in vocabulary and sentence structure which exist between English and Spanish. Yet you probably also noted two distinctive features of written Spanish: accent marks and punctuation.

ACCENT MARKS. In Spanish, some vowels bear accent marks. These accent marks are part of the spelling and cannot be omitted. They indicate that the syllable so marked is stressed. Sometimes an accent mark is used to distinguish between two words. For instance, the word **tú** means *you*, whereas the word **tu** means *your*.

PUNCTUATION. In Spanish, punctuation is used to mark both the beginning and the end of a question or exclamation. Note the use of inverted question marks and exclamation points to introduce interrogative and exclamatory sentences, respectively.

VOCABULARIO *Presentaciones (Introductions)*

¡Hola!	*Hi!*
Buenos días.	*Hello. Good morning. Good day.*
Buenas tardes.	*Good afternoon.*
Buenas noches.	*Good evening. Good night.*
¿Cómo te llamas?	*What's your name?*
Me llamo Olivia García.	*My name is Olivia García.*
Soy de México.	*I am from Mexico.*
Adiós.	*Good-bye.*
Hasta luego. ⎫	*So long. See you soon.*
Hasta la vista. ⎭	
Hasta mañana.	*See you tomorrow.*

NOTA LINGÜÍSTICA Understanding a foreign language

Speakers of different languages have different ways of looking at the same reality and expressing the same ideas. When you want to know a person's identity, you probably ask that person *What's your name?* To obtain the same information, Spanish-speakers assume a different point of view and ask **¿Cómo te llamas?**, that is, *How do you call yourself?*

Although English and Spanish are often quite similar in structure, there is no exact word-to-word correspondence between the two languages. Consequently, as you progress in your study of Spanish, you will encounter many expressions for which there are no literal equivalents in English. When you read and listen to Spanish, you should therefore try to focus on the totality of the message that is being conveyed rather than on the meanings of the individual words that make up the particular message.

Ejercicio 1. Presentación

Give your name. Then say where you are from.

modelo: Me llamo Bob Miller. Soy de San Francisco.

FONETICA Mastering Spanish pronunciation

There is only one way of acquiring a good Spanish pronunciation: by *listening* to authentic Spanish as often as you can. Only when you know what Spanish sounds like will you be able to produce acceptable Spanish speech yourself. So go to the lab and listen to the tapes as frequently as you can. Pay careful attention to the way your professor pronounces Spanish. Try to find a Spanish-language radio program in your area and tune it in, even if you understand very little at first. Watch Spanish television programs—even children's programs. Go to see Spanish movies. Mix with the Hispanic students on your campus. Eavesdrop a little on Spanish conversations and try to catch a phrase here and there.

As you listen to Spanish being spoken, try to whisper along with the speaker, in the same way that you hum or sing along with a popular song. For many students, this kind of speaking along or subvocalizing is more helpful than repeating sentences after having heard them.

As you become more familiar with spoken Spanish, you will make the following observations:

1. All vowels are clearly pronounced, whether they are accented or not. Spanish does not have the *uh* sound characteristic of unstressed vowels in English. Contrast:

(Spanish)	Panamá	*(English)*	*Pan<u>a</u>ma*
	Colorado		*Col<u>o</u>rado*
	Arizona		*Ar<u>i</u>zona*
	California		*Cal<u>i</u>fornia*

2. The rhythm of Spanish is more even than that of English. To some people, Spanish sounds "fast," like a series of rapid, staccato sounds. This is because both the accented and the unaccented syllables in Spanish are of about the same length. (In English, accented syllables are much longer than unaccented syllables, giving the language a singsong quality.) Repeat, maintaining an even rhythm:

   Me llamo Ricardo Sánchez.
   Soy de Barcelona.
   Bogotá es la capital de Colombia.

3. When you compare written Spanish to spoken Spanish, you will notice that all letters, with the exception of **h**, usually represent sounds. Spanish is almost always spoken the way it is written, and written the way it is spoken. Once you have become familiar with the sounds of Spanish, you will find it easy to read the language aloud.

EL ALFABETO

The Spanish alphabet contains three letters that do not exist in the English alphabet*:

ch (which comes between **c** and **d**)
ll (which comes between **l** and **m**)
ñ (which comes between **n** and **o**)

The letters **k** and **w** are only found in words of foreign origin.

* The cluster **rr** is not treated as a separate letter. It is always alphabetized as two **r**'s.

5

As you read the alphabet, pronounce each letter and sample word carefully.

a	a	Ana	n	ene	Nicolás
b	be	Blanca	ñ	eñe	mañana
c	ce	Carlos; Cecilia	o	o	Olga
ch	che, ce hache	Chela	p	pe	Pablo
d	de	Diego	q	cu	Enrique
e	e	Elena	r	ere	María; Ramón
f	efe	Felipe	s	ese	Susana
g	ge	Gloria; Gilberto	t	te	Teresa
h	hache	Hernando	u	u	Arturo
i	i	Isabel	v	ve, uve	Víctor
j	jota	Juan	w	doble ve	sandwich
k	ka	Karen	x	equis	examen
l	ele	Luis	y	i griega	Yolanda
ll	elle	Guillermo	z	zeta	Beatriz
m	eme	Marcos			

Ejercicio 2. Capitales

Name the capitals of the countries below, following the model.

modelo: Madrid / España *Madrid es la capital de España.*

1. Bogotá / Colombia
2. La Paz / Bolivia
3. La Habana / Cuba
4. Santo Domingo / la República Dominicana
5. San José / Costa Rica
6. Tegucigalpa / Honduras
7. Buenos Aires / la Argentina
8. Santiago / Chile

Ejercicio 3. El club hispano

The following students have decided to join the Spanish club and are introducing themselves. Play the role of each one, following the model.

modelo: Carmen / Panamá *Me llamo Carmen. Soy de Panamá.*

1. Ricardo / Chile
2. Ana María / la Argentina
3. Esteban / México
4. Paco / California
5. Victoria / Colorado
6. Adela / Nevada
7. Elena / Costa Rica
8. Inés / Puerto Rico
9. Susana / España
10. Luis / Nueva York

Ejercicio 4. Adiós

At the end of the meeting, the people whose names are listed below say good-bye to each other. Play both roles, following the model.

modelo: Ricardo / Miguel RICARDO: *¡Adiós, Miguel!*
MIGUEL: *¡Adiós, Ricardo! ¡Hasta luego!*

1. Luis / Mari Carmen
2. Isabel / Cristina
3. Ana María / Juan
4. Teresa / Ramón
5. Manuel / Clara
6. Elena / Emilia

* A married woman traditionally adds **de** before her husband's surname. However, the modern tendency in some areas is to omit the **de**.

Unos estudiantes visitan el museo del Prado.

AHORA LE TOCA A UD. (NOW IT'S YOUR TURN)

1. *Momentito...*
   Imagine that you and a classmate run into each other several years from now in Madrid. Prepare a dialogue similar to the one between Carmen and Antonio. Add the name of your school, and refer to la clase de español con el profesor / la profesora...

2. *¿Quién es?*
   The professor will ask you to identify a classmate.
   a. *If you know the person's name, say so.*
      PROFESSOR: *¿Quién es?* (pointing to Student A)
      STUDENT B: *Es Rita Sánchez.*
   b. *If you do not know the person's name, find out what it is.*
      PROFESSOR: *¿Quién es?* (pointing to Student A)
      STUDENT B (to Student A): *¿Cómo te llamas?*
      STUDENT A (to Student B): *Me llamo Rita Sánchez.*
      STUDENT B (to Professor): *Es Rita Sánchez.*

LECCION B
Los números

Felipe and Paco are students at the Universidad de San Marcos in Lima, Peru. They have just met each other in a café.

FELIPE: Hola, Paco.
PACO: Hola, Felipe. ¿Qué estudias este semestre?
FELIPE: ¿Yo? Estudio biología, filosofía, historia... ¿Y tú?
PACO: Estudio los números.
FELIPE: ¡Ah! ¡Matemáticas! ¿Cálculo? ¿Trigonometría?
PACO: No. ¡La lotería!

FELIPE: Hi, Paco.
PACO: Hi, Felipe. What are you studying this semester?
FELIPE: Me? (*literally*, I?) I'm studying biology, philosophy, history... And you?
PACO: I'm studying numbers.
FELIPE: Ah! Mathematics! Calculus? Trigonometry?
PACO: No. The lottery!

LOS NUMEROS

NOTA CULTURAL

Peru

Peru is the home of ancient cultures whose existence can be traced back to at least 8000 B.C. The most powerful of these peoples were the Incas, who from their capital city of Cuzco ruled over the central Andes for three hundred years.

The Inca civilization was finally conquered by Francisco Pizarro and his army in 1533. The new Spanish masters of Peru founded the city of Lima, which soon became the seat of Spanish power in the western hemisphere.

The Universidad de San Marcos was established in 1551, almost a century earlier than the founding of Harvard University. San Marcos and the Universidad Nacional Autónoma de México in Mexico City are the two oldest universities in the Americas.

Un patio de la Universidad de San Marcos

NOTA LINGÜÍSTICA Cognates

Because of their common Latin and Greek origins, there are many words in English and Spanish that have similar spellings and meanings. Words such as **biología, historia, filosofía,** and **matemáticas** are called *cognates*.

While the existence of large numbers of these cognates will greatly simplify your task of vocabulary learning, you should be aware of three important points:

1. Cognates are pronounced differently in Spanish and in English.
2. Cognates are often spelled differently in the two languages.
3. Although cognates may be very close in meaning, their meanings are not always identical in the two languages. For instance, when Spanish-speakers talk about **la familia**, they usually have in mind an extended family, that includes uncles, aunts, cousins, grandparents, and grandchildren. Americans, on the other hand, tend to identify the *family* with the nuclear family: father, mother, and children.

When you read a Spanish text, remember that the words and phrases not only differ in spelling and pronunciation but they also differ in connotation and reflect the reality of another culture. Studying Spanish is not just learning grammar and vocabulary. It is acquiring a Spanish point of view!

VOCABULARIO *Las asignaturas y los números*

¿Qué estudias?	*What are you studying?*
Estudio historia,	*I'm studying history,*
ciencias,	*science,*
inglés,	*English,*
español y	*Spanish, and*
matemáticas.	*mathematics.*

0	cero	6	seis	11	once	16	diez y seis (dieciséis)
1	uno	7	siete	12	doce	17	diez y siete (diecisiete)
2	dos	8	ocho	13	trece	18	diez y ocho (dieciocho)
3	tres	9	nueve	14	catorce	19	diez y nueve (diecinueve)
4	cuatro	10	diez	15	quince	20	veinte
5	cinco						

| ¿Cuánto cuesta el radio? | *How much does the radio cost?* |
| Cuesta veinte dólares. | *It costs twenty dollars.* |

| ¿Cuánto son ocho y doce? | *How much are eight and twelve?* |
| Ocho y doce son veinte. | *Eight and twelve are twenty.* |

■ *Observación*

The numbers 16–19 are frequently written as one word.

FONÉTICA Diphthongs

1. Spanish vowels can be divided into two groups: strong vowels (**a,e,o**) and weak vowels (**i,u**). When an unstressed weak vowel comes either before or after a strong vowel, a *diphthong* is usually formed. The strong vowel of the pair is the

one that predominates, while the weak vowel is reduced to a glide. (In a diphthong, the strong vowel may or may not bear an accent mark.)

strong before weak: aire seis coincidencia auto Europa
weak before strong: historia siete adiós cuánto buenos

2. A diphthong is also formed when a strong vowel is followed by y at the end of a word.

    soy ¡ay!

3. When two weak vowels occur next to each other, a diphthong is formed with the second vowel predominating.

    two weak vowels: Luis Luisa ciudad

4. When two strong vowels occur next to each other, or when an accented weak vowel occurs next to a strong vowel, no diphthong is formed. Each vowel is pronounced with equal clarity.

    two strong vowels: Rafael Beatriz Andrea Leonor Timoteo Noemí
    strong vowel and accented weak vowel: día Lucía María Raúl Saúl

5. When unstressed weak vowels occur both before and after a strong vowel, a *triphthong* is formed. The strong center vowel predominates, while the other two vowels are reduced to glides.

    Paraguay Uruguay

Ejercicio 1. ¡Buenos días!

Greet the following people.

modelo: señor Gamboa   *¡Buenos días, Sr. Gamboa!*

1. señor García
2. señora de Gutiérrez
3. señorita Perea
4. señor Cuevas
5. señora de León
6. señorita Ruiz
7. señor Iglesias
8. señora de Fiestas
9. señorita Ochoa

Ejercicio 2. ¡Adiós!

Say good-bye to the following people, using the model as a guide.

modelo: Claudia   *¡Adiós, Claudia, hasta luego!*

1. Diego
2. Ana María
3. Rafael
4. Consuelo
5. Eduardo
6. Cecilia
7. Mario
8. Manuel
9. Raúl

Ejercicio 3. ¿Qué estudias?

Roberto asks his friends what they are studying. Play both roles as in the model.

modelo: Raúl / biología   ROBERTO: *¡Hola, Raúl! ¿Qué estudias?*
                                RAUL: *¿Yo? Estudio biología.*

1. Lucía / italiano
2. Alicia / filosofía
3. Luis / historia
4. Juan / sociología
5. Sofía / economía
6. Emilio / ciencias sociales

Ejercicio 4. ¿Cuánto?

*A customer is asking the waiter (**camarero**) how much certain beverages cost.*
Play both roles as in the model.

modelo: el café *(coffee)* / 12 pesos*   CLIENTE: *¿Cuánto cuesta el café?*
                                    CAMARERO: *Cuesta doce pesos, señor (señora, señorita).*

1. la Coca-Cola / 15 pesos
2. el chocolate / 10 pesos
3. el vino / 18 pesos
4. la limonada / 14 pesos
5. la cerveza *(beer)* / 16 pesos
6. el té *(tea)* / 11 pesos

Ejercicio 5. Problemas

Do the following arithmetic problems in Spanish.

modelo: 7 + 5 *Siete y cinco son doce.*

1. 4 + 0	4. 6 + 3	7. 9 + 10	10. 18 + 1	13. 7 + 7
2. 1 + 5	5. 7 + 8	8. 15 + 5	11. 16 + 0	14. 9 + 4
3. 2 + 6	6. 2 + 11	9. 12 + 4	12. 8 + 9	15. 2 + 10

* The **peso** is a unit of currency in many Latin-American countries.

Un policía en Lima, Perú

ESCENAS DE LA VIDA

AHORA LE TOCA A UD.

Ask a classmate how to say the following things in Spanish. Your classmate will then answer you. Follow the model.

modelo: Listen! —*¿Cómo se dice «Listen!» en español?*
—*Se dice «¡Escucha!».*

1. Look!
2. Hey, listen!
3. Give me ten dollars.
4. Give me your phone number.
5. Tell me your name.
6. Tell me who it is.
7. Tell me how much the radio costs.
8. How much are four and four?
9. What are you studying?
10. I am studying math.

LECCION C
En la calle

The following street scenes take place on the Avenida La Reforma in Guatemala City.

Scene 1. Elena meets Roberto, who seems worried.

ROBERTO: Hola, Elena. ¿Cómo estás?
ELENA: Muy bien, Roberto. ¿Y tú?
ROBERTO: Más o menos.
ELENA: ¿Problemas?
ROBERTO: Sí. Un accidente con el auto.
ELENA: ¡Caramba! ¿Necesitas un doctor?
ROBERTO: No. Un mecánico.
ELENA: ¡Menos mal!

Scene 2. Mrs. Flores meets Mr. Machado on the corner.

SR. MACHADO: Buenas tardes, señora de Flores. ¿Cómo está usted?
SRA. DE FLORES: Bien, gracias. Y ¿usted, señor Machado?
SR. MACHADO: Muy bien.
SRA. DE FLORES: Y ¿la señora de Machado?
SR. MACHADO: Está en el hospital.
SRA. DE FLORES: ¡Ay, qué lástima! ¿Una operación? ¿Un accidente?
SR. MACHADO: No, ¡un bebé!
SRA. DE FLORES: ¡Felicitaciones! Y ¡saludos a la señora!

The Indians of Guatemala trace
their ancestry to the Mayan civilization
that produced the magnificent temples
at Tikal, Copán, and other sites
throughout Central America. The first
Spanish city, now known by the name
of Antigua, was founded in 1527.
Guatemala City, inaugurated in 1776,
is a thriving metropolis of almost one
million inhabitants.

Una guatemalteca va al mercado (*market*).

NOTA LINGÜISTICA   Formal and familiar address

When we speak to others, we use different levels of language, depending
upon whom we are addressing. A college professor who is the father of four-
year-old twins and who plays softball on weekends will express himself
differently when speaking to his students, to his children, or to his fellow
teammates, even though he addresses them all as *you*.

Similarly there are different levels of language in Spanish, ranging from
the very casual to the very formal. In Spanish, however, the distinction
between formality and familiarity is also reflected in the existence of two
forms of address: **tú** and **usted**. Although both are equivalent to *you* in
English, **tú** is the "familiar" form used among close friends, family, and
young people, while the "formal" **usted** is used with adults who are not
close friends or relatives.

The choice between **tú** and **usted** is not arbitrary, but reflects the
relationship that exists between the speakers. Once made, this choice will
affect the verbs and structures the speaker uses. In reading the two
dialogues, for instance, you may have noted that two different verb forms
were used to ask people how they were. Mr. Machado used the formal
¿Cómo está usted?, as he was speaking to an acquaintance of similar age and
social standing, while Roberto used the informal **¿Cómo estás?** because he
was speaking to a close friend.

As you continue your study of the Spanish culture, you will find that, on
the whole, Spanish-speakers tend to be more consciously formal than
Americans, a characteristic reflected linguistically in the existence of these
two forms of address.

VOCABULARIO   Saludos (*Greetings*)

señor	*sir*	Sr. Flores	*Mr. Flores*
señora	*ma'am, madam*	Sra. de Flores	*Mrs. Flores*
señorita	*miss*	Srta. Flores	*Miss Flores*

¿Qué tal?	*How's everything?*
¿Cómo estás, Pedro?	*How are you, Pedro?*
¿Cómo está usted, señora de García?	*How are you, Mrs. García?*

(Scene 1)

ROBERTO: Hi, Elena. How are you?
ELENA: Very well, Roberto. And you?
ROBERTO: So-so. (*literally*, More or less.)
ELENA: Problems?
ROBERTO: Yes. An accident with the car.
ELENA: Good heavens! Do you need a doctor?
ROBERTO: No. A mechanic.
ELENA: Thank goodness! (*literally*, Less bad [than it might have been]!)

(Scene 2)

MR. MACHADO: Good afternoon, Mrs. Flores. How are you?
MRS. FLORES: Fine, thank you. And you, Mr. Machado?
MR. MACHADO: Very well.
MRS. FLORES: And Mrs. Machado?
MR. MACHADO: She's in the hospital.
MRS. FLORES: Oh, that's too bad! (*literally*, What a pity!) An operation? An accident?
MR. MACHADO: No, a baby!
MRS. FLORES: Congratulations! And regards to your wife! (*literally*, Greetings to the missus!)

NOTA CULTURAL

Guatemala

Guatemala is a land of many contrasts. Within a country the size of the state of Ohio, one can enjoy both the Atlantic and Pacific coasts, mountains and plains, jungles and evergreen forests, rivers and lakes.

El campo (*countryside*) de Guatemala

Muy bien.	Very well.	Más o menos.	So-so.
Bien.	Well.	Mal.	Poorly. Bad.
Regular.	All right.	Muy mal.	Very bad. Terrible.

Sí.	Yes.
Claro.	
Por supuesto.	} Of course.

No.	No.
Claro que no.	Of course not.

21	veinte y uno	(veintiuno)	30	treinta
22	veinte y dos	(veintidós)	31	treinta y uno
23	veinte y tres	(veintitrés)	40	cuarenta
24	veinte y cuatro	(veinticuatro)	50	cincuenta
25	veinte y cinco	(veinticinco)	60	sesenta
26	veinte y seis	(veintiséis)	70	setenta
27	veinte y siete	(veintisiete)	80	ochenta
28	veinte y ocho	(veintiocho)	90	noventa
29	veinte y nueve	(veintinueve)	100	ciento

■ Observaciones

1. The titles **señor, señora, señorita,** and **usted** are *not* written with capital letters. (Capitals are used, however, in abbreviations: **Sr., Sra., Srta.,** and **Ud.**)
2. The numbers from 21–29 are often written as one word. The numbers 31–39, 41–49, etc., however, are always written as three words.
3. When **ciento** introduces a noun it is reduced to **cien: cien dólares.**

Ejercicio 1. En Guatemala

You are spending the year in Guatemala City. As you walk down the street, you meet various people. Greet them appropriately, using the formal form for all those with whom you are not on a first-name basis.

modelo: Miss Meléndez (your professor)   *¡Buenos días, Srta. Meléndez! ¿Cómo está usted?*

1. Raquel (a friend)
2. Mr. Romero (the mailman)
3. Mrs. González (the pharmacist)
4. Clara (a fellow student)
5. Mrs. Ochoa (your landlady)
6. Ramón (another fellow student)

Ejercicio 2. La lotería

Announce the lottery numbers listed below. Read the digits in pairs, as in the model.

modelo: 33.44.03   *treinta y tres, cuarenta y cuatro, cero tres*

1. 99.38.52
2. 84.68.15
3. 13.21.77
4. 61.56.07
5. 43.91.26
6. 18.51.09
7. 32.78.94
8. 25.41.63

FONETICA   Accent and Stress

In Spanish, it is easy to determine which syllable of a word is stressed, because accent patterns follow two basic rules.

...rds that end in a vowel, or **n** or **s**, are stressed on the next to the last syllable.

...vowel: señora   señorita   quince   accidente   claro   cero
...n or s: Carmen   llaman   examen   buenas   tardes   gracias

2. Words that end in consonants other than **n** or **s** are stressed on the last syllable.

final other consonant: señor   hospital   universidad   profesor   doctor

Written accent marks are placed over the vowels of the stressed syllables of words that do not follow the above rules.

final vowel: **nú**mero   **lás**tima   me**cá**nico   be**bé**   es**tá**   Pana**má**
final n or s: opera**ción**   tam**bién**   per**dón**   es**tás**   a**diós**   mate**má**ticas
final other consonant: **Cé**sar   **Héc**tor   Ve**láz**quez   **Gó**mez   **dó**lar   **án**gel

■ *Observaciones*

1. The written accent mark always falls on the stressed syllable. The accent mark also performs the following functions.

    a. It differentiates pairs of words that are pronounced the same.

    sí *yes*   si *if*   tú *you*   tu *your*

    b. It signals interrogative words.

    ¿cómo? *how?*   ¿quién? *who?*   ¿qué? *what?*

    c. It distinguishes the stressed **i** or **u** (which does not form a diphthong) from its unstressed counterpart (which may form a diphthong).

    lotería   historia   Raúl   auto

2. When the accent falls on a syllable containing a diphthong, the accent mark is placed over the strong vowel (**a, e,** or **o**).

    observación   dieciséis   también

Ejercicio 3. ¡Por supuesto!

Ask a classmate if he or she is taking the following subjects. In the answers, your classmate will use one of the affirmative or negative expressions presented in the **Vocabulario.**

modelo: español   —*¿Estudias español?*
                            —*Por supuesto.*
    italiano   —*¿Estudias italiano?*
                    —*Claro.* or *Claro que no.*

1. francés (*French*)	7. matemáticas	13. sociología
2. alemán (*German*)	8. física	14. psicología
3. ruso (*Russian*)	9. química (*chemistry*)	15. historia
4. música	10. medicina	16. economía
5. arte	11. biología	17. ciencias políticas
6. literatura	12. ciencias naturales	18. lingüística

ESCENAS DE LA VIDA

AHORA LE TOCA A UD.

Situaciones
Imagine that you are spending the summer in Peru. What would you say in the
following situations? Use one of the illustrated expressions.

modelo: Your favorite team has lost a game.   *¡Qué lástima!* or *¡Dios mío!* or *¡Caramba!*

1. You have lost your wallet.
2. Someone finds it and brings it back.
3. You are lost and approach a stranger to ask for directions.
4. You are introduced to a Peruvian student.
5. You have arranged a date for next Saturday.
6. Your date is sick.
7. A lady thanks you for having offered her your seat on the bus.
8. You bump into someone.
9. You have to go back to school.
10. You want to open a window on the bus and ask a fellow passenger for permission.

LECCION 1
Adela Vilar (de los Estados Unidos)*

¡Hola!
Me llamo Adela Vilar.
Soy estudiante de la Universidad de California.   I am a student at
Estudio psicología, historia, biología...
Pero ¡no estudio español!   But
¿Por qué no?   Why not?
Porque yo ya hablo español... y ¡hablo muy bien!   Because I already
                                                              speak
Hablo español porque soy chicana.
Y hablo *inglés* porque *también* soy norteamericana.   English / also
Soy bilingüe porque hablo dos *lenguas*.   languages
¿Y ustedes? ¿Hablan español?

* For an English equivalent of this and future texts up through Lesson 9, turn to
Appendix T (p. 457).

¿Sí o no?

Are the following statements true? Answer **sí** *or* **no**.

1. Adela es estudiante.
2. Adela estudia psicología.
3. Adela estudia sociología.
4. Adela estudia español.
5. Adela habla español.
6. Adela es norteamericana.
7. Adela habla dos lenguas.

NOTA CULTURAL

Los chicanos

Whereas the term **mexicano-americanos** *is preferred by some older Americans of Mexican descent, most young Mexican-Americans refer to themselves as* **chicanos**, *a popular shortening of* **mexicanos**. *The words* **chicano** *and* **La Raza** (*the race, that is,* our people) *are often used to indicate a political and cultural awareness of one's Mexican-American heritage.*

Estudiantes chicanos en San Francisco

FONETICA   The letter *h*

The letter **h** is always silent in Spanish.

Práctica

hablo*   historia   Honduras   hasta   hola
Hernando y Humberto hablan.

* In all pronunciation exercises in the first six lessons, the vowels of the stressed syllables will be underlined.

A. Subject pronouns

The subject pronouns in Spanish are:

	singular		plural	
first person	yo	I	nosotros nosotras	we (masculine) we (feminine)
second person	tú	you	vosotros vosotras	you (masculine) you (feminine)
third person	él ella usted (Ud.)	he she you	ellos ellas ustedes (Uds.)	they (masculine) they (feminine) you

■ *Explicaciones gramaticales*

1. **Tú** and **usted**
   A Spanish-speaker who is addressing another can use either **tú** or **usted.**

   tú This "familiar" form of address implies a close or informal relationship. It is used among members of a family, among good friends, and generally among people who are on a first-name basis.

   Delia, **tú** hablas inglés muy bien.
   *Delia, **you** speak English very well.*

   usted This "formal" mode of address indicates respect and implies a more distant relationship. It is most often used among adults who are not relatives or close friends. Children address adults as **usted.** Note: **usted** is abbreviated as **Ud.** or **Vd.**

   Señor Chávez, **Ud.** habla inglés muy bien.
   *Mr. Chávez, **you** speak English very well.*

   In the classroom, you should use *tú* to address a classmate and *usted* to address the professor.

2. **Ustedes** and **vosotros**
   When addressing two or more people, most Latin-American speakers use **ustedes**, which serves as the plural of both **tú** and **usted.** Note: **ustedes** is abbreviated as **Uds.** or **Vds.**
   Spaniards use **ustedes** as the plural of **usted**, and **vosotros/vosotras** as the plural of **tú.**

   In this course, you will use only the *ustedes* form. However, the *vosotros* forms will be presented in the charts so that you will be able to understand them if you ever hear or see them used.

3. **Ellos** and **ellas**

In Spanish there are two pronouns that correspond to the English pronoun *they*.

Ellos is used to refer to a group in which at least one member is male.
Ellas is used to refer to a group comprised entirely of females.

	Luis, Juan, Antonio:	**ellos**
	Luisa, Juanita, Antonia:	**ellas**
but	Luisa, Juanita, Antonio:	**ellos**

The same distinction applies to **nosotros/nosotras** and **vosotros/vosotras**.

In Spanish, the masculine gender predominates. Whenever a group of persons includes a man, the masculine form is used—even if the women are in the majority.

Ejercicio 1. ¿Qué tal?

In the course of the day, María greets the following people. When they ask her how she is feeling, she replies and then asks about their health. Complete her greetings with ¿y tú?, ¿y Ud.? or ¿y Uds.?, as appropriate.

modelo: Roberto y Ricardo (*her nephews*)   MARIA: *¿Yo? ¡Muy bien! ¿Y Uds.?*

1. Sr. Montero (*her high school teacher*)
2. Dr. Ortiz (*the family doctor*)
3. Carmen y Luisa (*her nieces*)
4. Sr. Camacho y Srta. Reyes (*friends of her parents*)
5. Felipe (*her cousin*)
6. Isabel (*her brother's fiancée*)
7. Sra. de Durán (*her aunt*)
8. Sra. de García (*a friend of her mother*)

Ejercicio 2. Béisbol

Elena is going to a baseball game. Her friend Gabriela asks whether the following people are going along, and Elena answers affirmatively. Give Elena's answers. (Note: también means too.*)*

modelo: ¿Y Carlos?   ELENA: *Sí, él también.*

1. ¿Y Marta?
2. ¿Y Luis y Alberto?
3. ¿Y María y Felipe?
4. ¿Y José y Lucía?
5. ¿Y Claudia y Carmen?
6. ¿Y Teresa, Clara, Ana y Roberto?

B. Regular **-ar** verbs

As you read the following sentences, pay special attention to the forms of the verbs **hablar** (*to speak*) and **estudiar** (*to study*).

	hablar	estudiar
(yo)	**Hablo** inglés.	**Estudio** física.
(tú)	**Hablas** español.	**Estudias** medicina.
(él)	Luis **habla** inglés.	**Estudia** sociología.
(ella)	Ana **habla** francés.	**Estudia** música.
(Ud.)	Ud. **habla** italiano.	Ud. **estudia** arquitectura.
(nosotros)	**Hablamos** ruso.	**Estudiamos** política.
(vosotros)	**Habláis** chino.	**Estudiáis** cerámica.
(ellos)	Pablo y Carlos **hablan** español.	**Estudian** literatura.
(ellas)	Clara y María **hablan** francés.	**Estudian** filosofía.
(Uds.)	Uds. **hablan** portugués.	Uds. **estudian** historia.

Spanish verbs can be divided into three groups, according to their infinitive endings: *-ar*, *-er*, and *-ir*. Verbs whose present tense is formed like *hablar* and *estudiar* are called regular *-ar* verbs, because their conjugations follow a predictable pattern.

■ *Explicaciones gramaticales*

1. There are three English equivalents for the Spanish present tense.

Estudio física. $\begin{cases} \textit{I study physics.} \\ \textit{I am studying physics.} \\ \textit{I do study physics.} \end{cases}$

2. The present tense of any regular **-ar** verbs is formed as follows:

stem + ending

The *stem* is the infinitive minus **-ar: habl-, estudi-.** The stem does not change.

The *endings*, which are in heavy print in the chart below, change with the subject.

	singular		*plural*	
first person	(yo)	hablo	(nosotros)	hablamos
second person	(tú)	hablas	(vosotros)	habláis
third person	(él, ella, Ud.)	habla	(ellos, ellas, Uds.)	hablan

Note that the vowel of the stressed syllable is underlined. As you can see, in the **nosotros** and **vosotros** forms, as well as in the infinitive **hablar**, the stress falls on the ending. In the other forms of the verb, the stress falls on the last syllable of the stem.

3. With **usted** the third-person singular form of the verb is used. This is because **usted** is the contraction of an older form of address: **vuestra merced**, *your grace*, which is a third-person subject. Similarly, with **ustedes** the third-person plural verb form is used.

4. Since the verb endings in Spanish indicate who the subject is, the subject pronouns are usually omitted, except when needed for emphasis, for clarity, and in compound subjects where a pronoun is used together with a noun or another pronoun.

(emphasis)	Pedro habla español. **Yo** hablo inglés.
(clarification)	Carmen y Luis estudian mucho.
	El estudia historia. **Ella** estudia medicina.
(compound subjects)	**María** y **yo** visitamos México.
	Ella y **yo** hablamos español.

VOCABULARIO *Actividades*

verbos

cantar

escuchar (la radio)

estudiar

mirar (la televisión)

nadar

ganar (dinero)	*to earn (money)*	trabajar	*to work*
hablar	*to speak, talk*	viajar	*to travel*
tocar (la guitarra, el piano)	*to play (the guitar, the piano)*	visitar	*to visit*

expresiones

y	*and*	Isabel **y** Luis estudian ciencias naturales.
o	*or*	¿Estudian biología **o** física?
pero	*but*	Trabajan mucho **pero** ganan poco dinero.
a	*to*	Viajamos **a** México.
de	*from, of, about*	Soy **de** México. Hablo a menudo **de** Acapulco.
en	*at, in*	Estudiamos **en** la Universidad de San Marcos.
bien	*well*	Delia toca **bien** la guitarra,
mal	*badly, poorly*	... pero canta **mal**.
mucho	*much, hard, a lot*	Pedro trabaja **mucho**.
poco	*not much, little*	José trabaja **poco**.
un poco	*a little*	Tú estudias **un poco**.
más	*more*	Yo estudio **más**.
siempre	*always*	Juanita canta **siempre**.
a menudo	*often*	Nado **a menudo**.
también	*also, too*	Uds. nadan **también**.

■ *Observación*

E is used instead of **y** before a word beginning with **i** or **hi**.
U is used instead of **o** before a word beginning with **o** or **ho**.

Hablo español **y** francés.   Pedro habla español **e** inglés.
¿Luis **o** Pedro?   ¿Luis **u** Olga?

Ejercicio 3. El Instituto de Lenguas (The language school)

Say which languages the following students are studying, and say that they speak these languages well.

modelo: Isabel / portugués   *Isabel estudia portugués. Habla bien.*

1. Pablo / inglés
2. Uds. / francés
3. yo / italiano
4. nosotros / español
5. tú / español
6. Carmen y Roberto / inglés
7. Ud. / portugués
8. Silvia y Luisa / italiano
9. Clara y yo / ruso
10. José y Anita / francés

Ejercicio 4. Empleos de verano (Summer jobs)

The following students have obtained summer jobs in various Spanish-speaking countries. Say where they are working and that they are not earning much money.

modelo: Carlos / Colombia   *Carlos trabaja en Colombia, pero gana poco dinero.*

1. Susana / México
2. Miguel y Felipe / Guatemala
3. Rafael / Chile
4. Beatriz e Inés / Costa Rica
5. Ud. y yo / Panamá
6. tú / Venezuela
7. nosotros / Bolivia
8. Uds. / España
9. Raúl y yo / Nicaragua
10. Ud. / Honduras

Ejercicio 5. Actividades

Replace the italicized subjects with the subjects in parentheses. Change the verbs accordingly.

modelo: Pilar nada mal. (nosotros) *Nadamos mal.*

1. *Pedro* canta muy bien. (Felipe y Luis; yo; nosotros; tú; Uds.)
2. *Luisa* toca el piano. (yo; Isabel; el profesor y yo; tú; Juan y José)
3. *Felipe* trabaja en México. (nosotros; tú; yo; Elena y Pilar; Luis y Juan)
4. *El señor García* viaja a menudo. (Carmen; Elena y Ud.; tú; Ud. y yo)
5. *Isabel* mira la televisión. (yo; tú; nosotros; Enrique; Uds.)
6. *Carmen* escucha la radio. (Manuel; Luisa; tú; Rafael y María; Clara y yo)
7. *Luis* gana mucho dinero. (Antonio; la señora Domínguez; nosotras; yo; Ud.)
8. *Pablo* habla inglés un poco. (tú; nosotros; Ud.; yo; Carmen y Miguel)
9. *Teresa* canta siempre. (Amelia y yo; tú; Uds.; Marisa y Ana María; yo)
10. *La señorita Gómez* visita Lima. (Juan, Pedro y yo; Uds.; tú; Carmen y Consuelo)

C. Negative sentences

Compare the following affirmative and negative sentences.

Hablo español.	**No** hablo italiano.	*I do **not** speak Italian.*
Pilar canta bien.	Carmen **no** canta bien.	*Carmen does **not** sing well.*
Tú viajas mucho.	Ana **no** viaja **nunca**.	*Ana **never** travels.*

Negative sentences are formed according to the following patterns.

subject (if expressed) + *no* + **verb** + **rest of sentence (if any)**
subject (if expressed) + *no* + **verb** + *nunca* + **rest of sentence (if any)**

■ *Explicación gramatical*

When **nunca** follows the verb, the negative word **no** must be placed before the verb. When **nunca** precedes the verb, the word **no** is omitted.

No trabajo **nunca.** ⎫
Nunca trabajo. ⎬ *I never work.*

Ejercicio 6. Turismo

Say that the following tourists do not speak the languages of the countries they are visiting. Respond as in the model.

modelo: Linda (México / español) *Linda visita México pero no habla español.*

1. Luis (Francia / francés)
2. Carmen y Anita (Italia / italiano)
3. Felipe y Enrique (el Canadá / inglés)
4. Clara y yo (la China / chino)
5. tú (Australia / inglés)
6. yo (Guatemala / español)
7. nosotros (el Brasil / portugués)
8. Uds. (España / español)

Ejercicio 7. ¿Sí o no?

Say whether or not you or your family do the following things.

modelo: yo / hablar italiano   *Sí, hablo italiano,* or *No, no hablo italiano.*

1. yo / hablar japonés
2. yo / estudiar matemáticas
3. yo / trabajar mucho
4. mi papá (*my dad*) / hablar español
5. mi papá / tocar la guitarra
6. mi papá / viajar a menudo
7. mi mamá / ganar dinero
8. mi mamá / nadar bien
9. mi mamá / trabajar mucho
10. mis hermanos (*my brothers and sisters*) / cantar bien
11. mis hermanos / tocar el piano
12. mis hermanos y yo / escuchar música latina

Ejercicio 8. Aficiones (*Interests*)

Say how much or how often you and your friends do the following things.

modelo: ¿Escuchan Uds. música latina a menudo o nunca?   *Escuchamos música latina a menudo.*

1. ¿Escuchan la radio mucho o nunca?
2. ¿Cantan a menudo o nunca?
3. ¿Nadan mucho o poco?
4. ¿Trabajan mucho o poco?
5. ¿Tocan el piano a menudo o nunca?
6. ¿Viajan mucho o poco?
7. ¿Miran la televisión siempre o nunca?

Ejercicio 9. Intérprete

You are working as a translator. Put the sentences below into Spanish.

1. We often watch television.
2. Mr. Cortés, you are always working!
3. Pablo and I never listen to the radio.
4. María is always singing, but she does not play the piano.
5. Ricardo and Manuela play the guitar, but they don't sing.
6. Teresa, you swim very well!
7. You (**tú**) and Isabel travel a lot. I travel a lot too.
8. Federico studies a lot. Pedro studies more.

Lectura cultural: Nuestros *vecinos hispanohablantes*

Spanish-speaking neighbors

¿Habla Ud. español? «Sí» *contestan* diez y nueve millones
(19.000.000)* de *habitantes* de *los Estados Unidos. ¿Quiénes son?*

answer

inhabitants / the U.S. / Who are they?

Estudiantes hispanoamericanos en los Estados Unidos

1. **Los mexicano-americanos (los chicanos).** *Muchos de ellos* son descendientes de los *primeros* habitantes del *suroeste* de *este país*; *algunos* son inmigrantes recientes. Aproximadamente siete millones (7.000.000) de ellos residen en los Estados Unidos, principalmente en el *oeste* y el suroeste.

   Many of them

   early / Southwest / this country
   some

   West

2. **Los puertorriqueños.** La *isla* de Puerto Rico es *un estado libre asociado a* los Estados Unidos; los puertorriqueños son *ciudadanos* norteamericanos. Muchos residen y trabajan en los Estados Unidos, principalmente en el *este. Hay* más puertorriqueños en Nueva York *que* en San Juan, la capital de Puerto Rico.

   island / a free state associated with / citizens

   East / There are

   than

3. **Los cubanos.** Los cubanos forman el grupo *más* reciente de inmigrantes de los países hispanos. En la *ciudad* de Miami hay cuatrocientos mil (400.000) cubanos; la parte *donde* muchos de ellos residen se llama «La *pequeña* Habana».

   most

   city

   where

   little

4. *Los demás.* También hay muchos inmigrantes de los países de Centroamérica, la América del Sur y las Antillas. Muchos de ellos son de la República Dominicana, el Ecuador, Colombia y Guatemala. Emigran a los Estados Unidos *por razones políticas y económicas.*

   The rest.

   for political and economic reasons

* In Spanish, periods are used instead of commas in numbers over one thousand.

¿Comprendió Ud.?

Answer the following statements with **Cierto** *or* **Falso**.

1. Diez y nueve millones de habitantes de los Estados Unidos hablan español.
2. Todos (*all*) los mexicano-americanos son inmigrantes recientes.
3. Los puertorriqueños son ciudadanos norteamericanos.
4. «La pequeña Habana» es una ciudad en Cuba.
5. Muchos latinoamericanos emigran a los Estados Unidos por razones políticas, económicas y religiosas.

Aumente su vocabulario: cognate patterns of -ar verbs

Many **-ar** verbs in Spanish are related to English verbs. Note the following patterns:

stem of Spanish verb = English verb

consultar   *to consult*

stem of Spanish verb + *e* = English verb

observar   *to observe*

stem of Spanish verb + *ate* = English verb

crear   *to create*

Práctica

Give the English equivalents of the following verbs.

1. formar
2. presentar
3. visitar
4. organizar
5. practicar
6. facilitar
7. emigrar
8. indicar
9. terminar

AHORA LE TOCA A UD.

Describe yourself in a short paragraph. You may use Adela Vilar's presentation of herself as a model. If you wish, you may use the following phrases as a guide.

Me llamo...
Soy estudiante de la Universidad...
Estudio... (¿español? ¿francés? ¿música? ¿historia? ¿matemáticas?) pero no estudio...
Toco... (¿la guitarra? ¿el piano? ¿el violín? ¿la flauta?) pero no toco...
Hablo... (¿español? ¿francés? ¿italiano? ¿chino?) y también hablo...
Mi familia habla...
Mi familia es de origen... (¿europeo? ¿africano? ¿indio? ¿asiático? ¿latinoamericano?)

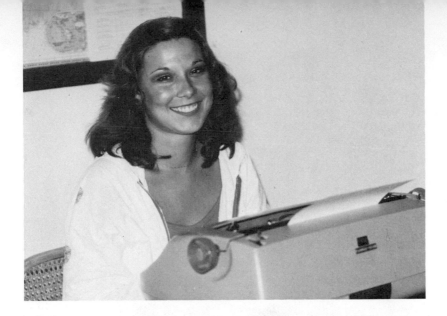

LECCION 2
Ana María Solé (de España)

Buenos días.
Me llamo Ana María Solé.
Soy *catalana*, de Barcelona.   Catalan
Soy secretaria y trabajo en la compañía de teléfonos.
¿Me gusta trabajar *aquí*?   Do I like / here
¡Sí y no!
Me gusta trabajar, y me gusta ganar dinero.   I like
Pero *quiero* trabajar en una compañía internacional.   I want
Por eso estudio inglés y francés.   Because of this
¿Cuándo estudio?   when
Por la noche.   In the evening
Y ¿*por qué* quiero trabajar en una compañía internacional?   Why
¡Porque espero viajar!   Because I hope

¿Sí o no?

Are the following statements true? Answer **sí** *or* **no**.

1. Ana María es de España.
2. Es secretaria.
3. Trabaja en una compañía internacional.
4. Gana dinero.
5. Estudia inglés y español.
6. Espera viajar.

NOTA CULTURAL

Spain

The Spanish are a proud people with as
great a love for the province of their
birth as for their country. For example,
although he may have left that
province many years before, a
Spaniard will still identify himself as a
Catalan first, a Spaniard second.
Several regional languages are spoken
in addition to Spanish, and groups
such as the Basques and the Catalans
militate for regional autonomy.

Dos generaciones de españoles

FONETICA   The consonants r and rr

Except at the beginning of a word, the letter **r** represents the Spanish /r/, which is
produced by a single tap of the tongue against the upper front gum ridge. Say the
English phrase *pot o'tea* rapidly, and you will approximate the Spanish **para ti** (*for
you*).

Práctica

María   miro   secretaria   pero   dinero   quiero
Sara espera ganar mucho dinero.

The **erre** sound is similar to the Spanish /r/, but in the **erre** the tongue touches the
upper front gum ridge several times in succession. This trilled **r** is represented by the
letter **r** at the beginning of a word (or after **n** as in Enrique), and by the letter **rr** in the
middle of a word. Say the English nonsense phrase *petter-oh* rapidly and you will
approximate the Spanish **perro** (*dog*).

Práctica

radio   regular   Roberto   Ricardo   Rita   Rosa
perro   guitarra   terrible   horrible   puertorriqueño

A. Yes / no questions

The questions below invite yes/no answers. Contrast the word order in each set of questions and answers.

¿Estudia Eduardo inglés?   Sí, Eduardo estudia inglés.
¿Toca la guitarra bien Isabel?   Sí, Isabel toca la guitarra bien.
¿No miran la televisión Ana y Rafael?   No, Ana y Rafael no miran la televisión.

Yes/no questions are formed according to the following patterns.

¿verb + subject (if expressed) + rest of sentence (if any)?
¿verb + rest of sentence (if any) + subject (if expressed)?

■ *Explicaciones gramaticales*

1. The negative word **no** comes before the verb, in questions as well as in statements.

2. In conversational speech, declarative statements are often transformed into questions as follows:

   a. by having the voice rise at the end of the sentence.

   ¿José gana mucho dinero?   *José earns a lot of money?*

   b. by the addition of a "tag" such as ¿**no?** or ¿**verdad?***

   Tomás y Ana estudian en Madrid, ¿**no?**   *Tomás and Ana are studying in Madrid,*
   aren't they?
   María es de Puerto Rico, ¿**verdad?**   *María is from Puerto Rico, **isn't she?***

3. Except for **usted** and **ustedes**, subject pronouns are usually not included in questions. They may, however, be used for emphasis or clarification.

   ¿Trabajas mucho?   ⎫
   ¿Trabaja mucho Ud.?   ⎬   *Do you work hard?*
   ¿Y Clara? ¿**Ella** trabaja mucho?   *And Clara, does **she** work hard?*

Ejercicio 1. Diálogo: Dime

Ask a classmate if he or she does the following things.

modelo: trabajar siempre   —*Dime, ¿trabajas siempre?*
                                             —*Sí, trabajo siempre.* or —*No, no trabajo nunca.*

1. hablar italiano
2. tocar la guitarra
3. mirar la televisión a menudo
4. viajar mucho
5. visitar California a menudo
6. cantar bien

* Literally: [Isn't that the] truth?

Ejercicio 2. Diálogo. ¿Verdad?

Ask your classmates if they and their friends engage in any of the following activities.

modelo: viajar a menudo
—Uds. viajan a menudo, ¿verdad?
—Claro. Viajamos a menudo. or —¡Claro que no! Nunca viajamos.

1. escuchar la radio siempre
2. mirar la televisión a menudo
3. estudiar siempre
4. nadar mucho
5. tocar el piano
6. cantar a menudo

Ejercicio 3. Diálogo: ¿No?

Ask your professor if he or she does the following things.

modelo: cantar bien —Ud. canta bien, ¿no?
—Por supuesto, canto bien. or —No, canto mal.

1. tocar la guitarra
2. trabajar siempre
3. hablar inglés
4. ganar mucho dinero
5. viajar mucho
6. visitar España a menudo

B. The infinitive

Note the use of the infinitive in the sentences below.

Carlos **desea trabajar** en Madrid.	Carlos **wishes to work** in Madrid.
Espero visitar Barcelona.	I hope to visit Barcelona.
Me gusta viajar.	I like to travel.

■ Explicaciones gramaticales

1. In Spanish, the infinitive is frequently used after many verbs and expressions.

2. The infinitive in Spanish is a single word. (In English, the infinitive is often introduced by *to*.)

   trabajar *to work*   visitar *to visit*

VOCABULARIO *Verbos y expresiones seguidos del infinitivo*

desear	*to wish*	Manuel **desea** visitar Toledo.
esperar	*to hope*	¿**Esperas** ganar mucho dinero?
necesitar	*to need*	¿**Necesitan** Uds. trabajar mucho?
¿Te gusta...?	*Do you like...?*	¿**Te gusta** viajar?
Me gusta...	*I like...*	Sí, **me gusta** mucho viajar.
¿Quieres...?	*Do you want...?*	¿**Quieres** escuchar la radio?
Quiero...	*I want...*	No, **quiero** mirar la televisión.
Es importante...	*It is important...*	¿**Es importante** ganar dinero?
Es necesario...	*It is necessary...*	¿**Es necesario** estudiar mucho?

| Es fácil / difícil... | *It is easy / difficult...* | ¿**Es fácil** o **difícil** tocar el piano? |
| Es útil / inútil... | *It is useful / useless...* | ¿**Es útil** o **inútil** hablar español? |

■ *Observación*

Literally, **me gusta viajar** means *it pleases me to travel* or *to travel pleases me*.

Ejercicio 4. ¡Carlos también!

Carlos hopes to do what his friends are doing. Play the role of Carlos as in the model.

modelo: Roberto visita Córdoba.   CARLOS: *Yo también espero visitar Córdoba.*

1. Isabel y Luisa visitan Sevilla.
2. Antonio habla francés.
3. Elena y Anita cantan bien.
4. Diego y Cristina estudian inglés.
5. Felipe trabaja en Granada.
6. Tomás viaja mucho.
7. Luis gana mucho dinero.
8. José toca la guitarra.

Ejercicio 5. Opiniones personales

Give your opinions about the following activities. Use the expression in parentheses in an affirmative or negative sentence.

modelo: (**es útil**) hablar español *Es útil hablar español.* or *No es útil hablar español.*

(es útil)
1. hablar francés
2. mirar la televisión
3. estudiar matemáticas
4. escuchar la radio

(es importante)
5. viajar mucho
6. ganar mucho dinero
7. estudiar siempre
8. trabajar un poco

(es difícil)
9. tocar el piano
10. tocar la guitarra
11. hablar ruso
12. nadar bien

Ejercicio 6. Diálogo: ¿Te gusta?

Ask a classmate if he or she likes to do the following things.

modelo: viajar   —¿*Te gusta viajar?*
              —*Sí, me gusta viajar.* or —*No, no me gusta viajar.*

1. mirar la televisión
2. escuchar música popular
3. estudiar
4. hablar español en la clase
5. trabajar
6. ganar dinero
7. escuchar la radio
8. tocar el piano
9. nadar
10. cantar

Ejercicio 7. Yo

Express your desires and opinions by completing the sentences below.

modelo: Es difícil...   *Es difícil estudiar y mirar la televisión.*

1. Quiero...
2. No quiero...
3. Me gusta...
4. No me gusta...
5. Es necesario...
6. No es fácil...
7. Es inútil...
8. Espero...
9. Deseo...
10. Necesito...
11. Es útil...
12. Es importante...

C. Pronouns used with prepositions

Note the forms of the pronouns that replace the nouns in heavy print.

¿Nadas con **Manuel**?	Sí, nado con **él**.	*Yes, I swim with* **him**.
¿Hablas de **Isabel**?	No, no hablo de **ella**.	*No, I'm not talking about* **her**.
¿Trabajas para **Ana y Luis**?	Sí, trabajo para **ellos**.	*Yes, I work for* **them**.

In Spanish, the pronouns used after prepositions such as *de* (of; from; about), *con* (with), and *para* (for) are the same as the subject pronouns, with the two following exceptions:

(yo)	*mí*	¿Hablas de *mí*?	Are you talking about *me*?
(tú)	*ti*	No, no hablo de *ti*.	No, I am not talking about *you*.

■ *Explicación gramatical*

Mí and **ti** are never used after **con**. Instead, the single-word forms **conmigo** and **contigo** are used.

—¿Quieres estudiar **conmigo**? *Do you want to study* **with me**?
—No, no quiero estudiar **contigo**. *No, I don't want to study* **with you**.

Ejercicio 8. El chismoso (The gossip)

José talks about people, rather than with them. Express this, following the model.

modelo: Elena *José no habla con ella. Habla de ella.*

1. Felipe	5. María y Rosa	9. yo
2. Pablo y Carlos	6. Uds.	10. tú
3. Ud.	7. Carmen y Ramón	
4. Isabel	8. nosotros	

D. Information questions

The questions below request specific information rather than a yes/no answer. Note that each question begins with an interrogative word.

¿**Dónde** trabaja Ana María? Trabaja **en Barcelona**.
¿**Qué** estudia Ud.? Estudio **literatura**.
¿**Cómo** toca el piano Anita? Toca **muy bien**.

Information questions are formed according to the following patterns.

¿interrogative expression + verb + subject (if expressed) + rest of sentence?

¿interrogative expression + verb + rest of sentence + subject (if expressed)?

Note: In an information question, the interrogative expression is the most heavily stressed. The voice rises at the beginning of the sentence and falls at the end.

VOCABULARIO Palabras interrogativas

¿Cómo?	How?	¿**Cómo** estás?
¿Cuándo?	When?	¿**Cuándo** miras la televisión?
Cuando	When	**Cuando** quiero.
¿Dónde?	Where?	¿**Dónde** estudias?
Donde	Where	Estudio **donde** trabajo.
¿Por qué?	Why?	¿**Por qué** estudian Uds. español?
Porque	Because	**Porque** esperamos viajar a España.
¿Qué?	What?	¿**Qué** escuchas?
¿Quién / Quiénes?	Who?	¿**Quién** toca la guitarra?
	Whom?	¿Con **quién** hablas?

Cuanto *How much?* *¿Cuánto cuesta?* [handwritten]

◼ Observaciones

1. Interrogative expressions always have a written accent mark. When these words are not used in an interrogative sense, the accent mark is dropped.

   No escucho la radio **cuando** estudio.   Estudio **donde** trabajo.

2. When a who-question refers to more than one person, the plural form **¿quiénes?** is used.

   ¿Quiénes cantan?   María y Teresa.

3. **¿Quién/quiénes?** is also used after prepositions.

   ¿Con quién estudias?   *With whom are you studying?*

Ejercicio 9. ¿Por qué?

The following people are engaged in different activities. Ask why.

modelo: Carlos estudia inglés.   ¿Por qué estudia inglés Carlos?

1. Luisa estudia mucho.
2. José canta en español.
3. Jaime y Pablo escuchan la radio.
4. Rafael habla con Teresa.
5. Carmen viaja a Granada.
6. Isabel mira la televisión.
7. Susana y Manuel trabajan.
8. Elena y Juana visitan Madrid.

Ejercicio 10. Curiosidad

A friend tells you what the following people are doing, and you want to find out all of the details. Formulate questions using the words in parentheses.

modelo: Esteban nada. (¿Dónde?)   ¿Dónde nada Esteban?

1. Manuel estudia. (¿Qué? ¿dónde? ¿con quién? ¿por qué?)
2. Isabel y Clara trabajan. (¿Dónde? ¿con quiénes? ¿para quién? ¿cuándo?)
3. Ernesto habla inglés. (¿Con quién? ¿por qué? ¿cómo? ¿cuándo?)
4. Pedro y Emilio miran la televisión. (¿Dónde? ¿cuándo? ¿por qué?)
5. Pilar estudia medicina. (¿Por qué? ¿dónde?)
6. Dolores y Jaime cantan. (¿Cómo? ¿qué? ¿por qué? ¿cuándo? ¿dónde?)

Ejercicio 11. Diálogo: Actividades

Ask a classmate about his or her activities, using the suggested interrogative words. In each answer, your classmate will use one or both of the options in parentheses.

modelo: estudiar / ¿qué? (español o francés)
—¿*Qué estudias?*
—*Estudio español.* or —*Estudio español y francés.*

1. hablar español / ¿cómo? (bien o mal)
2. hablar español / ¿dónde? (en la clase o en la cafetería)
3. hablar con la familia / ¿qué? (español o inglés)
4. estudiar / ¿cuándo? (siempre o nunca)
5. cantar / ¿cuánto? (a menudo o nunca)
6. escuchar / ¿qué? (música clásica o música popular)

Ejercicio 12. Intérprete

You are working as a translator. Put the sentences below into Spanish.

1. You (**tú**) wish to travel, don't you?
2. Paco needs to earn money, right (doesn't he)?
3. Do you (**Ud.**) want to work for me? For whom do you want to work?
4. I like working with you (**tú**).
5. Who hopes to visit California?
6. It is difficult to play the piano, but it is easy to play the guitar.
7. It's useless to study more. I want to watch television.
8. For us it is useful to speak Spanish. For you (**tú**) it is more useful to speak English.
9. Why do you (**Ud.**) always watch television? Why do you never listen to the radio?

REALIDAD HISPANICA

Lectura cultural: ¿Quiere Ud. visitar España?

¿*Le gusta a Ud.* viajar?   Do you like
¿Quiere visitar España?
¡Claro! ¡Es *un país fascinante!*   a fascinating country
¿Le gusta visitar museos?
    El Prado en Madrid es un museo *grande* y famoso. Y la *ciudad*   large / city
    de Toledo es un monumento nacional.
¿Estudia Ud. historia?
    En España es posible observar las contribuciones de *otras*   other
    culturas: el *acueducto romano* de Segovia y los *palacios y*   Roman aqueduct /
    jardines moriscos de Granada.   Moorish palaces and gardens
¿Quiere Ud. nadar?
    Muchos turistas *extranjeros* y españoles visitan las *playas* de la   Many / foreign / beaches
    Costa Brava y de la Costa del Sol...o las playas de las *islas* de   islands
    Mallorca y Menorca.

¿Estudia Ud. arquitectura?

Es necesario visitar Madrid, Barcelona, Sevilla, Granada, Valencia y Córdoba para admirar los palacios y catedrales de *estilos románico, gótico* y moderno.

¿Le gusta *esquiar?*

Los españoles y los turistas extranjeros esquían en la Sierra Nevada *al sur* y en los Pirineos al *norte*.

¡Feliz viaje!

styles
Romanesque / Gothic
to ski

to the south / north
Have a good trip!

En la playa de Lloret de Mar en la Costa Brava

La Plaza de España en Barcelona

ANA MARIA SOLE (DE ESPAÑA)

¿Comprendió Ud.?

*Answer the following statements with **Cierto** or **Falso**.*

1. El Prado es una ciudad.
2. Hay contribuciones de los moros en Granada.
3. Solamente los turistas visitan las playas de la Costa Brava y de la Costa del Sol.
4. España es interesante para los estudiantes de arquitectura.
5. Los españoles y los turistas esquían en la isla de Mallorca.

Aumente su vocabulario: cognate pattern es- → s-

Many Spanish words that begin with **es-** are related to English words beginning with *s-*.

España	→	*S*pain
esquiar	→	*to ski*
estilo	→	*style*
estudiante	→	*student*

Práctica

Give the English equivalents of the italicized words.

1. El profesor es *estupendo*.
2. California es un *estado* norteamericano.
3. Paco es muy *esnob*.
4. El profesor es *especialista* en español.
5. Miramos las *estatuas* en el museo.
6. No me gusta hablar de *estereotipos*.

AHORA LE TOCA A UD.

Write a short paragraph describing what you do, what you like to do, and what you hope to do. You may use Ana María Solé's presentation of herself as a model. If you wish, use the following questions as a guide.

¿De dónde es Ud.?
¿Trabaja Ud.? ¿dónde? ¿Gana mucho o poco dinero?
¿Escucha Ud. música popular? «¿rock?» ¿música clásica?
¿Quiere Ud. viajar? ¿Quiere visitar Puerto Rico? ¿México? ¿España? ¿Sudamérica?
¿Dónde desea Ud. trabajar?
¿Quiere Ud. trabajar para una compañía internacional? ¿para qué compañía?

ALHAMBRA Y GENERALIFE

BILLETE DE ENTRADA

Los catalanes bailan la sardana en Barcelona.

ANA MARIA SOLE (DE ESPAÑA)

LECCION 3
Víctor Marini (de la Argentina)

¡Hola! ¿*Qué tal?*
Me llamo Víctor Marini.
Mi apellido es italiano pero soy argentino, *¡cien por ciento!*
No soy estudiante; soy *músico*.
Toco la guitarra y canto también.
¿Soy famoso?
Todavía no.
Pero soy *alto, rubio, delgado, guapo...*
También soy un *joven* inteligente y *simpático*.
Y... soy un *buen* músico.
¿Qué más necesito?

How are you?

My surname / a hundred
  percent
a musician

Not yet.
tall / blonde / slim / handsome
young man / nice
good

Preguntas

1. ¿Es italiano o argentino Víctor Marini?
2. ¿Por qué no estudia?
3. ¿Qué instrumento toca?
4. ¿Es famoso?
5. ¿Es un joven guapo y simpático?
6. ¿Es un buen músico?

NOTA CULTURAL

Argentina

Argentina is different from most other Latin-American countries in several respects: its population is predominantly of European descent, it has a relatively large middle class, and more than one-third of its inhabitants live in or near the capital, Buenos Aires. A temperate climate and vast stretches of flat grasslands, called the **pampas**, make Argentina one of the world's great producers of agricultural products.

Un gaucho argentino trabaja en la pampa.

Buenos Aires y el Río de la Plata

FONETICA   The *jota* sound

The **jota** sound is similar to the one a person makes when breathing on a pair of glasses to clean them. In Spanish, the **jota** sound is represented by the consonant **j**, by **g** before **e** and **i**, and sometimes by **x**.

Práctica

julio junio viajar trabajar joven mujer bajo
    Julio es un joven muy trabajador.
generoso gente general página (*page*) Gilda
    La gente de Gijón es muy generosa.
México mexicano Oaxaca Texas
    Jaime es mexicano. Es de Oaxaca.

VICTOR MARINI (DE LA ARGENTINA)   **47**

A. Ser

Some of the most frequently-used verbs in Spanish are not conjugated according to a predictable pattern. For this reason they are called *irregular verbs.*

As you read the sentences below, pay special attention to the present tense forms of the irregular verb **ser** *(to be).*

(yo)	**Soy** estudiante.	(nosotros)	**Somos** de Buenos Aires.
(tú)	**Eres** músico.	(vosotros)	**Sois** de la Argentina.
(él)	Víctor **es** argentino.	(ellos)	**Son** de Guatemala.
(ella)	Teresa **es** inteligente.	(ellas)	**Son** de Panamá.
(Ud.)	Ud. **es** profesor.	(Uds.)	Uds. **son** de Caracas.

■ *Explicación gramatical*

The word **es** also has the meaning of *it is* in sentences such as:

¿Quién **es**?   **Es** Antonio.

Ejercicio 1. Una conferencia internacional

The following people are attending an international conference in Buenos Aires. Tell which cities the participants are from.

modelo: Teresa Mena (Madrid)   *Teresa Mena es de Madrid.*

1. Rafael Díaz (Barcelona)
2. Uds. (Lima)
3. Andrea y Carmen Ruiz (Caracas)
4. yo (San Juan)
5. tú (México)
6. Isabel Cañedo (Bogotá)
7. José Castro (San Francisco)
8. Manuel y Elena Medina (Bilbao)
9. nosotros (Nueva York)
10. Ud. (Asunción)

Ejercicio 2. ¿Son porteños o no?

People who live in Buenos Aires are called «**porteños**», *that is, inhabitants of a port city. Say that the people in* **Ejercicio 1** *are not from Buenos Aires.*

modelo: Teresa Mena   *Teresa Mena no es de Buenos Aires.*

B. Nouns and articles: singular forms

Nouns are often introduced by articles. Read the sentences below, paying special attention to the articles in heavy print.

Víctor habla con **un** muchacho.   *Víctor is talking with a boy.*
El muchacho es de Chile.   *The boy is from Chile.*

Víctor habla con **una** muchacha.   *Victor is talking with a girl.*
La muchacha es de Colombia.   ***The** girl is from Colombia.*

Every Spanish noun has *gender*. It is either masculine or feminine.
Masculine nouns are introduced by *masculine articles*.
Feminine nouns are introduced by *feminine articles*.

Note the singular forms of the articles in the chart below.

definite articles (**the**)		*indefinite articles* (**a, an**)	
masculine	feminine	masculine	feminine
el muchacho	**la** muchacha	**un** muchacho	**una** muchacha
el profesor	**la** profesora	**un** profesor	**una** profesora
el estudiante	**la** estudiante	**un** estudiante	**una** estudiante

▪ *Explicaciones gramaticales*

1. When talking *about* people, rather than addressing them directly,
    Spanish speakers use the definite article before titles such as **Sr. (señor)**,
    Sra. (señora) and **Srta. (señorita)**. Contrast:

    El Sr. Camacho trabaja en Madrid.   ***Mr. Camacho** works in Madrid.*
    ¿Trabaja Ud. en Madrid, **Sr. Camacho**?   *Do you work in Madrid, **Mr. Camacho**?*

2. After the verb **ser**, the indefinite article is *not* used before a noun
    defining one's occupation, religion or political belief. Contrast the
    Spanish and the English usage:

    Víctor no es **estudiante**.   *Víctor is not **a student**.*
    La Sra. de Ruiz es **profesora**.   *Mrs. Ruiz is **a professor**.*

    However, the indefinite article *is* used when the noun is modified.

    Víctor es **un buen músico**.   *Víctor is **a good musician**.*

VOCABULARIO   *La gente (People)*

un amigo	*friend (male)*	una amiga	*friend (female)*
un chico	*boy*	una chica	*girl*
un estudiante	*student (male)*	una estudiante	*student (female)*
un joven	*young man*	una joven	*young woman*
un hermano	*brother*	una hermana	*sister*
un hombre	*man*	una mujer	*woman*
un muchacho	*boy*	una muchacha	*girl*
un novio	*boyfriend*	una novia	*girlfriend*
un profesor	*professor, teacher (male)*	una profesora	*professor, teacher (female)*
un señor	*gentleman*	una señora	*lady*
		una señorita	*young lady*
		la gente	*people*
		una persona	*person*

■ *Observaciones*

1. Be sure to learn the gender of each noun, for the gender determines the forms of the articles and adjectives that are used with the noun.

2. The gender of a noun that designates a person almost always reflects that person's sex.
   But: **Persona** is always a *feminine* noun, even when the person referred to is male. **Gente** is always a *feminine* noun, even when the people referred to are men and women, or all men.

Ejercicio 3. Curiosidad

Isabel notices that Víctor is talking with different people. She asks a friend who they are.

modelo: muchacha   ISABEL: *Víctor habla con una muchacha.*
                           ¿Cómo se llama la muchacha?

1. chico	5. mujer	9. señor	13. estudiante *(f.)*
2. hombre	6. chica	10. amiga	14. profesora
3. señora	7. muchacho	11. joven *(f.)*	15. estudiante *(m.)*
4. joven *(m.)*	8. profesor	12. señorita	16. amigo

C. Adjectives: singular forms

Words that describe nouns or pronouns are called adjectives. Study the forms of the adjectives below, paying special attention to the endings.

Pedro es **generoso**.   Carmen es **generosa**.
Felipe es **inteligente**.   Clara es **inteligente** también.
Juan es **liberal**; no es **conservador**. Luisa no es **liberal**; es **conservadora**.

Adjectives *agree in gender* with the nouns they modify.
Masculine forms of adjectives are used with *masculine nouns.*
Feminine forms of adjectives are used with *feminine nouns.*

For regular adjectives, masculine and feminine forms follow the pattern below:

masculine ending	feminine ending	masculine	feminine
-o	-a	generoso	generosa
letter other than -o	same as the masculine	inteligente liberal	inteligente liberal

■ *Explicación gramatical*

Note the following major exceptions.
  a. Adjectives of nationality that end in a consonant, add -a in the feminine.

español   española
inglés   inglesa*

b. Adjectives that end in **-dor** add an **-a** in the feminine.

conserva**dor**   conserva**dora**

VOCABULARIO *Descripción personal*

adjetivos
el aspecto físico

morena ≠ rubia
(moreno ≠ rubio)

alto ≠ bajo
(alta ≠ baja)

delgada ≠ gorda
(delgado ≠ gordo)

guapo, lindo, bonito ≠ feo
(guapa, linda, bonita ≠ fea)

* When the last syllable of an adjective denoting nationality bears a written accent in the masculine singular form, this accent is dropped in the feminine form.

el carácter

bueno ≠ malo	good ≠ bad
generoso ≠ egoísta	generous ≠ selfish
inteligente ≠ tonto	intelligent, smart ≠ stupid, foolish
interesante ≠ aburrido	interesting ≠ boring
liberal ≠ conservador	liberal ≠ conservative
serio ≠ divertido	serious ≠ amusing, funny, fun
simpático ≠ antipático	nice, agreeable ≠ disagreeable
trabajador ≠ perezoso	hardworking ≠ lazy

la nacionalidad

español	(de España)	Spanish
latinoamericano	(de Latinoamérica)	Latin-American
mexicano	(de México)	Mexican
norteamericano	(de los Estados Unidos)	American (from the United States)

adverbios

bastante	rather, quite, enough	Carlos es **bastante** trabajador,
demasiado	too	**demasiado** serio,
muy	very	pero **muy** simpático.

Observaciones

1. **Guapo** is used to describe men. **Linda** and **bonita**, as well as **guapa** (meaning *beautiful*), are used to describe women.

2. Adjectives of nationality are not capitalized in Spanish.

Ejercicio 4. Cualidades

The people below have certain outstanding qualities. Say what characterizes each one. Replace the names in italics with those in parentheses, making the necessary changes.

modelo: *Pablo* es perezoso. (Cristina) *Cristina es perezosa.*

1. *Víctor* es muy guapo. (Gustavo; Julia; Margarita; Vicente; Carmen)
2. *Raquel* es muy linda, ¿verdad? (Susana; Teresa; Rebeca)
3. *Luisa* es bastante baja. (Virginia; Arturo; Rafael; Gregoria; Pedro)
4. *Rodolfo* es muy bueno. (Manuel; Laura; Tomás; Leonor; Mari Carmen)
5. *Miguel* es tonto, ¿no? (Eva; Raúl; Josefa; Paco; Rita)
6. *Leonardo* es muy independiente. (Beatriz; Jerónimo; Cecilia; Héctor)
7. *Gloria* es conservadora. (Rafael; Jorge; Liliana; Antonia; Benjamín)
8. *Guillermo* es muy liberal. (Marta; Mateo; Mercedes; Gregorio; Federico)

Ejercicio 5. Características opuestas

The people in each pair below have opposite characteristics. Describe each one, following the model.

modelo: Felipe (moreno) / Isabel *Felipe es moreno. Isabel no es morena. Es rubia.*

1. Jaime (alto) / Clara
2. Rafael (gordo) / Anita
3. Tomás (delgado) / Inés
4. Luis (guapo) / Teresa
5. Guillermo (egoísta) / Alicia
6. Esteban (conservador) / Juanita
7. Carlos (perezoso) / Lucía
8. Alonso (aburrido) / Dolores
9. Raúl (simpático) / Pilar
10. Juan (divertido) / Ana
11. Ricardo (feo) / Raquel
12. Alberto (tonto) / Carmen

Ejercicio 6. Retratos (Portraits)

*Prepare simple portraits of yourself and the following people. Use at least three adjectives to describe each one. You may also want to use the adverbs **bastante**, **demasiado**, and **muy**.*

modelo: mi (*my*) amigo   *Mi amigo es simpático y generoso. No es aburrido. Es muy divertido.*

1. mi mejor (*best*) amigo
2. mi mejor amiga
3. mi papá
4. mi mamá
5. mi hermano
6. mi hermana
7. mi profesor/a
8. yo

D. The position of adjectives

Note the position of the adjectives in the answers to the questions below.

¿Es serio el Sr. Miranda?   Sí, es un profesor **serio**.
¿Es perezoso Carlos?   Sí, es un muchacho **perezoso**.
¿Es simpática Anita?   Sí, es una chica **simpática**.

In Spanish, descriptive adjectives usually come *after* **the nouns they modify.**

■ *Explicación gramatical*

A few adjectives, such as **bueno** and **malo**, may come before or after nouns. When used before masculine nouns, **bueno** and **malo** are shortened to **buen** and **mal**.

Felipe es un **buen** chico. *or* Es un chico **bueno**.
Carlos es un **mal** estudiante. *or* Es un estudiante **malo**.

Ejercicio 7. Los amigos de Clara

Felipe wants to know more about Clara's friends. Play both roles, following the model.

modelo: Carlos / simpático
      FELIPE: *¿Quién es?*
      CLARA: *Es Carlos.*
      FELIPE: *¿Es simpático?*
      CLARA: *¡Sí! Carlos es un muchacho simpático.*

1. Isabel / simpática
2. Roberto / inteligente
3. Paco / aburrido
4. Ignacio / divertido
5. Ana / trabajadora
6. Carmen / generosa
7. Juan / egoísta
8. Dolores / conservadora

Ejercicio 8. Ideales

Give your view of what the ideal person would be like in each case, composing one affirmative and one negative sentence. You may use more than one adjective in the affirmative sentence.

modelo: el amigo ideal   *El amigo ideal es simpático y generoso.   No es una persona egoísta.*

1. la amiga ideal
2. el profesor ideal
3. el novio ideal
4. la novia ideal
5. el hermano ideal
6. la hermana ideal
7. el hombre ideal
8. la mujer ideal

Ejercicio 9. Personas famosas

Explain who the following people are, using two sentences as in the model. Use the adjectives **español, latinoamericano,** *and* **norteamericano.**

modelo: **(los Estados Unidos)** Chris Evert (atleta)
   Chris Evert es una atleta norteamericana.
   Es una (muy) buena atleta. or Es una atleta muy buena.

(España)
1. Salvador Dalí (artista)
2. Manuel Orantes (atleta)
3. Alicia de Larrocha (pianista)

(Latinoamérica)
4. Gabriela Mistral (poetisa)
5. Gabriel García Márquez (novelista)
6. Claudio Arrau (pianista)

(los Estados Unidos)
7. Woody Allen (cómico)
8. Jane Fonda (actriz)
9. Joan Baez (cantante)

Ejercicio 10. Intérprete

You are working as a translator. Put the sentences below into Spanish.

1. Mr. Pacheco, are you from Mexico? Or from Spain?
2. Ricardo and Luisa, are you from the United States? Or from Latin America?
3. We are not from San Francisco. We are from Los Angeles.
4. Are professors conservative? Are students hard-working?
5. Mrs. Machado is a very generous and liberal person. Often she is too generous.
6. Mr. García is a rather boring and disagreeable person. I don't like to work with him.
7. Carlita is a slender, pretty young lady. She is from the United States.
8. Marcos is a tall, handsome young man. He is Spanish. He is from Spain.
9. You (**Ud.**) are an interesting and amusing man. I like talking with you.
10. You (**tú**) are an intelligent and hard-working girl.

AHORA LE TOCA A UD.

1. *Describe yourself in a short paragraph, using Víctor Marini's self-portrait as a model.*
2. *Describe your best friend (* mi mejor amigo/a*).*
3. *Describe a famous person.*

Un joven puertorriqueño

VOCES HISPANAS

Trinidad

Trinity

En mí hay tres,
un negro que grita,
un indio que sufre,
un español que ríe.

there are
who shouts, cries out
suffers
laughs

Soy negro esclavo,
soy cacique sin tribu,
soy conquistador del tiempo.

slave
a chief without a tribe
a conqueror of time

Soy babalao,
soy pagano,
soy cristiano.

an Afro-Caribbean
 religious cult priest

Soy espíritu,
soy nada,
soy dios.

nothing
a god

Soy uno,
soy dos,
soy tres,
soy puertorriqueño.

—Ricardo Morales

*Ricardo (Ricky) Morales wrote "Trinidad" while he was a student at
Amherst College (Class of '78). Ricky is of Puerto Rican background and
was born and raised in the Bronx, New York.*

Estudiantes mexicanos

Yo soy Joaquín

¡La Raza!
¡Mejicano!
 ¡Español!
  ¡Latino!
   ¡Hispano!
    ¡Chicano!
lo que me llame yo,   whatever I call myself
        yo parezco lo mismo   I look the same
        yo siento lo mismo   I feel
        yo lloro   I cry
              y
        canto lo mismo.

—Rodolfo Gonzales

Rodolfo (Corky) Gonzales was born in Denver, Colorado, in 1928, the son of a migrant worker. He has been a boxing champion, packing-house worker, lumberjack, farm worker, and businessman. The preceding verses are an excerpt from his epic poem Yo soy Joaquín.

II EL MUNDO HISPANO DE TODOS LOS DIAS

LECCION 4
Un regalo especial

gift

EDUARDO:	Oye, Ricardo. *Tengo que comprar* un regalo *de cumpleaños*, pero tengo poco dinero y *pocas* ideas.	I have to buy birthday / few
RICARDO:	*¿Para* un hombre o una mujer?	For
EDUARDO:	Para una chica muy simpática—y ¡muy especial!	
RICARDO:	*¡Ajá! ¿Cuántos años tiene?*	Aha! How old is she?
EDUARDO:	*Tiene veinte años.*	She's twenty.
RICARDO:	Mmmm. *¿Tiene* una cámara?	Does she have
EDUARDO:	No, pero las cámaras buenas son muy *caras*.	expensive
RICARDO:	Sí. *Es verdad. ¿Un disco?*	That's true. / A record?
EDUARDO:	*Ya tiene* muchos discos.	She already has
RICARDO:	Y ¿un radio?	
EDUARDO:	Un radio no es un regalo sentimental.	
RICARDO:	¡Hombre! ¡Qué problema! Y ¿perfume?	
EDUARDO:	¿Perfume? No. No necesita perfume.	
RICARDO:	*¡Ahora sí tengo* una idea! *¡Flores!*	Now I have / Flowers!
EDUARDO:	Es una idea muy buena, pero ella tiene *alergia*.	allergy
RICARDO:	Y ¿una planta *sin* flores?	without
EDUARDO:	¡Una planta! ¡Un cactus! Ricardo, ¡eres un *genio*!	genius

Preguntas

1. ¿Cómo se llama el amigo de Eduardo?
2. ¿Cuánto dinero tiene Eduardo?
3. ¿Para quién es el regalo?
4. ¿Cuántos años tiene la chica?
5. ¿Por qué no compra un disco Eduardo?
6. ¿Por qué no quiere comprar flores para la chica?
7. Finalmente, ¿qué compra Eduardo?

NOTA CULTURAL

Celebrating

There are many occasions in the Hispanic world that call for celebrations: birthdays, anniversaries, graduations, first communions, baptisms, engagements, and marriages. All of the close friends and relatives gather to celebrate with plenty of food, drink, music, and laughter. Because several generations are included in the festivities, close family ties are reinforced.

FONETICA   linking

In Spanish, two or more words are often linked together so that to the American ear they sound like one long word. When the final vowel of one word is the same as the initial vowel of the following word, the two vowels sound like a single vowel. When a word ending on a consonant precedes a word beginning with a vowel, the consonant is pronounced as if it were the initial sound of the second word.

Práctica

vowel‿vowel: una‿amiga   de‿Elena   tú‿usas   ella‿admira   para‿Ana
consonant‿vowel: dos‿años   el‿otoño   las‿estaciones   con‿Anita   los‿Estados‿Unidos

LENGUA ESPAÑOLA

A. Gender

All nouns in Spanish have gender, whether they designate people, animals, things, or abstractions. Note the forms of the articles and adjectives used with the nouns in the following sentences.

El piano es **viejo.**   *The piano is old.*
La guitarra es **vieja** también.   *The guitar is old, too.*

It is not always possible to predict the gender of a noun.
However: most (but not all) nouns ending in *-o* are masculine.

el aut**o, el** pian**o**   *but* **la** mano *(hand)*

Most (but not all) nouns ending in *-a* are feminine.

la bicicleta, **la** guitarra   *but* **el** día

When you learn new nouns, be sure to learn their gender. In the
Vocabulario sections, masculine nouns are given in the left-hand
column, and feminine nouns in the right-hand column.

VOCABULARIO   *Cosas de todos los días*

sustantivos

un bolígrafo	*pen*	una bicicleta	*bicycle, bike*
un coche	*car*	una cámara	*camera*
un radio	*radio*	una cinta	*tape*
un regalo	*gift, present*	una cosa	*thing*
		una moto (motocicleta)	*motorcycle*
		una planta	*plant*

el televisor   el tocadiscos   el reloj   el libro   la foto

el disco   la grabadora   la máquina de escribir

la silla   la calculadora   el lápiz

adjetivos

caro ≠ barato	*expensive ≠ cheap, inexpensive*
grande ≠ pequeño	*big, large; great ≠ small*
nuevo ≠ viejo	*new ≠ old*

verbos

buscar	*to look for*	Eduardo **busca** un regalo para una amiga.
comprar	*to buy*	**Compra** una planta.
usar	*to use*	¿**Usa** Ud. una máquina de escribir?

■ *Observaciones*

1. The same object may have different names in different Hispanic countries. For instance, there are several ways to say *car*.

   un auto (automóvil)   general term
   un carro   Puerto Rico, Colombia, Central America, Mexico
   un coche   Spain, Argentina

   These differences in vocabulary are not frequent and do not hinder basic understanding among Spanish-speakers.

2. **El radio** is the radio set. **La radio** is the radio program.

   Compramos **un radio.**   Escuchamos **la radio.**

3. The adjective **pequeño** may be placed either before or after a noun, with no change in meaning.

   una **pequeña** planta   or   una planta **pequeña**   *a small plant*

4. The adjective **grande** may be placed before or after a noun, but its position affects its meaning. Before a singular noun, the short form **gran** is used.

   un **gran** amigo ⎫ *a great friend*   un coche **grande**   *a big car*
   una **gran** amiga ⎭   una cámara **grande**   *a big camera*

5. The adjectives **nuevo** and **viejo** may be placed before or after a noun, but their position affects their meaning.

   un **nuevo** reloj   *a new (different) watch*   un **libro** nuevo   *a (brand) new book*
   un **viejo** amigo   *an old (long-time) friend*   un **coche** viejo   *an old (aged) car*

Ejercicio 1. ¿Qué usan?

Indicate which objects the following people might use in their occupations.

modelo: un fotógrafo   *Un fotógrafo usa una cámara.*

1. un taxista
2. una secretaria
3. un matemático
4. una estudiante
5. un autor
6. un contador (*accountant*)

Ejercicio 2. El costo de vida (The cost of living)

Indicate which objects you want to buy with the following sums of money. For each sum, use one of the nouns from the **Vocabulario** *and a descriptive adjective of your choice.*

modelo: 25 centavos   *¿Con 25 centavos? Quiero comprar un nuevo bolígrafo.*

1. 50 centavos
2. 1 dólar
3. 2 dólares
4. 3 dólares
5. 5 dólares
6. 10 dólares
7. 25 dólares
8. 50 dólares
9. 100 (cien) dólares
10. 200 (doscientos) dólares
11. 500 (quinientos) dólares
12. 1.000 (mil) dólares
13. 5.000 (cinco mil) dólares
14. 10.000 (diez mil) dólares

B. Articles, nouns, and adjectives: plural forms

Contrast the words in heavy print in each pair of sentences below.

¿Quién es **el chico guapo?**	¿Quiénes son **los chicos guapos?**
¿Cómo se llama **la nueva estudiante?**	¿Cómo se llaman **las nuevas estudiantes?**
El profesor es liberal.	**Los profesores** son **liberales.**

Plural nouns are introduced by plural articles and are modified by plural adjectives.

The plural articles in Spanish are:

	definite article (**the**)	*indefinite article* (**some**)
masculine	**los** amigos	**unos** amigos
feminine	**las** amigas	**unas** amigas

■ *Explicaciones gramaticales*

1. The plural indefinite article **unos/as** is sometimes omitted before a direct object, especially in a negative sentence.

Buscamos libros baratos.	*We are looking for inexpensive books.*
No compro discos.	*I do not buy records.*

2. The regular plural forms of nouns and adjectives are formed as follows:

    a. by adding **s,** if the singular form ends in a vowel.

un regalo caro	dos regalos caros
una planta vieja	dos plantas viejas
un coche grande	dos coches grandes

    b. by adding **es,** if the singular form ends in a consonant other than **z.**

un reloj inglés	dos relojes ingleses
un joven trabajador	dos jóvenes trabajadores
una mujer liberal	dos mujeres liberales

    c. by substituting **ces** for the final **z** of the singular form.

    un lápiz   dos lápices

    Note: The same syllable of a word is always accented, whether it be singular or plural. An accent mark is used if the stressed syllable does not follow the regular stress pattern. Contrast:

inglés, ingleses	observación, observaciones
joven, jóvenes	examen, exámenes

3. When nouns or adjectives refer to several people or things, at least one of which is masculine, the masculine forms are used.

Luis y Carmen son simpátic**os**.
José, Isabel y Juana son buen**os** amig**os**.

4. Proper names never take a plural ending. They are invariable.

los Ruiz   los García

Ejercicio 3. ¡*Quejas!* (Complaints)

This is the time to express your complaints (if you have any!) about your school.
Give your opinions on each item, following the model.

modelo: clase / difícil   *Las clases son difíciles.* or *Las clases son fáciles.*

1. profesor / demasiado serio
2. estudiante / perezoso
3. examen / fácil
4. libro / muy caro
5. clase / interesante
6. nota (*grade*) / baja
7. comida (*meal*) / buena
8. atleta / bueno

C. Hay

Hay is a special form of the verb **haber** which means *there is* or *there are* in the sense of *there exist(s)*. Contrast the uses of **hay, es,** and **son** in the sentences below.

¿Qué **hay** en el coche? | What *is there* in the car?
Hay una planta. | *There is* a plant.
Es una planta pequeña. | *It is* a small plant.

Hay dos libros. | *There are* two books.
Son dos libros muy viejos. | *They are* two very old books.

Hay may be followed by singular or plural nouns.

Ejercicio 4. *En la sala de clase* (In the classroom)

Ask a classmate what there is in the classroom.

modelo: fotos
        —¿*Hay fotos en la sala de clase?*
        —*Sí, hay fotos.* or —*No, no hay fotos.*

1. un televisor
2. una grabadora
3. libros
4. un tocadiscos
5. cintas
6. una máquina de escribir
7. plantas
8. una cámara

VOCABULARIO   *Expresiones que preceden sustantivos*

¿cuál?	*which?*	¿**Cuál** libro deseas comprar?
¿cuáles?	*which?*	¿**Cuáles** discos escuchas?
¿cuánto? ¿cuánta?	*how much?*	¿**Cuánto** dinero necesita Ud.?

¿cuántos? ¿cuántas?	*how many?*	**Cuántas** cintas compra Ud.?
mucho, mucha	*much, a lot of*	Ganamos **mucho** dinero.
muchos, muchas	*many, a lot of*	Hay **muchas** plantas aquí.
otro, otra	*other, another*	Quiero **otro** libro.
otros, otras	*other*	Busco **otras** plantas.
todo el, toda la	*all, all (of) the*	Escuchamos **toda la** cinta.
todos los, todas las	*all, all (of) the*	Necesito **todos los** lápices.
	every	Estudio **todos los** días.

■ *Observaciones*

1. Note that **otro** has two meanings: *other* and *another*. It is incorrect to use the indefinite article **un/a** with **otro/a** to give it the meaning of *another*.

   ¿Quieres **otro** bolígrafo?   Do you want **another** pen?

2. **¿Qué?** is usually used instead of **¿cuál/cuáles?** to introduce a noun.

   ¿Qué libro deseas comprar?   **¿Qué** discos escuchas?

Ejercicio 5. Preguntas personales

1. ¿Hay muchos muchachos en la clase? ¿cuántos? ¿Cómo son?
2. ¿Hay muchas muchachas? ¿cuántas? ¿Cómo son?
3. ¿Hay muchos estudiantes extranjeros (*foreign*) en la universidad?
4. ¿Qué libro usan Uds. en la clase de español?
5. ¿Habla Ud. español todos los días?
6. ¿Hablan español los estudiantes durante toda la clase?
7. ¿Qué programas de televisión mira Ud.?

Ejercicio 6. Con el dependiente (With the salesclerk)

Substitute the words in parentheses for the italicized words, making all necessary changes.

modelo: ¿Cuál *libro* desea Ud.? (plantas)   *¿Cuáles plantas desea Ud.?*

1. ¿Cuál *cámara* desean Uds.? (libros; grabadora; televisor; máquina de escribir)
2. ¿Cuántas *plantas* compra el señor? (relojes; cosas; cintas; libros)
3. ¿Necesita comprar muchos *regalos*? (lápices; bolígrafos; plantas; fotos)
4. ¿Desea otra *grabadora*? (calculadora; bicicleta; tocadiscos; moto)
5. Buscamos otras *fotos*. (cosas; regalos; cintas)
6. No necesito todas las *cintas*. (bolígrafos; dinero; lápices)

D. **Tener**

As you read the sentences below, pay special attention to the present tense forms of the irregular verb **tener** (*to have*).

(yo)	**Tengo** un hermano.	(nosotros)	**Tenemos** un televisor.
(tú)	**Tienes** una hermana.	(vosotros)	**Tenéis** una bicicleta.
(él, ella, Ud.)	No **tiene** hermanos.	(ellos, ellas, Uds.)	No **tienen** coche.

Explicaciones gramaticales

1. The indefinite article is frequently omitted after **tener**, especially in the negative.

   Tengo **lápiz**.   *I have a pencil.*
   No tenemos **máquina de escribir**.   *We don't have a typewriter.*

2. **Tener** is used in many idiomatic expressions. Here are three common ones.

tener ... años	*to be ... (years old)*	—¿Cuántos **años tienes?**
		—**Tengo** veinte **años.**
tener ganas de + infinitive	*to feel like, wish to*	—**¿Tienes ganas de visitar** Madrid?
		—¡No! ¡**Tengo ganas de visitar** Avila!
tener que + infinitive	*to have to*	—¿*Por qué no miras la televisión?*
		—*Porque* **tengo que estudiar.**

Ejercicio 7. La abundancia

Say that the following people have many possessions. Form statements indicating just who has what, following the model.

modelo: Roberto / libros   *Roberto tiene muchos libros.*

1. Bárbara / lápices
2. nosotros / plantas
3. Ud. / cintas
4. Cecilia y yo / fotos
5. Juan y Jaime / discos
6. tú / cámaras
7. yo / regalos
8. Uds. / relojes

Ejercicio 8. Diálogo: ¿Qué tienes?

Ask a classmate if he or she has the following items. In the event of an affirmative answer, use the adjectives in parentheses to continue the conversation as in the model.

modelo: moto (¿pequeña?)
    —¿*Tienes moto?*
    —*Sí, tengo moto.* or —*No, no tengo moto.*
    —¿*Es una moto pequeña?*
    —*Sí, es muy pequeña.* or —*No, es bastante grande.*

1. reloj (¿barato?)
2. tocadiscos (¿caro?)
3. máquina de escribir (¿vieja?)
4. calculadora (¿barata?)
5. cámara (¿pequeña?)
6. bicicleta (¿nueva?)
7. coche (¿grande?)
8. radio (¿bueno?)

Ejercicio 9. ¡Qué lástima!

The following students would like to engage in their favorite activities, but they all have to study. Express this according to the model.

modelo: Inés (mirar la televisión)
    Inés tiene ganas de mirar la televisión pero tiene que estudiar. ¡Qué lástima!

1. Paco (escuchar discos)
2. tú (viajar)
3. yo (escuchar música clásica)
4. nosotros (tocar la guitarra)
5. Uds. (comprar discos)
6. María y Carlos (nadar)
7. Carmen (buscar un regalo para Tomás)
8. los chicos (hablar con las chicas)

Ejercicio 10. Diálogo: Deseos y deberes (Wishes and obligations)

Ask a classmate if he or she feels like doing activities one through five, and has to do activities six through ten.

modelo: **(tener ganas de)** viajar
—¿*Tienes ganas de viajar?*
—*Sí, tengo ganas de viajar.* or —*No, no tengo ganas de viajar.*

(tener ganas de)	**(tener que)**
1. visitar México	6. estudiar mucho
2. viajar a Cuba	7. trabajar
3. comprar una moto	8. ganar dinero
4. nadar	9. hablar español en clase
5. trabajar conmigo	10. comprar una calculadora

E. Dates

Contrast the following Spanish and English sentences.

Hoy es **el 11 (once) de septiembre.**   *Today is **September 11 (eleventh).***
Mi cumpleaños es **el 15 (quince) de agosto.**   *My birthday is **August 15 (fifteenth).***

To express the date, Spanish-speakers use the following construction:
el + number + *de* + month   *el 4 (cuatro) de noviembre*

■ *Explicaciones gramaticales*

1. For the first of the month, the expression **el primero** is used.

   Hoy es **el primero** de octubre.   *Today is October 1 (first).*

2. In an abbreviation, the day is given before the month.

   14/7   el catorce de julio

1979

ENERO	FEBRERO	MARZO

ABRIL	MAYO	JUNIO

JULIO	AGOSTO	SEPTIEMBRE

OCTUBRE	NOVIEMBRE	DICIEMBRE

VOCABULARIO *La fecha (The date)*

sustantivos

un año	*year*	una estación	*season*
el cumpleaños	*birthday*	la fecha	*date*
un día	*day*	una semana	*week*
el fin de semana	*weekend*		
un mes	*month*		

los meses

enero	abril	julio	octubre
febrero	mayo	agosto	noviembre
marzo	junio	septiembre	diciembre

las estaciones

el invierno	*winter*	la primavera	*spring*
el verano	*summer*		
el otoño	*fall, autumn*		

expresiones

ahora	*now*
ayer	*yesterday*
hoy	*today*
mañana	*tomorrow*

¿Cuál es la fecha de hoy?	*What is today's date?*
Hoy es el 12 de marzo.	*Today is March 12.*

▪ *Observación*

The names of months and seasons are not capitalized in Spanish.

Ejercicio 11. El día de la independencia

In most countries independence day is a national holiday. Indicate on which date each of the following countries celebrates its independence.

modelo: los Estados Unidos (4/7)
　　　　　En los Estados Unidos el día de la Independencia es el cuatro de julio.

1. Venezuela (5/7)
2. Colombia (20/7)
3. la Argentina (9/7)
4. el Uruguay (25/8)
5. México (16/9)
6. el Perú (28/7)

UN REGALO ESPECIAL

Ejercicio 12. *Fechas importantes*

Complete the following statements.

1. Mi (*My*) cumpleaños es _____ .
2. El cumpleaños de mi papá es _____ .
3. El cumpleaños de mi mamá es _____ .
4. El cumpleaños de mi mejor (*best*) amigo es _____ .
5. El cumpleaños de mi mejor amiga es _____ .
6. El día de San Valentín es _____ .

Ejercicio 13. *Intérprete*

You are working as a translator. Put the sentences below into Spanish.

1. It's an old typewriter, but it's good.
2. Do you (**tú**) have another pencil? Ana has two pencils.
3. I feel like buying all the plants.
4. We have to work tomorrow. We work every day.
5. How old is the professor? He's fifty-four.
6. What's today's date? Today is July 31. Tomorrow is August 1.

REALIDAD HISPANICA

Lectura cultural: *¿A qué edad?*

¿Cuántos años necesita tener Ud. *para* votar, para *conducir* un coche, para comprar *bebidas alcohólicas* o para entrar en el servicio militar? ¿Es diferente en los *países* hispanos? *A veces* sí, otras veces no.

    Es interesante notar que en la *mayoría* de los países los jóvenes también votan cuando tienen 18 años. Pero en Costa Rica, un joven tiene que tener veinte años; y en Bolivia y Colombia la edad es 21 años.

At what age?

in order to / to drive
alcoholic beverages
countries / sometimes
majority

San Cristobal es el patrón de los viajeros (*travellers*).

Un joven soldado argentino

En *algunos* países el servicio militar es obligatorio cuando un joven tiene 18 años, pero en otros países es voluntario.

La edad de *obtener* una licencia de conductor también varía *de país en país*, pero normalmente es de los 16 a los 18 años.

Y ¿*tomar* bebidas alcohólicas? *Ni* el país *ni* el *estado* determina cuándo *pueden* tomar los jóvenes. ¡Los jóvenes y los padres *toman* la decisión!

some

obtain / from country to country

to drink / Neither / nor / state are able / make

¿*Comprendió Ud.?*

Complete the following sentences with the correct word or words.

1. En la mayoría de los países hispanos los jóvenes votan cuando tienen _____ años.
2. En los Estados Unidos los jóvenes votan cuando tienen _____ años.
3. En los Estados Unidos el servicio militar es _____ .
4. Generalmente, la edad de obtener una licencia de conductor en los países hispanos es de _____ a _____ años.
5. En los países hispanos, los jóvenes y los padres deciden cuándo los jóvenes pueden tomar _____ .

Aumente su vocabulario: cognate pattern **-ario** → **-ary**

Many Spanish adjectives and nouns ending in **-ario** correspond to English adjectives and nouns ending in *-ary*.

volunt**ario** → *volunt**ary***

Práctica

Add the correct endings to the following Spanish adjectives and nouns and use each in an original sentence.

1. ordin—
2. extraordin—
3. neces—
4. contr—
5. el diccion—
6. un advers—

AHORA LE TOCA A UD.

Prepare a short dialogue between two girls who are trying to decide on a birthday gift for the boyfriend of one of them. You may use the dialogue of Un regalo especial *as a model.*

LECCION 5
El fin de semana, ¡por fin!

at last!

¿Estudia mucho Ud.? ¿Tiene mucho *trabajo?* Sí, por supuesto. Pero ¿cómo *pasa* Ud. *el tiempo libre?* ¡Las diversiones también son importantes! *Aquí* cinco estudiantes hispanos hablan de los planes *que* tienen para el fin de semana.

work
spend / free time
Here
that

Isabel (del Perú)

El sábado voy al centro con Mónica y Susana. *Ellas van* a comprar jeans. Y *después* vamos al *cine.* Hay una *película* nueva con John Travolta... es muy guapo, ¿no?

Saturday / I'm going downtown / They're going
afterwards / movies / film

Fernando (de Chile)

¿Cómo voy a pasar el fin de semana? El sábado voy a estudiar... *el domingo* voy a estudiar... y estudiar... y estudiar... Tengo un examen *el lunes.*

Sunday
Monday

Elena (de Venezuela)

Siempre paso los sábados y los domingos en la *playa.* ¿Voy a nadar? ¿Yo? No, no me gusta nadar. Voy a *tomar el sol.* ¿Y tú?

beach
to sunbathe

Felipe (de España)

El sábado o el domingo voy a *ir* al café con *mis* amigos. Vamos a *tomar algo,* vamos a *charlar* un poco... ¿De qué hablamos? Del trabajo, de la política, del futuro; y claro, ¡de las chicas también!

to go / my
to drink something / to chat

Jorge (de la Argentina)

Los domingos voy a un *partido de fútbol.* Hoy es la Argentina *contra* el Brasil. ¿Quién *va a ganar?* ¡Qué pregunta! ¡La Argentina, por supuesto!

soccer game
against / is going to win

Preguntas

1. ¿Cómo se llaman las amigas de Isabel?
2. ¿Adónde (*Where*) van? ¿qué van a comprar?
3. ¿Cómo va a pasar el fin de semana Fernando?
4. ¿Por qué tiene que estudiar?
5. ¿Cuándo va a la playa Elena?
6. ¿Por qué va?
7. ¿Adónde va Felipe?
8. ¿De qué hablan los amigos?
9. ¿Adónde va Jorge los domingos?
10. Según (*According to*) él, ¿quién va a ganar el partido de fútbol?

NOTA CULTURAL

The café

The café is an institution in the Hispanic world. In Argentina it is often called a **confitería**, *and in Colombia and Venezuela the* **fuente de soda** *serves the same purpose. Whatever the name may be, it is the place where people gather to eat, drink, meet their friends, chat, gossip, discuss, argue, or to simply view the passing scene. Some cafés may be favored by certain groups—students, artists, or businessmen—and many have developed a distinctive character of their own over the years.*

Un café al aire libre en Oaxaca, México

FONETICA   The consonants *b* and *v*

In Spanish, the letters **b** and **v** are pronounced the same.

At the beginning of a single word or group of words, or after **n** or **m**, they are pronounced /b/, very much like the English *b* in *boy*.

In the middle of a word or group of words, except after **n** or **m**, they are pronounced /ƀ/. This is a soft *b* sound in which the lips barely touch.

Práctica

/b/ verdad   visitar   viaja   bajo   bonita   bueno
/ƀ/ televisión   trabaja   novio   caballero   divertido   rubio
/b/ Víctor charla con Vicente.   Berta charla con Benjamín.
/ƀ/ Eva no va a visitar Avila.   Isabel no viaja con Esteban.

A. Personal **a**

Contrast each pair of sentences, paying special attention to the words that come after the verbs.

Visitamos **un museo**.	Uds. visitan **a un amigo**.
Carlos escucha **la radio**.	Pedro escucha **a María**.
Silvia mira **la televisión**.	Dolores mira **a los chicos**.

The personal *a* is used to introduce a direct object when that direct object represents a definite person or persons.

■ *Explicaciones gramaticales*

1. The personal **a** is not used after **tener**.

   Tengo tres hermanos.

2. The personal **a** is usually repeated before each noun or pronoun.

   Carlos invita **a Elena** y **a Felipe**.

3. The personal **a** is also used in questions.

¿A quién miras ahora?	Miro **a Carmen**.
¿A qué chico invita Pilar?	Invita **a Esteban**.

Ejercicio 1. En Madrid

A group of Argentine students is visiting Madrid. Say what or whom each one is looking at.

modelo: Silvia (el monumento) *Silvia mira el monumento.*
Carlos (una chica) *Carlos mira a una chica.*

1. yo (el Palacio Real)
2. tú (la Catedral de San Isidro)
3. nosotros (el Museo del Prado)
4. Juan (la gente)
5. Felipe (una turista francesa)
6. Margarita (los coches)
7. Roberto y Alberto (las chicas)
8. Elena y Carmen (los chicos)
9. Jaime (la Plaza Mayor)
10. Adela (las motos)
11. Dolores (la universidad)
12. Mónica (los estudiantes)

EL FIN DE SEMANA, ¡POR FIN!

B. The contractions *al* and *del*

In the sentences below, note the contractions of **a** and **de** with the article **el**.

el profesor	¿Escuchas **al** profesor?	Hablamos **del** profesor.
el chico	Invitamos **al** chico.	No hablamos **del** chico.
el Perú	Carlos viaja **al** Perú.	Lima es la capital **del** Perú.

a + el → al

de + el → del

■ *Explicación gramatical*

The articles **la, los,** and **las** do not form contractions with **a** and **de**.

Carlos invita **a la** chica.   Pablo habla **de las** chicas.

Ejercicio 2. En el café

You and your friends are in a café, looking at people on the street and commenting about them. Express this, following the model.

modelo: el muchacho alto   *Miramos al muchacho alto.   Hablamos del muchacho alto.*

1. la chica rubia
2. los estudiantes norteamericanos
3. el señor gordo
4. el chico moreno
5. las chicas rubias

6. el señor Rivas
7. los turistas japoneses
8. el doctor González
9. la señora de Mena
10. las personas elegantes

VOCABULARIO *Actividades*

sustantivos

un café	*café*	una biblioteca	*library*
el centro	*downtown*	una escuela	*school*
un concierto	*concert*	una fiesta	*party*
un partido de fútbol	*soccer game*	una película	*film, movie*

verbos

bailar	*to dance*	¿Tienes ganas de **bailar**?
charlar	*to talk, chat*	Es interesante **charlar** contigo.
invitar	*to invite*	Espero **invitar** a María al cine.
llamar (por teléfono)	*to call (on the phone)*	Tengo ganas de **llamar** a Pablo.
llevar	*to carry, take (along)*	**Llevo** a Paco a la fiesta.
pasar (el tiempo)	*to pass, spend (time)*	¿Cómo **pasas** el tiempo?
sacar	*to take out, take*	Me gusta **sacar** fotos.
tomar	*to take*	**Toma** el autobús.
tomar (algo)	*to have (something to drink)*	¿Quieres **tomar** una Coca-Cola?
tomar el sol	*to sunbathe*	**Tomamos** el sol en la playa.

preposiciones

antes de	*before*	¿Quieres tomar algo **antes de** la película?
después de	*after*	Tengo que estudiar **después del** concierto.
durante	*during*	¿Sacas fotos **durante** el partido de fútbol?

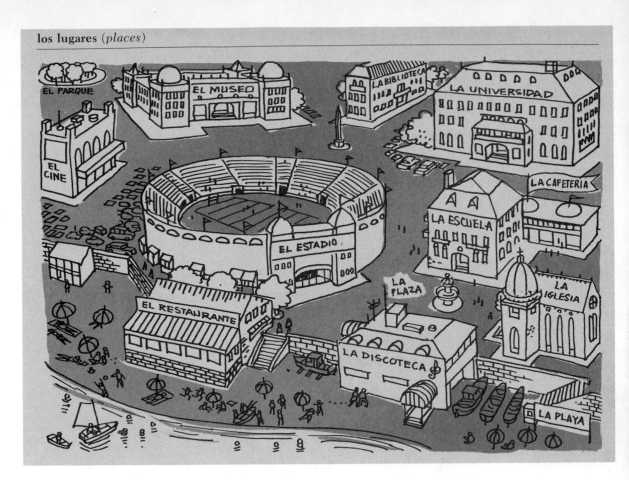

■ *Observaciones*

The verbs **llevar, tomar** and **sacar** all have the general meaning of *to take*.

1. **Llevar** is used in the sense of *to take along*, and implies movement.

   Llevo a un amigo a la fiesta.   También **llevo** mi tocadiscos.

2. **Tomar** is used in the sense of *to take in* (the sun, a beverage).

   Tomo el sol.   **Tomo** un café.

   Tomar may also be used in the sense of *to take transportation*.

   Tomo el autobús.

3. **Sacar** means *to take out* an object that is inside of another.

   Susana **saca** la cámara del coche.

Ejercicio 3. ¿Dónde?

*Most of our activities take place in specific locations. Express this by completing
each of the following sentences with the name of the place that fits logically.*

modelo: Estudiamos _____ . *Estudiamos en la biblioteca (en la universidad...).*

1. Felipe mira libros _____ .
2. Susana admira exhibiciones _____ .
3. Tomamos el sol _____ .
4. Juan y Luisa bailan _____ .
5. Ud. toma una Coca-Cola _____ .
6. Compran los discos _____ .
7. Miramos una película _____ .
8. Miramos un partido de fútbol _____ .

Ejercicio 4. Preguntas

1. ¿Baila Ud.? ¿dónde?
2. ¿Charla mucho Ud.? ¿cuándo? ¿con quién?
3. ¿Toma el sol Ud.? ¿cuándo? ¿dónde?
4. ¿Saca fotos Ud.? ¿Tiene una cámara buena?
5. ¿Estudia mucho Ud. antes de la clase? ¿después de la clase?
6. ¿Trabaja Ud. durante las vacaciones?

C. *Ir* and *ir a*

As you read the sentences below, pay special attention to the present-tense forms of the irregular verb **ir** (*to go*) and **ir a** (*to be going to...*).

	ir	ir a + *infinitive*
(yo)	**Voy** a la universidad.	**Voy** a estudiar.
(tú)	**Vas** a Puerto Rico.	**Vas** a visitar San Juan.
(él, ella, Ud.)	**Va** al café.	**Va** a tomar una Coca-Cola.
(nosotros)	**Vamos** al concierto.	**Vamos** a escuchar a Joan Baez.
(vosotros)	**Vais** a España.	**Vais** a pasar un año en Madrid.
(ellos, ellas, Uds.)	**Van** a la discoteca.	**Van** a bailar.

◼ *Explicaciones gramaticales*

1. Be sure to distinguish between the following constructions:

    ir a   *to go, to be going to a place*   Rafael **va a** la playa.
    ir a + infinitive   *to be going to do something*   Rafael **va a nadar**.

2. The verb **vamos** may also have the special meaning of *let's* or *let's go.*

    Vamos al cine. { *We are going to the movies.*
                                        { *Let's go to the movies.*
    Vamos a tomar algo. { *We are going to have something to drink.*
                                               { *Let's (go) have something to drink.*

3. The expression **¿adónde?** is used to ask *where* someone is going.

    ¿Adónde va Marta? **Where** is Marta going? (literally, **to where** is she going?)

Ejercicio 5. Diálogo: ¿Cómo pasas el tiempo?

Ask a classmate if he or she often goes to the following places or functions.

modelo: el cine
　　　　—¿Vas al cine a menudo?
　　　　—Sí, voy al cine a menudo.
　　　　or —No, no voy al cine a menudo. or —No, no voy nunca al cine.

1. el restaurante	6. las fiestas
2. la biblioteca	7. la discoteca
3. la playa	8. los museos
4. el centro	9. el laboratorio de lenguas
5. los conciertos	10. los partidos de fútbol

Ejercicio 6. Después del partido de fútbol

Indicate where the following people are going to go after the soccer game.

modelo: Clara y yo (el cine)　Clara y yo vamos a ir al cine después del partido de fútbol.

1. Inés (una fiesta)	4. tú (un café)
2. Raúl y Silvia (una discoteca)	5. nosotros (la cafetería)
3. yo (un restaurante)	6. Uds. (el centro)

Ejercicio 7. El lugar apropiado (The right place)

When we go somewhere, it is usually for a reason. Make ten sets of logical sentences, combining elements from columns A, B, and C. Use the verb ir as in the model.

modelo: Elena y Pablo van a un café. Van a tomar algo.

A	B	C
yo	un café	charlar còn un amigo
tú	el centro	bailar
el señor Montero	la biblioteca	pasar el tiempo
Elena y Pablo	la cafetería	sacar fotos
Ud. y yo	la playa	tomar algo
	el museo	tomar el sol
	un concierto	estudiar
	una fiesta	comprar regalos
	una discoteca	buscar amigos
	la universidad	mirar a la gente
		nadar
		escuchar música clásica
		hablar con el profesor

D. Use of the definite article with days of the week

VOCABULARIO　Los días de la semana

(el) domingo	Sunday	(el) jueves	Thursday
(el) lunes	Monday	(el) viernes	Friday
(el) martes	Tuesday	(el) sábado	Saturday
(el) miércoles	Wednesday		

adjetivos			
pasado	*last*	el domingo **pasado**	*last* Sunday
próximo	*next*	el lunes **próximo**	*next* Monday
último	*last (in a series)*	el **último** mes del año	*the **last** month of the year*

Contrast the words in heavy print in the sentences below:

El sábado voy a un concierto.   *I am going to a concert (**on Saturday**).*
Los sábados no trabajamos.   *We don't work (**on Saturdays**).*
Mañana es **domingo**.   *Tomorrow is **Sunday**.*

> **The definite article is used with the days of the week, except after the verb *ser*.**

Explicaciones gramaticales

1. Days of the week that end in **-s** in the singular have the same forms in the plural.

2. The singular form is used to refer to a specific day.

    El martes voy al cine.   *(**On**) **Tuesday** I am going to the movies.*

    The plural form is used to refer to regular and repeated events.

    Los lunes Ana va al centro.   *(**On**) **Mondays** Ana goes downtown.*

Ejercicio 8. Calendario personal

Say what you usually do each day of the week. Also say what you will be doing that day next week. Use your imagination.

modelo: *Los lunes voy a la biblioteca.*
          El lunes próximo voy a ir al cine con un amigo.

1. lunes   3. miércoles   5. viernes   7. domingo
2. martes   4. jueves   6. sábado

Ejercicio 9. Proyectos personales

*Indicate your future plans by completing the sentences below with the construction **voy a** + infinitive.*

1. Mañana _____ .
2. El fin de semana próximo _____ .
3. El verano próximo _____ .
4. El otoño próximo _____ .
5. Durante las vacaciones de Navidad *(Christmas)* _____ .
6. Después de la clase _____ .

Ejercicio 10. Intérprete

You are working as a translator. Put the following sentences into Spanish.

1. Carlos and Pablo are not listening to the professor. They are listening to the radio.
2. Are you (**tú**) looking for María? No, I'm looking for the library; I need another book.
3. Are you (**Ud.**) going to the concert after the soccer game? No, but I am going to the beach before the game.
4. Let's go downtown. I want to go to the museum.
5. I am going to .phone Paco on Friday. We are going to a party on Saturday.
6. On Sundays we always have to study. We often spend the whole day in the library.
7. In the United States, Saturday is the last day of the week.
8. Are you (**tú**) and Teresa going to the party next Thursday?

Lectura cultural: El cine

En el *mundo* hispano hay una gran *variedad* de diversiones para pasar el fin de semana. Hay películas, conciertos, museos, *deportes* y muchas cosas más. *Algunas* dependen de la situación socio-económica de la gente. Otras dependen de la situación geográfica o del *clima*. Pero una de las diversiones *más* populares en todo el mundo hispano es el cine. Los cines presentan películas de España, México o la Argentina, los grandes centros de la industria cinematográfica del mundo *hispanohablante*. También *se ofrecen* las *últimas* películas de Europa y los Estados Unidos. Las películas norteamericanas son especialmente populares. Y cuando una película *tiene éxito* la gente *espera* en *largas colas* para entrar en el cine.

¿Qué *clase* de película es más popular? Películas cómicas, películas serias, comedias musicales, películas románticas... *en fin*, hay un público para *cada* clase de película.

world / variety
sports
Some
climate
most

Spanish-speaking / are offered / latest
is successful
wait / long lines
kind
in short
each; every

A veces las películas tienen otros nombres en los países hispanos.

¿Comprendió Ud.?

Answer the following statements with **Cierto** or **Falso**.

1. En el mundo hispano hay una gran variedad de diversiones.
2. El cine es una diversión muy popular.
3. El Paraguay es un gran centro de la industria cinematográfica del mundo hispanohablante.
4. Las películas norteamericanas no son muy populares.
5. Las películas cómicas no tienen éxito.

Aumente su vocabulario: cognate pattern **-dad** → **-ty**

Spanish nouns that end in **-dad** correspond to English nouns ending in *-ty*. In Spanish these nouns are always feminine.

la varie**dad** → *variety*   la universi**dad** → *university*

Práctica

Add the proper ending to each of the following Spanish nouns and use each in an original sentence.

1. reali—
2. nacionali—
3. oportuni—
4. socie—
5. activi—
6. posibili—

AHORA LE TOCA A UD.

How do you spend your weekends? Select two of the times given below and describe what you do on those weekends.

—durante todo el año
—en el verano
—cuando tengo que estudiar
—cuando no tengo dinero
—cuando tengo mucho dinero

EL HIT-PARADE de la CRITICA

10 guía del ocio
**** obra maestra
*** muy buena
** interesante
* regular
o mala

	ABC Pedro Crespo	YA Pascual Cebollada	EL PAIS Jesús F. Santos	DIARIO 16 Manolo y Pachin Marinero	INFORMACIONES Alfonso Sánchez	TRIUNFO Diego Galán	FOTOGRAMAS J. L. Guarner
1. El amigo americano	***	***	****	***	****	***	***
2. Mi tío	***	**	***	***	****	***	o
3. Harlan County USA	***	***	***	***	***	***	o
4. La Escopeta Nacional	*	*	***	*	***	****	**
5. El Imperio de la Pasión	**	**	***	***	**	**	**
6. Estado de sitio	***	***	o	****	**	***	***
7. La venganza de la Pantera Rosa	**	***	***	*	***	**	*
8. La Boda	***	**	***	o	**	**	o
9. El cielo puede esperar	**	**	***	*	**	**	o
10. Interiores	**	*	**	***	***	o	*
11. En nombre del Papa Rey	**	**	***	**	**	**	o
12. Pourquoi pas?	*	***	o	*	**	*	
13. Expreso de medianoche	**	***	**	***	*		
14. Paso decisivo	**	*	*				
15. Jesús de Nazareth	*						
16. Grease							

LECCION 6
¿Rebelde o independiente?

Rebellious

Me llamo Ramón Hernández.
Soy *taxista* en la capital de Puerto Rico. — taxi driver
Soy de un *pueblo* pequeño, pero ahora *estoy* en San Juan. — town / I am
Hay más oportunidades *aquí.* — here
Mi esposa, su mamá, *nuestros* dos *hijos* y nuestra *hija menor* están — My wife / her / our sons /
aquí también. — youngest daughter / are
Pero nuestra hija *mayor*, Marta, *está lejos de* nosotros; está en Nueva — oldest / is / far from
York.
Claro, no está *sola*... está con sus *primos*... — alone / cousins
Pero ¡tiene *solamente* diecinueve años! — only
Y una chica de diecinueve años tiene que *estar* donde están *sus* — to be / her
padres.
¿Es independiente o es rebelde?

Me llamo Marta Hernández.
Soy hija de Ramón y María Hernández.
Sí, estoy aquí en la *ciudad* de Nueva York.   city
Y mi familia está en Puerto Rico.
Estudio *trabajo social* en la Universidad de Columbia.   social work
Hay más oportunidades aquí.
No estoy sola; estoy con *mis* primos.   my
Y quiero ser independiente.
Según mi papá, soy rebelde.   According to
¿Rebelde? ¡No! ¿Independiente? ¡Sí!

Preguntas

1. ¿Cómo se llama el taxista?
2. ¿De dónde es?
3. ¿Por qué está en San Juan?
4. ¿Cuántos hijos tiene?
5. ¿Cómo se llama la hija mayor?
6. ¿Dónde está? ¿Por qué?
7. ¿Cuántos años tiene?
8. ¿Qué estudia?
9. ¿Es rebelde Marta?

NOTA CULTURAL

Puerto Rico

On his second voyage Columbus landed on the island of Puerto Rico, which remained a part of the Spanish colonial Empire until 1898. The Indians who were the original inhabitants of the island had called it **Boriquén**, *and today young Puerto Ricans sometimes refer to themselves as* **boricuas** *in recognition of their past.*

San Juan, Puerto Rico: la parte colonial y la parte moderna

At the beginning of a single word or group of words, or after **n** or **l**, the letter **d** is pronounced /d/, very much like the English *d* in *dog*.

In the middle of a word or group of words, except after **n** or **l**, it is pronounced /d̶/, like the English *th* in *the*.

Práctica

/d/: **d**es<u>e</u>o   **d**ifícil   **d**e   **d**ía   **d**isco   **d**om<u>i</u>ngo   **d**iscoteca   **d**i<u>e</u>z
/d̶/: sá<u>b</u>a<u>d</u>o   grava<u>d</u>ora   parti<u>d</u>o   esta<u>d</u>io   merca<u>d</u>o   ra<u>d</u>io   na<u>d</u>a
/d/ and /d̶/: <u>d</u>elga<u>d</u>o   <u>d</u>iverti<u>d</u>o   <u>d</u>escansa<u>d</u>o   <u>d</u>e na<u>d</u>a   ¿<u>d</u>ónde?

LENGUA ESPAÑOLA

A. *Estar*

As you read the sentences below, pay special attention to the present-tense forms of the irregular verb **estar** (*to be*).

(yo)	**Estoy** en la universidad.	(nosotros)	**Estamos** en Nueva York.
(tú)	**Estás** en la biblioteca.	(vosotros)	**Estáis** en San Juan.
(él, ella, Ud.)	**Está** en el café.	(ellos, ellas, Uds.)	**Están** en Puerto Rico.

▇ *Explicaciones gramaticales*

1. **Estar** is used to express *location*. In this sense it means *to be* or *to be located*.

   San Juan **está** en Puerto Rico.

2. **Estar** is used in the following expressions.

estar de acuerdo (con)	*to agree (with)*	**Estoy de acuerdo con** Marta.
estar de vacaciones	*to be on vacation*	**Estamos de vacaciones** en Puerto Rico.
estar de viaje	*to be on a trip*	Ud. **está de viaje** en los Estados Unidos.
estar de vuelta	*to be back*	Susana **está de vuelta** de México.

Ejercicio 1. De vacaciones

The following students are spending their vacations abroad. Express this and say where each one is.

modelo: Carmen / Bogotá   *Carmen está de vacaciones. Está en Bogotá.*

1. Pedro / Lima
2. Ud. / Asunción
3. yo / Córdoba
4. tú / Madrid
5. nosotros / Caracas
6. Jaime y Federico / Cuzco
7. Marta y yo / San Juan
8. Uds. / París

Ejercicio 2. De vuelta

Their vacations are over, and the people in the previous exercise are now back.
Express this, following the model. (Note: **Ya no** *means No longer.)*

modelo: Carmen / Bogotá   *Carmen está de vuelta. Ya no está en Bogotá.*

Ejercicio 3. Diversiones

Say whether or not you do the things indicated in parentheses when you are in the
situation or place mentioned.

modelo: en una discoteca (bailar)   *Cuando estoy en una discoteca, bailo (no bailo).*

1. en un café (tomar algo; estudiar; charlar; mirar a la gente)
2. en una fiesta (bailar; charlar; escuchar música; tocar la guitarra)
3. en la playa (tomar el sol; nadar; mirár a los chicos / a las chicas)
4. con amigos (escuchar discos; cantar; bailar; mirar la televisión)
5. de viaje (sacar fotos; visitar museos; comprar discos; mirar a la gente)
6. de vacaciones (llevar una cámara; ir a la playa; visitar a amigos; viajar)
7. en el estadio (tomar algo; mirar a la gente; charlar)

VOCABULARIO: *Nuestro mundo (Our world)*

sustantivos

un almacén	*department store*	una calle	*street*
el campo	*country, countryside*	una casa	*house*
un lugar	*place*	una ciudad	*city*
el mar	*sea*	una montaña	*mountain*
un mercado	*market*	una piscina	*swimming pool*
el mundo	*world*	una plaza	*public square, plaza*
un país	*country*	una tienda	*shop, store*
un pueblo	*village, town*		
un río	*river*		
un teatro	*theater*		

adverbios

aquí	*here*	Trabajo **aquí** en el almacén.
ahí, allí	*there*	¿Trabajas **ahí** en el mercado?
allá	*over there*	Pablo está **allá** lejos.
cerca (de)	*near, close (to)*	El río está **cerca.**
lejos (de)	*far (from)*	La ciudad está **lejos.**

■ *Observaciones*

1. Note the difference between **campo** and **país.**

   El campo is *the country*, as opposed to the city. **Me gusta visitar el campo.**
   Un país is *a country*, in the sense of *nation*. **México es un país.**

2. Note the use of **casa** in the following expressions.

Estoy **en casa.**	*I am **home**. I am **at home**.*
Voy **a casa** ahora.	*I am going **home** now.*

3. In Spanish, many adverbs of place may be transformed into prepositions with the addition of the word **de**.

adverb: El teatro está **cerca**.   *The theater is **near**.*
preposition: El teatro está **cerca de** la plaza.   *The theater is **near** the square.*

Ejercicio 4. ¿Dónde?

Complete the sentences below with the names of places that fit logically.

modelo: Nadamos —————— .   *Nadamos en la piscina.* or *Nadamos en el mar.*
                              or *Nadamos en el río.*

1. Trabajo ————— .
2. Compramos bananas —————— .
3. Miramos la televisión —————— .
4. Compras cintas —————— .
5. Miramos a los atletas —————— .
6. La señora de Velázquez pasa las vacaciones —————— .
7. Los chicos nadan —————— .

Ejercicio 5. Un poco de geografía

Describe the area where you live, using one or more of the nouns from the **Vocabulario**. *If possible, use descriptive adjectives.*

modelo: En mi país hay —————— .   *En mi país hay montañas muy altas.*

1. Cerca de mi casa hay —————— .
2. En mi calle hay —————— .
3. En mi ciudad hay —————— .
4. Cerca de la universidad hay —————— .
5. En el centro hay —————— .
6. Lejos de mi ciudad hay —————— .

B. Possessive adjectives

Possessive adjectives are used to indicate ownership or relationship. Note the forms of the possessive adjectives in the chart below.

possessors	possessive adjectives singular	plural	examples		English equivalents
(yo)	mi	mis	**mi** libro	**mis** libros	*my*
(tú)	tu	tus	**tu** amiga	**tus** amigas	*your*
(él)					*his, its*
(ella)	su	sus	**su** playa	**sus** playas	*her, its*
(Ud.)					*your*
(nosotros)	nuestro/a	nuestros/as	**nuestro** papá	**nuestros** discos	*our*
(vosotros)	vuestro/a	vuestros/as	**vuestra** mamá	**vuestras** cintas	*your*
(ellos, ellas)					*their*
(Uds.)	su	sus	**su** fiesta	**sus** tiendas	*your*

■ *Explicaciones gramaticales*

1. Like all other adjectives, the possessive adjective agrees with the noun it introduces in gender and number.

   mi papá   mi mamá   mis hermanos   mis hermanas

   Only **nuestro** and **vuestro** have separate masculine and feminine forms.

   nuestr**o** papá   nuestr**a** mamá   nuestr**os** hermanos   nuestr**as** hermanas

2. Note that **su/sus** has several meanings.

la(s) amiga(s) de Clara	**su(s)** amiga(s)	*her friend(s)*
la(s) amiga(s) de Roberto	**su(s)** amiga(s)	*his friend(s)*
la(s) amiga(s) de Pedro y de Ramón	**su(s)** amiga(s)	*their friend(s)*
la(s) amiga(s) de Ud.	**su(s)** amiga(s)	*your friend(s)*

   To avoid possible ambiguity, the following phrases are often used instead of **su/sus: de él, de ella, de Ud., de ellos, de ellas, de Uds.**

   ¿Es José hermano de Paco o de Ana?   Es hermano **de ella.** (= de Ana).

Ejercicio 6. Diálogo: Preferencias

Ask a classmate about his or her preferences, following the model. (Note:
preferido/a *means favorite.)*

modelo: el artista   —*¿Cuál es tu artista preferido?*
                       —*Mi artista preferido es Pablo Picasso.*

1. el atleta	5. los libros	9. el río
2. la atleta	6. los discos	10. el restaurante
3. el actor	7. el país	11. la ciudad
4. la actriz (*actress*)	8. la película	12. el lugar

VOCABULARIO La familia

sustantivos			
un pariente	*relative*	la familia	*family*
el niño	*child (male)*	la niña	*child (female)*
el papá	*dad*	la mamá	*mom*
el primo	*cousin (male)*	la prima	*cousin (female)*
el tío	*uncle*	la tía	*aunt*

adjetivos		
mayor	*older; oldest*	Juan es mi hermano **mayor.**
menor	*younger; youngest*	Elena es mi hermana **menor.**

■ *Observación*

The masculine plural forms of the above terms are used to refer to
groups that include both males and females.

los abuelos	*grandparents*	los niños	*children*
los hermanos	*brothers and sisters*	los padres	*parents*
los hijos	*children, sons and daughters*	los tíos	*aunts and uncles*

Ejercicio 7. La graduación

*These students are inviting friends and members of their families to the graduation
ceremony. Express this, following the model.*

modelo: Carlos (amigas) *Carlos invita a sus amigas a la ceremonia.*

1. Felipe (el primo)
2. Luisa (la prima)
3. Clara e Isabel (los primos)
4. Enrique y Luis (las primas)
5. Raquel (el tío)
6. Carmen (el novio)
7. yo (el padre)
8. tú (la mamá)
9. nosotros (la hermana y los primos)
10. Ud. (los padres y la abuela)
11. Uds. (la tía y los primos)
12. Miguel (los amigos)

Ejercicio 8. Con la familia

*Replace the italicized words with the words in parentheses, and make all necessary
changes.*

modelo: Nuestro *tío* está en casa. (abuelos) *Nuestros abuelos están en casa.*

1. Nuestro *abuelo* no está en casa. (tía; hijos; mamá; primas; familia)
2. ¿Busca Ud. a sus *padres*? (niños; hijas; abuelo; abuela; parientes)
3. Llamo por teléfono a mi *mamá*. (papá; abuelos; prima; primos, tía)
4. ¿Te gusta pasar las vacaciones con tus *padres*? (abuelos; primas; tíos; mamá; papá)
5. *Yo* voy a sacar una foto de mi mamá. (tú; Ud.; Rosa; Ramón; Uds.; nosotros)
6. *Tú* vas a charlar con tus primas. (yo; Teresa; nosotros; Ud.; Luis y Ana)
7. *Uds.* van a bailar con sus primos. (nosotros; Marta y yo; Jaime y Pilar; tú)
8. *Ud.* va a visitar a su abuelo. (yo; Ricardo; Uds. y yo; Antonia y María; tú)

C. Time of day

VOCABULARIO *la hora*

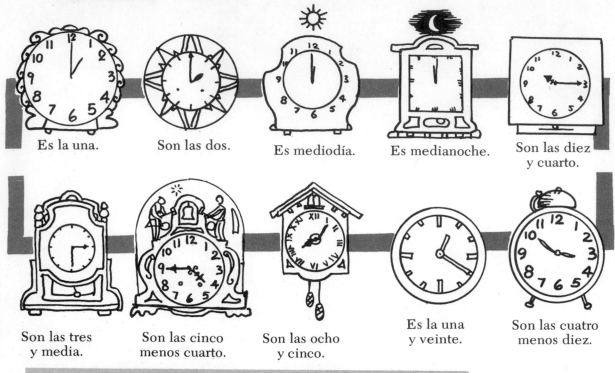

Es la una.   Son las dos.   Es mediodía.   Es medianoche.   Son las diez y cuarto.

Son las tres y media.   Son las cinco menos cuarto.   Son las ocho y cinco.   Es la una y veinte.   Son las cuatro menos diez.

expresiones		
¿Qué hora es?	*What time is it?*	¿Qué hora es ahora?
¿a qué hora...?	*when? at what time?*	¿A qué hora va Ud. al cine?
a las dos	*at two (o'clock)*	Voy al cine a las dos.
de la mañana	*in the morning*	Son las diez de la mañana.
de la tarde	*in the afternoon*	Son las seis de la tarde.
de la noche	*in the evening, at night*	Son las nueve de la noche.

▓ *Explicaciones gramaticales*

1. The singular verb **es** is used only with **la una, mediodía** and **medianoche**. With other verbs, **son** is used.

2. To distinguish between A.M. and P.M. in informal conversation, Spanish speakers use the expressions **de la mañana, de la tarde, de la noche.*** However, the expressions **por la mañana, por la tarde** and **por la noche** are used if a specific time is not mentioned. Contrast:

   Trabajo **a las diez de la mañana.**   *I work at ten in the morning.*
   Trabajo **por la mañana.**   *I work in the morning.*

* The 24-hour clock is often used to express official time.
20:30   **veinte horas, treinta minutos**   8:30 P.M.

Ejercicio 9. Hora española

There is a six-hour time difference between New York and Madrid. Indicate what time it is in Madrid at each of the following New York times.

modelo: 1:00   *Cuando es la una en Nueva York, son las siete en Madrid.*

1. 1:15   5. 3:10
2. 1:20   6. 4:25
3. 1:30   7. 4:35
4. 2:05   8. 4:50

Ejercicio 10. Su horario (your schedule)

1. ¿Qué hora es ahora?
2. ¿Qué hora va a ser en diez minutos?
3. ¿A qué hora va Ud. a la biblioteca?
4. ¿A qué hora va Ud. a la cafetería?
5. ¿Cuándo mira Ud. la televisión?
6. ¿A qué hora escucha Ud. la radio?
7. ¿A qué hora llama Ud. a sus amigos por teléfono?
8. ¿Cuándo estudia Ud.?

D. **Ser** vs. **estar** (part 1)

Both **ser** and **estar** mean *to be;* however, they are not interchangeable. Each verb is used in different instances. Contrast the uses of the two verbs in the following sentences.

Soy estudiante.
Marta es de Puerto Rico.
Son las diez de la noche.

Ahora **estoy** en la biblioteca.
Pero ahora no **está** en San Juan.
La familia Hernández **está** en casa.

Ser is used to indicate:
profession
origin
religious and political affiliation
time of day

El Sr. Gómez *es* profesor.
Es de México. *Es* mexicano.
Es católico. *Es* socialista.
Es la una.

Estar is used to indicate:
location

María *está* en San Juan.
San Juan *está* en Puerto Rico.

◼ *Explicaciones gramaticales*

1. Remember that after **ser** the indefinite article **un/una** is not used before the name of a profession, unless that name is modified by an adjective.

   El Sr. Gómez es profesor.   Es **un** profesor mexicano.

2. Note the interrogative expressions that correspond to *where.*

¿dónde?	*location: with estar*	**¿Dónde está** la plaza?	*Where is the square?*
¿de dónde?	*origin: with ser*	**¿De dónde son** Uds.?	*Where are you from?*
¿adónde?	*destination: with ir*	**¿Adónde va** la gente?	*Where are the people going (to)?*

Ejercicio 11. Estudiantes latinoamericanos

*The following Latin-American students are presently studying in the United States.
Say where each one is from and where each one is at this time.*

modelo: Inés (Colombia / colombiana / San Diego)
   Inés es de Colombia. Es colombiana. Ahora está en San Diego.

1. Pedro (la Argentina / argentino / Santa Cruz)
2. Silvia (Bolivia / boliviana / Santa Fe)
3. Carmen y Alfonso (Chile / chilenos / Tampa)
4. Luisa y Ramón (Venezuela / venezolanos / San Antonio)
5. yo (el Ecuador / ecuatoriano / Nueva York)
6. tú (el Perú / peruano / Chicago)
7. Ud. y yo (Guatemala / guatemaltecos / Pueblo)
8. Uds. (Nicaragua / nicaragüenses / Albuquerque)

Ejercicio 12. Ocupaciones

*One generally works at a specific location. Make ten sets of logical sentences using
elements from columns **A**, **B**, and **C** with the appropriate forms of **ser** and **estar**.*

modelo: *Carmen es estudiante. Ahora está en la universidad.*

A	B	C
yo	estudiante	el taxi
tú	profesor/a	la universidad
Carmen	taxista	la biblioteca
Pablo y Ricardo	doctor/a	el hospital
Ud.	recepcionista	la oficina
Uds.	secretaria	el estadio
nosotros	actor / actriz	la clase de español
	atleta	el teatro

Ejercicio 13. Intérprete

You are working as a translator. Put the following sentences into Spanish.

1. My older brother's name is José. My younger sister's name is Marisa.
2. I never agree with my parents . . . and they never agree with me.
3. When we are on vacation, my mother feels like visiting all the museums, and my father takes a lot of photographs. I like to swim and sunbathe.
4. The stadium is near the city. The river is near and the mountains are far.
5. Barbara is looking for her uncle, her aunt, and her cousins. Where are they?
6. Pedro works with his grandfather and his mother downtown.
7. Their relatives are from Mexico. But now they are in New York.
8. Our cousins are going to call at six-thirty.
9. My friends study in the afternoon and work in the evening. I study in the morning and work in the afternoon.
10. Where are you (**tú**) from? Where are we going? Where are our friends?

AHORA LE TOCA A UD.

*Write a short description of your family, focusing on two or three people. You may
want to use* ¿Rebelde o independiente? *as a model.*

Memorias de Camilo José Cela

Mi padre se llama *como yo*, y yo me llamo como mi hijo. Mi abuelo *se llamó* como se llama mi padre, y mi *nieto, cuando lo tenga, se llamará*, probablemente, como nos llamamos todos.

Camilo no es un *nombre* muy bonito, es un nombre *extraño, que suena como a* francés o a ruso...

Mi tío Claudio Montenegro es un gran *caballero* medieval, con *la cabeza llena* de ideas extrañas...

Teresa Fernández, alias «Pinoxa», *que vive con su padre ciego*, es hija de Manuela, hermana de mi abuela Teresa...

Claudio Otero es hijo de otra hermana, de Pepa, y tiene dos hijas ciegas...

Manuel Otero, alias «Cortador», es hermano de Claudio y *lleva* treinta y *tantos* años *borracho*...

(the same) as I
was called / grandchild / when I have one
will be called

name / strange
that sounds like

knight, gentleman
his head full of

who lives / blind

has been
some odd / drunk

91

Mi tío Pedro Crespo no es *agricultor ni ganadero;* es *comerciante* o, como él *dice, industrial*... Mi tío Pedro usa un *papel de cartas* con un *membrete* que dice: Pedro Crespo. Exportación de *jamones*— *Fábrica de ataúdes.* Los Mesones del Reino. Orense (Spain).

Mi padre no es hombre alto—sus siete hijos *vivos* somos *más altos que él*... Mi padre es hombre de ideas conservadoras... Mi padre es *correcto* en su *trato*... Mi padre—*no sé si me equivocaré*—es un hombre importante.

Mi madre se llama como su *marido,* como su abuelo, como su hijo y como su nieto. Su *suegro,* una de sus *cuñadas* y un *sobrino* también se llaman *igual.* Camilo es un nombre *en el que parecen haberse puesto de acuerdo todas las gentes de mi familia, sobre todo* la línea paterna de mi padre y la materna, la italiana, de mi madre. Mi madre es mujer difícil de clasificar.

—Camilo José Cela

These selections are from the first book of the memoirs of Camilo José Cela, one of Spain's foremost contemporary novelists and essayists.

UNIDAD III LA VIDA ESTUDIANTIL

Antes del examen

¿Cómo está Ud. antes de un examen? ¿Está nervioso? ¿*cansado*?   tired
¿*de mal humor*? O ¿está *tranquilo* y de buen humor?   in a bad mood / calm

Aquí hay cuatro estudiantes de la Universidad Autónoma de
México. Mañana tienen un examen en la clase de inglés. ¿Cómo están?

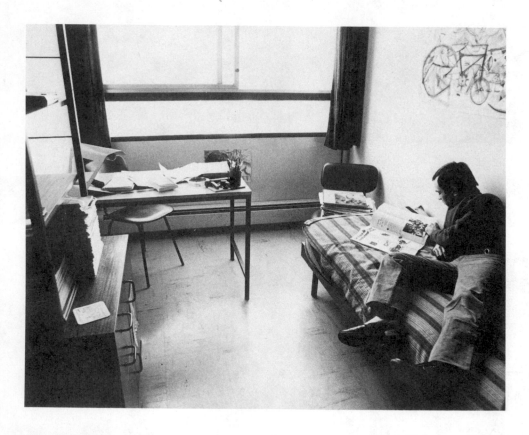

Ramón Ortiz

Ramón está en su *cuarto*.   room
Está *tomando* una Coca-Cola.   drinking
Está *escuchando* un disco.   listening to
Y está *mirando* un libro...   looking at
¿Es el libro de inglés? ¿*el cuaderno de ejercicios*?   workbook
No, ¡es un libro de *chistes*!   jokes
Pero ¡el examen de inglés no es *ningún* chiste!   no

Elba Morales

Elba está en la biblioteca.
Está *estudiando* y *repasando* el libro, repasando y estudiando sus *apuntes*.
No está nerviosa.
Al contrario, está muy tranquila.
Y ¿por qué no?
Elba siempre estudia...
Y siempre *saca buenas notas*.

studying / reviewing
notes

On the contrary

gets good grades

Miguel Bustamante

Miguel está en una fiesta.
Está *bailando la salsa* con una chica muy simpática.
Están *charlando* cuando *entra* un amigo de Miguel.
—Miguel, ¿no estás estudiando para el examen de inglés?
—¿Un examen? ¿de inglés? ¿cuándo? ¿mañana? ¡Dios mío!

dancing / a Latin-
American dance
chatting / enters

Dolores Echeverría

Dolores está en su casa.
Está mirando el libro de inglés, mirando y mirando...
¿Está estudiando?
No, está mirando el libro, pero no está estudiando.
Es difícil *concentrarse*...
¿Por qué es difícil? Porque ¡Dolores está *enamorada*!
¡Dolores! El examen es mañana, pero *el amor* es *para siempre*.

to concentrate
in love
love / forever

Preguntas

1. ¿Dónde está Ramón?
2. ¿Qué está tomando?
3. ¿Qué libro está mirando?
4. ¿Está estudiando o no?
5. ¿Dónde está Elba?
6. ¿Qué está estudiando?
7. ¿Por qué está tranquila?
8. ¿Dónde está Miguel?
9. ¿Está estudiando?
10. ¿Cómo está pasando la noche?
11. ¿Dónde está Dolores?
12. ¿Qué está mirando?
13. ¿Está estudiando? ¿por qué no?

NOTA CULTURAL

UNAM

The *Universidad Nacional Autónoma de México*, popularly referred to as UNAM, is the largest of Mexico's forty-two public universities. Its huge modern campus, located in Mexico City, is called **Ciudad Universitaria**; and with a student body of over 250,000, it really is the size of a small city. Many of the buildings on the campus have been designed by Mexico's outstanding architects, and much of the exterior design is the work of leading Mexican painters and sculptors.

La biblioteca de UNAM

FONETICA   The consonant sound /s/

In most of Latin America and a few parts of Spain, the letters **s**, **z**, and **c** (before **e** and **i**) are pronounced /s/. This sound is similar to the English *s* in *see*.*

Práctica

s: deseas más o menos por supuesto me gusta nosotros
z: diez perezoso Venezuela Esperanza Beatriz Pérez Gómez Sánchez
c (*before* **e, i**): difícil necesito doce trece catorce ciencias

El señor Sánchez necesita más o menos diez pesetas.
Beatriz y Esperanza esperan visitar Venezuela.

---

* In Castilian Spanish (as spoken in the greater part of Spain), the letters **z** and **c** (before **e** and **i**) are pronounced like the *th* in the English word *thin*.

A. The use of *de* to indicate possession

Note how possession and relationship are expressed in the sentences below.

Es **el cuarto de Roberto.**   *It's **Roberto's room.***
¿Dónde está **el coche del profesor?**   *Where is **the professor's car?***
Los abuelos de Paco son de Oaxaca.   ***Paco's grandparents** are from Oaxaca.*
La hermana de Carmen no está aquí.   ***Carmen's sister** is not here.*

The following construction is used to indicate possession and relationship.

noun + *de* + article (when needed) + noun

■ *Explicaciones gramaticales*

1. The word **de** corresponds to the English *of* or *belonging to*. (Spanish does not use an apostrophe to show possession.)

el lápiz **de** María   *the pencil **of** María*   *María's pencil*
la casa **de** mi tía   *the house **of** my aunt*   *my aunt's house*

2. Note the following constructions.

¿De quién es la tienda?   ***Whose** store is that? (**Of whom** is the store?)*
La tienda **es del Sr. Montes.**   *The store **belongs to Mr. Montes.***

Ejercicio 1. ¿De quién es?

Imagine that you have found the following objects. You inquire as to their owners. A classmate will answer you.

modelo: la guitarra (Isabel)   —*¿De quién es la guitarra?*
                                     —*La guitarra es de Isabel.*

1. el tocadiscos (Ramón)   6. el dinero (mi hermana menor)
2. la grabadora (Felipe)   7. el diccionario (la profesora)
3. la cámara (Lucía)   8. las cintas (mi hermano mayor)
4. los discos (María)   9. los lápices (el tío de Clara)
5. las fotos (Juan)   10. la calculadora (el abuelo de Raúl)

B. Noun + *de* + noun

Contrast the expressions in heavy print in the Spanish and English sentences.

Tengo **una clase de historia.**   *I have **a history class.***
El examen de español no es fácil.   ***The Spanish exam** is not easy.*
Carmen va a **un partido de fútbol.**   *Carmen is going to **a soccer game.***

When one noun is used to qualify another, the following construction·is used.

main noun + *de* + qualifying noun

■ *Explicación gramatical*

In this construction, the word order in Spanish is the opposite of the word order in English.

un **libro** de inglés
an English **book**

VOCABULARIO *Los estudios*

sustantivos

los apuntes	*notes*	una clase	*class; classroom*
un cuaderno	*notebook*	una lengua	*language*
un ejercicio	*exercise*	una nota	*grade*
los estudios	*studies*	una palabra	*word*
un examen (los exámenes)	*exam, test*	una pregunta	*question*
un nombre	*name*	una respuesta	*answer*
el trabajo	*work, job*	una tarea	*(homework) assignment*

verbos

contestar	*to answer*	Paco **contesta** la pregunta de la profesora.
preguntar	*to ask*	Ramón **pregunta** a qué hora es el examen.
repasar	*to review*	**Repasamos** los verbos irregulares.
tomar un examen	*to take an exam*	¿Cuándo vas a **tomar el examen** de español?
sacar una nota	*to get a grade*	Cuando estudio, **saco** buenas **notas**.

Ejercicio 2. Diálogo: Posesiones

Ask a classmate if he or she possesses any of the following items.

modelo: *(libros)*historia
    —¿*Tienes un libro de historia?*
    —*Sí, tengo un libro de historia.* or —*No, no tengo ningún libro de historia.*

(libros)
1. historia
2. ciencia-ficción
3. poesía
4. fotografía

(discos)
5. música clásica
6. música latina
7. «jazz»
8. música popular

Ejercicio 3. Opiniones, actitudes e ideas

1. En la televisión, ¿mira Ud. programas de política? ¿de música? ¿de aventuras?
2. ¿Tiene que tomar muchos exámenes de español? ¿de inglés? ¿de ciencias naturales?
3. ¿Son difíciles las clases de sociología? ¿de geografía? ¿de psicología?
4. ¿Son fáciles las tareas de español? ¿de matemáticas? ¿de economía?
5. ¿Toma Ud. muchos apuntes en la clase de español? ¿en la clase de inglés? ¿en la clase de biología?

C. The present progressive

The present progressive tense is used to describe actions that are currently taking place. Note the verb in the questions and answers below.

—¿Por qué **estás repasando** tus apuntes ahora?
—**Estoy estudiando** porque mañana tengo un examen.

Why are you reviewing your notes now?
I am studying because I have an exam tomorrow.

—¿**Está mirando** la televisión Teresa?
—No, **está escuchando** la radio.

Is Teresa watching TV?
No, she is listening to the radio.

—¿Qué **están buscando** Luis y Tomás?
—**Están buscando** sus cuadernos.

What are Luis and Tomás looking for?
They are looking for their notebooks.

To describe an action in progress, Spanish-speakers use the present progressive construction:

present tense of *estar* + present participle

Explicaciones gramaticales

1. The present participle of **-ar** verbs is formed by replacing the **-ar** of the infinitive with **-ando.** This ending does *not* change to agree with the subject.

   cantar → cantando *singing*   José **está cantando.** *José is singing.*
   bailar → bailando *dancing*   Inés **está bailando.** *Inés is dancing.*

2. The present progressive is used less frequently in Spanish than in English. In Spanish the present progressive is used *only* to describe actions currently taking place. The simple present is used to describe general conditions or situations. Contrast:

   Mi hija siempre **estudia.**

   My daughter is always studying (she studies as a matter of course).

   Ahora **está estudiando** para un examen de inglés.

   Now she is studying (she is in the process of studying) for an English exam.

Ejercicio 4. Actividades

Describe what the following people are and are not doing at the present time. Use the present progressive as in the model.

modelo: mi papá (trabajar / mirar la televisión)
      Ahora mi papá no está trabajando. Está mirando la televisión.

1. mi mamá (mirar la televisión / escuchar la radio)
2. los estudiantes (charlar / escuchar al profesor)
3. las estudiantes (tomar apuntes / repasar los cuadernos)
4. tú y yo (sacar fotos / tomar el sol)
5. Ud. (repasar el libro / tomar el examen)
6. yo (cantar / tocar la guitarra)

7. tú (comprar un regalo / buscar un regalo)
8. Uds. (contestar la pregunta / mirar los cuadernos)

Ejercicio 5. Ahora

*What are the following people doing right now? Use your imagination in composing
your answers.*

modelo: el profesor / la profesora   *Ahora el profesor / la profesora está nadando en el mar.*

1. mi papá
2. mi mamá
3. mi hermana mayor
4. mi hermano menor
5. mis abuelos

6. mis primas
7. mis tíos
8. el presidente de los Estados Unidos
9. Uds.
10. yo

D. The use of **Estar** with adjectives of condition

Note the use of **estar** in the sentences below

Susana **está nerviosa** porque tiene
un examen a las dos.

*Susana **is nervous** because she has an exam
at two o'clock.*

Elba **está tranquila** antes de un examen
porque siempre saca buenas notas.

*Elba **is relaxed** before an exam, because she
always gets good grades.*

Estar is used with certain adjectives to describe a physical condition or
an emotional state. It is implied that this condition or state is subject to
change. In the above examples, Susana will probably no longer be
nervous once the exam is over, while Elba might not be calm under
other circumstances.

VOCABULARIO *Adjetivos que se usan con estar*

el estado emocional *(emotional state)*

aburrido ≠ ocupado   alegre ≠ triste   contento ≠ enojado, furioso

de buen humor ≠ de mal humor   enamorado   tranquilo ≠ nervioso, preocupado
(por algo)

---

el estado físico (*physical condition*)

cansado ≠ descansado	*tired ≠ rested*
enfermo ≠ de buena salud	*sick ≠ healthy, in good health*
listo ≠ no listo	*ready ≠ unprepared, not ready*

el estado social

casado ≠ soltero	*married ≠ single, unmarried*
solo ≠ juntos	*alone, by oneself ≠ together*

Ejercicio 6. Diálogo: ¿Cómo estás?

*Ask a classmate how he or she feels at present, using the suggested adjectives. Your classmate may wish to use certain modifiers (such as **muy**, **un poco**, and **bastante**) when answering.*

modelo: cansado
—*¿Estás cansado/a?*
—*Sí, estoy bastante cansado/a.* or —*No, no estoy cansado/a.*

1. descansado	6. aburrido	11. nervioso
2. enfermo	7. de mal humor	12. preocupado por sus exámenes
3. contento	8. triste	13. solo
4. furioso	9. de buena salud	14. de buen humor
5. enamorado	10. tranquilo	15. alegre

Ejercicio 7. Circunstancias

Our moods and feelings are influenced by certain conditions. Say how you feel when you are in the following situations or circumstances.

modelo: sacar una buena nota   *Cuando saco una buena nota, estoy muy contento/a.*

1. sacar una mala nota
2. tener que repasar mis apuntes
3. contestar bien una pregunta difícil
4. tener un examen

5. ganar mucho dinero
6. tener que buscar trabajo
7. tener poco trabajo
8. mirar un partido de fútbol
9. estar en la clase de español
10. estar en una fiesta

11. nadar
12. no tener dinero
13. tener que hablar en público
14. bailar con mi novio/a
15. estar de vacaciones
16. estar de viaje

E. Ser vs. estar (part 2)

Contrast the uses of **ser** and **estar** in the sentences below.

Soy optimista.	Pero hoy **estoy** muy **triste.**
Raquel **es simpática.**	Pero ahora **está de muy mal humor.**
Los estudiantes **son serios.**	**Están nerviosos** antes del examen.

Ser **is used to indicate basic characteristics and qualities.**

nationality:	**Pablo *es* mexicano.**
physical aspects:	**Mi hermana *es* muy alta.**
personality and intelligence:	**Los estudiantes *son* inteligentes.**
age and value:	**El radio *es* viejo. *Es* muy barato también.**
possession:	**¿De quién *es* el cuaderno? *Es* de Julio.**

Estar **is used to indicate conditions and states that may change.**

physical condition:	**Mi hijo *está* enfermo hoy.**
emotional state:	***Estamos* contentos durante las vacaciones.**
social state:	**Mi hermana mayor *está* casada.**
actions in progress:	**Los amigos de Ricardo *están* charlando.**

■ *Explicación gramatical*

Some adjectives may be used with either **ser** or **estar,** but with different connotations. For instance:

El profesor Santos **es aburrido.**	*Professor Santos **is boring.*** (basic characteristic)
Los estudiantes **están aburridos.**	*The students **are bored.*** (emotional state)

Rafael **es listo.**	*Rafael **is clever.*** (basic characteristic)
Ahora **no está listo.**	*He **is not ready** now.* (condition subject to change)

Ejercicio 8. Descripciones

Ask questions about the following people, using the adjectives in parentheses and ser *and* estar *as appropriate. A classmate will answer affirmatively.*

modelo: Carlos (inteligente; de buen humor)
—*¿Es inteligente Carlos?*
—*Sí, es inteligente.*
—*¿Está de buen humor?*
—*Sí, está de buen humor.*

1. María (generosa; alegre)
2. Pablo (de mal humor; casado)
3. Teresa (contenta; enamorada)
4. Ramón (rubio; delgado)

5. Carmen (furiosa; de mal humor)
6. Felipe (enfermo; aburrido)
7. José (serio; antipático)
8. Jaime y Esteban (tristes; preocupados)
9. Ana y María José (descansadas; de buena salud)
10. Juan y Mari Carmen (nerviosos; trabajadores)
11. Isabel y Rosa (solteras; divertidas)
12. Eva y Diego (tranquilos; morenos)
13. Marta y Paquita (conservadoras; norteamericanas)
14. Felipa y Manuel (juntos; tranquilos)

Ejercicio 9. Intérprete

You are working as a translator. Put the sentences below into English.

1. Felipe's friends are dancing. They are in a good mood.
2. Clara's brothers are studying. They are unhappy.
3. We are always busy during vacation. We are never bored.
4. Pablo is tall, dark and handsome. Is he from Mexico or Spain?
5. I am angry. I want to be alone.
6. Your (**tú**) cousins are in New York now. They are unmarried. They work in a department store.
7. Whose history notebook is this? It belongs to Ricardo's sister.
8. Gloria and Luisa, you are intelligent and hard-working. Why are you nervous today?
9. What are you (**Ud.**) studying? Do you have a lot of assignments? Are your studies interesting?

REALIDAD HISPANICA

Lectura cultural: Los exámenes

En *algunas* universidades hispanas *se dan* exámenes con frecuencia, pero en otras *se da solamente* un examen *al final* del semestre. *Entonces,* la nota depende completamente de un sólo

some / are given

is given / only / at the end / then

Cuando el profesor está hablando...

examen. En algunas universidades los exámenes finales son *escritos*, en otras, son orales; y *muchas veces* tienen una parte oral y una parte escrita. En un examen oral el estudiante está solo con tres o cuatro profesores, y *cada* profesor *le hace* preguntas. ¡*A veces* están preguntando *por* una hora! Y el *pobre* estudiante está cansado después de estudiar mucho; está nervioso porque tiene solamente una oportunidad para *obtener* una buena nota; y está muy preocupado por la nota que va a sacar.

written
often

each / asks him / Some-
  times / for / poor

to obtain

El sistema de notas, generalmente, no es *a base de A, B, C, D* y *F.* Es a base de números. En algunos países las notas son de uno a siete, en otros, de uno a diez, en otros, de uno a doce, y en otros son de uno a cien. Y ¿*qué pasa si* el estudiante no saca una buena nota? *Bueno,* tiene que repetir la *materia* y tomar el examen el próximo semestre. *Por eso* está preocupado y nervioso.

based on

what happens if /
  Well
subject
That's why

¿*Comprendió Ud.?*

Answer the following questions.

1. ¿Se dan exámenes en las universidades hispanas con frecuencia?
2. ¿Cómo son los exámenes en las universidades hispanas?
3. ¿Por qué está nervioso el estudiante durante un examen oral?
4. ¿Cómo es el sistema de notas en la universidad hispana?
5. ¿Qué pasa si el estudiante no saca una buena nota?

Aumente su vocabulario: cognate pattern -i- → -y-

Some Spanish words that have the vowel i correspond to English cognates that are written with y.

un sistema → *system*

Práctica

Guess the meanings of the following words and use each one in an original sentence.

1. el misterio
2. analizar
3. la sinfonía
4. el símbolo
5. el sinónimo
6. el himno
7. el mito

AHORA LE TOCA A UD.

Imagine that a friend from Mexico intends to study in the United States. He has asked you to describe the examination and grading system of your university. Compose a short paragraph explaining that system. You may use the Lectura cultural as a guide.

Una carta

letter

18 de septiembre
Madison, Wisconsin

Queridos papá y mamá: Dear
   Esta carta va a ser *breve* porque tengo que *asistir a* una clase en   This / brief / attend
veinte minutos. No *recibo* muchas cartas. ¿Es porque estoy en los   receive
Estados Unidos *solamente* dos semanas?   only
   Estoy bien... cansado, pero bien. *Asisto a* unas clases muy   I attend
interesantes, especialmente la clase de filosofía, y estoy *leyendo* día   reading
y noche. *Tengo suerte* porque mi *compañero de cuarto* es muy   I am lucky / roommate
simpático. Los *yanquis* hablan inglés muy rápidamente y con mucha   Americans
jerga, y a veces es difícil *comprender* las palabras. Y ¡la *comida*   slang / to understand / food
norteamericana! *Como* porque *tengo hambre*, no porque la comida   I eat / I'm hungry
es buena. En la cafetería *venden* algo *que* se llama un   they sell / that
«chisburguer». Es una hamburguesa con *queso*. *Todos* comen   cheese / Everyone
«chisburguers» con *papas fritas*. Y ¡*corren*! No corren porque   french fries / they run
tienen prisa. Corren porque es buen ejercicio. Papá: *tienes razón*.   they're in a hurry / you are
Esta es una experiencia cultural.   right
   Espero recibir una carta de Uds. muy *pronto*.   soon
                              Besos y abrazos de   Kisses and hugs

                              Jaime

Preguntas

1. ¿Cómo se llama el joven que escribe la carta?
2. ¿De dónde escribe la carta? ¿A quiénes escribe?
3. ¿Por qué es breve la carta?
4. ¿Qué estudia el joven?
5. Según (*According to*) él, ¿cómo hablan los norteamericanos?
6. Según él, ¿cómo es la comida norteamericana?
7. ¿Por qué corren los estudiantes norteamericanos?

NOTA CULTURAL

Cheeseburgers and Mole Poblano

Living and studying in another country often require making a number of adjustments, including learning to like foods that may at first seem strange, such as hamburgers with cheese on them. Hispanic people find that they have to acquire a taste for other American food combinations also, especially those that combine meat and fruit, such as turkey with cranberry sauce or ham and pineapple. And Americans in Hispanic countries must make similar adjustments. After all, the national dish of Mexico is **mole poblano,** *turkey with a thick, dark sauce that includes chocolate among its ingredients.*

Mmmmmm... paella

FONETICA   the consonant sound /k/

Before the vowels **a, o,** and **u,** and before consonants, the /k/ sound is represented by the letter **c** in Spanish.

Before **e** and **i,** the /k/ sound is represented by the letters **qu.**

Práctica

ca:	**c**apital **c**hi**c**a sa**c**a dis**c**ote**c**a bus**c**an mexi**c**ano
co:	po**c**o ri**c**o **C**olombia **c**on **c**osa bus**c**o to**c**adis**c**os
cu:	**c**ubano ¿**c**uándo? ¿**c**uántas? ¿**c**uál? **c**uatro **c**uarenta
cl:	**c**laro bi**c**i**c**leta **C**laudio **C**laudia
que:	**qu**e ¿**qu**é? pe**qu**eño Enri**qu**e
qui:	a**qu**í **qu**ién **qu**ince **qu**ímica

A. Regular verbs ending in -er and -ir

Regular verbs ending in **-er** and **-ir** are conjugated like **aprender** (*to learn*) and **vivir** (*to live*). Note the present-tense forms of these verbs in the sentences below.

	aprender	vivir
(yo)	**Aprendo** inglés.	**Vivo** en Nueva York.
(tú)	**Aprendes** francés.	**Vives** en Quebec.
(él, ella, Ud.)	**Aprende** italiano.	**Vive** en Roma.
(nosotros)	**Aprendemos** alemán.	**Vivimos** en Berlín.
(vosotros)	**Aprendéis** español.	**Vivís** en Toledo.
(ellos, ellas, Uds.)	**Aprenden** chino.	**Viven** en Hong Kong.

■ *Explicaciones gramaticales*

1. The present tense endings of regular **-er** and **-ir** verbs are the same in all forms except **nosotros** and **vosotros**.

2. The present participle of **-er** and **-ir** verbs is formed by replacing the infinitive ending with **-iendo**.

| beb**er** *(to drink)* | beb**iendo** | Estoy **bebiendo** café. |
| escrib**ir** *(to write)* | escrib**iendo** | Estoy **escribiendo** un poema. |

Note: Verbs ending in **-eer** form the present participle with **-yendo**.

| **leer** *(to read)* | le**yendo** | Estamos **leyendo** tu poema. |

VOCABULARIO *Verbos regulares que terminan en* -er e -ir

aprender	to learn	Ahora **aprendo** portugués.
beber	to drink	Paco **bebe** café.
comer	to eat	**Comemos** en la cafetería.
comprender	to understand	Ud. no **comprende** mis problemas.
correr	to run	Los chicos **corren** en la playa.
creer	to believe	**¿Crees** en los horóscopos?
deber	to owe; ought to, should	**Debo** 20 pesos. **Debo** trabajar más.
leer	to read	**Lee** un libro de historia.
vender	to sell	Cecilia **vende** su guitarra.
asistir (a)	to attend, go (to)	Mañana **asistimos a** un concierto.
descubrir	to discover	¿Qué esperas **descubrir**?
escribir	to write	¿Qué **escribe** Ud.?
recibir	to receive, get	Espero **recibir** una carta de mi novio.
sufrir	to suffer	**¿Sufres** cuando estás enfermo?
vivir	to live	¿Dónde **viven** Uds.?

■ *Observaciones*

1. When **deber** expresses obligation, it is followed by an infinitive construction.

Debemos vender nuestros libros. $\begin{cases} \textit{We \textbf{ought to sell} our books.} \\ \textit{We \textbf{must sell} our books.} \\ \textit{We \textbf{should sell} our books.} \\ \textit{We \textbf{have to sell} our books.} \end{cases}$

2. In Spanish, the conjunction **que** (*that*) must always be used after **creer** when it means *I believe that*, even though the English equivalent is often omitted.

Creo **que** José es mexicano.   *I believe (**that**) José is Mexican.*

Ejercicio 1. ¿Qué pasa?

Replace the italicized subjects with the subjects in parentheses. Make all other necessary changes. (Note: In some sentences the subject is not expressed.)

modelo: *Ramón* sufre mucho. (yo)   *Sufro mucho.*

1. Bebemos Coca-Cola a menudo. (tú; mi tía; Uds.; Juan y Arturo; yo)
2. ¿Comes siempre en la cafetería? (Ud.; Uds.; Manuel; tú y Nicolás; los estudiantes)
3. *Eduardo* está escribiendo un artículo. (Alfredo y yo; tú; Uds.; mi abuelo)
4. *Guillermo* corre todos los días. (nosotros; yo; Ud.; tus primas; tú)
5. *César* recibe muchos regalos para su cumpleaños. (yo; nosotros; mi mamá; tú)
6. *Uds.* viven cerca del mar. (Ignacio y yo; David; tú; Ud.; nuestros tíos)
7. Vendo mi grabadora. (Daniel; nosotros; nuestros amigos; el profesor; tú)
8. *Los estudiantes* deben escribir las tareas. (nosotros; tú; yo; Gregorio; Ud.)
9. ¿Aprende *José* inglés? (Ud.; tú; Uds.; los muchachos; Dolores)
10. *Gloria* está leyendo una novela. (nosotros; yo; mis hijos; Ricardo y tú)

VOCABULARIO   *Beber, comer y leer*

Para beber...

un café	*coffee*	el agua	*water*
un té	*tea*	la cerveza	*beer*
el vino	*wine*	la leche	*milk*

Para comer...

un dulce	*(piece of) candy*	la carne	*meat*
un helado	*ice cream*	la ensalada	*salad*
un huevo	*egg*		
el pan	*bread*		

un pastel	cake	una fruta	fruit
el pollo	chicken	una hamburguesa	hamburger
el queso	cheese	las legumbres	vegetables
		las papas fritas	french fries
		la sopa	soup

Para leer...

un artículo	article	una carta	letter
el horóscopo	horoscope	las noticias	news
el periódico	newspaper	una revista	magazine
un poema	poem	una tarjeta	card

■ *Observación*

Although **agua** is feminine, the masculine definite article is used: **el agua.**
El is used instead of **la** before any word beginning with a stressed **a** or **ha.**

la abuela, la amiga   *but*   el agua   el hambre (*hunger*)

Ejercicio 2. Preguntas personales

1. ¿Come Ud. en casa? ¿en la cafetería? ¿en un restaurante? ¿solo/a o con amigos? ¿Qué come en casa? ¿en la cafetería?
2. ¿Qué bebe Ud.? ¿Cuándo bebe cerveza?
3. ¿Qué periódico lee Ud.? ¿Lee las noticias? ¿el horóscopo? ¿Qué revistas lee?
4. ¿Dónde vive Ud.? ¿Dónde espera vivir? ¿en la ciudad? ¿en el campo? ¿cerca del mar? ¿lejos de la universidad?
5. ¿Dónde viven sus padres? ¿Es un lugar bonito? ¿por qué? ¿En qué tipo de casa viven?
6. ¿Dónde viven sus abuelos? ¿sus tíos? ¿sus primos?
7. ¿Escribe mucho Ud.? ¿Qué escribe? ¿Escribe artículos para el periódico de la universidad?
8. ¿Recibe Ud. cartas a menudo? ¿de quién?
9. ¿Comprende Ud. el español? ¿el francés? ¿el italiano? ¿el japonés?
10. ¿Está Ud. leyendo un libro ahora? ¿qué libro? ¿Está bebiendo cerveza? ¿Está sufriendo en la clase de español? ¿por qué?

Ejercicio 3. Diálogo: Curiosidad

Ask a classmate what he or she does in the situations indicated in parentheses.
Formulate your questions as in the model.

modelo: comer (cuando bebe café)   —*¿Qué comes cuando bebes café?*
                                          —*Como pasteles (pan...)*

1. beber (cuando come una hamburguesa)
2. beber (cuando come una ensalada)
3. leer (durante la clase de español)
4. leer (a las diez de la noche)

Ejercicio 4. ¿Qué comen Uds.?

What do you and your friends eat when you are in the following places?

modelo: en su cuarto (*room*)   *Cuando estamos en mi cuarto, comemos dulces.*

1. en un restaurante mexicano
2. en la playa
3. en casa de su abuela
4. en la cafetería
5. en un restaurante caro
6. en casa de un amigo vegetariano
7. en una fiesta de cumpleaños

B. Expressions with **tener**

Tener is used in many idiomatic expressions which in English use the verb *to be*.

Tengo hambre. Voy a comer una hamburguesa.	*I'm hungry.* (literally: *I have hunger.*)
Susana **tiene sed.** Va a beber una cerveza.	*Susana is thirsty.* (literally: *Susana has thirst.*)
No **tenemos sueño.** Estamos descansados.	*We are not sleepy.* (literally: *We do not have sleep.*)

VOCABULARIO   expresiones con tener

tener (mucha) hambre	*to be (very) hungry*	no tener razón	*to be wrong*
tener (mucha) sed	*to be (very) thirsty*	tener (mucho) miedo	*to be (very) afraid*
tener (mucho) frío	*to be (very) cold*	tener (mucha) prisa	*to be in a (big) hurry*
tener (mucho) calor	*to be (very) hot, warm*	tener (mucho) sueño	*to be (very) sleepy*
tener razón	*to be right*	tener (mucha) suerte	*to be (very) lucky*

■ *Observación*

The above **tener** expressions consist of **tener** plus a noun. These expressions may be intensified with the addition of the adjective **mucho/a**.

¿Tienes hambre?   ¡Sí, tengo **mucha** hambre!   *Yes, I am very hungry!*

Ejercicio 5. Lógica

Complete the following sentences logically with an expression using **tener**.

1. Toma una Coca-Cola porque _____ .
2. Pedro va al restaurante porque _____ .
3. Sufro mucho en verano porque _____ .
4. Cuando una persona está en Alaska en invierno, _____ .
5. Son las dos de la mañana y nosotros _____ .
6. Carlos cree que Nueva York es la capital de los Estados Unidos: _____ .
7. María cree que Madrid es la capital de España: _____ .
8. Pedro siempre gana dinero en la lotería: _____ .
9. Voy a llegar tarde a clase y corro porque _____ .

C. Adverbs ending in -mente

Contrast the adjectives in heavy type with the corresponding adverbs.

una chica **seria**	Ella habla **seriamente**.	(seriously)
una persona **inteligente**	Ella contesta **inteligentemente**.	(intelligently)
una tarea **fácil**	Repasamos la tarea **fácilmente**.	(easily)

Adverbs are derived from adjectives as follows.

feminine form of adjective + -mente

Note the adverb derived from the adjective **solo** (alone).

solamente   only   Hay **solamente** dos personas aquí.

Ejercicio 6. ¿Cómo?

Answer the following questions, using the adverb in -mente derived from the underlined adjective.

modelo: ¿Estudia Ud. de una manera inteligente?
        Sí, estudio inteligentemente. or No, no estudio inteligentemente.

1. Trabaja Ud. de una manera seria?
2. ¿Habla de una manera clara (clear)?
3. ¿Va al cine de una manera regular?
4. ¿Conoce a sus compañeros de una manera íntima?
5. ¿Vive de una manera cómoda (comfortable)?
6. ¿Escribe de una manera legible?
7. ¿Lee de una manera rápida?

Ejercicio 7. Así son...

Say that the following people act according to their personalities. Follow the model.

modelo: Roberto y Felipe son serios. Trabajan _____ .   *Trabajan seriamente.*

1. Teresa es profesional. Canta _____ .
2. Ricardo es nervioso. Habla _____ .
3. Mis amigos son diligentes. Estudian _____ .
4. Elena es tranquila. Come _____ .
5. Soy independiente. Trabajo _____ .
6. Ana y Carmen son pacientes. Repasan sus apuntes _____ .
7. Mis hermanos son lógicos. Contestan preguntas _____ .

D. The relative pronoun que

In the following sentences, the words in heavy print are relative pronouns.
Compare the forms of these pronouns in Spanish and English.

Miramos a dos chicos **que** están comiendo   *We are watching two boys **who** are eating*
papas fritas.   *French fries.*

¿Cómo se llama la persona **que** invitas?	*What is the name of the person **whom** you are inviting?*
Vamos al restaurante **que** está cerca del estadio.	*We are going to the restaurant **which/that** is near the stadium.*
El pastel **que** estoy comiendo es muy bueno.	*The cake (**which/that**) I am eating is very good.*

The relative pronoun *que* (who, whom, which, that) **may refer to either people or things.**

■ *Explicaciones gramaticales*

1. The relative pronoun **que** may not be omitted in Spanish. In English, however, the relative pronoun is often left out.

el libro **que** estás leyendo...	*the book (**that**) you are reading...*
las clases **a que** asistimos...	*the classes (**which**) we attend...*

2. After a preposition (**a, de, con, para,** etc.), the pronoun **quien/quienes** is used to refer to people.

¿Cómo se llama la chica **de quien** habla Paco?	*What's the name of the girl **about whom** Paco is speaking (**whom** Paco is talking **about**)?*

Ejercicio 8. En un café

Imagine that you are in a café in Madrid with a Spanish friend. Ask him or her to identify the other customers.

modelo: Una chica está bebiendo Coca-Cola.
         ¿Cómo se llama la chica que está bebiendo Coca-Cola?

1. Un estudiante está leyendo un periódico.
2. Un chico está comiendo un sandwich.
3. Un profesor está hablando con unos estudiantes.
4. Un señor está tomando cerveza.
5. Una señora está tomando té.
6. Una muchacha está charlando con unos turistas.

Ejercicio 9. Intérprete

You are working as a translator. Put the sentences below into Spanish.

1. We run ten kilometers (**kilómetros**) every morning.
2. Pedro hopes to discover a new world.
3. We always receive useful gifts from our parents.
4. I am writing letters.
5. María is reading a very interesting article in the newspaper.
6. My grandmother is reading the news and drinking tea.
7. Clara and Teresa are in Chile. It is the first of July and they are very cold. It is winter there.
8. Linda is American. She is going to attend a university in Mexico. She is very lucky!

9. You (**tú**) are never afraid. You are never sleepy. In winter you are never cold. In summer you are never hot. You are an extraordinary (**extraordinario**) person!
10. You are right, Ricardo and Luis. When I am thirsty, I should not drink too much water.

Lectura cultural: *La vivienda estudiantil*

Student housing

¿Dónde vive Ud. *mientras* asiste a la universidad? ¿en una *residencia de estudiantes*? ¿Tiene un apartamento? O ¿vive en casa con sus padres?

Para el estudiante universitario de España o Latinoamérica, las posibilidades de vivienda son diferentes y *a veces* más limitadas. Las universidades en *estos* países están principalmente en las grandes ciudades. *Así, si* el estudiante tiene la suerte de ser de la *misma* ciudad, no tiene problemas de vivienda. Generalmente vive con su familia. Pero si es de *otra parte*, tiene que buscar vivienda.

¿Cuáles son las posibilidades? ¿una residencia de estudiantes? Algunas universidades no tienen residencias de estudiantes, o si tienen residencias, no hay suficientes *cuartos. Entonces*, el estudiante vive con un pariente que reside en *esa* ciudad o *alquila* un cuarto en una *pensión* o en casa de una familia. La universidad hispana *no ofrece* el mismo *ambiente* que ofrece la universidad norteamericana.

while
dorm

sometimes
these
therefore / if / same

somewhere else

rooms / then
that / rents
rooming house /
doesn't offer
atmosphere

Estudiantes españoles en una residencia

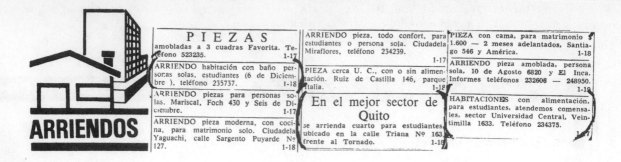

¿Comprendió Ud.?

1. ¿Dónde están la mayoría de las universidades hispanas?
2. ¿Generalmente, dónde vive el estudiante que es de la misma ciudad?
3. ¿Dónde vive el estudiante que no es de la misma ciudad?
4. ¿Por qué no viven todos los estudiantes hispanos en residencias estudiantiles?
5. ¿Dónde vive Ud. mientras asiste a la universidad?

Aumente su vocabulario: Word families

The words **estudiar, estudiante**, and **estudiantil** are related to one another; that is, they belong to the same family of words. Often you will be able to guess the meaning of a new Spanish word if you can relate it to another Spanish word of the same family that you already know. Let's take two examples from this lesson.

1. In the letter on page 105, Jaime refers to **la comida norteamericana.** If you know that **comer** means *to eat*, you can guess that **comida** means *food, something to eat.*
2. The title of the **Lectura** is **La vivienda estudiantil.** Although the word **vivienda** (*housing, lodging*) may be unfamiliar to you, you might have guessed its meaning by relating it to the verb **vivir** (*to live; to reside* [*in*]).

When you come across a new word, you should see if it is related to another word with which you are already familiar.

Práctica

In the following sentences, the words in heavy print are new to you. Find their meanings by completing the sentences with the appropriate forms of the verbs to which they are related. (These verbs are found on page 107.)

1. Un **escritor** es un hombre que _____ .
2. Un **vendedor** es una persona que _____ diferentes cosas.
3. Me gusta la **vida** estudiantil porque me gusta _____ en la ciudad universitaria.
4. La **lectura** es un pasatiempo (*pastime*) que me gusta mucho. En particular, me gusta _____ poesía y tragedias.
5. Voy a participar en una **carrera** de diez kilómetros. Me gusta _____ .
6. Es **increíble**. No _____ eso (*that*).

AHORA LE TOCA A UD.

Imagine that it is your first week in college. You promised to write to a cousin in Spain about your new life. Compose a letter, using Jaime's letter home as a model.

¡Vacaciones, lindas vacaciones!

Después de los estudios, después del trabajo y después de los exámenes finales, *llegan* las vacaciones. ¡Qué *alegría!* ¿Qué *hace Ud.* cuando está de vacaciones? Vamos a *hacer la pregunta* a *algunos* estudiantes hispanos:

arrive / joy / do you do
to ask / some

Consuelo (de España)

Generalmente *no hago nada* muy interesante, pero *este* año voy a *hacer* algo fascinante. La semana próxima *salgo* para los Estados Unidos. Es la *primera vez* que *hago un viaje* a otro país, y es la primera vez que viajo en *avión.* Y ¡*todavía* tengo que *esperar* una semana más!

I don't do anything
this / to do / I leave
first time / I'm taking
a trip
airplane / still / to wait

Javier (de Chile)

Mi familia tiene una casa en Viña del Mar, cerca de la playa, *así que* siempre pasamos las vacaciones allá. Cuando *hace buen tiempo* paso los días en la playa, y cuando hace mal tiempo *hago* otras cosas: leo, escribo cartas, voy al cine con algunos amigos... No tengo *ningún* plan especial.

so
the weather is good
I do
any

José Luis (de California)

¿Las vacaciones? *Algún día* voy a pasar las vacaciones en la playa, pero *por* el momento las vacaciones son una oportunidad para ganar dinero. Es *verdad* que necesito unas vacaciones. ¡Trabajo y estudio todo el año! Pero ¡necesito el dinero más!

Someday
for
true

Guillermo (de la Argentina)

¡Este año voy a hacer un viaje fabuloso! En enero mi hermano y yo vamos a la *Antártida*. ¡Qué aventura! Primero vamos en avión a Ushuaia, una ciudad en la *isla* de Tierra del Fuego. De allá hacemos el viaje en *barco*. Claro, ahora es verano, pero en la Antártida siempre *hace mucho frío*. Voy a llevar mi cámara y voy a sacar unas fotos estupendas. *Si salen* bien, espero vender las fotos a una revista.

Antartica
island
boat
it is very cold
if they come out

Preguntas

1. ¿De dónde es Consuelo?
2. ¿Adónde va este año?
3. ¿Hace muchos viajes ella? ¿Está contenta?
4. ¿De dónde es Javier?
5. ¿Dónde pasa las vacaciones?
6. ¿Qué hace él cuando hace buen tiempo? ¿cuando hace mal tiempo?
7. ¿De dónde es José Luis?
8. ¿Va a pasar las vacaciones en la playa?
9. ¿Por qué tiene que trabajar?
10. ¿De dónde es Guillermo?
11. ¿Adónde va en enero?
12. ¿Qué espera vender a una revista?

NOTA CULTURAL

Tierra del Fuego and Antarctica

The small body of land that lies south of the Strait of Magellan is called Tierra del Fuego (land of fire); one part of it belongs to Argentina, the other part to Chile. Ushuaia, on the Argentine side, has the distinction of being the southernmost town or city in the western hemisphere and is, therefore, the starting point for many of the trips and expeditions that go even farther south—to Antarctica. Both Argentina and Chile maintain research bases in Antarctica, and recent explorations have discovered enormous oil deposits beneath the ice cap of that vast white continent.

La mayoría de los habitantes de la Antártida son pingüinos.

FONETICA   the consonants *ll* and y

At the beginning of a word, and after **n** and **l**, the letters **ll** and **y** represent a sound that is similar to, but somewhat softer than, the *dg* in *ledge*.*

In other positions, this consonant sounds more like the *y* in *yes*.

Note: At the end of a word, the letter y represents the sound of the vowel **i: hoy.**

Práctica

initial: llevamos   llega   llover   llueve   yo   Yolanda
other positions: ello   ellas   allí   allá   pollo
Se llama Yolanda Falla. Ella va a llegar a Sevilla mañana.

* In Castilian Spanish, the letter **ll** is pronounced like the *li* in *million*.

A. Irregular verbs with first-person singular forms in -go

You have already learned one irregular verb (**tener**) whose **yo** form has an irregular **-go** ending: **tengo**. The following vocabulary listing presents six other common verbs which have the **-go** ending in the **yo** form.

VOCABULARIO   *verbos irregulares*

hacer	*to do; to make*	Ahora **hago** mucho trabajo.
oír	*to hear*	**Oigo** las noticias.
poner	*to put, place*	¿Dónde **pongo** la carta?
salir	*to go out; to leave*	**Salgo** a menudo con mis amigas mexicanas.
traer	*to bring*	¿**Traigo** mi guitarra a tu casa?
venir	*to come*	**Vengo** con mi hermano.

Note the complete conjugations of these verbs in the chart below. Pay special attention to the irregularities that are indicated in heavy type.

	hacer	poner	traer	salir	oír	venir
(yo)	**hago**	**pongo**	**trai**go	**salgo**	**oigo**	**vengo**
(tú)	haces	pones	traes	sales	**oye**s	**vien**es
(él, ella, Ud.)	hace	pone	trae	sale	**oye**	**viene**
(nosotros)	hacemos	ponemos	traemos	salimos	**oí**mos	venimos
(vosotros)	hacéis	ponéis	traéis	salís	oís	venís
(ellos, ellas, Uds.)	hacen	ponen	traen	salen	**oye**n	**vien**en
present participles	haciendo	poniendo	**tray**endo	saliendo	**oye**ndo	**vin**iendo

■ *Explicaciones gramaticales*

1. The **-er** verbs (**hacer, poner,** and **traer**) have regular **-er** endings. The **-ir** verbs (**salir, oír,** and **venir**) have regular **-ir** endings. (Note: **oír** has a written accent in the **nosotros** form: **oímos**.)

2. The present-tense forms of **venir** are similar to those of **tener** with the exception of the **nosotros** and **vosotros** endings.

Ejercicio 1. Chismes (Gossip)

In each sentence replace the subject, whether expressed or not, with each of the subjects given in parentheses. Make all necessary changes.

modelo: Roberto sale con su prima. (yo)   *Salgo con mi prima.*

1. Siempre salimos los domingos. (Cecilia; yo; tú; Ud.; María y Jaime)
2. ¿Dónde pone su artículo Guillermo? (Rosa y yo; Uds.; tú; yo; Ud.)

3. Los estudiantes traen las revistas aquí. (yo; tú; nosotros; Ud.; Ana)
4. ¿Qué oyen los chicos? (el profesor; Alberto y yo; Luis y tú; yo; tú)
5. Mis parientes vienen mañana a las dos. (Ud.; nosotros; tú; Teresa; yo)
6. Ricardo no tiene razón. (yo; Gloria y yo; Ud.; los estudiantes; tú)
7. Paco siempre hace la tarea. (nosotros; yo; Ud.; tú; las chicas)

VOCABULARIO *las vacaciones*

sustantivos

un aeropuerto	*airport*	una compra	*purchase*
un autobús	*bus*	la estación	*station*
un avión	*plane*	una maleta	*suitcase*
un barco	*ship, boat*	las vacaciones	*vacation*
un ruido	*noise, sound*		
un tren	*train*		
un viaje	*trip, voyage*		

adjetivos

extranjero	*foreign*	Llega un coche **extranjero**.
raro	*strange, curious; rare*	¿Oyes un ruido **raro**?

verbos

andar	*to walk, go*	Ana y Raúl **andan** en la playa.
descansar	*to rest*	Quiero **descansar** mañana.
gozar (de)	*to enjoy*	Voy a **gozar del** buen tiempo.
hacer la maleta	*to pack a suitcase*	Mi esposo siempre **hace las maletas**.
hacer un viaje	*to take a trip*	**¿Haces el viaje** en barco?
ir a pie	*to go on foot, walking*	**Voy** a la estación **a pie**.
ir de compras	*to go shopping*	¿Mañana **vas de compras**?
ir, viajar en avión, en tren...	*to go, travel by plane, train...*	¿Nunca **viaja en avión**?
llegar	*to arrive*	Van a **llegar** en el autobús de las cinco.
regresar	*to return*	**Regresamos** mañana por la mañana.

adverbios y expresiones

a veces	*sometimes*	**A veces** viajo en tren.
de vez en cuando	*from time to time, once in a while*	Hacemos viajes **de vez en cuando**.
entonces	*then*	**Entonces** viajamos en avión.
si	*if*	**Si** estoy cansado, descanso.

Ejercicio 2. Diálogo: ¿Qué haces?

Ask a classmate if he or she does the following things.

modelo: *salir a menudo los fines de semana*
  —¿Sales a menudo los fines de semana?
  —Sí, siempre salgo los fines de semana.
  or *—No, no salgo a menudo los fines de semana.*

1. salir con estudiantes extranjeros
2. salir a veces con personas aburridas
3. siempre traer los libros a clase
4. poner su dinero en el banco todas las semanas
5. venir a clase cuando estás enfermo/a
6. a veces oír ruidos raros durante la noche
7. ir de compras a pie
8. viajar en avión de vez en cuando

Ejercicio 3. Viajes y excursiones

Imagine that you are going to the following places. Say how you are getting there, when you are leaving and when you are arriving.

modelo: a Nueva York   *Voy a Nueva York en autobús. Salgo el domingo a las ocho. Llego a la una.*

1. a San Francisco
2. a México
3. a España
4. al partido de fútbol
5. a la playa
6. al centro

B. Affirmative and negative expressions

Note the affirmative and negative expressions in heavy type in the sentences below.

¿Qué mira Ud.?	¿Mira **algo**?	*Are you looking at something?*
	No no miro **nada**.	*No, I'm **not** looking at **anything**.*
¿A quién llama Ud.?	¿Llama a **alguien**?	*Are you calling **someone**?*
	No, no llamo a **nadie**.	*No, I'm **not** calling **anyone**.*
¿Qué hace Ud.?	¿Va a hacer **algún** viaje?	*Are you going to take **some** (**kind of**) trip?*
	No, no voy a hacer **ningún** viaje.	*No, I'm **not** going to take **any** trip(s).*
¿Qué bebe Ud.?	¿Bebe té **o** café?	*Do you drink tea **or** coffee?*
	No bebo **ni** té **ni** café.	*I drink **neither** tea **nor** coffee.*
Salgo los sábados.	Yo **también**.	*So do I. I do too.*
No salgo los lunes.	Yo **tampoco**.	*Neither do I. I don't either.*

In Spanish, when the negative expression comes after the verb, the following construction is used:
no + verb + negative expression
No hago nada.
When the negative expression comes before the verb, the pattern is:
negative expression + verb
Nadie sale.

■ *Explicación gramatical*

In Spanish, more than one negative expression may be used in the same sentence.

Nunca traigo **nada**.   }
No traigo **nada nunca**. }   *I never bring **anything**.*

VOCABULARIO   *Expresiones afirmativas y negativas*

algo	*something, anything*	nada	*nothing, not anything*
alguien	*someone, anyone*	nadie	*no one, nobody, not anyone*
alguno/a, algún	*some, any*	ninguno/a, ningún	*none, not any, no*
o... o	*either... or*	ni... ni	*neither... nor*
también	*also, too*	tampoco	*neither, not either*

1. The shortened forms **algún** and **ningún** are used before masculine singular nouns.

   alguna cosa   **algún** objeto   **ninguna** cosa   **ningún** objeto

2. Whereas **alguno** may be used in the singular or the plural, its negative counterpart, **ninguno**, is almost always used in the singular.

   Tiene **algunos** parientes en Cuba.   *He has **some** relatives in Cuba.*
   No tiene **ningún** pariente en México.   *He has **no** relatives in Mexico.*

3. Note the following constructions with **algo** and **nada**.

   ¿Tienes **algo que** hacer?   *Do you have **something to** do?*
   No, no tengo **nada que** hacer.   *No, I have **nothing to** do.*

Ejercicio 4. Diálogo: ¿Y tú?

State whether or not you do the following things on Sundays, and then ask a classmate what he or she does.

modelo: estudiar
   —*Estudio los domingos. ¿Y tú?*   or —*No estudio los domingos. ¿Y tú?*
   —*Yo también.* or —*Yo, no.*   —*Yo tampoco.* or —*Yo, sí.*

1. repasar sus tareas
2. trabajar en la biblioteca
3. ir a la universidad
4. escribir cartas
5. comer en la cafetería
6. ir de compras
7. correr en el estadio
8. asistir a la clase de español

Ejercicio 5. ¡No!

Manuel is sick and is not going to do anything this weekend. He answers all of Luisa's questions in the negative. Play both roles.

modelo: salir con alguien
   LUISA: ¿*Vas a salir con alguien?*
   MANUEL: *No, no voy a salir con nadie.*

1. invitar a alguien al cine
2. hablar con alguien
3. llamar a alguien por teléfono
4. comprar algo
5. leer algo
6. hacer algo

Ejercicio 6. Diálogo: Curiosidad

Ask a classmate if he or she has or does any of the following.

modelo: tener algunas amigas en Nueva York
   —*¿Tienes algunas amigas en Nueva York?*
   —*Sí, tengo algunas amigas en Nueva York.*
   or —*No, no tengo ninguna amiga en Nueva York.*

1. tener algún amigo en México
2. tener algunas amigas fantásticas

3. tener algunos amigos muy simpáticos
4. tener algunos discos de música latina
5. tener algunos libros muy viejos
6. tomar algunos exámenes fáciles
7. salir con algunos estudiantes extranjeros

C. Weather

The verb **hacer** is used in many weather expressions.

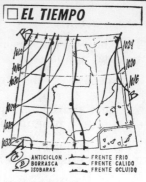

□ EL TIEMPO

ANTICICLON ·—· FRENTE FRIO
BORRASCA —— FRENTE CALIDO
ISOBARAS —— FRENTE OCLUIDO

Borrasca sobre Grecia y altas presiones en toda España, donde soplarán vientos flojos variables.

Pronóstico

AREA DE MADRID. — Parcialmente cubierto en la sierra y poco nuboso o despejado en el resto, con neblinas matinales en toda la zona. Vientos flojos o en calma y temperaturas moderadamente bajas.
CANTABRICO.—Nieblas matinales y poco nuboso el resto del día.
GALICIA.—Nieblas o neblinas en el interior y poco nuboso o despejado en el resto.
DUERO.—Poco nuboso.
EXTREMADURA. — Poco nuboso o despejado.
ANDALUCIA.—Despejado o casi despejado, con neblinas en el Guadalquivir.
LA MANCHA.—Neblinas por la mañana y despejado o casi despejado el resto del día.
CATALUÑA.—Nubosidad variable, con riesgo de alguna precipitación débil en la zona norte.
BALEARES. — Parcialmente cubierto, con riesgo de precipitaciones en la mitad norte de las islas.

AVANCE DE PRONOSTICO PARA MAÑANA

Continuará el tiempo con características muy parecidas.—INTERINO.

Datos de ayer

Llovió débilmente en comarcas dispersas del Cantábrico, Galicia, alto Ebro y Andalucía, totalizando 10 litros por metro cuadrado Melilla, 9 Santander y Cádiz, y 5 Oviedo y Huelva. Se registraron bancos de niebla matinales en comarcas dispersas de la vertiente atlántica.

VOCABULARIO   *El tiempo (Weather)*

¿Qué tiempo hace?	*How is the weather?*
Hace frío.	*It's cold.*
Hace calor.	*It's warm / hot.*
Hace fresco.	*It's cool.*
Hace sol.	*It's sunny.*
Hace viento.	*It's windy.*
Hace buen / mal tiempo.	*It's good / bad weather.*
Llueve.	*It's raining.*
Nieva.	*It's snowing.*

■ *Observaciones*

1. Literally, **hace frío** means *it makes cold,* **hace sol** means *it makes sun,* etc. To modify these expressions, **mucho** and **poco** are used.

   Hace **mucho** calor.   *It is very hot.*

2. Note the infinitives and present participles of **llueve** and **nieva** in the following expressions:

   Va a **llover.**   Va a **nevar.**   *It is going to rain/to snow.*
   Ahora está **lloviendo.** Está **nevando.**   *It is now raining/snowing.*

Ejercicio 7. El tiempo en los Estados Unidos

Imagine that friends from Argentina are planning to spend a year in one of the following cities. Tell them as much as you can about the weather in each city.

modelo: Chicago

En invierno hace mucho frío y mucho viento. En primavera llueve.
En verano hace calor. En otoño hace fresco y hace sol.

1. Miami
2. Santa Fe
3. San Francisco
4. Nueva York
5. Minneapolis
6. Denver
7. Anchorage
8. Honolulu
9. Washington

Ejercicio 8. La influencia del tiempo

Are your activities influenced by the weather? Complete the following sentences with a description of weather.

1. Nado cuando _____ .
2. Hago las compras cuando _____ .
3. No salgo de casa cuando _____ .
4. No voy a pie a la universidad cuando _____ .
5. Voy a la universidad en bicicleta cuando _____ .
6. Saco fotos cuando _____ .
7. No estudio cuando _____ .
8. Me gusta hacer un viaje cuando _____ .
9. Me gusta leer un libro interesante cuando _____ .
10. Me gusta correr en el campo cuando _____ .

Ejercicio 9. Intérprete

You are working as a translator. Put the sentences below into Spanish.

1. How are you travelling, Mr. Delgado? Are you going by train, by plane, or by boat?
2. We must go shopping. Afterward we must pack our suitcases. We are leaving tomorrow.
3. How is the weather? Is it hot and sunny? Or is it cold and windy? It's neither raining nor snowing.
4. Some day I am going to enjoy my vacation. I'm going to do nothing!
5. Do you (tú) hear a strange noise? No, I hear nothing.
6. My parents are going to visit some foreign countries. They are travelling by car and by plane.

AHORA LE TOCA A UD.

Describe your vacations: what you usually do, where you go; then tell about your plans for the next vacation. As a model you may use the monologues from
¡Vacaciones, lindas vacaciones!

Oda a la lluvia

Ode to the rain

Lluvia
de ayer,
oh triste
lluvia
de *Loncoche y Temuco,*   Towns in southern
canta,   Chile
canta,
canta *sobre los techos*   upon / roofs
y las hojas,   leaves
canta en el viento frío,
canta en mi corazón, en mi *confianza,*   heart / trust,
                                            confidence
en mi *pecho,* en mis *venas,*   breast / veins
en mi *vida,*   life
ya no tengo miedo,
resbala   trickle
hacia la tierra   toward / ground
cantando con tu *canto*   song
y con mi canto,
porque los dos tenemos
trabajo en las *semillas*   seeds
y compartimos   we share
el *deber* cantando.   the task

These poems are excerpted from the Odas elementales of Pablo Neruda, the Chilean poet who won the Nobel Prize for Literature in 1971.

Oda al hombre sencillo   simple

Ves tú qué simple soy,   you see
qué simple eres,
no se trata   deal with
de nada complicado,
yo trabajo contigo,
tú vives, vas y vienes
de un lado a otro,   from one place to
es muy sencillo: another
eres la vida,
eres tan transparente   as transparent
como el agua,   as
y así soy yo,   so
mi obligación es ésa: that
ser transparente,
cada día   every
me educo,   I educate myself
cada día me peino   I comb my hair
pensando cómo piensas,   thinking how do you
y ando   think
como tú andas,   I walk
como, como tú comes,
tengo en mis brazos a mi amor   love
como a tu novia tú,

—Pablo Neruda

The Repaso sections let you check your knowledge of Spanish structures. Answers to these exercises are found on pages 450–451. If you make any mistakes, you may want to review the pages indicated in parentheses.

A. Regular verbs (pp. 27–29, 34, 107–110)

Complete the following sentences with the appropriate forms of the verbs in parentheses.

1. (viviro, hablar)   Nosotros _____ en París. _____ francés.
2. (leer, comprender)   Felipe no _____ el periódico porque no _____ inglés.
3. (asistir, estudiar)   Tú _____ a la universidad donde _____ ingeniería.
4. (estudiar, comer)   Cuando Uds. _____ , no _____ nada.

B. Irregular verbs (pp. 48, 64–66, 76–77, 83–85, 118–120)

Complete the sentences with the appropriate forms of the verbs in parentheses.

1. (ser)   Nosotros _____ españoles. Paco _____ de Sevilla. Yo _____ de Córdoba. Y Uds., ¿de dónde _____ ?
2. (tener)   ¿Qué tipo de coche _____ tú? Yo _____ un *SEAT* y mis hermanos _____ un *Jaguar*.
3. (ir)   Hoy, nosotros no _____ a la universidad. Teresa _____ al concierto. Yo _____ a la piscina. Y Uds., ¿adónde _____ ?
4. (estar)   Silvia _____ triste porque sus amigos _____ enfermos. Yo _____ contento porque tú _____ conmigo.
5. (salir)   Nosotros _____ el sábado. Paco _____ con su novia y yo _____ con mis amigos mexicanos.

C. Adjectives (pp. 50–54, 62–63)

The adjectives in parentheses are in the masculine singular form. Give the forms one would use to describe the following people.

1. (simpático)   la profesora / las hermanas de Clara / Raúl y yo
2. (independiente)   Elena y Felicia / Alberto y Paco / Susana
3. (liberal)   yo / mi hermana / Uds. / mis amigas
4. (trabajador)   Carlos y su amigo / las chicas / la estudiante
5. (español)   Alicia / Carmen y ella / Pablo y Juan

D. Possessive adjectives (pp. 85–87)

Fill in the blanks with the possessive adjectives corresponding to the person in parentheses.

1. (yo)   _____ reloj, _____ discos
2. (nosotros)   _____ abuela, _____ primos, _____ hermanas

3. (mis primas) _____ casa, _____ plantas
4. (mi hermana) _____ novia, _____ amigos
5. (Uds.) _____ problemas, _____ profesor
6. (Ud.) _____ profesora, _____ padres

E. *Ser* or *estar* (pp. 48, 83–85, 89–90, 102–103)

Fill in the blanks with **es** *or* **está***, as appropriate.*

1. Carlos _____ en el hospital porque _____ enfermo.
2. Teresa _____ en Puerto Rico pero _____ de Bolivia.
3. Alberto _____ el novio de Carmen. _____ un chico muy simpático.
4. Isabel _____ una chica muy seria. Ahora _____ estudiando para el examen.
5. ¿Quién _____ la chica que _____ con Raúl?
6. El estudiante _____ nervioso porque el examen _____ difícil.
7. Mi hermana _____ casada con un ingeniero que _____ colombiano.

F. Personal *a;* contraction with *el* (pp. 73–76)

Complete the sentences with **a, el, al, la** *or* **a la***, as appropriate.*

1. Carlos mira _____ María. María mira _____ profesor.
2. Enrique escucha _____ disco. Teresa escucha _____ Roberto.
3. Yo comprendo _____ profesora pero no comprendo _____ lección.
4. No conocemos _____ chica mexicana pero conocemos _____ chico francés.

G. Time, date and weather (pp. 66–68, 77–79, 87–89, 122–123)

Express the following in Spanish.

1. It is two o'clock.
2. It is half past one.
3. It is a quarter to ten.
4. Monday I am going to the movies.
5. Today is December fifth.
6. Tomorrow is July first.
7. The weather is nice.
8. It is cold.
9. How is the weather?
10. It always rains here.

H. Negative expressions (pp. 31–32, 37–38, 120–122)

Rewrite the sentences below in the negative, using the suggested noun as the new subject.

1. Felipe invita a alguien. (Carlos)
2. Teresa come algo. (Clara)
3. Tengo algunos libros. (tú)
4. Siempre trabajo los domingos. (mi papá)

UNIDAD **IV** ENTRE AMIGOS

LECCION 10
Pensamientos en un café

Thoughts

¿Quién es *esa* chica?   that
¿La conozco de alguna parte?   Do I know her
No, no la conozco... ¡Qué lástima!
Quiero *conocerla*... pero ¿cómo?   to meet her
¿La invito a tomar un café conmigo?
Pero si está *esperando* a otro...   waiting for
¿La molesto con una pregunta *tonta como* «¿Qué hora es?»   shall I bother her / foolish / like
Va a creer que yo estoy esperando a otra... ¿Qué tengo que
hacer para conocerla?

     ¿Quién es *ese* chico que me mira?   that
     ¿Lo conozco de alguna parte?   him
     No, no lo conozco... ¡Qué lástima!
     ¿Por qué me mira y me mira y no me invita a tomar un café?
     Posiblemente está esperando a otra...
     ¿Lo molesto con una pregunta tonta como
     «Qué hora es?»
     Va a creer que yo estoy esperando a otro...

«Buenas tardes, señorita...»

Preguntas

1. ¿Dónde está el chico?
2. ¿A quién mira?
3. ¿Conoce a la chica? ¿Quiere conocerla?
4. ¿La invita a tomar un café?
5. ¿A quién mira la chica?
6. ¿Conoce al chico?
7. ¿Está esperando a otro chico?

NOTA CULTURAL

First encounters

Traditionally Hispanic women were very sheltered. They did not go to cafés unescorted, they did not go on dates unless accompanied by another member of the family, and few of them attended co-ed schools or held jobs. Today these traditions are rapidly disappearing, especially in large, modern cities. Young men and women meet each other at school, at work, at parties, and in many of the other ways that young Americans meet. But it is still preferable to be introduced by a member of the family or by a mutual friend.

Un grupo en el Parque de Retiro en Madrid

FONETICA   the consonant sound /g /

Before the vowels **a**, **o** and **u**, and before consonants, the /g/ sound is represented by the letter **g** in Spanish.

Before **e** and **i**, the /g/ sound is represented by the letters **gu**.*

Note: At the beginning of a single word or group of words, or after **n** or **m**, the /g/ sound is similar to the English *g* in *go*. In the middle of a word or group of words, except after **n** and **m**, a softer /g̯/ sound is used, similar to the English *g* in *sugar*.

Práctica

/g/	ganas	gozar	gusto	guerrilla	**Guillermo**	grande	**Gloria**	ningún
/g̯/	amiga	amigo	alguno	hamburguesa	preguntar	algo	agosto	

VOCABULARIO   *Citas*

una cita	*date, appointment*	Hoy tengo una **cita** con Miguel.
esperar	*to wait (for)*	Ahora estoy **esperando** a Miguel.
llegar a tiempo	*to arrive on time*	Normalmente **llega a tiempo.**
temprano	*early*	A veces **llega temprano.**
tarde	*late*	Pero hoy creo que va a **llegar tarde.**
si	*if*	**Si** llega tarde, voy a estar furiosa.

Ejercicio 1. Citas

1. ¿Tiene Ud. una cita hoy? ¿con quién?
2. ¿Está Ud. de mal humor cuando tiene que esperar a alguien? O ¿espera con paciencia?
3. ¿Llega Ud. a tiempo a sus citas? O ¿llega a veces temprano, otras veces tarde?
4. ¿Qué hacen sus amigos cuando Ud. llega tarde a una cita?

* If the **u** in **gu** + **e** or **i** is pronounced, a diaresis is used: lingüística, bilingüe.

A. Verbs ending in -cer and -cir

Verbs ending in **-cer** and **-cir** are irregular in the first-person form of the present tense. The rest of the conjugation is regular, however. Note the forms of **conocer** (*to know*) and **conducir** (*to drive*) in the sentences below.

	conocer	conducir
(yo)	Conozco a Felipe.	Conduzco un auto francés.
(tú)	Conoces a María.	Conduces su coche.
(él, ella, Ud.)	Conoce a mis tíos.	Conduce un Fiat.
(nosotros)	Conocemos México.	Conducimos en la ciudad.
(vosotros)	Conocéis Madrid.	Conducís en el campo.
(ellos, ellas, Uds.)	Conocen mi coche.	Conducen mi coche.
present participle	conociendo	conduciendo

VOCABULARIO *Verbos que terminan en -cer y -cir*

conocer	to know, be acquainted with	**Conozco** a tus padres.
parecer	to look, seem	**¿Parezco** hispano?
reconocer	to recognize	No lo **reconozco.**
conducir[1]	to drive	**Conduzco** un Fiat.
traducir	to translate	**Traduzco** los poemas de Federico García Lorca.

■ *Explicación gramatical*

Conocer means *to know* in the sense of *to be acquainted* or *familiar with.*

¿Conoces a Felipe? **Conozco** a su familia pero no **conozco** su casa.

Remember to use the personal **a** when the direct object represents a specific person.

Ejercicio 2. Y Ud., ¿qué dice?

1. ¿Conoce Ud. Nueva York? ¿San Francisco? ¿San Antonio? ¿Puerto Rico? ¿México?
2. ¿Conoce Ud. estudiantes de origen hispano? ¿Cómo se llaman? ¿De dónde son?
3. ¿Conduce Ud.? ¿Conduce bien y prudentemente?
4. ¿Qué coche conduce? ¿el coche de sus padres? O ¿el coche de algún amigo?
5. En la clase de español, ¿traduce Ud. poemas? ¿artículos de periódicos? ¿ejercicios?

Ejercicio 3. Situaciones

Replace the italicized subjects in the following sentences with the subjects in parentheses. Make all appropriate changes.

[1] In Latin America, the verb **manejar** is frequently used instead of **conducir.**

modelo: Pablo conoce Madrid. (nosotros)   *Nosotros conocemos Madrid.*

1. *Paquita* no conoce a nadie aquí. (tú y yo; Uds.; yo; Ud.; tú; Carlos)
2. *Gloria* no traduce ni poemas ni artículos. (yo; tú; Ud.; mis primos; nosotros)
3. *Rita* parece estar muy cansada. (Ud. y yo; tú; Uds.; mi hermana menor; yo)
4. *Esteban* conduce demasiado rápido. (yo; Ud.; nosotros; mis padres; tú)

B. Demonstrative adjectives and pronouns

Demonstrative adjectives are used to point out people and things. They agree in gender and number with the nouns they introduce. Note the demonstrative adjectives in heavy print in the sentences below.

¿Quieres **este** periódico?   *Do you want **this** newspaper?*
¿Quién es **ese** muchacho?   *Who is **that** boy?*
¿Conoces a **aquel** joven?   *Do you know **that** young man (over there)?*

The forms of the demonstratives, together with their corresponding adverbs, are given in the following chart.

		de aquí		de ahí		de allá
singular	*(this)*	**este** chico **esta** chica	*(that)*	**ese** chico **esa** chica	*(that)*	**aquel** chico **aquella** chica
plural	*(these)*	**estos** chicos **estas** chicas	*(those)*	**esos** chicos **esas** chicas	*(those)*	**aquellos** chicos **aquellas** chicas

▪ *Explicaciones gramaticales*

1. The choice of **este, ese,** or **aquel** depends on the location of the speaker and listener in relation to the people or things that are being pointed out. **Este** (*this*) is close to the speaker; **ese** (*that*) is close to the listener and farther away from the speaker, or farther away from both of them; and **aquel** (*that over there*) is a good distance away from both of them.

2. The demonstrative pronouns are exactly the same as the demonstrative adjectives, except for the distinguishing accent marks on the stressed vowels.

   ¿A qué chica invitas a la fiesta?   *Which girl are you inviting to the party?*
   ¿A **ésta**, a **ésa** o a **aquélla**?   ***This one, that one** or **that one over there?***

Ejercicio 4. Por la ciudad (Around town)

Imagine that you are in Mexico City and that a Mexican friend is showing you around. Ask him whether he knows the following people and places.

modelo: (**de aquí**) el café   *¿Conoces este café?*
     (**de ahí**) la mujer   *¿Conoces a esa mujer?*
     (**de allá**) las muchachas   *¿Conoces a aquellas muchachas?*

(de aquí)	*(de ahí)*	*(de allá)*
1. la muchacha	3. las estudiantes	5. los chicos
2. las chicas	4. el museo	6. la chica

	(de aquí)	(de ahí)	(de allá)

(de aquí)	(de ahí)	(de allá)
7. el restaurante	10. el almacén	13. las personas
8. los estudiantes	11. la estación de servicio	14. el hotel
9. la persona	12. los muchachos	15. la biblioteca

Ejercicio 5. Sobre gustos no hay nada escrito (Each to his own taste)

Elena and Roberto are on a shopping trip. As they are looking, Elena remembers what she has to buy. Roberto makes some suggestions, but Elena has other ideas. Play both roles, following the model.

modelo: un reloj

    ELENA: *Necesito comprar un reloj.*
    ROBERTO: *¿Por qué no compras éste?*
    ELENA: *¡Ese! ¡qué horror! Prefiero aquél.*

1. una maleta	4. un cuaderno
2. (unos) pasteles	5. una calculadora
3. (unas) tarjetas	6. un bolígrafo

C. The direct object pronouns: *lo, la, los,* and *las*

The words in heavy print in the questions below are *direct objects*. They are directly affected by the action of the verbs. The pronouns in heavy print in the answers are *direct object pronouns*. Note the forms and positions of these pronouns.

¿Invitas a **Pedro** a la fiesta?	Sí, **lo** invito.	*Yes, I'm inviting **him**.*
¿Conoces a **mi hermana**?	No, no **la** conozco.	*No, I don't know **her**.*
¿Quiere Ud. **esta maleta**?	Sí, **la** quiero.	*Yes, I want **it**.*
¿Tienes **mis apuntes**?	Sí, **los** tengo.	*Yes, I have **them**.*
¿Llamas a **tus amigas** ahora?	No, no **las** llamo.	*No, I'm not calling **them**.*

The chart below lists the third-person direct object pronouns.

	singular	*plural*
masculine	**lo** *him, it)*	**los** *(them)*
feminine	**la** *(her, it)*	**las** *(them)*

■ *Explicaciones gramaticales*

1. The pronouns **lo, la, los,** and **las** may refer to people or things.

   ¿Dónde está Pedro? No **lo** veo.   *I don't see **him**.*
   ¿Dónde está mi libro? No **lo** veo.   *I don't see **it**.*

2. .The pronouns **lo/la** are also used to refer to **Ud.**, while **los/las** are used to refer to **Uds.**

   Sr. Montes, no **lo** comprendo.   Mr. Montes, I don't understand **you**.
   Pedro y Paco, no **los** necesito ahora.   Pedro and Paco, I don't need **you** now.

3. In statements and questions, the direct object pronoun comes directly
    before the conjugated verb.

VOCABULARIO *algunos verbos que usan complementos directos*

admirar	to admire	¿Mi abuelo? Lo **admiro.**
ayudar	to help	¿Mis hermanas? Las **ayudo.**
cuidar	to take care of	¿Los niños? Los **cuido.**
dejar	to leave	¿La moto? La **dejo** aquí.
echar de menos	to miss (someone)	¿Mi novio? Lo **echo de menos.**
molestar	to bother	¿Mi hermano mayor? Lo **molesto.**
obtener	to obtain, get	¿El coche de mi papá? Lo **obtengo.**
ver	to see	¿Tu bicicleta? No la **veo.**

■ *Observaciones*

1. The verb **obtener** is irregular: it is conjugated like **tener.**

2. The verb **ver** is irregular in the **yo**-form of the present: **yo veo.**

Ejercicio 6. Diálogo: ¿Los admiras?

Ask a classmate if he or she admires the following people.

modelo: el presidente de los Estados Unidos
—¿*Admiras al presidente de los Estados Unidos?*
—*Sí, lo admiro.* or —*No, no lo admiro.*

1. Pablo Picasso
2. Joan Baez
3. Raquel Welch
4. César Chávez
5. Fidel Castro
6. los estudiantes inteligentes
7. los profesores interesantes
8. las feministas
9. las personas que ganan mucho dinero
10. los revolucionarios

Ejercicio 7. ¿Cómo es Ud.?

1. En casa, ¿ayuda Ud. a su mamá? ¿a su papá? ¿a sus hermanos?
2. ¿Ayuda a sus amigos con las tareas? ¿con sus problemas?
3. Si no los ve a menudo, ¿echa de menos a sus padres? ¿a sus abuelos? ¿a sus hermanos?
4. En casa, ¿cuida Ud. a sus hermanos menores? ¿sus animales? ¿a sus primos? ¿a sus abuelos?
5. ¿Necesita Ud. un coche? ¿dinero? ¿vacaciones? ¿buenas notas? ¿una grabadora?

D. The direct object pronouns: *me, te, nos*

Note the direct object pronouns in the sentences below.

Mi papá **me** llama.	*My dad is calling me.*
Tu mamá **te** llama.	*Your mom is calling you.*
Nuestros padres **nos** llaman.	*Our parents are calling us.*

In Spanish, the following direct object pronouns are used for the first and second persons.

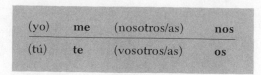

(yo)	me	(nosotros/as)	nos
(tú)	te	(vosotros/as)	os

■ *Explicación gramatical*

Like the third-person direct object pronouns, **me, te,** and **nos** come directly before the conjugated verb.

Ana nunca **nos** ayuda.   *Ana never helps* **us.**

Ejercicio 8. ¿Cuándo?

Liliana wants to know when her boyfriend Luis intends to do certain things. Play both roles, following the model.

modelo: invitar al cine (el sábado)
  LILIANA: *¿Cuándo me invitas al cine?*
  LUIS: *Te invito el sábado.*

1. invitar al teatro (mañana)
2. llevar a la fiesta (a las diez)
3. ayudar con la tarea (el lunes)
4. llevar a la playa (por la tarde)
5. visitar en casa (durante las vacaciones)
6. llamar por teléfono (mañana por la noche)
7. escuchar atentamente (siempre)
8. ver (después de la clase)

Ejercicio 9. Más preguntas

Now Liliana wants to know when Luis intends to do certain things with her and her sister María. Play both roles as in the model, using the cues from **Ejercicio 8.**

modelo: invitar al cine (el sábado)
  LILIANA: *¿Cuándo nos invitas al cine?*
  LUIS: *Las invito el sábado.*

E. **The position of direct object pronouns with infinitives and the present progressive**

Note the position of the direct object pronouns in the answers to the questions below.

¿Quieres ver esta foto?	Sí, quiero ver**la.**	Sí, **la** quiero ver.
¿Vas a cuidar a tus hermanas?	No, no voy a cuidar**las.**	No, no **las** voy a cuidar.
¿Tienes que hacer la tarea?	Sí, tengo que hacer**la.**	Sí, **la** tengo que hacer.
¿Estás esperando a Jaime?	No, no estoy esperándo**lo.**	No, no **lo** estoy esperando.

In an infinitive or present progressive construction, the direct object pronoun comes:

a. *before* the first verb, or

b. *after* the infinitive or present participle, and is attached to it.

■ *Explicaciones gramaticales*

1. With an adjective construction, the direct object pronoun must follow the infinitive.

Es necesario llamar**los**.   *It is necessary to call them.*

2. When the direct object pronoun is attached to the present participle, an accent mark is needed on **-ándo-** or **-iéndo** to maintain the original stress.

Estamos **admirándote**.   *We are admiring you.*

Ejercicio 10. Diálogo: ¿Qué vas a hacer?

Ask a classmate if he or she is going to include you in his or her plans for next Saturday.

modelo: llamar por teléfono

　　　—¿*Vas a llamarme por teléfono el sábado?* (—¿*Me vas a llamar...?*)
　　　—*Sí, voy a llamarte.* or —*No, no voy a llamarte.*
　　　—*Sí, te voy a llamar.* or —*No, no te voy a llamar.*

1. ayudar con las tareas　　2. invitar a una fiesta　　3. visitar　　4. ver

Ejercicio 11. Obligaciones

Esteban should do certain things, but he doesn't want to do them. Carmen asks him about his obligations. Play both roles, following the model.

modelo: cuidar a su hermana menor

　　　CARMEN: ¿*Debes cuidar a tu hermana menor?*
　　　ESTEBAN: *Sí, debo cuidarla.*
　　　CARMEN: *Y* ¿*quieres cuidarla?*
　　　ESTEBAN: *Claro que no. No la quiero cuidar.*

1. ayudar a su papá
2. hacer las tareas
3. traducir la lección
4. escribir un artículo
5. ver una película documental
6. visitar a sus tíos
7. buscar trabajo
8. comprar un regalo para su abuelo

Ejercicio 12. Y Ud., ¿qué dice?

Use object pronouns in your answers to the following questions.

1. Esta noche, ¿va Ud. a visitar a sus amigos? ¿a repasar los verbos irregulares? ¿a leer el periódico? ¿a mirar la televisión? ¿a escuchar las noticias?
2. ¿Tiene Ud. ganas de visitar el Perú? ¿Qué país tiene Ud. ganas de visitar? ¿por qué?
3. ¿Lee Ud. el horóscopo? ¿conduce el coche de sus padres? ¿Toma Ud. los exámenes de español? ¿Toma el sol? ¿Come Ud. pasteles? ¿Escribe cartas?
4. ¿Es fácil aprender a conducir un coche? ¿a escribir poemas en español? ¿a sacar buenas notas en esta universidad?

5. ¿Está Ud. haciendo los ejercicios bien? ¿Está leyendo el libro de español? ¿Está escuchando al profesor? ¿Está molestando a los otros estudiantes?

Ejercicio 13. Intérprete

You are working as a translator. Put the sentences below into Spanish.

1. Do you (**Ud.**) have a date next Saturday? With whom?
2. Pablo does not live at home. So he doesn't have to help his mother, nor take care of his sisters. Is he happy? No, he misses his family.
3. When he is at home, his sisters bother him, but he helps them with their homework.
4. I am translating these three poems. That one is easy and these are hard.
5. When Ana drives, we arrive on time, but when I drive, we arrive late.
6. Do you (**tú**) miss us? We miss you.
7. What are Carla and Marta doing? Are they packing? Are they helping you (**Ud.**)? Or are they watching television?
8. Do you (**Ud.**) recognize this woman? Do you recognize that man? Do you know those children over there?

REALIDAD HISPANICA

Lectura cultural: El grupo

Los jóvenes hispanos frecuentemente salen en grupo *en vez de en pareja*. Según el país, el grupo se llama la *cuadrilla*, la pandilla o la banda. No los molesta si el grupo no tiene el *mismo* número de chicos y chicas, porque *entre* buenos amigos *esto no importa*. Van juntos al cine, comen en un café o un restaurante, asisten a un concierto, organizan una fiesta en casa de alguno del grupo, o pasan el día *entero* en el club deportivo, en la playa o el campo. *De este modo*, los jóvenes están juntos, *y se conocen mejor* sin necesidad de salir en pareja. Solamente cuando hay algún interés especial salen en pareja.

instead of in couples
gang
same
among / this / doesn't matter
whole
In this way
they get to know each other better

Es imposible estudiar siempre.

¿Comprendió Ud.?

Answer the following statements with **Cierto** or **Falso.**

1. Los jóvenes de los países hispanos prefieren salir en pareja.
2. El grupo siempre tiene el mismo número de chicos y chicas.
3. Frecuentemente, el grupo hace las mismas cosas que hacen los jóvenes norteamericanos.
4. Nunca salen en pareja.

Aumente su vocabulario: cognate pattern: Spanish words ending in -o

In Spanish, many masculine nouns and adjectives end in **-o**. Some of these are related to English words that end in *-e* or in a consonant.

el mod**o** → *mode*   el grup**o** → *group*
complet**o** → *complete*   modern**o** → *modern*

Práctica

Guess the meanings of the following cognates and use each in an original sentence.

1. un apartamento
2. el caso
3. el parlamento
4. el tráfico
5. rápido
6. completo
7. falso
8. incorrecto

AHORA LE TOCA A UD.

In a paragraph of ten lines, describe your relationship with one of your friends. You may use direct pronouns with verbs such as **admirar, ayudar, conocer, cuidar, echar de menos, escuchar, invitar, llamar por teléfono, respetar, ver,** *and* **visitar.**

Amistad

- **Señor formal** desea amistad intima con mujer libre, soltera, viuda o separada, pero sin hijos, de 44 a 50 años. Ofrezco y deseo sinceridad y comprensión. (R. 166-1)
- **Joven de 31 años,** con vivienda propia y situación definida, desea conocer chica de 26 a 30, sin demasiados prejuicios, para matrimonio. (R. 166-2)
- **Chica de 34 años,** harta de aburrirse como un caracol, en franca recuperación de prejuicios conservadores, busca compañeros en similar situación. Soy culta, universitaria y no estoy mal, aunque no soy Raquel Welch. (R. 166-3)

- **Artista plástico** conocido, buena posición, relacionado, discreto, 45 años, busca chica de 22 a 32 años para relaciones largas. No fulanas. (R. 166-4)
- **Separada, 35 años,** culta, desea amistad con mujeres en mi misma situación. (R. 166-5)
- **Viudo de 60 años** quisiera contactar con señoras viudas o solteras, formales y que no tengan familiares a su cargo, para fines matrimoniales. (R. 166-6)
- **Por diversas circunstancias** me he quedado sola y me gustaría encontrar pronto amigas. Tengo 25 años. (R. 166-20)

- **Joven, 33 años,** deseo relacionarme con chicas de 20 a 30 para salir y hacer amistad. Prometo contestar. (R. 166-8)
- **Desearía sincera amistad,** con señora o caballero de 50 a 55 años, que tengan a su cargo, como yo, niño de 10 a 12 años. (R. 166-9)
- **Estoy buscando** mi media naranja. Si eres cariñosa y quieres formar un hogar, yo soy un chico normal de 25 años, con ganas de vivir la vida junto a ti. (R. 166-10)
- **Seis chicos,** de 15-17 años desearíamos conocer chicas de 15-16 para divertirnos los fines de semana. Indicar teléfono. (R. 166-11)

- **Soy una chica de 28 años,** sencilla, atractiva y muy sensible; quiero conocer chicos de mi edad y hasta 40 años. (166-12)
- **Hispano-germano,** de 20 años, busca tía de semejante edad, interesada en darse una vuelta por Europa en julio o agosto, para conocernos ahora un poco y preparar conjuntamente todo lo relativo al viaje. (R. 166-13)
- **Dos amigos** españoles, simpáticos y atractivos, residentes en la base de Torrejón desean relacionarse com chicas de 18 a 25 para amistad y pasarlo bien. Tenemos todo lo necesario. Enviar foto si es posible.

139

LECCION 11
¿Qué clase de amigo es Ud.?

kind

¿Qué *significa la amistad* para Ud.? ¿Es Ud. un buen amigo? ¿Tiene buenos amigos? ¡Vamos a ver!

does friendship mean

¿QUE HACE UD. CUANDO...?

1. Un amigo no tiene dinero para ir al cine.
   a. Ud. lo invita al cine.
   b. *Le presta* a su amigo el dinero que necesita.
   c. Le *dice* a su amigo que Ud. no tiene dinero.

   You lend him
   You tell

2. Una amiga tiene un problema sentimental muy serio.
   a. Ud. *le da consejos*.
   b. La escucha *atentamente*.
   c. Le da la *dirección* de un psiquiatra.

   you give her advice
   attentively
   address

3. Una amiga *cumple* los 21 años.
   a. Ud. la *sorprende* con una fiesta.
   b. Le *manda* una tarjeta.
   c. Le dice: «Y ¿todavía no estás casada?»

   turns
   surprise
   send

4. Unos amigos lo invitan a una fiesta.
   a. Ud. *les* dice «gracias» y lleva su disco nuevo a la fiesta.
   b. Les dice «gracias» y asiste a la fiesta.
   c. Les dice «gracias», pero no va a la fiesta y tampoco los llama para *excusarse*.

   to them

   to excuse yourself

5. Ud. presta su bicicleta a un amigo y él tiene un accidente con ella.
   a. Le dice: «*No importa*».
   b. Le pregunta: «¿Cómo estás?»
   c. Le pregunta: «¿Cómo está mi bicicleta?»

   It doesn't matter

Interpretación

A = 3 *puntos*   B = 2 puntos   C = 1 punto   points

13–15 puntos   ¡Ud. es muy generoso! ¡Tiene un gran *corazón!*   heart
8–12 puntos   ¡Sus amigos tienen mucha suerte porque tienen un
               amigo *como* Ud.!   like
5–7 puntos   ¿Tiene algún amigo? o ¿solamente *enemigos?*   enemies

NOTA CULTURAL

Giving

Hispanic generosity and hospitality can be warm and overwhelming. When Hispanic people say to a guest «Mi casa es su casa» they mean that whenever that person is in their home, everything in it is for him or her to enjoy. Whether rich or poor, Hispanic people are always willing to share whatever they have with their friends.

La hospitalidad hispana en Oaxaca, México

FONETICA   Unaspirated /p/, /t/ and /k/

In initial position, the consonant sounds /**p**/, /**t**/, /**k**/ are aspirated—that is, they are pronounced with a puff of air. In initial position in Spanish, however, these consonant sounds are not aspirated—there is no puff of air.

Contrast the English *pot, top*, and *car* (aspirated /p/, /t/, /k/) with the English *spot, stop* and *scar* (unaspirated /p/, /t/, /k/). In the following exercises, if you link the **s** of **los** or **las** to the following noun, you will tend to produce unaspirated initial consonants.

Práctica

/p/   las‿personas: **p**ersona   los‿partidos: **p**artido   los‿pasteles: **p**astel
/t/   las‿tareas: **t**area   las‿tarjetas: **t**arjeta   las‿tiendas: **t**ienda
/k/   las‿cosas: **c**osa   los‿consejos: **c**onsejo   las‿compras: **c**ompras

LENGUA ESPAÑOLA

A. *Dar* and *decir*

Note the present-tense forms of **dar** (*to give*) and **decir** (*to say; to tell*) in the following sentences. The irregular forms are in heavy print.

	dar	decir
(yo)	**Doy** un reloj.	**Digo** que es buena idea.
(tú)	¿**Das** 80 dólares?	¿**Dices** que es demasiado?
(él, ella, Ud.)	Da la respuesta.	**Dice** que sí.
(nosotros)	Damos un regalo.	Decimos: «felicitaciones».
(vosotros)	Dais 40 pesos.	Decís que es mucho dinero.
(ellos, ellas, Uds.)	Dan un examen.	**Dicen** que es fácil.
present participle	dando	**diciendo**

■ *Explicación gramatical*

While the conjunction **que** (*that*) may be left out in English, it must be used in Spanish after **decir**.

Ud. dice **que** es inútil.   *You say (that) it is useless.*

VOCABULARIO   ¿Qué da Ud.? ¿Qué dice?

¿Qué da Ud.?

un consejo	*(piece of) advice*	una dirección	*address*
un número de teléfono	*telephone number*	las felicitaciones	*congratulations*

¿Qué dice Ud.?

	una mentira	*lie*
	una tontería	*foolish thing*
	la verdad	*truth*

expresiones

dar un paseo (por)	*to take a walk (through)*	**Damos un paseo por** el pueblo.
decir que sí/no	*to say yes / no*	¿Necesita dinero? **Dice que sí.**

los números de 100 a 2.000.000

100	ciento (cien)	500	quinientos/as	1.000	mil
101	ciento uno	600	seiscientos/as	2.000	dos mil
200	doscientos/as	700	setecientos/as	200.000	doscientos/as mil
300	trescientos/as	800	ochocientos/as	1.000.000	un millón
400	cuatrocientos/as	900	novecientos/as	2.000.000	dos millones

■ *Observaciones*

1. The short form **cien** is used before all nouns.

    cien libros   **cien** fotos

2. · The masculine forms of numbers between 200 and 900,000 are used in counting and before masculine nouns. The feminine forms are used with feminine nouns.

    doscient**os**   doscient**os** niños   doscient**as** niñas

Ejercicio 1. Las tarjetas de Navidad

Should you send Christmas cards to all your friends? The following people are not in agreement. Express each one's opinion, using the correct form of **decir**.

modelo: Marta / sí   *Marta dice que sí.*

1. Roberto / no
2. mi mamá / es importante
3. mis amigos / es normal
4. mis amigas / es muy caro
5. yo / es inútil
6. tú / no es necesario
7. nosotros / es indispensable
8. Uds. / es buena idea

Ejercicio 2. La Cruz Roja (The Red Cross)

Ana María is collecting money for the Red Cross. Say how much the following people are giving. (The **peseta** *is the monetary unit of Spain.)*

modelo: Elena / 200 pesetas   *Elena da doscientas pesetas.*

1. el Sr. Mena / 2.000 pesetas
2. la Srta. Ochoa / 1.000 pesetas
3. Rubén y Pablo / 500 pesetas
4. yo / 100 pesetas
5. nosotros / 900 pesetas
6. tú / 600 pesetas
7. Uds. / 700 pesetas
8. mis primos / 450 pesetas
9. mis padres / 1.500 pesetas
10. el profesor y yo / 300 pesetas

Ejercicio 3. ¿Cómo es Ud.?

1. ¿Da dinero para causas importantes? ¿por qué?
2. ¿Da buenos consejos su papá? ¿su mamá? ¿su profesor? y ¿Ud. los escucha? ¿por qué (no)?
3. ¿Dónde da Ud. paseos? ¿con quién? ¿cuándo?
4. ¿Siempre dice Ud. la verdad? ¿Siempre dicen la verdad sus amigos? ¿sus padres?
5. ¿Dice Ud. mentiras de vez en cuando? ¿Dicen mentiras sus hermanos? ¿Dicen tonterías?

B. The indirect object pronouns: *le, les*

The words in heavy print in the questions and answers below are indirect objects. They are the indirect recipients of the action of the verbs. The pronouns in heavy print are indirect object pronouns. Note the forms and positions of these pronouns.

—Escribo una carta.
—¿**A quién**?
—A **Paco**.
—¿**Le** escribes a menudo?

—Escribo una tarjeta.
—¿**A quién**?
—A **Clara**.
—¿Qué **le** dices?

—Vendo mis discos.
—¿**A quiénes**?
—A **mis amigos**.
—¿Por qué **les** vendes tus discos?

—Vendo mis plantas.
—¿**A quiénes**?
—A **mis amigas**.
—¿Cuándo **les** vas a vender tus plantas?

The third-person indirect object pronoun has the following forms:

singular	**le**	*(to) him / her*
plural	**les**	*(to) them*

■ *Explicaciones gramaticales*

1. Note that while in English the preposition may or may not be used with the indirect object pronoun, it is never used with this pronoun in Spanish.

   Echo de menos a Ana. **Le** escribo una carta.   { *I am writing **her** a letter.*
                                                       { *I am writing a letter **to her**.*

2. The pronouns **le** and **les** are used to refer to **Ud.** and **Uds.**, respectively.

   Sr. Pacheco, **le** debo 25 dólares (**a Ud.**).   *I owe **you** 25 dollars.*
   José y Felipe, **les** debo 25 dólares (**a Uds.**).   *I owe **you** (**both**) 25 dollars.*

3. Note also the use of **le** and **les** with **gustar**.

   ¿**Le** gusta viajar, Sr. Ortiz?   *Do **you** like to travel?*
   ¿**Les** gusta hablar inglés, Ana y María?   *Do **you** like to speak English?*

4. When the indirect object is a noun representing a specific person or persons, the corresponding indirect object pronoun is normally also used in the sentence. This pronoun is also frequently used with **a alguien, a nadie,** and **¿a quién?**

   Siempre **les** digo la verdad **a mis padres.**   }
   A mis padres les digo la verdad siempre.   }   *I always tell **my parents** the truth.*

   The indirect object pronoun may be omitted when the indirect object is an inanimate or collective noun.

   No dice la verdad **a la policía.**   *He is not telling the truth **to the police**.*

5. For clarification or emphasis, Spanish-speakers may add the expression **a él** (**a ella, a ellos, a ellas, a Ud., a Uds.**) to the sentence.

   ¿**Le** escribes a Pedro o a Luisa?   **Le** escribo **a él** (*i.e.,* **a Pedro**).
   ¿**Le** das tus apuntes a Ana?   ¡Claro! **Le** doy mis apuntes **a ella.**

6. The indirect object pronoun is usually placed before the conjugated verb. In infinitive and present progressive constructions, the indirect object pronoun (like the direct object pronoun) often comes after the infinitive or present participle and is attached to it.

   No voy a llamar a Carlos.   { Voy a escribir**le**. }
                                   { **Le** voy a escribir. }   *I'm going to write **him**.*

   ¿**Le** estás escribiendo a Inés?   { Sí, estoy escribiéndo**le**. }
                                     { Sí, **le** estoy escribiendo. }   *Yes, I'm writing **her**.*

Ejercicio 4. La generosidad

Paco is leaving school and is giving certain things to his friends. Express this as in the model.

modelo: a María / sus discos   *Paco le da sus discos a María.*

1. a Miguel / sus libros
2. a Ana / su dirección
3. a Rafael / su reloj
4. a Luis y a Isabel / sus revistas
5. a sus amigos / sus apuntes de biología
6. a sus amigas / su número de teléfono

Ejercicio 5. Diálogo: ¿Les escribes o no?

Ask a classmate if he or she writes to the following people.

modelo: a su mamá
—¿Le escribes a tu mamá?
—Sí, le escribo a menudo (de vez en cuando, todos los días...) or —No, nunca le escribo.

1. a su papá
2. a su hermana
3. a su hermano
4. a sus primos
5. a sus abuelos
6. a sus amigos de la escuela secundaria (*high school*)
7. a sus amigas de la escuela secundaria
8. a sus profesores de la escuela secundaria
9. a su senador
10. al presidente de los Estados Unidos

Ejercicio 6. Regalos de Navidad

Indicate what you are going to give the following people for Christmas.

modelo: a su papá   *Voy a darle un reloj (un libro, un disco...)*. or *No voy a darle nada.*

1. a su mamá
2. a su hermano mayor
3. a su hermana menor
4. a sus abuelos
5. a sus tíos
6. al profesor/a la profesora de español

VOCABULARIO   *Algunos verbos que usan complementos indirectos*

enseñar   hacer una pregunta   presentar

Les **enseño** las fotos a mis primos.   Jorge le va a **hacer una pregunta.**   Marta les **presenta** Juan a sus amigas.

mandar	*to send*	Voy a **mandarle** un regalo a mi tía.
ofrecer	*to offer*	Les **ofrezco** consejos a mis amigos.
prestar	*to loan, lend*	Nunca **presto** dinero a nadie.
prometer	*to promise*	Le **prometo** mi coche a Rafael.
regalar	*to give (as a gift)*	Voy a **regalarle** una planta a mi hermana.

■ *Observación*

Ofrecer is conjugated like **conocer:** Le ofrezco a Ud. mis felicitaciones.

Ejercicio 7. Y Ud., ¿Qué dice?

1. ¿En qué circunstancias les presta Ud. dinero a sus amigos? ¿a sus hermanos?
2. ¿Qué le va a regalar a su novio/a para Navidad (*Christmas*)? ¿para su cumpleaños?
3. ¿Les manda cartas a sus padres? ¿a sus abuelos? ¿a sus representantes en el congreso?
4. ¿Les ofrece consejos a sus amigos? ¿Les ofrece dinero? ¿café? ¿vino?
5. ¿Le hace preguntas a veces al profesor de inglés? ¿al profesor de ciencias? ¿al profesor de historia?
6. Cuando sus amigos visitan su casa, ¿qué les enseña? ¿sus discos? ¿sus plantas? ¿sus fotos?

*Ejercicio 8. Lo correcto (*The right thing*)*

*As human beings, we have certain obligations. Say how you would act if your friends were in the following situations. Use items from columns **A** and **B**.*

A	B
mandar	una tarjeta
ofrecer	dulces
decir	champán (*champagne*)
dar	una planta
regalar	un regalo barato
prestar	un regalo caro
prometer	cincuenta dólares
comprar	doscientos dólares
	un telegrama
	una novela
	consejos
	felicitaciones
	la verdad

modelo: Un amigo está en el hospital.   *Voy a mandarle una tarjeta (regalarle una planta...).*

1. Es el cumpleaños de un amigo.
2. Es el cumpleaños de una amiga.
3. Un pariente está en el hospital.
4. Una prima se casa (*is getting married*).
5. Sus padres celebran su aniversario.
6. Sus amigos no estudian.
7. Una amiga tiene problemas personales.
8. Un hermano necesita dinero.
9. Sus tíos tienen un bebé.

C. The indirect object pronouns: *me, te, nos*

Note the indirect object pronouns in heavy print in the sentences below.

Mis amigos siempre **me** prestan dinero.   *My friends always lend **me** money.*
¿**Te** escriben a menudo tus padres?   *Do your parents often write **to you**?*
Mi tía va a mandar**nos** diez dólares.   *My aunt is going to send **us** ten dollars.*

In Spanish, the first- and second-person indirect object pronouns are the same as the direct object pronouns.

*Ejercicio 9. Deudas (*Debts*)*

Jorge has received 10.000 pesos from his uncle and is now able to pay off his debts. Play the roles of Jorge and his debtors, following the model. Use familiar or formal address as appropriate.

modelo: Carmen / 200 pesos
        JORGE: *¿Cuánto te debo?*
        CARMEN: *Me debes doscientos pesos.*
        JORGE: *Voy a darte ese dinero mañana.*

1. Ana / 150 pesos
2. la Sra. de Pérez / 2.000 pesos
3. sus hermanos / 700 pesos
4. su papá / 850 pesos
5. Paquita y José / 675 pesos
6. la Srta. Valdez / 3.000 pesos
7. el Sr. Ortega / 1.900 pesos
8. su abuela / 425 pesos

Ejercicio 10. La reciprocidad

Paco and Luis ask Carmen to do various things for them. She agrees. Play both roles as in the model.

modelo: Enseñar sus fotos
        PACO Y LUIS: —*¿Nos enseñas tus fotos?*
        CARMEN: —*Bueno, yo les enseño mis fotos.*

1. prestar sus discos
2. dar su dirección
3. ofrecer los pasteles
4. decir la verdad
5. vender su planta
6. leer sus poemas

Ejercicio 11. Diálogo: ¿Qué vas a hacer?

Ask a classmate if he or she is going to do the following things for you during your next vacation. Use direct or indirect object pronouns, as appropriate.

modelo: escribir
        —*¿Vas a escribirme?*
        —*Sí, voy a escribirte* or —*Sí, te voy a escribir.*
        —*No, no voy a escribirte.* or —*No, no te voy a escribir.*

1. invitar a tu casa
2. visitar
3. llamar por teléfono
4. mandar tarjetas
5. mandar fotos
6. mandar noticias

Ejercicio 12. Intérprete

You are working as a translator. Put the sentences below into Spanish.

1. We are sending congratulations to our grandparents.
2. Raúl and David, my uncle is going to give you our address.
3. Luisa and Beatriz are taking a walk now.
4. Mother is offering you (**tú**) her advice. What are you going to tell her?
5. I never tell lies. I always tell the truth.

Lectura cultural: *La amistad*

Friendship

Cuando hablamos de la amistad *entre* los hispanos, tenemos que diferenciar *entre* ser un amigo y ser *un conocido*. El hispano no ofrece su amistad a nadie inmediatamente. Para él la amistad *se desarrolla* con el tiempo y es para toda la *vida*. El hispano *suele decir* que su amigo *más íntimo* es el «amigo del *alma*». La amistad entre ellos es profunda y *sin* condiciones.

among
between / acquaintance
develops
life / often says
closest / soul
without

Los amigos

A veces el hispano critica al norteamericano, diciendo que su concepto de la amistad es muy superficial. Dice que el norteamericano prefiere tener muchas amistades superficiales *en vez de* unas pocas amistades profundas. ¿Tiene razón?

instead of

¿*Comprendió Ud.?*

Answer the following statements with **Cierto** *or* **Falso.**

1. No hay ninguna diferencia entre ser un amigo y ser un conocido.
2. El hispano ofrece su amistad inmediatamente.
3. El «amigo del alma» es un amigo para toda la vida.
4. El hispano cree que el concepto norteamericano de la amistad es muy superficial.
5. El hispano dice que el norteamericano prefiere tener muchas amistades profundas.

Aumente su vocabulario: cognate pattern: single vs. double consonants

Many cognates that have double consonants in English have a single consonant in Spanish.

ofrecer	*to offer*
diferente	*different*

Práctica

Note the occurrence of single consonants in the following adjectives. Use each one in an original sentence.

1. expresivo
2. atractivo
3. ilógico
4. intelectual
5. inteligente
6. eficiente

AHORA LE TOCA A UD.

Select a person whom you know well, but whom you do not see very often (for instance, a relative or a friend who lives in another city). Describe your relationship with this person. Use object pronouns and verbs such as conocer, escribir, hablar de, mandar, llamar por teléfono, prometer, regalar *and* echar de menos.

LECCION 12
Tenis

Leonor y su hermano Alberto están pasando el domingo en el club deportivo. *Con las raquetas en la* mano, *están esperando una* cancha *de tenis.*

      sports / hand / court

LEONOR: Alberto, ¿quién es ese muchacho que está *jugando al*   playing
                  tenis? *Juega* muy bien.   He plays

ALBERTO: Creo que es el primo de Alicia Gómez. Es de Monterrey y
                  está pasando sus vacaciones aquí.

LEONOR: *¡Qué* bien juega! ¿Me lo vas a presentar?   How

ALBERTO: No, no te lo voy a presentar porque no lo conozco.

LEONOR: *¿Sabes* cómo se llama?   Do you know

ALBERTO: No lo conozco y *no sé* cómo se llama. *Lo único* que sé es   I don't know / The
                  que juega muy bien al tenis. Y ¡nada más!   only thing

LEONOR: Alberto, tengo una idea. Si Alicia te lo presenta, entonces
                  tú lo vas a conocer, ¿no? Y después me lo presentas a mí.
                  ¿Por qué no buscas a Alicia en la piscina *ahora mismo?*   right now

ALBERTO: Porque «ahora mismo» Alicia está en Europa.

En ese momento la pelota *sale de la cancha. Leonor la* coge *y se la*   ball / catches / (to him)
da al primo de Alicia. El la acepta con una sonrisa *y dice:*   smile
—Mi amigo está cansado y no quiere *jugar* más. ¿Juega Ud. al tenis?   to play

Preguntas

1. ¿Cómo se llaman los hermanos?
2. ¿Dónde están?
3. ¿Qué están esperando?
4. ¿A quién mira Leonor?
5. ¿Quién es el muchacho?
6. ¿Lo conoce Leonor?
7. ¿Lo conoce Alberto?
8. ¿Sabe Alberto algo de él? ¿Qué sabe?
9. ¿Por qué no va Alberto a hablar con Alicia?
10. ¿Qué le dice a Leonor el primo de Alicia?

NOTA CULTURAL

The athletic club

In most large Latin-American cities, sports and recreational facilities are provided by athletic clubs. The clubs are sponsored by the municipality, by labor unions, or by fraternal organizations, and membership dues range from the modest fees charged by municipal clubs to the much larger amounts charged by more exclusive clubs. Club members are offered the use of swimming pools, tennis courts, tracks, and soccer fields, as well as facilities for showering and changing.

La piscina de un club en Puebla, México

FONETICA: Vowels

Vowels in Spanish represent a single, pure sound. In stressed position, they do not glide, as English vowels do. Contrast the English word *say* with the Spanish **se**.

In unstressed position, Spanish vowels receive their full value, and are not reduced to the *uh*-sound of English. Contrast the English word *telephone* with the Spanish teléfono.

Práctica

/a/ examen Antonio tradición matemáticas vacaciones ensalada
/e/ me de se que soltero periódico café pelota atleta
/i/ mi ti sí aquí interesante inteligente cine liberal
/o/ no o quiero cuando bonito novio teléfono radio
/u/ música museo mundo muchacha universidad furioso fruta

A. Saber

Note the forms of **saber** (*to know*) in the sentences below. Only the first-person singular form is irregular.

	saber
(yo)	**Sé** tu dirección.
(tú)	Sabes mi número de teléfono.
(él, ella, Ud.)	Sabe conducir.
(nosotros)	Sabemos nadar.
(vosotros)	Sabéis dónde está Juan.
(ellos, ellas, Uds.)	Saben cuándo llegan sus amigos.

■ Explicación gramatical

The construction **saber** + *infinitive* means *to know how (to do something).*

No **sé tocar** el piano.   *I don't **know how to play** the piano.*

Ejercicio 1. El número de teléfono de Antonio

Teresa wants to call Antonio, and she asks his friends for his phone number. Indicate who knows it and who does not.

modelo: Felipe (no)   *Felipe no lo sabe.*

1. Beatriz (sí)
2. Ud. (no)
3. sus amigos (sí)
4. yo (no)
5. tú (no)
6. Uds. (sí)
7. Ramón y Miguel (sí)
8. Carmen y Pilar (no)

VOCABULARIO   *Los deportes (Sports)*

sustantivos		
los deportes:	el fútbol (*soccer*), el béisbol, el tenis, el básquetbol o el baloncesto, el volibol	
un equipo (*team*):	un jugador/una jugadora	*player*
	un atleta/una atleta	*athlete*
	un aficionado/una aficionada	*fan, supporter*
	un campeón/una campeona	*champion*
el tenis:	un punto (*point*), un partido (*game, match*)	

el resultado

LOPE 2 4 6
TITO 6 0

los aficionados

la raqueta   la pelota

un jugador

una cancha

verbos		
esquiar	*to ski*	Quiero **esquiar** con mis **esquís** (*skis*) nuevos.
ganar	*to win*	¿Quién va a **ganar**? Yo, ¡por supuesto!
jugar (a)	*to play (a game)*	¿Quiere **jugar al** tenis?

adjetivos		
cada	*each; every*	**Cada** jugador es importante.
deportivo	*(referring to) sports*	Tengo un coche **deportivo**.
mejor	*better; best*	Juegas bien, pero yo soy mejor **jugador**.
mismo	*same*	Tenemos la **misma** raqueta.
preferido	*favorite*	El fútbol es mi deporte **preferido**.
propio	*own*	Tengo mi **propia** raqueta de tenis.
varios	*several, various*	Me gusta jugar a **varios** deportes.

preposiciones		
contra	*against*	Hoy vamos a jugar **contra** un buen equipo.
entre	*between; among*	Hay un partido **entre** los chicos y las chicas.
sin	*without*	Es imposible jugar al tenis **sin** pelota.

■ *Observaciones*

1. Note the vowel change in the stem of the present tense of **jugar**.

   juego **jue**gas **jue**ga   jugamos jugáis **jue**gan

2. With names of sports, the construction **jugar a** is used.

   Mis hermanos **juegan al** béisbol.

3. The adjectives **mismo** (meaning *same*) and **propio** (meaning *own*) precede the noun.

   la **misma** atleta   su **propia** raqueta

Ejercicio 2. ¿Le gustan los deportes?

1. ¿Sabe Ud. esquiar? ¿Saben esquiar sus hermanos? ¿sus padres?
2. ¿Asiste Ud. a veces a partidos de fútbol? ¿Tiene un buen equipo esta universidad? ¿Quiénes son los mejores jugadores?
3. ¿Cuál es el mejor equipo de la universidad? ¿el equipo de béisbol masculino? ¿el equipo de volibol femenino?
4. ¿Juega Ud. al tenis? ¿Tiene su propia raqueta? ¿su propia cancha?
5. ¿Cuál es su deporte preferido? ¿Por qué?

B. Conocer vs. saber

Although **conocer** and **saber** both mean *to know*, they are not interchangeable. Each verb is used in specific instances. Contrast the uses of the two verbs in the following sentences.

Conozco a María.	**Sé** que es una chica simpática.
¿Conoces a Pedro?	**¿Sabes** dónde vive?
Conocemos un restaurante mexicano.	**Sabemos** que preparan tacos excelentes.

Conocer **is used to express** familiarity **or** acquaintance.
    with people: *Conozco* **a tus padres.**
    with places: *Conozco* **Los Angeles y San Francisco.**
    with things: *Conozco* **la historia de California.**

Saber **is used to express** knowledge.
    of things learned: *Sé* **la diferencia entre «ser» y «estar».**
    of how to do something: *Sé* **hablar español.**
    of information or facts:

Sé { dónde / cuándo / cómo / por qué / con quién } trabajas.

Explicaciones gramaticales

1. **Conocer** is only used with a noun or a pronoun. It is never followed by an infinitive nor a clause.

2. **Saber** is usually followed by a clause or an infinitive. It may be followed by a noun or pronoun representing something that has been learned. Contrast:

    José **conoce** ese poema.   *(He is familiar with it.)*
    Ana **sabe** el poema.   *(She has memorized it.)*

Ejercicio 3. Diálogo: ¿Tienes muchas habilidades?

Ask a classmate if he or she knows how to do the following things. If the answer is positive, your classmate should then indicate his or her level of proficiency as in the model.

modelo: nadar
> —¿Sabes nadar?
> —Sí, sé nadar. Nado bastante bien (muy bien, mal...).
> or —No, no sé nadar.

1. hablar italiano
2. hablar francés
3. bailar
4. usar una computadora
5. tocar la guitarra
6. tocar el piano
7. cantar
8. conducir un coche
9. usar una calculadora
10. esquiar
11. jugar al tenis
12. jugar al golf

Ejercicio 4. Información

Ask a classmate for information about the following people. Your classmates say they are acquainted with them, but know nothing about their activities. Follow the model.

modelo: María / ¿dónde estudia?
> —¿Conoces a María?
> —Sí, la conozco.
> —¿Sabes dónde estudia?
> —No, no sé dónde estudia.

1. Beatriz / ¿a qué hora sale de casa?
2. Carlos / ¿por qué está de mal humor?
3. Paco y Manuel / ¿dónde pasan su tiempo libre?
4. Miguel / ¿a quién llama por teléfono?
5. Luisa y Ana / ¿cuándo trabajan?
6. Inés / ¿dónde toma el sol?
7. Ramón y Elena / ¿cómo bailan?
8. el profesor / ¿si le gusta esquiar?

C. Two-pronoun sequencing with **me, te, nos**

The answers to the questions below contain two object pronouns. Note which one comes first.

—¿Me prestas tus esquís?

—¿Vas a venderme esta raqueta?

—Por supuesto que **te los** presto.

—No, no voy a vendér**tela.**

When an indirect and a direct object pronoun are used in the same sentence, they follow this sequence.

indirect object pronoun + direct object pronoun

$$\left.\begin{array}{c} \text{me} \\ \text{te} \\ \text{nos} \end{array}\right\} + \left\{\begin{array}{l} \text{lo} \\ \text{la} \\ \text{los} \\ \text{las} \end{array}\right.$$

■ Explicación gramatical

When two pronouns are attached to an infinitive, an accent mark should be placed on the last syllable of the infinitive to retain the original stress.

Necesito diez dólares.   Teresa va a **prestármelos.**

Similarly, an accent mark is needed on the ending of the present participle.

Está **prestándomelos.**

Ejercicio 5. Diálogo: ¿Quieres hacerme un favor?

Ask a classmate if he or she wants to do the following things for you.

modelo: prestar sus libros
—¿Me prestas tus libros?
—Sí, te los presto. or —No, no te los presto.

1. prestar su bicicleta
2. mandar una carta
3. ofrecer 5 dólares
4. enseñar sus apuntes
5. dar su dirección
6. decir su número de teléfono
7. regalar una pelota de fútbol
8. comprar una «pizza»

Ejercicio 6. Un chico generoso

Antonio is graduating this year. He has decided to give some of his possessions to his friends. Indicate to whom he is going to give each of the following items.

modelo: su raqueta (a mí) Va a dármela.

1. sus discos (a ti)
2. su radio transistor (a nosotros)
3. sus esquís (a mí)
4. sus cintas (a ti)
5. sus plantas (a nosotros)
6. su grabadora (a ti)

D. The indirect object pronoun se

In the answers below, both the direct and the indirect objects are pronouns. Note the form and position of the indirect object pronoun in each of these answers.

—¿Le prestas los esquís a Roberto?   —Sí, **se** los presto.   *Yes, I'm loaning them to him.*

—¿Le regala Ud. ese reloj a Carmen?   —Sí, **se** lo regalo.   *Yes, I'm giving it to her.*

—¿Le mandas la foto a tus tíos?   —No, no **se** la mando.   *No, I'm not sending it to them.*

When two third-person object pronouns are used in the same sentence, they follow this sequence.

indirect object pronoun + direct object pronoun

$$\text{se} + \begin{cases} \text{lo} \\ \text{la} \\ \text{los} \\ \text{las} \end{cases}$$

■ Explicaciones gramaticales

1. In a two-pronoun sequence, the indirect object pronoun **le/les** is replaced by **se**. This may occur even when the indirect object noun is included in the sentence along with the pronoun.

   ¿A **quién le** das consejos?   **Se** los doy a **Cecilia.**

2. With an infinitive or present progressive construction, the two pronouns may come after the infinitive or present participle and are attached to it.

¿Debo mandar**le** esta carta a mamá?   Sí, debes mandár**sela.**
¿Estás mandándo**les** una tarjeta a tus padres?   Sí, estoy mandándo**sela.**

Ejercicio 7. ¿Es Ud. una persona generosa?

Imagine that the following people need certain things of yours. Indicate whether you are going to lend them these things or not.

modelo: Un amigo necesita cincuenta dólares.
         Se los presto. or *No se los presto.*
         or *Voy a prestárselos.* or *No voy a prestárselos.*

Un amigo necesita...
1. su raqueta
2. su máquina de escribir
3. su bicicleta
4. sus esquís

Un compañero de clase (*classmate*) necesita...
5. su lápiz
6. su diccionario
7. sus apuntes
8. su cuaderno

Sus hermanos necesitan...
9. su coche
10. su calculadora
11. sus pelotas de tenis
12. sus discos

E. The neuter pronoun *lo*

In the questions below, the direct objects are not nouns but clauses.
Note the corresponding object pronouns used in the answers.

—¿Sabe Ud. que Madrid es la capital de España?
—Sí, **lo** sé.   (*Yes, I know. I know it. I know that.*)

—Creo que nuestro equipo va a ganar mañana. ¿Y tú?
—Yo, no. No **lo** creo.   (*I don't think so.*)

The neuter pronoun *lo* replaces a clause or a whole sentence.

■ *Explicaciones gramaticales*

1. When the neuter pronoun **lo** refers to something previously expressed, it corresponds to the English words *it, that,* or *so*.

   Juan va a jugar mejor mañana.   *Juan is going to play better tomorrow.*
   Se **lo** prometo.   *I promise you (**that**).*

   The pronoun **lo** is frequently used in the following expressions.

   Lo sé.   *I know (that).*
   Ya lo creo.   *I think so.* (Of course! Naturally! I shall think so.)

Lo dudo.	*I doubt it.*
Lo siento mucho.	*I'm very sorry about that. (I really regret it.)*

2. When used with verbs like **ser** and **estar, lo** replaces the predicate noun or adjective. It may not be omitted.

—¿Es Ud. atleta?	—Sí, **lo** soy.	*Yes, I am.*
—¿Está nervioso antes de un partido?	—No, no **lo** estoy.	*No, I'm not.*

Ejercicio 8. *Ud. y los deportes*

React to the following statements affirmatively or negatively with one of the following expressions: **lo soy, lo creo, lo sé, lo dudo,** *and* **lo siento mucho.**

1. Los norteamericanos son buenos jugadores de tenis.
2. Soy un campeón/una campeona de clase internacional.
3. Vamos a jugar al tenis mañana.
4. Vamos a nadar mucho esta primavera en la Florida.
5. Nuestro profesor va a correr el maratón de Boston.
6. Voy a esquiar este verano en Chile.
7. Los Yanquis van a ser los campeones del mundo este año.

Ejercicio 9. *Intérprete*

You are working as a translator. Put the sentences below into Spanish.

1. I am a basketball fan. I attend all the games of our team. They hope to win tonight. I hope so too.
2. Do you (**tú**) know how to play tennis? Where are the tennis courts?
3. My sister has my tennis racquet. I often loan it to her.
4. My skis are too small. I am giving them to my brother.
5. There is no soccer game today. We are playing among ourselves.
6. I know Mary and I know that she plays volleyball very well. I am going to introduce her to you (**Ud.**).

AHORA LE TOCA A UD.

Compose a dialogue in which someone is trying to meet someone else, using Tenis *as a model. You may want to choose a different setting, such as a soccer game or a beach.*

No hay que complicar la felicidad

One mustn't compli-
cate happiness

EL: —*Te amo.*   ELLA: —*Te amo.*

I love you.

(*Vuelven a besarse.*)

They kiss again.

EL: —*Te amo.*   ELLA: —*Te amo.*

(*Vuelven a besarse.*)

EL: —*Te amo.*   ELLA: —*Te amo.*

(*El se pone violentamente de pie.*)

stands up abruptly

EL: —*¡Basta!* ¡Siempre *lo mismo!* ¿Por qué cuando te digo que te
amo, no contestas, *por ejemplo,* que amas a otro?

Enough! / the same
for example

ELLA: —¿A qué otro?

EL: —A nadie. Pero lo dices *para que yo tenga celos. Los celos*
alimentan al amor. Nuestra felicidad es demasiado simple.
Hay que complicarlo un poco. ¿Comprendes?

so that I'll be jealous.
Jealousy feeds love.

ELLA: —*No quería confesártelo porque pensé que sufrirías.*

I didn't want to tell you /
I thought you'd suffer

EL: —*¿Qué es lo que adiviné?*

What have I guessed?

(*Ella se levanta, se aleja unos pasos.*)

stands up / moves
away a few steps

ELLA: —Que amo a otro.

159

(El la *sigue*.) — follows

EL: —Lo dices *para complacerme*. Porque *yo te lo pedí*. — to please me / asked
ELLA: —No. Amo a otro.
EL: —¿A qué otro?
ELLA: —A otro.

(Un silencio.)

EL: —Entonces, ¿es verdad?
ELLA: (*Vuelve a sentarse. Dulcemente*.) —Sí. Es verdad. — (She sits down again. Sweetly)

(*El se pasea. Aparenta un gran furor*.) — walks back and forth / He feigns

EL: —*Siento celos*. No *finjo*. Siento celos. Estoy *muerto de celos*. *Quisiera matar* a ese otro. — I feel jealous. / pretend / dying / I would like to kill

ELLA: —(*Dulcemente*) —Está allí.
EL: —¿Dónde?
ELLA: —Allí, entre los *árboles*. — trees
EL: —*Iré en su busca*. — I'll go after him.
ELLA: —Cuidado. Tiene un revólver.
EL: —Soy *valiente*. — brave

(*El sale. Al quedarse sola, ella ríe. Se escucha el disparo de un arma de fuego. Ella deja de reír*.) — Upon remaining / laughs / A gunshot is heard. / stops laughing

ELLA: —Juan.

(*Silencio. Ella se pone de pie*.) — stands up

ELLA: —Juan.

(*Silencio. Ella corre hacia los árboles*.) — towards

ELLA: —Juan.

(*Silencio. Ella desaparece entre los árboles*.) — disappears

ELLA: —Juan.

(*Silencio. La escena permanece vacía. Se oye, lejos, el grito desgarrador de Ella*.) — The stage remains empty. / Far off, her blood-curdling scream is heard.

ELLA: —¡Juan!

(*Después de unos instantes, desciende silenciosamente el telón*.) — curtain

—Marco Denevi

Marco Denevi is an Argentine novelist, dramatist, and short story writer who gained international recognition when he was awarded first prize in a short story competition sponsored by Life en Español.

UNIDAD *V* DE DIA EN DIA

LECCION 13
Cada uno a su gusto

Each to his own taste

¿A Ud. le gusta hacer compras? ¡A nosotros también! En el Centro Comercial Chacaíto de Caracas, Venezuela, *oímos* las *siguientes* conversaciones.

we heard / following

1. El *traje de baño*

bathing suit

MARTA: Mamá, ¿qué *piensas* de este traje de baño?

you think

MAMÁ: ¡No me gusta!

MARTA: ¿Por qué no te gusta?

MAMÁ: Porque no me gustan los «bikinis».

MARTA: Pero ¡mamá! ¡Son *el último grito de la moda!*

the latest word in fashion

MAMÁ: Hoy el último grito es el «bikini». Y ¿mañana? ¿el «bikini» o el «monokini»?

2. Preferencias

ISABEL: ¿Cuál te gusta más, Pilar? ¿La *blusa roja* o *la blanca?*

red blouse / the white one

PILAR: *Prefiero* la roja.

I prefer

ISABEL: Mmm... y yo prefiero la blanca.

PILAR: Si prefieres la blanca, ¿por qué me preguntas?

ISABEL: ¡Siempre es mejor tener otra opinión!

3. ¿Cuánto cuesta?

ANDRÉS: ¡Mira, Emilio! ¡Qué *chaqueta* más elegante!   jacket

EMILIO: Pero ¡hombre! Es elegante, sí, pero también es muy cara.

ANDRÉS: *¿Qué me importa* si es barata o cara? No la voy a comprar;   What do I care
estoy mirándola, nada más.

4. *Los muebles*   Furniture

SRA. DE ALONSO: Quiero comprar el sofá *verde;* es mi color preferido.   green

SR. ALONSO: Yo, *mi amor,* prefiero el *amarillo.*   my love / yellow

SRA. DE ALONSO: Y a mí, *querido,* me gusta el verde.   dear

SR. ALONSO: ¡El amarillo es alegre!

SRA. DE ALONSO: Pero ¡el verde es elegante!

SR. ALONSO: Ahora *viene* el *dependiente*... ¡Señor! ¿No tiene Ud.   comes / salesman
un sofá verde y amarillo?

Preguntas

1. ¿Para quién es el traje de baño?
2. ¿Qué tipo de traje de baño está buscando Marta?
3. ¿Qué dice su mamá de los «bikinis»?
4. ¿Qué están mirando Isabel y Pilar?
5. ¿Qué blusa prefiere Pilar?
6. ¿Qué blusa prefiere Isabel?
7. ¿Qué está mirando Andrés?
8. ¿Cómo es la chaqueta?
9. ¿Por qué no va a comprarla?
10. ¿Qué color prefiere el Sr. Alonso?
11. ¿Qué color prefiere la Sra. de Alonso?
12. ¿De qué color es el sofá ideal?

NOTA CULTURAL

Shopping

*Where do you do your shopping? There
are a number of different types of
shopping facilities in the Hispanic
world. In Mexico, Puerto Rico, and
Venezuela, many people go to large
shopping malls called* centros
comerciales. *The* galerías *of Argentina
are really a number of small specialty
shops clustered under one roof. And in
large cities, department stores are
similar to the ones in the United States.
The open air markets of the small
towns or rural areas may not be as
elegant as the* centros comerciales, *but
they serve the same purpose by
providing places to browse, to buy, to
eat, or just to see what is new.*

El mercado de Guanajuato, México

CADA UNO A SU GUSTO

The letter ñ represents a sound similar to that of the *ni* in *onion*.

Práctica

compañero compañera año niño pañuelo señor mañana español
La señora de Castañeda es mi profesora de español.

LENGUA ESPAÑOLA

VOCABULARIO   *La ropa* (clothes, clothing)

adjetivos

ancho ≠ estrecho	*wide, broad; loose ≠ narrow; tight*
claro ≠ oscuro	*light ≠ dark*
corto ≠ largo	*short ≠ long*

¿de qué color es?

amarillo	*yellow*	negro	*black*
azul	*blue*	rojo	*red*
blanco	*white*	verde	*green*

verbos

estar de moda	*to be in fashion, in style*	Los jeans **están de moda.**
llevar	*to wear*	Hoy Carmen **lleva** una blusa azul.
usar	*to wear; to use*	¿**Usas** gafas para leer?

sustantivos

el sombrero
las gafas
la chaqueta
la corbata
el traje
el abrigo
la camisa
los pantalones
los zapatos
el pañuelo
el impermeable
los guantes
el vestido
las medias
las botas

los jeans

un suéter

los pantalones

la camiseta

los calcetines

los zapatos de tenis

las gafas de sol

la blusa

el traje de baño

la falda

las sandalias

Ejercicio 1. Ropa para cada ocasión

Complete the following sentences with items of clothing from the **Vocabulario.**

modelo: Hoy llevo —————— . *Hoy llevo una camisa blanca, jeans y sandalias.*

1. Mañana para ir a clase voy a llevar —————— .
2. Hoy el profesor/la profesora lleva —————— .
3. El/La estudiante a mi derecha (*to my right*) lleva —————— .
4. El/La estudiante a mi izquierda (*to my left*) lleva —————— .
5. Cuando voy a la playa, llevo —————— .
6. Cuando voy a una fiesta, llevo —————— .
7. Cuando voy a un restaurante elegante, llevo —————— .
8. Cuando voy a una entrevista (*interview*) profesional, llevo —————— .
9. Cuando tengo una cita, llevo —————— .
10. Cuando hace mucho calor, llevo —————— .
11. Cuando hace frío, llevo —————— .
12. Cuando llueve y hace mucho viento, llevo —————— .

A. The use of the definite article in the general sense

Note the use of the definite article in the following sentences.

El verano es una estación.   *Summer is a season.*
Las modas cambian.   *Fashions (generally speaking) change.*
La ropa buena cuesta mucho.   *Good clothing (in general) costs a lot.*

CADA UNO A SU GUSTO

In Spanish, the definite article is used to introduce a noun with an abstract, general, or collective sense.

■ *Explicación gramatical*

In English, the definite article is usually omitted when nouns are used in a general sense.

Ejercicio 2. ¿Elegantes o no?

Say whether or not the following people usually dress in an elegant manner.

modelo: las muchachas hispanas
    Las muchachas hispanas normalmente llevan ropa elegante.
   or *Las muchachas hispanas no llevan ropa elegante siempre.*

1. los estudiantes de esta universidad
2. los profesores de esta universidad
3. los hombres norteamericanos
4. las mujeres norteamericanas
5. los atletas
6. los actores
7. los aficionados al béisbol
8. los jóvenes norteamericanos
9. los jóvenes hispanos
10. los viejos

Ejercicio 3. Lo más importante (The most important thing)

What is important to one person may not be that important to another. Say which of the following things, in your opinion, is most important to each of the people listed below.

la moda   la verdad   la libertad
la ropa   la victoria   la justicia
el amor (*love*) el sol   la amistad (*friendship*)
el dinero   la salud   la fama (*fame*)

modelo: un joven *Creo que para los jóvenes, lo más importante es la amistad (la libertad...).*

1. una persona vieja
2. un novio
3. una chica
4. un joven
5. una mujer
6. un hombre
7. un atleta
8. un prisionero
9. un niño
10. un turista

B. The construction with *gustar*

Note the verb forms and pronouns in heavy print in the sentences below.

Me gusta la moda francesa. No **me gustan** los jeans.
¿**Te gusta** la moda española? ¿**Te gustan** las botas italianas?
Nos gusta la ropa elegante. A mis tíos **les gustan** los trajes oscuros.
¿**A Uds. les gusta** mi abrigo? ¿**A Ud. le gustan** mis sandalias?

With **gustar**, the following pattern is used:

indirect object pronoun + *gusta(n)* + subject (if expressed)

■ Explicaciones gramaticales

1. Note these English equivalents of **le gusta.**

    A Teresa **le gusta** la falda azul.
    $\Big\{$
    *Teresa **likes** the blue skirt.*
    *The blue skirt is **pleasing to** Teresa.*
    *The blue skirt **pleases** Teresa.*

2. When the subject of this type of construction is a singular noun (or an infinitive), the singular verb form **gusta** is used. When the subject is a plural noun, the corresponding, plural form, **gustan,** is required. Contrast:

    Nos gusta tu traje de baño.   Nos gustan tus sandalias.

3. To refer to a specific person or persons, or for emphasis or clarity, Spanish-speakers may begin the sentence with *a + name, noun or pronoun.*

    A mí me gusta el sofá azul, pero **a ti** te gusta el sofá verde.
    A Ricardo le gusta jugar al golf. **A sus hermanas** les gusta nadar.

VOCABULARIO   *Expresiones como me gusta*

me fascina(n)	*I am fascinated by*	**Nos fascina** el cine español.
me gusta(n) más	*I prefer, like better*	¿**Te gusta más** el teatro o el cine?
me importa(n)	*I care about*	A Rita le **importa** la moda.
me interesa(n)	*I am interested in*	¿A Ud. le **interesan** los deportes?

Ejercicio 4. Diálogo: ¿Qué les gusta más?

Ask your classmates about their preferences. You may address your questions to one or several students.

modelo: el cine / el teatro
      (a un estudiante) —*Qué te gusta más, el cine o el teatro?*
                      —*Me gusta más el teatro.* or —*Me gusta más el cine.*
      (a unos estudiantes) —¿*Qué les gusta más, el cine o el teatro?*
                      —*Nos gusta más el teatro.* or —*Nos gusta más el cine.*

1. la televisión / el cine
2. la moda europea / la moda norteamericana
3. las faldas largas / las faldas cortas
4. los zapatos de tenis / las sandalias
5. las películas documentales / las películas románticas
6. los coches pequeños / los coches grandes
7. los trajes oscuros / los trajes claros
8. el mundo de hoy / el mundo de ayer
9. el verano / el invierno
10. la primavera / el otoño

Ejercicio 5. Reacciones personales

*Express your personal reaction to each of the following, using one of these
expressions in the affirmative or negative:* me gusta, me fascina, me importa *or* me
interesa.

modelo: la música clásica   *Me gusta (Me fascina, Me interesa, No me importa...) la música clásica.*

1. la música latina
2. el arte moderno
3. el español

4. la moda de hoy
5. el futuro
6. los exámenes

7. las notas
8. la política internacional
9. las películas europeas

C. Stem-changing verbs: e → ie

Verbs like **comenzar** (*to begin*), **perder** (*to lose*), and **preferir** (*to prefer*)
are called stem-changing verbs because the **e** of the infinitive stem
changes to **ie** in certain forms of the verb. Note these changes in the
chart below.

	comenzar	perder	preferir
(yo)	comienzo	pierdo	prefiero
(tú)	comienzas	pierdes	prefieres
(él, ella, Ud.)	comienza	pierde	prefiere
(nosotros)	comenzamos	perdemos	preferimos
(vosotros)	comenzáis	perdéis	preferís
(ellos, ellas, Uds.)	comienzan	pierden	prefieren

Explicaciones gramaticales

1. The vowel **e** changes to **ie** when it is stressed. This occurs in the **yo, tú,
   él,** and **ellos** forms of the present tense (and not in the **nosotros** and
   vosotros forms).

2. Stem-changing verb forms have the same endings as regular verb forms.

VOCABULARIO   *Algunos verbos con el cambio en el radical e → ie*

verbos que terminan en -*ar*

comenzar	to begin; to start	¿A qué hora **comienza** la clase?
empezar	to begin; to start	¿Cuándo **empieza** la película?
pensar	to think	**Pienso** que la moda es muy importante.
pensar de	to think of	¿Qué **piensas de** la moda europea?
pensar en	to think about	Elena **piensa** mucho **en** su vestido nuevo.
pensar + *infinitive*	to intend, plan + *infinitive*	¿**Piensas comprar** otro traje de baño?

verbos que terminan en -*er*

entender	to understand	No **entiendo** el francés.
perder	to lose	Carlos **pierde** las gafas a menudo.
	to miss	No quiero **perder** el avión.
	to waste	Siempre **perdemos** el tiempo aquí.
querer	to love	Ricardo **quiere** a Beatriz.
	to want	¿**Quiere** Ud. esta camisa o ésa?
querer decir	to mean	¿Qué **quiere decir** «está de moda»?

verbos que terminan en -ir		
preferir	to prefer	**Prefiero** los sombreros grandes.
sentir	to feel	No **siento** nada.
	to regret	¿Estás cansado? Lo **siento**.

■ *Observación*

Pensar de means *to think of* in the sense of *having an opinion about*.
Pensar en means *to think about*.

¿Qué **piensa Ud. de** mi traje nuevo? *What do **you think of** my new suit?*
Pensamos en el examen de mañana. *We are thinking about tomorrow's exam.*

Ejercicio 6. ¿Entienden? ¡Sí!

*Say where the following students are living and that they understand the languages
of their countries of residence: **el español, el francés**, or **el inglés**.*

modelo: Carmen / Australia   *Carmen vive en Australia. Entiende el inglés.*

1. Alonso y Roberto / Inglaterra
2. nosotros / los Estados Unidos
3. yo / la Argentina
4. tú / el Perú
5. Anita / París
6. tú y yo / Chicago
7. mis primos / Santa Fe
8. Felipe y yo / Quebec

Ejercicio 7. Intenciones

Describe everyone's weekend plans, using the suggested verbs.

modelo: **(pensar)** el primo de Raquel / salir con ella   *El primo de Raquel piensa salir con ella.*

   (pensar)

1. Paco / ir a la playa
2. tú / ir de compras
3. nosotros / descansar
4. yo / correr en el maratón
5. mis primos / hacer la tarea

   (querer)

6. la prima de Marta / dar un paseo con ella
7. tú / comprar sandalias
8. nosotros / ver una película buena
9. mis hermanos / asistir a un partido de fútbol
10. Uds. / ir a bailar

   (preferir)

11. Carmen / ir de compras

12. Jaime / repasar su vocabulario de inglés
13. yo / salir con mi novio
14. tú / ir al centro
15. las amigas de Simón / hacer una excursión

Ejercicio 8. Y Ud., ¿qué dice?

1. ¿Entiende bien cuando el profesor/la profesora habla español?
2. ¿Entiende Ud. el francés? ¿el italiano? ¿el alemán? ¿el ruso? ¿alguna otra lengua?
3. ¿En qué circunstancias pierde Ud. el tiempo? ¿la paciencia? ¿la memoria? ¿el apetito?
4. ¿Dónde quiere Ud. trabajar? ¿Piensa trabajar en algún país hispano? ¿Quiere ganar mucho dinero? ¿por qué?
5. Generalmente, ¿a qué hora empieza la clase de español? ¿Cuándo empiezan las próximas vacaciones? ¿las vacaciones de primavera? ¿las vacaciones de verano?
6. ¿Qué piensa de la moda actual (*of today*)? ¿Le gusta? ¿por qué?

Ejercicio 9. Diálogo: ¿Qué haces con frecuencia?

Ask a classmate if he or she often does the following.

modelo: pensar en el futuro
        —*¿Piensas en el futuro a menudo?*
        —*Sí, pienso en el futuro a menudo.*
        or —*No, nunca pienso en el futuro.*

1. pensar en el dinero
2. pensar en su profesión futura
3. pensar en sus amigos
4. pensar en los grandes problemas filosóficos
5. perder el tiempo
6. perder sus cosas
7. perder el autobús
8. empezar nuevos proyectos
9. comenzar proyectos inútiles
10. sentir miedo cuando está solo/a

D. The use of descriptive adjectives as nouns

In Spanish, adjectives frequently function as nouns. This is called *nominalization*. Note the expressions in heavy print in the answers to the questions below.

—¿Te gusta la falda verde?   *Do you like the green skirt?*
—Sí, pero prefiero **la azul**.   *Yes, but I prefer **the blue one**.*

—¿Te gusta el suéter rojo?   *Do you like the red sweater?*
—No, me gusta más **el amarillo**.   *No, I prefer **the yellow one**.*

—¿Prefieres la falda larga?   *Do you prefer the long skirt?*
—No, prefiero **la corta**.   *No, I prefer **the short one**.*

In order to create nouns from descriptive adjectives, the following pattern is used:

article + noun + adjective → article + adjective

1. In similar constructions in English, the pronoun *one* is usually used.

   los trajes oscuros → los oscuros
   the dark suits → the dark ones

2. The gender of the adjective used as a noun is the same as that of the
   original noun.

   un hombre viejo → un viejo   *an old man*
   una mujer vieja → una vieja   *an old woman*

Ejercicio 10. Diálogo: ¿Qué prefieres?

Ask a classmate about his or her preferences, as in the model.

modelo: la moda (europea / norteamericana)
      —*¿Prefieres la moda europea o la norteamericana?*
      —*Prefiero la europea.* or —*Prefiero la norteamericana.*

1. los suéteres (anchos / estrechos)
2. las faldas (largas / cortas)
3. las corbatas (anchas / estrechas)
4. las botas (italianas / norteamericanas)
5. los perfumes (franceses / norteamericanos)
6. los trajes (claros / oscuros)
7. la música (clásica / moderna)
8. los restaurantes (mexicanos / orientales)
9. los coches (grandes / pequeños)
10. la cerveza (alemana / norteamericana)

Ejercicio 11. Intérprete

You are working as a translator. Put the following sentences into Spanish.

1. I like short jackets and tight pants.
2. What color are your (**sus**) new shoes?
3. Mom, do you prefer the blue dress or the yellow one?
4. Big sunglasses are in fashion this summer.
5. Alicia wants to wear the white sweater and the green skirt.
6. Rafael intends to begin to do his homework at eleven.
7. You (**tú**) are wasting your time here.
8. What do Pablo and Luis think of my new bathing suit?

Cuando hace frío, el abrigo siempre está de moda.

Lectura cultural: La apariencia

«*¿Qué dirá la gente?*» A los hispanos les importa mucho *lo que* dice y lo que piensa la gente. *Por eso,* cuando salen a la calle, les gusta estar *bien vestidos, limpios,* y si es posible, elegantes.

what will people say? / what / because of this

well dressed / clean

En las ciudades grandes la gente *presta mucha atención* a la ropa. Si no tienen dinero para comprar mucha ropa, prefieren comprar solamente una cosa buena— y de *última* moda. Leen las revistas de modas porque quieren saber exactamente lo que está de moda en París, Roma y Nueva York.

pay a lot of attention

latest

El supermercado del almacén El Siglo de Barcelona

Los hombres *se visten* de una manera bastante conservadora para ir   dress
a trabajar. Siempre llevan chaqueta y corbata, y sus trajes generalmente
son de colores discretos. *Guardan* la ropa deportiva para los fines de   they keep
semana.

      Ahora los jeans están muy de moda entre los jóvenes de los países
hispánicos. A veces son caros en estos países, pero muchos jóvenes
quieren tenerlos. *Ahorran* su dinero para comprar jeans de una *marca*   they save / brand
popular. No, no son muy elegantes, pero a los jóvenes les gustan y...
son el último grito de la moda.

¿Comprendió Ud.?

1. ¿Cómo son los hispanos cuando salen a la calle?
2. ¿Qué hacen los hispanos si no tienen dinero para comprar mucha ropa?
3. ¿Cómo se visten los hombres para el trabajo?
4. ¿Qué ropa es popular en los Estados Unidos y en los países hispanos?
5. ¿Por qué quieren tener jeans los hispanos?

Aumente su vocabulario: cognate pattern -nte → -nt

Many Spanish adjectives that end in **-ante** or **-ente** correspond to English adjectives
ending in *-ant* or *-ent*.

import**ante**	→	*import*ant*	inteligente	→	*intelligent*
eleg**ante**	→	*eleg*ant*	paciente	→	*patient*

Práctica

*Supply the proper endings for the following Spanish adjectives and use each of them
in a sentence of your own making.*

1. toler—   2. difer—   3. persist—   4. arrog—   5. ambival—

AHORA LE TOCA A UD.

1. *Describe in detail the clothes you are wearing, indicating the color, the fit, etc.*
2. *In a paragraph of ten to fifteen lines, describe the importance of personal
appearance in the United States. You may use the* Lectura *as a model.*

LECCION 14
Un buen compañero de cuarto

roommate

¿Tiene Ud. un buen compañero o una buena compañera de cuarto? ¿Es Ud. un/a buen/a compañero/a de cuarto? En su opinión, ¿cuáles son las *cualidades* necesarias para vivir en armonía con otra persona? Indique su importancia para Ud.

qualities

El buen compañero de cuarto...	de mucha importancia	de bastante importancia	de poca importancia	
1. *se* adapta fácilmente a vivir con Ud.	☐	☐	☐	himself
2. se adapta rápidamente a la *vida* universitaria.	☐	☐	☐	life
3. *se preocupa por* la *limpieza* del *cuarto*.	☐	☐	☐	is concerned with / cleaning room
4. se preocupa por las notas que saca.	☐	☐	☐	
5. se expresa francamente cuando no está de acuerdo con Ud.	☐	☐	☐	
6. Se está preparando para la misma *carrera que* Ud.	☐	☐	☐	career / as
7. se dedica a sus estudios.	☐	☐	☐	
8. *se baña* frecuentemente.	☐	☐	☐	bathes
9. se siente *cómodo* con sus amigos.	☐	☐	☐	comfortable

Preguntas

1. ¿Cuáles cualidades son de mucha importancia para Ud.?
2. ¿Cuáles son de bastante importancia?
3. ¿Cuáles son de poca importancia?
4. ¿Hay una diferencia de opinión en la clase?

NOTA CULTURAL

Neatness

The Hispanic home, whether modest or lavish, is the object of great care and attention. Bright and early in the morning, bedding is aired out on balconies or windowsills, patios and floors are scrubbed, and the whole house is cleaned in a great flurry of activity. In large cities, it is not uncommon to see householders washing the sidewalks in front of their homes.

Para limpiar la casa en Avila, España

FONETICA   Intonation I

A. Normal statements

In normal statements, Spanish speakers begin on a low tone, and then rise to a higher pitch on the first accented syllable. This high pitch is maintained until the last accented syllable, where it drops to the first tone. At the end of the sentence, the pitch drops somewhat more.

A mí me gusta el campo.   La vida universitaria me fascina.

Hay muchas oportunidades aquí.   Yo estudio en mi cuarto.

Note: In English statements, American speakers tend to begin on the higher pitch characteristic of Spanish, and then raise that pitch even more on the last stressed syllable before dropping off at the end.

I like the country.   College life fascinates me.

B. Normal information questions

In normal information questions, Spanish speakers reach the high pitch on the stressed syllable of the question word. (If this is not the first syllable of the sentence, the question begins on the lower pitch.) The voice drops on the last accented syllable of the sentence.

¿Por qué vive Ud. en la ciudad?   ¿Dónde viven sus padres?

¿Cuál prefiere Ud.?   ¿Con quiénes va Ud. al concierto?

Note: In normal information questions, American speakers often use an intonation pattern similar to that of normal statements.

Why do you live in the city?   Where do your parents live?

VOCABULARIO   *El cuarto*

sustantivos

un compañero de cuarto	*roommate*	una compañera de cuarto	*roommate*
un cuarto	*room*	una residencia	*dormitory*

los muebles

adjetivo

cómodo   *comfortable*   Tiene un sillón muy **cómodo**.

verbos

arreglar	*to arrange, put in order; to fix*	Tengo que **arreglar** mi cuarto.
lavar	*to wash*	**Lavamos** nuestros calcetines.
limpiar	*to clean*	¿Quién va a **limpiar** los muebles?

expresiones

como	*like*	¡No hay muchas personas **como** Ud.!
	since, as	**Como** no tengo mucho dinero, no voy a comprar un sillón.
hasta	*until, till*	Voy a estudiar **hasta** las nueve.

Ejercicio 1. Su cuarto

1. ¿Dónde vive Ud.? ¿en casa? ¿en una residencia? ¿en un apartamento?
2. ¿Tiene un cuarto individual? ¿o tiene compañeros/as de cuarto? ¿cuántos/as?

3. ¿Cómo es su cuarto? ¿pequeño o grande? ¿bonito o feo? ¿Es cómodo? ¿espacioso?
4. ¿Tiene muchos muebles en su cuarto? ¿Cuáles son? ¿Tiene lámparas? ¿cuántas?
5. ¿Es grande o pequeño su escritorio? ¿nuevo o viejo?
6. ¿Es cómoda su silla? ¿Tiene Ud. un sillón también?
7. ¿Cuántos libros tiene en su estante?

Ejercicio 2. ¿Lleva Ud. una vida ordenada? (Do you lead an orderly life?)

1. ¿Arregla Ud. su cuarto todos los días? ¿los fines de semana? ¿nunca?
2. ¿Hace la cama por la mañana o por la noche?
3. ¿Hasta qué hora estudia por la noche?
4. ¿Dónde lava su ropa? ¿en una lavadora (washing machine)? o ¿en el cuarto de baño (bathroom)?
5. ¿Tiene un coche? ¿Lo lava a menudo?
6. ¿Sabe arreglar coches? ¿motos? ¿bicicletas? ¿tocadiscos? ¿qué más?

A. Stem-changing verbs: e → i

In the chart below, note the changes in heavy print in the stem of **pedir** (to ask for).

	singular		plural
(yo)	Pido cinco dólares.	(nosotros)	Pedimos café.
(tú)	Pides una cerveza.	(vosotros)	Pedís consejos.
(él, ella, Ud.)	Pide té.	(ellos, ellas, Uds.)	Piden vino.

■ *Explicación gramatical*

The **e** in the stem is changed to **i** when it is stressed. This stem change occurs in all forms of the present tense except the **nosotros** and **vosotros** forms.

VOCABULARIO   *Algunos verbos con el cambio e → i en el radical*

pedir	*to ask for, request, order*	Les **pido** dinero a mis tíos.
repetir	*to repeat*	¿Vas a **repetir** la pregunta?
servir	*to serve*	María **sirve** los pasteles.

■ *Observación*

Note the difference between **pedir** and **preguntar:**

pedir means *to ask for* or *request (something):*   **Cecilia me pide mi dirección.**
preguntar means *to ask (a question):*   **Juan me pregunta dónde vivo.**

Ejercicio 3. En la cena (At dinner)

The following people are helping to serve different foods and drinks at the buffet. Indicate what each one is serving.

modelo: Pablo / el té   *Pablo sirve el té.*

1. yo / el café
2. Ana / la carne
3. Ud. / la sopa
4. tú / las legumbres
5. nosotros / el queso
6. Teresa y Manuela / la ensalada
7. Uds. / el pan
8. Héctor / el helado

Ejercicio 4. *Preguntas y pedidos* (Questions and requests)

Ask a classmate if he or she asks the following of friends, family, and acquaintances.
Use **pedir** *and* **preguntar** *as appropriate.*

modelo: dinero (a sus padres)
      —¿Les pides dinero a tus padres?
      —Sí, les pido dinero. or *—No, no les pido dinero.*

1. dinero (a su compañero/a de cuarto)
2. favores (a sus amigos)
3. el coche (a su mamá)
4. a su novio/a (si le quiere)
5. a sus padres (cuánto dinero ganan)
6. consejos (a sus abuelos)
7. buenas notas (a sus profesores)
8. a sus compañeros (qué diversiones prefieren)
9. a sus amigos (si tienen planes profesionales)

B. Stem-changing verbs: o → ue

In the chart below, note the changes in the stems of **encontrar** (*to meet*),
poder (*to be able*), and **dormir** (*to sleep*).

	encontrar	poder	dormir
(yo)	encuentro	puedo	duermo
(tú)	encuentras	puedes	duermes
(él, ella, Ud.)	encuentra	puede	duerme
(nosotros)	encontramos	podemos	dormimos
(vosotros)	encontráis	podéis	dormís
(ellos, ellas, Uds.)	encuentran	pueden	duermen

■ *Explicaciones gramaticales*

1. The **o** in each stem is changed to **ue** when it is stressed. This stem
   change occurs in all forms of the present except for the **nosotros** and
   vosotros forms.

2. Note: The conjugation of the verb **jugar** (*to play*) follows the same
   pattern.

   Juego al fútbol. *but* **Juga**mos con Elena.

verbos que terminan en -*ar*

almorzar	*to have lunch*	**Almuerzo** con mi compañero de cuarto.
contar	*to tell; to count*	Paco **cuenta** su dinero.
costar	*to cost*	¿Cuánto **cuesta** ese escritorio?
encontrar	*to meet; to find*	**Encuentro** a mis amigos en la cafetería.
mostrar	*to show*	Elena nos **muestra** su lámpara nueva.
probar	*to try; to prove*	¿Por qué no **pruebas** el café?
recordar	*to remember*	No **recuerdo** el número de tu cuarto.
soñar	*to dream*	No **sueño** nunca.

verbos que terminan en -*er*

poder	*to be able, can*	¿**Puedes** arreglar el armario?
volver	*to return*	¿Cuándo **vuelven** Uds. a la residencia?

verbos que terminan en -*ir*

dormir	*to sleep*	**Duermo** bien en esta cama.

■ *Observaciones*

1. Note the distinction between **poder** and **saber**: **poder** means *can* in the sense of *to be able (to),* while **saber** means *can* in the sense of *to know how (to).*

   Puedo conducir. *I can drive (because my car is running, or because I have the time, or because I feel like it).*

   Sé conducir.   *I can drive (because I have learned how).*

2. **Llover** (*to rain*) is a stem-changing verb of this group: **llueve** (*it rains*).

Ejercicio 5. Y Ud., ¿qué dice?

1. ¿Dónde almuerza Ud. durante la semana? ¿los fines de semana? ¿cuando está de vacaciones? ¿cuando quiere celebrar algo importante?
2. ¿Tiene buena memoria? ¿Recuerda su primer (*first*) día de clase? ¿su primera cita?
3. ¿A qué hora vuelve a casa todos los días? ¿los sábados? ¿los domingos?
4. ¿Cuántas horas duerme todas las noches? ¿Sueña a menudo? ¿Recuerda sus sueños (*dreams*)?

Ejercicio 6. Diálogo: ¿Cómo? ¿Cuándo?

Ask a classmate if he or she does any of the following. You may use adverbs such as **siempre, a menudo,** or **normalmente** in your answers.

modelo: dormir bien
    —¿Duermes bien?
    —Sí, normalmente duermo bien. or —No, no duermo bien siempre.

1. dormir en la clase de español
2. probar nuevas comidas
3. soñar mucho
4. almorzar en su cuarto

Limpiando las puertas de un banco en Barcelona

5. encontrar a sus profesores en el centro
6. contar chistes (*jokes*)
7. contar su dinero todos los días

8. volver a su cuarto después de la clase
9. recordar los cumpleaños de sus hermanos
10. mostrarles su cuarto a sus amigos

Ejercicio 7. ¿Qué hacen?

Use the new subjects given in parentheses. Make all necessary changes.

modelo: Almuerzo a la una. (nosotros) *Almorzamos a la una.*

1. Ana puede limpiar el cuarto mañana. (yo; Ud.; tú; mis compañeros; nosotros)
2. Ricardo siempre vuelve a la residencia a las cinco. (yo; nosotros; Uds.; Rosa; tú)
3. Mañana probamos estos pasteles. (tú; Teresa; Ud. y yo; mis hermanas; yo)
4. Bárbara le muestra sus muebles nuevos a Clara. (yo; nosotros; Uds.; tú; Ud.)
5. ¿Cuánto cuesta esa mesa? (sillas; estante; espejo; cama; muebles; cómoda)
6. Tomás repite la pregunta. (yo; tú; nosotros; Uds.; Ud.)
7. ¿Siempre les pides consejos a tus profesores? (Raúl; nosotros; yo; ellas; Uds.)

C. Reflexive verbs: introduction

Compare the forms and uses of the object pronouns in heavy print in each of the following pairs of sentences.

Ana lava su falda. **La** lava.   Y después **se** lava.

Juana mira a José. **Lo** mira.   Y después **se** mira en el espejo.

Mis amigos preparan
los regalos. **Los** preparan.

Y después **se** preparan
para la fiesta.

The object pronoun in the first sentence of each pair represents a thing or a person distinct from the subject.

The object pronoun in the second sentence of each pair refers to the subject. This pronoun is called a **reflexive pronoun** because the action is "reflected" on the subject.

The verb in the second sentence of each pair is called a **reflexive verb** because it is used with a reflexive pronoun.

Study the conjugation of the reflexive verb **expresarse** (*to express oneself*).

	expresarse	
(yo)	**Me expreso** bien.	I express myself well.
(tú)	**Te expresas** mal.	You express yourself poorly.
(él)	**Se expresa** fácilmente.	He expresses himself easily.
(ella)	**Se expresa** difícilmente.	She expresses herself with difficulty.
(Ud.)	Ud. **se expresa** claramente.	You express yourself clearly.
(nosotros)	**Nos expresamos** en inglés.	We express ourselves in English.
(vosotros)	**Os expresáis** en español.	You express yourselves in Spanish.
(ellos)	**Se expresan** en francés.	They express themselves in French.
(ellas)	**Se expresan** en italiano.	They express themselves in Italian.
(Uds.)	**Uds. se expresan** en ruso.	You express yourselves in Russian.

■ *Explicaciones gramaticales*

1. In a dictionary entry, the infinitive of a reflexive verb is listed with the pronoun **se: expresar***se*, **lavar***se*, **mirar***se*.

2. In the first and second persons, the reflexive pronouns are the same as the direct and indirect object pronouns: **me, te, nos, os.** The third-person singular and plural reflexive pronoun is **se.**

3. In a sentence, the reflexive pronoun has the same position as an object pronoun. When a simple verb is used, the reflexive pronoun precedes it.

   Clara **se** mira en el espejo.
   Ud. no **se** expresa bien.

   With the present progressive and infinitive constructions, the reflexive pronoun may precede the conjugated verb or follow the present participle or infinitive and be attached to it.

   Estamos lavándo**nos**.   **Nos** estamos lavando.
   ¿No vas a lavar**te**?   ¿No **te** vas a lavar?

Ejercicio 8. Preparándose para el examen

Some students are preparing themselves for the exam, but others are not. Express this, using the correct forms of **prepararse.**

modelo: Roberto (no)   *Roberto no se prepara para el examen.*

1. Carmen (sí)
2. Antonio y Elena (no)
3. Raquel y Pilar (sí)
4. yo (sí)
5. tú (no)

6. mis amigos (no)
7. mi compañero de cuarto (sí)
8. Uds. (sí)
9. mi hermano y yo (sí)
10. Ud. (no)

Ejercicio 9. Diálogo: ¿Qué compras?

Ask a friend if he or she buys him or herself the following items. The answers may include expressions such as **siempre, a menudo, de vez en cuando, raramente,** and **nunca.**

modelo: chocolates

     —¿Te compras chocolates a veces?

     —Sí, me compro chocolates de vez en cuando. or —No, nunca me compro chocolates.

1. libros
2. el periódico
3. revistas de modas
4. revistas deportivas

5. ropa
6. muebles
7. dulces
8. papas fritas

Ejercicio 10. Diálogo: ¿Qué van a comprar?

Ask your classmates if they and their roommates plan to buy the following pieces of furniture. (Note: **ya** means already.)

modelo: una mesa

     —¿Uds. van a comprarse una mesa?

     —Sí, vamos a comprarnos una mesa. or —No, ya tenemos una mesa.

1. un escritorio
2. una silla
3. un sillón
4. un armario
5. una lámpara
6. una cómoda
7. un espejo
8. un estante

VOCABULARIO   *El cuidado personal* (personal care)

afeitarse	*to shave*	No me gusta **afeitarme.**
arreglarse	*to fix oneself up*	**Me arreglo** antes de una cita.
bañarse	*to take a bath*	¿Vas a **bañarte** después del partido de tenis?
lavarse	*to wash (oneself)*	**Nos lavamos** todas las mañanas.
peinarse	*to comb (one's hair)*	Me miro en el espejo cuando **me peino.**
ponerse	*to put on (clothing)*	Cuando hace frío, **me pongo** un suéter.
quitarse	*to take off (clothing)*	¿Por qué **te quitas** el impermeable?
vestirse (e → i)	*to dress, get dressed*	Silvia **se viste** rápidamente.

■ *Observaciones*

1. **Arreglarse** has no direct English equivalent; it means *to fix oneself up,* that is, *brushing one's hair, straightening one's clothes, putting on perfume* —or generally *making an effort to look one's best.*

2. In Spanish, personal care verbs are usually reflexive, since the subjects perform the actions on themselves. (In English, reflexive pronouns are often implied but not expressed.)

Ejercicio 11. Diálogo: ¿Te arreglas bien?

Ask a classmate if he or she does the following things.

modelo: bañarse todas las mañanas
—¿Te bañas todas las mañanas?
—Sí, me baño todas las mañanas. or —No, no me baño todas las mañanas.

1. bañarse todas las noches
2. vestirse rápidamente
3. ponerse perfume
4. quitarse los zapatos en clase
5. quitarse los zapatos en casa
6. arreglarse antes de salir para una cita
7. peinarse antes de clase
8. lavarse después de un partido de básquetbol

Ejercicio 12. La ropa apropiada

Make as many logical sentences as you can, saying what the people below wear in certain situations. Use elements from columns A, B, and C, and the verb ponerse, as in the model.

modelo: Si llueve, nosotros nos vamos a poner un impermeable.
or Si llueve, nosotros vamos a ponernos un impermeable.

A	B	C
si llueve	yo	un suéter
si hace sol	nosotros	botas
si hace frío	Miguel	un impermeable
si hay una fiesta	Elena y Rosa	gafas de sol
si hay un partido de volibol	tú	un traje de baño
en la playa	Ud.	ropa elegante
		una camiseta
		un abrigo
		zapatos de tenis

Ejercicio 13. Intérprete

You are working as a translator. Put the following sentences into Spanish.

1. We are asking our grandfather for advice.
2. Juan wants to ask you (Ud.) where you live.
3. How much do these chairs cost?
4. Are you (tú) having lunch with me today?
5. I can show you (tú) my room at ten-thirty.
6. Ricardo shaves every morning.
7. I look in the mirror when I comb my hair.
8. If it's hot, we're going to put on shorts.

Lectura cultural: Los indios

Un turista está pasando el día en un pueblo de Guatemala, lejos de la capital. El pueblo es grande y sirve *de* centro comercial de la región. El turista pasa el día en la *entrada* de un almacén, mirando a los indios *mientras* entran y salen. El *dueño* del almacén, *al ver* al turista admirando la ropa típica de los indios, empieza a *nombrar* los pueblos de donde *provienen*. El turista *se queda sorprendido* y pregunta: «¿Cómo sabe Ud. de dónde provienen?» «*Por* sus sombreros», *explica* el dueño. «Como cada hombre lleva el sombrero típico de su pueblo, todos los hombres de un pueblo en particular llevan el mismo sombrero.» Después explica que las mujeres llevan blusas que por su color y su *diseño* indican su pueblo de origen, *tanto como* su manera de peinarse y los colores de las *cintas* que llevan en el *pelo* son modos de identificarlas.

No es solamente la ropa de los indios lo que los *distinguen, sino* también las circunstancias en que viven. *Aunque* forman la *mayor* parte de la población del Perú, Bolivia, Guatemala y algunas regiones de México, muchas veces los indios residen en comunidades que están física, económica y culturalmente *aisladas del resto* de su país. Las diferencias entre ellos y los otros habitantes del país son muy grandes.

	as
	entrance
	while / owner / upon seeing
	to name
	they come / is surprised
	By / explains
	design / just as
	ribbons / hair
	distinguish / but
	Although / greater
	isolated / the rest

Madre e hijo en Guatemala

Se visten de otro modo, sus casas son diferentes, su trabajo es diferente, su organización social y política es diferente y sus *habilidades* son diferentes. *Además*, tienen sus propias tradiciones y *costumbres* y su propia lengua. En muchos casos, su manera de vivir es muy similar a la de sus *antepasados*.

skills
Furthermore / customs

ancestors

La situación de los indios es uno de los principales problemas *actuales* que se les presentan a estos países, *ya que los* que forman la mayor parte de la población tienen la *menor* participación en la vida nacional. Los *gobiernos* de estos países *están tratando* ahora de *aumentar* la participación de los indios, *a través de* programas *de enseñanza*, mejor atención médica y mejores *medios* de comunicación y transporte.

current / since / those
least
governments / are trying
increase / through
educational / means

¿*Comprendió Ud.?*

1. ¿Dónde está el turista extranjero?
2. ¿Cómo pasa el día?
3. ¿Cómo sabe el dueño del almacén de dónde provienen los indios?
4. ¿En qué países forman los indios la mayor parte de la población?
5. ¿Viven los indios en una manera similar o diferente a la de sus antepasados?

Aumente su vocabulario: cognate pattern **ci** + **vowel** → **ti** + **vowel**

Many Spanish words that contain the letter group **ci** + *vowel* correspond to English words that contain the letter group **ti** + *vowel*.

tradi**ci**ón → *tradi tio n*
na**ci**onal → *na tio nal*

Práctica

Give the Spanish equivalents of the following English adjectives. Use each of these adjectives in an original sentence.

1. initial
2. rational
3. international
4. emotional

AHORA LE TOCA A UD.

1. *Describe the ideal roommate. You may use* Un buen compañero de cuarto *as a point of departure.*
2. *Describe briefly some of the things you do every day, using ten verbs from this lesson.*

LECCION 15
El mejor momento del día

Hay muchas cosas que *todo el mundo* hace día *tras* día. *Por ejemplo,* todas las mañanas *nos levantamos;* nos bañamos; *nos cepillamos los dientes;* nos vestimos; y nos ocupamos en nuestro trabajo o en nuestros estudios. ¿Esto quiere decir que todo es rutina, y que nunca ocurre nada extraordinario en nuestras *vidas?* ¡Claro que no! Estas actividades son muy rutinarias, pero cada una *significa* algo diferente para cada persona. Si preguntamos a varias personas cuál es el mejor momento del día, cada uno nos da una opinión diferente. Por ejemplo:

everybody / after / For example
we get up / we brush our teeth

lives
means

Carmen Díaz (20 años; estudiante)

El mejor momento del día es cuando *me despierto...* ¡Cada día es una experiencia nueva!

I wake up

Angel Ruiz (40 años; *campesino*)

Me levanto a las cinco todas las mañanas. Para mí, el mejor momento del día es cuando *duermo la siesta.*

farmer
I get up
I take a nap

Blanca Espinosa (35 años; *dependiente*)

El mejor momento es cuando me quito los zapatos y *me siento* a mirar la televisión. *¡Me duelen los pies* después del trabajo!

salesperson
I sit down
My feet hurt

Javier Escobar (20 años; estudiante)

Para mí, es cuando *me reuno* con mi novia en un café después de las clases. *Nos vemos* todos los días.

I get together
We see each other

Paco Fuentes (4 años)

El mejor momento es cuando me baño porque tengo un *barquito*   little boat
nuevo.

Preguntas

1. ¿Son similares todos los días para Carmen Díaz?
2. ¿A qué hora se levanta Angel Ruiz?
3. ¿Qué hace Blanca Espinosa para descansar?
4. ¿Con quién se reune Javier Escobar? ¿dónde? ¿cuándo?
5. ¿Por qué le gusta a Paco Fuentes bañarse?

NOTA CULTURAL

Meeting places

Hispanic people generally do not entertain their friends in their homes as much as Americans do. Young people prefer to meet in a café after classes or after work, and they usually have one special café that serves as a favorite meeting place. The father usually entertains his colleagues or associates in a restaurant instead of inviting them to his home. Only the family and closest friends enjoy the hospitality of one's home.

Un café en la Avenida Antonio Vargas de Madrid

FONETICA   Intonation II

A. Continuing intonation

In longer sentences which contain pauses, Spanish speakers tend to let their voice rise slightly at the end of the phrase.

El mejor momento del día es cuando me quito los zapatos.

Esto quiere decir que todo es rutina.

Note: In continuing phrases in English, most speakers let their voices rise on the important word, and then drop the pitch back to the normal tone, letting it fade away a little.

The best moment of the day is when I take off my shoes.

B. Parenthetical comments

In Spanish, parenthetical comments are usually spoken on a lower pitch.

Es importante —dice Angel—dormir la siesta.

A. The use of definite articles with clothing and parts of the body

Contrast the use of the definite article in each Spanish sentence with the use of the possessive adjective in the corresponding English sentence.

Me lavo **la** cara.	*I am washing **my** face.*
Te lavo **la** cara.	*I am washing **your** face.*
Elena se corta **el** pelo.	*Elena is cutting **her** hair.*
Ud. se pone **la** chaqueta.	*You are putting on **your** jacket.*
Ud. me pone **la** corbata.	*You are putting **my** tie on for me.*
¿Qué tienes en **la** mano?	*What do you have in **your** hand?*
Nos duelen **los** pies.	*Our feet hurt.*

In Spanish, the definite article rather than the possessive adjective is usually used to introduce parts of the body or articles of clothing.

VOCABULARIO   *El cuerpo*

sustantivos

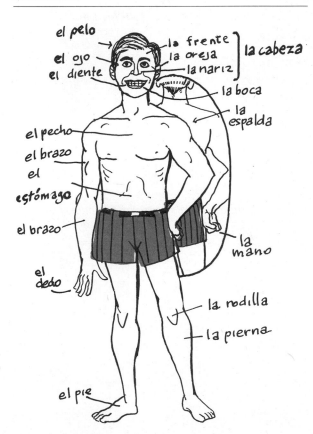

adjetivos		
derecho ≠ izquierdo	*right ≠ left*	
limpio ≠ sucio	*clean ≠ dirty*	

verbos		
cepillarse	*to brush*	**Nos cepillamos** los dientes todos los días.
cortarse	*to cut*	Anita **se corta** el pelo.
doler (o → ue)	*to hurt, ache*	**Me duele** la cabeza.
romperse	*to break*	No quiero **romperme** el brazo.

■ *Observación*

The **me duele(n)** construction is similar to the **me gusta(n)** construction.

¿Te duelen los dientes? *Do your teeth hurt? Do you have a toothache?*

Ejercicio 1. Autorretrato (Self-portrait)

Describe yourself, using the nouns and adjectives listed below.

modelo: el pelo / rubio, castaño (*chestnut*), negro   *Tengo el pelo negro (rubio, castaño).*

1. la cara / ovalada, redonda (*round*), cuadrada (*square*)
2. el pelo / corto, largo
3. la boca / pequeña, grande
4. la nariz / ancha, estrecha
5. las orejas / pequeñas, grandes
6. las manos / grandes, pequeñas

Ejercicio 2. Dolores (Pains)

Excess often leads to pain. Say what types of pain a person is likely to incur by doing the following.

modelo: Cuando come demasiado _____ .   *Cuando come demasiado, le duele el estómago.*

1. Cuando lee demasiado _____ .
2. Cuando escucha mucho la música «rock» _____ .
3. Cuando baila mucho _____ .
4. Cuando bebe demasiado _____ .
5. Cuando juega mucho al tenis _____ .
6. Cuando corre mucho _____ .
7. Cuando escribe mucho _____ .
8. Cuando piensa demasiado _____ .
9. Cuando toca mucho la guitarra _____ .
10. Cuando mira la televisión demasiado _____ .
11. Cuando toma muchas aspirinas _____ .
12. Cuando no duerme _____ .

Ejercicio 3. ¡Lógico!

Complete each of the following sentences logically, using the appropriate form of the verb in parentheses and the relevant part of the body.

modelo: (romperse) Cuando esquío, no quiero _____ .
Cuando esquío, no quiero romperme la pierna.

1. (romperse) Cuando juego al hockey, tengo miedo de _____ .
2. (romperse) Cuando juego al fútbol, no quiero _____ .
3. (cepillarse) Voy al cuarto de baño (*bathroom*) para _____ .
4. (cepillarse) Siempre uso dentífrico (*toothpaste*) cuando _____ .
5. (cortarse) Cuando me afeito, siempre _____ .

B. Reflexive verbs: idiomatic meanings

Sometimes the English equivalent of a Spanish reflexive verb does not explicitly convey the notion of an action being reflected on the subject.

Llamo a Paco. *I am calling Paco.*
Me llamo Antonio. *I am called Antonio. (I call myself Antonio.)*

Note the relationships between the meanings of the reflexive and non-reflexive verbs presented in the **Vocabulario.**

VOCABULARIO *Actividades de todos los días*

acostar (o → ue)	acostarse (o → ue)	Pablo **se acuesta** a las diez.
to put to bed	*to go to bed*	
despertar (e → ie)	despertarse (e → ie)	Carmen **se despierta** a las seis.
to awaken (someone)	*to wake up*	
divertir (e → ie)	divertirse (e → ie)	Siempre **nos divertimos** en sus fiestas.
to amuse	*to have fun*	
dormir (o → ue)	dormirse (o → ue)	De vez en cuando **me duermo** en clase.
to sleep	*to fall asleep*	
ir	irse	**Nos vamos** mañana.
to go	*to leave, go (away)*	
levantar	levantarse	¿A qué hora **se levanta**?
to raise, lift	*to get up*	
poner	ponerse (+ *adjective*)	Gloria **se pone** furiosa cuando saca una mala nota.
to put, place	*to get, become*	
quedar	quedarse	¿Por qué **te quedas** en casa?
to remain, be left	*to remain, stay*	
sentar (e → ie)	sentarse (e → ie)	José **se sienta** en el sillón.
to seat (someone)	*to sit down*	

Ejercicio 4. Diálogo: ¿A qué hora?

Ask a classmate at what time of day he or she does the following things.

modelo: acostarse —¿A qué hora te acuestas?
                       —Me acuesto a las diez.

1. despertarse
2. levantarse
3. irse a casa
4. acostarse
5. acostarse los sábados
6. despertarse los domingos

Ejercicio 5. Humores (Moods)

When do certain moods strike you? For each adjective, give an explanation as in the model.

modelo: furioso/a
        Me pongo furioso/a cuando mi compañero/a de cuarto me despierta a las dos de la mañana.

1. nervioso/a
2. triste
3. alegre
4. impaciente
5. de buen humor
6. de mal humor

Ejercicio 6. Chismes (Gossip)

Use the new subjects indicated in parentheses, making all necessary changes.

modelo: Nos acostamos a las once. (mis padres) *Mis padres se acuestan a las once.*

1. María se divierte en la fiesta. (nosotros; tú; yo; Ud.; Uds.; mi hermana)
2. Ahora Pablo se va a casa. (Ud.; Luisa y yo; tú; yo; los estudiantes)
3. Raúl se despierta temprano. (yo; tú; mi compañero de cuarto; Uds.; nosotros; Ud.)
4. Teresa se queda aquí. (Ud.; nosotros; yo; los niños; tú; Uds.)
5. Beatriz se sienta cerca de José. (Uds.; yo; tú; las chicas; Ud.; nosotros)

VOCABULARIO Más verbos reflexivos

acordarse (o → ue) (de)	to remember	¿**Te acuerdas del** nombre de esa chica?
burlarse (de)	to make fun (of)	¿Por qué **te burlas de** tus profesores?
casarse (con)	to get married (to)	No quiero **casarme con** Ernesto.
darse cuenta (de)	to realize, notice	¿**Te das cuenta de** tus errores?
enojarse (con)	to get angry (with)	Rafael **se enoja con** su hermana.
equivocarse (de)	to be wrong, be mistaken (about)	No **me equivoco** nunca. ¿ Y tú?
llevarse bien (con)	to get along (with)	No **me llevo bien con** mi hermano.
quejarse (de)	to complain (about)	¿**De qué te quejas?**
reunirse (con)	to get together (with)	**Nos reunimos con** ellas después de la clase.

Ejercicio 7. Planes de matrimonio

Some people want to get married. Others prefer not to. Express the plans of the following people as in the model.

modelo: Paco (no) *Paco no quiere casarse.* or *Paco no se quiere casar.*

1. Roberto (sí)
2. Beatriz (no)
3. Ramón e Isabel (sí)
4. yo (sí)
5. tú (no)
6. Teresa y yo (sí)
7. Ud. (no)
8. Uds. (sí)

Ejercicio 8. Actitudes y planes personales

Express your personal feelings toward the following. Use verbs such as **me gusta**, **quiero**, or **espero** in affirmative or negative sentences.

modelo: despertarse a las seis   *Espero despertarme a las seis.* or *No quiero despertarme a las seis.*

1. burlarse de los profesores
2. acordarse del cumpleaños de su novio/a
3. darse cuenta de sus errores
4. enojarse con la familia
5. equivocarse en un examen
6. llevarse bien con su compañero/a de cuarto
7. quejarse de sus amigos
8. reunirse con su familia durante las vacaciones
9. divertirse los fines de semana
10. quedarse en casa los sábados

Ejercicio 9. Preguntas personales

1. De vez en cuando, ¿se burla Ud. de personas que conoce? ¿de quién(es)?
2. De vez en cuando, ¿se queja de sus clases? ¿de la comida de la cafetería? ¿de su compañero/a de cuarto? ¿Qué dice Ud. cuando se queja?
3. De vez en cuando, ¿se enoja con sus padres? ¿con sus hermanos? ¿con su novio/a? ¿por qué?
4. ¿Se acuerda de los momentos difíciles del mes pasado? ¿de los insultos? ¿de personas que siempre lo ayudan? ¿de personas que siempre se burlan de Ud?
5. ¿Cómo se lleva Ud. con sus hermanos? ¿bien o mal? y ¿con los estudiantes de su residencia? ¿con sus padres?

C. Reflexive verbs: reciprocal meaning

Each sentence in column **B** corresponds to two sentences in column **A**.
Note the uses and meanings of the reflexive constructions in column **B**.

A	**B**	
Rubén encuentra a Inés. Inés encuentra a Rubén.	Rubén e Inés **se encuentran.**	*Rubén and Inés **meet each other.***
Yo te escribo. Tú me escribes.	**Nos escribimos.**	*We write (to) each other.*

A plural reflexive construction may express a reciprocal action.

■ *Explicación gramatical*

In English, reciprocity is usually expressed by the phrase *one another* or *each other.*

Ejercicio 10. Historias de amor (Love stories)

The following people like each other. Describe the reciprocity of their feelings and actions, following the model.

modelo: Carlos y Maribel / escribirse   *Carlos y Maribel se escriben.*

1. Felipe y Juanita / visitarse a menudo
2. Luisa y Antonio / llamarse por teléfono todos los días
3. Susana y Enrique / quererse

4. Roberto y Carmen / conocerse bien
5. Elena y Juan / verse todas las tardes
6. Miguel e Isabel / ayudarse siempre
7. Pablo y Pilar / darse muchos regalos
8. Romeo y Julieta / decirse cosas amorosas

Ejercicio 11. Diálogo: ¿Se llevan bien Uds.?

Ask a classmate how well he or she gets along with his or her best friend.

modelo: verse a menudo
   —*¿Se ven a menudo tú y tu mejor amigo/a?*
   —*Sí, nos vemos a menudo.* or —*No, no nos vemos a menudo.*

1. hablarse a menudo
2. visitarse a menudo
3. llamarse por teléfono todos los días
4. escribirse de vez en cuando

5. ayudarse mucho
6. respetarse mucho
7. apreciarse mucho
8. prestarse los apuntes cuando los necesitan

D. Reflexive verbs: summary

In a true reflexive construction, the object of the verb represents the same person as the subject.

Such a Spanish reflexive construction may correspond to one of several English constructions:

1. reflexive construction with *myself, yourself,* etc.

   Elena **se mira** en el espejo.   *Elena **is looking at herself** in the mirror.*

2. an idiomatic expression.

   Pablo **se divierte**.   *Pablo **is having fun**.*

   Often in such an idiomatic English expression, the reflexive construction is implied, not expressed. Literally, **Pablo se divierte** means *Pablo amuses himself.*

3. a reciprocal construction with *each other* or *one another.*

   Elena y Pablo **se miran**.   *Elena and Pablo **are looking at each other**.*

Ejercicio 12. Intérprete

You are working as a translator. Put the sentences below into Spanish.

1. Tomás has blue eyes.
2. Rafael doesn't play soccer. He doesn't want to break his leg.
3. My eyes hurt. I have a headache. I'm going to stay home.
4. When do you (**tú**) go to bed? When do you get up?
5. We are going away on Friday. We plan to have fun during our vacation.
6. I wake up at six, get dressed, and put my room in order.
7. Does Clara realize her mistakes?
8. My little sister always complains about me. We never get along.
9. Susana and David are going to see each other at three.
10. We often help one another.

AHORA LE TOCA A UD.

Describe the best moment in your day in a paragraph of five or six sentences.

Greguerías

La conversación es la *llama* azul del alcohol humano.	flame
El *pez* más difícil de *pescar* es el *jabón* dentro del baño.	fish / to fish / soap
Soda: Agua con *hipo*.	hiccups
El *arco iris* es la *cinta* que se pone la *naturaleza* después de *haberse* lavado la cabeza.	rainbow / ribbon / Nature having
Las rosas se suicidan.	
El 8 es el *reloj de arena* de los números.	hourglass
La sandalia es el *bozal* de los pies.	muzzle
Las *algas* que aparecen en las playas son los pelos que *se arrancan* las sirenas al peinarse.	seaweed pull out
Si el mar está limpio, es porque se lava con todas las *esponjas* que quiere.	sponges
Los peces *gastan* los mejores impermeables.	wear
Las *focas* siempre llevan bien *lustrados* los zapatos.	seals / well-shined
Todos tenemos cara de *payasos al enjabonarnos* el *rostro*.	clowns / upon soaping / face
El reloj no existe en las horas *felices*.	happy
El bebé *se saluda a si mismo* dando la mano a su pie.	greets himself
En el vinagre está todo el mal humor del vino.	
Después de usar el *dentífrico* nos miramos los dientes con *gesto* de *fieras*.	toothpaste / grimace beasts
El champaña es el agua mineral de los millonarios.	
Lo que más les molesta a las estatuas de *mármol* es que tienen siempre los pies fríos.	marble
Las serpientes son las corbatas de los *árboles*.	trees

—Ramón Gómez de la Serna

Ramón Gómez de la Serna (1888–1963) was the prolific and eccentric Spanish writer who created the greguerías. According to Ramón, as he preferred to be called by his readers, the greguería is a humorous attitude that suggests and evokes new images and aspects of daily life.

UNIDAD **VI PERSPECTIVAS DEL MUNDO HISPANO**

LECCION 16
Hay más de un modo de estudiar

than

Pablo y Silvia se encuentran en el Paseo de la Castellana en Madrid.

SILVIA: Hola, Pablo. ¿Qué te *pasó* ayer? *No* te *vi* en la clase de literatura.

happened / I didn't see

PABLO: No me *viste* ayer porque *decidí* no asistir más. El profesor Morales es muy aburrido y no lo comprendo bien porque siempre habla en *voz baja*.

you didn't see / I decided

a low voice

SILVIA: ¡Qué lástima! *Perdiste* una clase muy interesante ayer.

you missed

PABLO: ¿Qué pasó? *¿De qué habló?*

what did he talk about?

SILVIA: Habló de Cervantes, y como es su autor favorito, habló con mucho entusiasmo.

PABLO: *¡De veras!* Entonces posiblemente voy a clase mañana. ¿Qué tenemos que preparar?

Really!

SILVIA: Tenemos que leer los *primeros* dos *capítulos* del Quijote.

first / chapters

PABLO: ¿El Quijote, eh? Entonces *ya preparé* la lección ayer.

I already prepared

SILVIA: ¿Cómo *preparaste* la lección ayer?

did you prepare

PABLO: Como *no asistí* a la clase, *pasé* unas horas en el cine. Y vi...

I didn't attend / I spent

SILVIA: ...«¡Don Quijote de la Mancha!» ¡Eres un *vivo*, Pablo!

sharp fellow

Preguntas

1. ¿Dónde se encuentran Pablo y Silvia?
2. ¿Qué piensa Pablo del profesor Morales?
3. ¿Por qué no comprende bien al profesor?
4. ¿Quién es el autor favorito del profesor?
5. ¿Qué tienen que preparar los estudiantes para mañana?
6. ¿Asistió a la clase ayer Pablo?
7. ¿Dónde pasó unas horas?
8. ¿Qué película vio?

PREMIO JUANA SUJO **SEMANA 21**

Presenta hoy sábado

"DON QUIJOTE DE LA MANCHA"

HORARIO: 3:30 p.m.
ADULTOS: Bs. 2,oo
NIÑOS: Bs. 1,oo
De Miguel de Cervantes y Saavedra.
Adaptación y dirección: Clara Rosa Otero de Altamirano.
Diseños: Elías Martinello.

Y MAÑANA DOMINGO **SEMANA 6**

la farsa infantil

"ANACLETO CHIN CHIN" (EL AVARO)

De Isidora Aguirre
Dirección: Oscar Figueroa
Diseños: Elías Martinello.
HORARIO: 11:00 a.m.
ENTRADA
GENERAL: Bs. 5,oo
y sus títeres

SEMANA 21

"DON QUIJOTE DE LA MANCHA"

HORARIO: 11:a.m.
ADULTOS: Bs. 2,oo
NIÑOS: Bs. 1,oo
De Miguel de Cervantes y Saavedra.
Adaptación y dirección: Clara Rosa Otero de Altamirano.
Diseños: Elías Martinello.
DIRECCION: *Parque Arístides Rojas, Avenida Andrés Bello, subida de Maripérez.*

NOTA CULTURAL

Don Quijote de la Mancha

*«Don Quijote de la Mancha», by Miguel de Cervantes Saavedra (1547-1616) is one of the best-known novels in western literature. This story of the conflict between illusion and reality has added the expressions **quixotic** and **tilting at windmills** to our vocabulary. Translated into more than fifty languages, the adventures of Don Quijote and his squire, Sancho Panza, have inspired other works such as Picasso's drawing of the knight and his squire, an opera, a ballet, and the musical comedy, "Man of La Mancha."*

FONETICA   Accent and stress

Remember: words which end on a vowel are accented on the next-to-last syllable. However, words which end on a vowel are accented on the last syllable when the final vowel carries an accent mark.

Práctica

cama mesa silla cabeza traje diente armario escritorio radio
papá mamá café esquí bailé entendí comió escribió ganó

Compare:

canto cantó   mando mandó   presto prestó   echo echó
vendo vendió   bebo bebió   recibo recibió   asisto asistió

VOCABULARIO *El arte y la literatura*

las personas   **sus actividades u obras** *(works)*

el cine y el teatro

actuar en películas o en el teatro

un/a **actor/actriz**

un/a **director/a**   **dirigir** *(to direct)* una película

la literatura

un/a **dramaturgo/a**   escribir una **obra de teatro** *(play)*: una **comedia**, un **drama**, una **tragedia**

escribir una **novela**, un **cuento** *(short story)*

un/a **escritor/a**

un/a **periodista**   escribir un **artículo**
un/a **poeta/poetisa**   escribir un **poema**

la música

un/a **cantante**   cantar una **canción** (*song*), una **ópera**
un/a **compositor/a**   **componer** una **sonata**, una **sinfonía**, una **ópera**

tocar un **instrumento**: el **violín**, la **flauta**, la **trompeta**

un/a **músico/a**

la pintura (*painting*)

pintar un **cuadro** (*painting*), un **retrato** (*portrait*)

un/a **pintor/a**

■ *Observación*

Words of Greek origin ending in **-ama** and **-ema** are masculine.

dr**ama**, po**ema**, telegr**ama**, probl**ema**, and sist**ema**.

Ejercicio 1. ¿Conoce Ud. a estos artistas?

Identify the professions of the people below, following the model.

modelo: Barbara Walters   *Es una periodista norteamericana.*

1. Walter Cronkite
2. Jane Fonda

3. Luis Buñuel 5. Salvador Dalí
4. Andrés Segovia 6. Paul McCartney

Ejercicio 2. ¿Es Ud. aficionado/a a las artes?

1. ¿Toca Ud. el piano? ¿la guitarra? ¿el violín? ¿la flauta? ¿el clarinete?
2. ¿Sabe Ud. cantar? ¿sabe canciones en español? ¿Qué canciones canta?
3. ¿Le gusta la música clásica? ¿Asiste a conciertos a menudo? ¿a la ópera? ¿Cuál es su ópera preferida?
4. ¿Sabe pintar? ¿Tiene cuadros en su cuarto? ¿Tiene algún retrato? ¿de quién?
5. ¿Tiene talento dramático? ¿Sabe actuar? ¿Quiere ser actor/actriz? ¿Quiere dirigir películas? ¿Va a actuar en alguna representación estudiantil (*student performance*)?
6. ¿Qué piensa de los dramaturgos modernos? Cuando va al teatro, ¿qué tipo de obra prefiere ver?
7. ¿Lee mucho? ¿Qué lee? ¿novelas históricas? ¿novelas psicológicas? ¿novelas de ciencia-ficción? ¿obras de teatro? ¿poemas?
8. ¿Algún día espera ser un/a escritor/a famoso/a? ¿Qué tipo de obra espera escribir?

A. Verbs ending in -*ger* and -*gir*

Verbs ending in -**ger** and -**gir** are irregular in the **yo** form of the present tense. They are regular in the rest of the conjugation. Note the forms of **escoger** (*to choose*) and **dirigir** (*to direct*) in the sentences below.

	escoger	dirigir
(yo)	Escojo una ópera.	Dirijo óperas.
(tú)	Escoges una canción.	Diriges canciones.
(él, ella, Ud.)	Escoge una sinfonía.	Dirige sinfonías.
(nosotros)	Escogemos un drama.	Dirigimos dramas.
(vosotros)	Escogéis una tragedia.	Dirigís tragedias.
(ellos, ellas, Uds.)	Escogen una comedia.	Dirigen comedias.
present participle	escogiendo	dirigiendo

■ *Explicación gramatical*

In verbs ending in -**ger** and -**gir,** the **g** is changed to **j** when the ending begins with an **a** or **o,** in order to preserve the "jota" sound.

VOCABULARIO *Verbos que terminan en -ger y -gir*

escoger	*to choose, select*	¿Qué **escoge** Ud., la novela o los cuentos?
proteger	*to protect*	La policía **protege** a la gente.
dirigir	*to direct*	¿Quién va a **dirigir** la orquesta?
exigir	*to demand; require*	El **exige** mucho de sus músicos.

Ejercicio 3. ¿Qué hacen?

Replace each subject with the words in parentheses, as in the model.

modelo: El director siempre exige toda nuestra atención. (Ud.)
  Ud. siempre exige toda nuestra atención.

1. La profesora dirige la obra de teatro. (nosotros; tú; mi hermana; Silvia y Rafael; yo)
2. Cuando Beatriz va a la biblioteca, siempre escoge libros de ciencia-ficción. (yo; tú; Tomás y yo; el Sr. Escobar)
3. El profesor exige silencio. (mis padres; tú; yo; Carmen; Adela y yo)
4. Carlos siempre protege a su hermana menor. (yo; tú; nosotros; mis compañeros; Uds.)

B. Regular preterite forms: -ar verbs (indefinido)

The sentences in the column entitled **hoy** describe today's events. The verbs in these sentences are in the present tense. The sentences in the column entitled **ayer** describe events that happened yesterday. The verbs in these sentences are in the preterite tense.

(hoy)	(ayer)	(yesterday)
Pinto un cuadro.	**Pinté** un retrato de Elena.	*I painted a portrait of Elena.*
Ana **escucha** una ópera.	**Escuchó** una sinfonía.	*She listened to a symphony.*
Mis padres **compran** revistas.	**Compraron** una novela.	*They bought a novel.*

Note the preterite forms of **comprar** in the sentences below.

	comprar
(yo)	Compr**é** una novela.
(tú)	Compr**aste** un cuadro.
(él, ella, Ud.)	Compr**ó** un retrato.
(nosotros)	Compr**amos** un libro de cuentos.
(vosotros)	Compr**asteis** un libro de poemas.
(ellos, ellas, Uds.)	Compr**aron** una trompeta.

■ Explicaciones gramaticales

1. The preterite tense is used when describing past events, actions, or facts. It is formed as follows.

   preterite stem + preterite endings

   The preterite stem of any regular -ar verb is the infinitive minus **-ar.**
   Note the written accent marks in the **yo** and **él** forms of the preterite.
   Note also that the **nosotros** form is the same as in the present tense.

2. Verbs in **-ar** which have a stem change in the present do not have a stem change in the preterite.

   (encontrar) Ayer **encontré** a Paco en el teatro.
     but Hoy **encuentro** a Paco en el museo.

3. In the preterite, verbs ending in **-car, -gar,** and **-zar** have a stem change in the **yo** form. (This is to preserve the sound of the stem before the ending **é**.)

(sacar)	**(c → qu)**	Ayer sa**qué** una foto de una iglesia muy moderna.
(jugar)	**(g → gu)**	El sábado pasado ju**gué** al béisbol.
(almorzar)	**(z → c)**	El viernes pasado almor**cé** en el restaurante.

4. The position of object pronouns is the same for the present and the preterite tense: the pronouns precede the conjugated verb.

¿Invitaste a Beatriz?	No, no **la** invité.
¿A qué hora te levantaste ayer?	**Me** levanté a las diez.

Ejercicio 4. *Adictos a la televisión*

The following students did not study yesterday; instead, they watched television. Express this as in the model.

modelo: Carlos   *Carlos no estudió. Miró la televisión.*

1. Carmen	5. mis amigos
2. yo	6. Felipe y Antonio
3. tú	7. Ud.
4. nosotros	8. Uds.

Ejercicio 5. *Diálogo: ¿Cómo pasaste el día?*

Ask a classmate if he or she did the following things yesterday.

modelo: visitar un museo
         —¿*Visitaste un museo ayer?*
         —*Sí, visité un museo.* or —*No, no visité ningún museo.*

1. comprar una novela	8. lavar sus calcetines
2. escuchar una sonata	9. bañarse
3. hablar con su novio/a	10. levantarse a las seis y media
4. almorzar en un restaurante	11. acostarse a las nueve
5. sacar fotos	12. enojarse con su compañero/a de cuarto
6. jugar al béisbol	13. quedarse en casa
7. arreglar su cuarto	14. pintar un cuadro

Ejercicio 6. *La semana pasada*

Describe at least three things that each of the following people did last week. Use the preterite forms of **-ar** *verbs and your imagination.*

1. Yo _____ .
2. Mis amigos y yo _____ .
3. Los estudiantes de la clase de español _____ .
4. El profesor / La profesora _____ .
5. Mis padres _____ .
6. El presidente de los Estados Unidos _____ .

C. Regular preterite forms: -er and -ir verbs

Note the preterite forms of the verbs **aprender** and **escribir** in the sentences below.

	aprender	escribir
(yo)	Aprendí una sonata.	Escribí una carta.
(tú)	Aprendiste la lección.	Escribiste un poema.
(él, ella, Ud.)	Aprendió algo interesante.	Escribió una obra de teatro.
(nosotros)	Aprendimos algo nuevo.	Escribimos un cuento.
(vosotros)	Aprendisteis un poema.	Escribisteis un artículo.
(ellos, ellas, Uds.)	Aprendieron la canción.	Escribieron una novela.

■ *Explicaciones gramaticales*

1. For regular **-er** and **-ir** verbs, the preterite stem is the infinitive minus **-er** or **-ir**. The endings for both types of verbs are the same.

   Note the written accent marks on the **yo** and **él** forms of the preterite. The **nosotros** form of any **-ir** verb (but not an **-er** verb) is the same in the preterite and the present.

2. Verbs ending in **-er** (but not those in **-ir**) that have a vowel stem change in the present do not have a stem change in the preterite.

   (entender) Ayer **entendí** el poema.
   but Hoy **entiendo** los otros poemas.

3. Verbs ending in **-ger** and **-gir** whose **yo** forms have a spelling change in the present are nevertheless regular in the preterite.

   (escoger) El año pasado **escogí** una clase de teatro.
   but Este año **escojo** una clase de música folklórica.

   (dirigir) El mes pasado **dirigí** una comedia.
   but Este mes **dirijo** una tragedia.

4. Verbs which end in **-eer** use the endings **-yó** and **-yeron**, respectively, in the **él** and **ellos** forms of the preterite.

   (leer) Paco **leyó** una obra de teatro.
   Mis amigos **leyeron** una novela.

5. The verb **ver** has no accent marks in the preterite:

   vi   viste   vio   vimos   visteis   vieron

Ejercicio 7. De venta (For sale)

Before leaving for vacation, the following students sold some of their belongings.
Say what they sold and how much they received in payment.

modelo: Jaime (su guitarra / 60 dólares)   *Cuando Jaime vendió su guitarra recibió sesenta dólares.*

1. Gabriela (su flauta / 200 dólares)
2. Susana y Luisa (un cuadro moderno / 40 dólares)
3. Esteban y Pedro (su radio / 18 dólares)
4. yo (mi trompeta / 75 dólares)
5. nosotros (el televisor / 100 dólares)
6. tú (tu violín / 150 dólares)
7. Ud. (un banjo / 80 dólares)
8. Uds. (sus libros / 35 dólares)
9. mis primos (su calculadora / 20 dólares)
10. mi hermano (su reloj / 15 dólares)

Ejercicio 8. Ayer

Ask a classmate if he or she did any of the following things yesterday.

modelo: comer en la cafetería
   —¿*Comiste en la cafetería ayer?*
   —*Sí, comí en la cafetería.* or —*No, no comí en la cafetería.*

1. comer caviar
2. beber cerveza
3. reunirse con sus amigos
4. escribir una canción
5. volver a casa
6. leer un cuento en español
7. aprender algo interesante
8. perder el tiempo
9. asistir a una ópera
10. dirigir una sinfonía

Ejercicio 9. Sus artistas favoritos

Say who your favorites are in each of the categories suggested. Then describe one of
the person's achievements, using the preterite.

modelo: pintor   *Mi pintor favorito es Picasso. Pintó «Guernica».*

1. escritor
2. poeta
3. músico
4. cantante
5. dramaturgo
6. compositor
7. actor
8. director

VOCABULARIO   El pasado

sustantivos

el pasado	*the past*	una época	*epoch; time*
el presente	*the present*		
un siglo	*century*		

adjetivos

anterior	*previous, former*	Prefiere las épocas **anteriores**.
pasado	*last; past*	Vi a mi abuelo la semana **pasada**.
siguiente	*following*	¿Conoce Ud. las obras de los **siguientes** artistas: Dalí, Picasso, Miró y Gris?

verbos		
morir (o→ue)	*to die*	Goya **murió** en mil ochocientos veinte y ocho (1828).
nacer	*to be born*	**Nací** el dos de mayo.
pasar	*to happen*	¿Qué **pasó**?

adverbios		
anoche	*last night*	¿Miraste la televisión **anoche**?
anteayer	*the day before yesterday*	**Anteayer** asistí a un concierto.
todavía	*still, yet; even*	**Todavía** estoy en casa.
ya	*already; now*	**Ya** vi esta obra de teatro.

■ *Observaciones*

1. In Spanish, dates are always expressed in thousands and hundreds. Contrast:

1775   mil setecientos setenta y cinco $\left\{\begin{array}{l}\textit{seventeen seventy-five}\\ \textit{seventeen hundred and seventy-five}\end{array}\right.$

Note the use of **de** between the month and the year.

el primero de abril **de** mil ochocientos doce

Note also the abbreviations **A.C. (antes de Cristo), D.C. (después de Cristo)**.

2. Centuries are expressed as follows.*

el siglo XV   (el siglo quince)   *the fifteenth century*
el siglo XX   (el siglo veinte)   *the twentieth century*

Ejercicio 10. Preguntas personales

1. Según Ud., ¿es muy interesante nuestra época? ¿Es tranquila? ¿agitada? ¿difícil? ¿inmoral? ¿loca (*crazy*)? ¿por qué?
2. Según Ud., ¿es el siglo XX superior al siglo XIX? ¿a todos los siglos anteriores? ¿Por qué?
3. Según Ud., ¿cuál es el siglo más importante en cuanto a (*with regard to*) la literatura? ¿a la música? ¿a la pintura? ¿al teatro? ¿por qué?
4. ¿Vive Ud. en el presente o en el pasado? ¿Tenemos que vivir para el presente o para el futuro?
5. ¿Es importante estudiar el pasado? ¿Es importante recordar el pasado?
6. ¿Cuándo nació Ud.? ¿Cuándo nacieron sus padres?
7. ¿Murieron sus abuelos? ¿Cuándo?

Ejercicio 11. Artistas y escritores

Give the dates of the following Spanish artists and writers, as in the model.

* For the first ten centuries, ordinal numbers are used. See Lección 19.

modelo: el Greco (pintor) / 1548–1625

> *El Greco nació en mil quinientos cuarenta y ocho, y murió en mil seiscientos veinte y cinco. Vivió en los siglos XVI y XVII.*

1. Pablo Casals (músico) / 1884–1973
2. Manuel de Falla (compositor) / 1876–1946
3. Diego Velázquez (pintor) / 1599–1660
4. Pablo Picasso (pintor) / 1881–1973
5. Bartolomé Esteban Murillo (pintor) / 1617–1682
6. Antonio Machado (poeta) / 1875–1939
7. Federico García Lorca (poeta y dramaturgo) / 1898–1936
8. Lope de Vega (poeta y dramaturgo) / 1562–1635
9. Miguel de Cervantes Saavedra (escritor) / 1547–1616
10. Pedro Calderón de la Barca (dramaturgo) / 1600–1681

D. The irregular preterite forms of **dar**

The preterite endings for **dar** are like those for **ver**.

di   diste   dio   dimos   disteis   dieron

Like **ver, dar** has no written accent in the preterite.

Ejercicio 12. ¿Quiénes?

Replace the subject, whether expressed or not, with the subjects suggested in parentheses. Make all necessary changes, but keep the tense of the first sentence.

modelo: Rafael me dio su retrato. (tú)   *Me diste tu retrato.*

1. Mis primos dieron un paseo. (yo; tú y yo; Raúl; Uds.; Ud.; tú)
2. Vi una tragedia anteayer. (tú, Ud.; Uds.; Rosa y yo; Tomás y Esteban; Manuel)
3. Me doy cuenta de la situación. (Uds.; mis padres; mi tío; nosotros; Ud.; tú)
4. Inés no te ve. (yo; nosotros; mi abuela; tus hermanas; Marcos y yo)
5. El pintor le dio un cuadro. (tú, Ud.; Uds.; yo; sus compañeros)

Ejercicio 13. Intérprete

You are working as a translator. Put the following sentences into Spanish.

1. I am directing a play. It is a comedy with six actors.
2. I played soccer last Sunday. Did you (**tú**) play too?
3. Last night the movie began at nine.
4. Last month my parents bought a new painting.
5. Yesterday I woke up at twelve and had lunch at three.
6. Did you (**Ud.**) write your parents a letter? Did they already answer?
7. My roommate heard the opera, but I did not hear it.
8. Did you (**tú**) see the new portrait? Did you like it?
9. I didn't realize that Calderón lived in the seventeenth century.

Lectura cultural: Los pintores españoles

De los grandes pintores del pasado, algunos de los *más distinguidos* son los *maestros* españoles: el Greco, que pintó en el siglo XVI; Velázquez y Murillo, que *crearon* sus grandes obras en el siglo XVII; y Goya, que pintó sus *obras maestras* en los siglos XVII y XIX, y *cuya* influencia todavía *se nota* en los pintores del siglo XX. Pero la influencia de la pintura española en el arte no terminó con ellos. Las obras de los pintores españoles modernos tienen la misma importancia para el mundo del arte en el siglo XX que las de sus predecesores. ¿Conocen Uds. a algunos de estos pintores?

more
distinguished / masters
created
masterpieces
whose / is noted

Pablo Picasso. Posiblemente el pintor más importante de nuestro siglo, Picasso creó el «cubismo», un estilo que cambió radicalmente la forma y la perspectiva de la pintura del siglo XX.

Juan Gris. Gris es otro pintor español que *estuvo* en la vanguardia de la pintura moderna. Especialmente notables son las *naturalezas muertas* que pintó al estilo cubista.

was
still lifes

Salvador Dalí. ¿Quién le pintó el *bigote* a la Mona Lisa? ¡Salvador Dalí, por supuesto! El estilo de Dalí, que se llama «surrealismo», es una combinación de lo real y lo fantástico.

moustache

Salvador Dalí. Persistencia de la memoria

Joan Miró. ¡Alegría y humor!

Joan Miró. En las formas abstractas, *traviesas* y absurdas de Joan Miró   playful
podemos ver que el arte no es siempre solemne y serio; ¡es *alegría* y   joy
humor también!

¿Comprendió Ud.?

1. ¿En qué siglo pintaron Velásquez y Murillo?
2. ¿Por qué es Pablo Picasso un pintor importante?
3. ¿Cuál pintor pintó muchas naturalezas muertas?
4. ¿Quién le pintó el bigote a la Mona Lisa?
5. ¿Qué significa la palabra «surrealismo»?
6. ¿Quién creó el «cubismo»?
7. ¿Cómo es el arte de Joan Miró?

Aumente su vocabulario: cognate pattern -ncia → -nce

Many Spanish nouns that end in **-ncia** correspond to English nouns ending in **-nce**.
These nouns are feminine.

     la import**ancia**   *importance*
     la influe**ncia**   *influence*

Práctica

Complete the following Spanish nouns and use them in original sentences.

1. dista—
2. reside—
3. difere—
4. viole—
5. intelige—

AHORA LE TOCA A UD.

Select an artist (painter, musician, sculptor, etc.) whose works you particularly like, and write a descriptive paragraph of about five to ten lines. You may use the Lectura as a model.

LECCION 17
Versiones de un viaje

Hoy es domingo, 15 de enero de 1980. Ana María Alonso llegó a
Bogotá, la capital de Colombia, el jueves, y ahora está escribiendo
tarjetas postales a sus padres, a su abuela, a su novio y a su amiga.

Queridos mamá y papá: Dear
    Llegué muy bien el jueves y los tíos y primos *estuvieron*   were
esperándome en el aeropuerto. Ayer *fuimos* todos al Museo del *Oro*.   we went / gold
¡Fabuloso! ¡Ya sé que voy a pasar unas vacaciones estupendas aquí en
Bogotá!

Besos y abrazos de   Kisses and hugs

Ana

Querida abuela:
    Cuando me *dijiste* que Bogotá es interesante, *tenías razón*. Esta   you told / you were
mañana asistimos a *misa* en una *iglesia* colonial del siglo XVIII. Y los   right
tíos prometieron llevarme a la Catedral de *Sal* de Zipaquirá la semana   mass / church
próxima. Todos te mandan *cariños*, especialmente yo.   salt

                                  affectionate regards

Un abrazo de *Ana*

Querido Antonio:

   Prometí escribirte, ¿no? Bogotá es muy interesante. Ayer *fui* con   I went
mis tíos y primos al Museo del Oro. Y por la noche mis primos me
llevaron a una fiesta. Bastante aburrida. Hoy asistimos a misa en una
iglesia colonial del siglo XVIII. Saqué una foto para mostrártela
después.

                    Tu amiga que te echa de menos,

                         Anita

Querida María:

   Estoy pasando unas vacaciones estupendas. Ayer fui con mis tíos y
primos al Museo del Oro, y por la noche mis primos me llevaron a una
fiesta. Bailé *casi* toda la noche con un chico muy simpático que conocí   almost
allá, y me *dijo* que me va a llamar esta semana. Vuelvo a Buenos Aires   he told
el 2 de febrero y entonces te lo voy a contar todo.

                    Un abrazo de

                         Ana

Preguntas

1. ¿En qué día llegó Ana María a Bogotá?
2. ¿A quiénes escribe?
3. ¿Quiénes la esperaron en el aeropuerto?
4. ¿Dónde asistió a misa Ana María?
5. ¿Adónde prometieron llevarla sus tíos?
6. ¿Adónde la llevaron sus primos por la noche?
7. ¿A quién conoció?
8. ¿Le dijo algo del chico a su novio?

NOTA CULTURAL

Bogotá, Colombia

*Situated at nearly one and a half miles
above sea level, Bogotá has the
distinction of being one of the world's
highest capitals. Because of its cultural
tradition, it is referred to as the
«Athens of the Americas» by its three
million inhabitants. The Museo del
Oro, for example, offers dazzling
displays of the fabulous gold work
created by the pre-Columbian
civilizations of the region. To see these
treasures is to understand why the
Spaniards sought «El Dorado,» the
Golden One, in Colombia. The
Cathedral of Zipaquirá, not far from
Bogotá, is carved out of the contents of
the salt mine in which it stands and is
popularly called «La Catedral de Sal.»*

Algunos ejemplos de las obras que se encuentran en el
   Museo del Oro

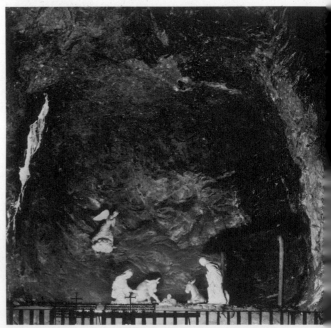

La Natividad en la Catedral de Zipaquirá

The consonant x

For most Spanish-speakers, when the letter **x** comes before a consonant it represents the sound /s/. Between vowels, the letter **x** does NOT represent the /gz/ in *exact*, nor the /ks/ in *excellent*. It represents the sound /gs/: the /g/ sound is that of the soft **g** between vowels, as in **agua**. (In some place names, like **México**, the letter **x** represents the "jota" sound.)

Práctica

/s/: extranjero excusa experto excursión experimento expresión
/gs/: próximo existe exigir examen éxito exactamente exageración

LENGUA ESPAÑOLA

VOCABULARIO *La vida internacional*

sustantivos

el éxito	*success*	una carrera	*career*
el extranjero	*foreign countries, abroad; the foreigner*	una costumbre	*custom; habit*
el mundo	*world*	la cultura	*culture*
un premio	*prize*	la fama	*fame*
un puesto	*post, position*	la vida	*life*

las personas **sus actividades**

el/la **embajador/a**	**representar** al país en el extranjero
el/la **presidente/a**	**gobernar** (e → ie) (*to govern*) el país
el/la **representante/a**	trabajar para el **gobierno** (*government*)

verbos

enviar	*to send*	Les **envié** un telegrama a mis padres.
ganarse la vida	*to earn a living*	El año pasado me **gané** la vida trabajando en un restaurante.
tener éxito	*to be successful*	No es necesario tener suerte para **tener éxito**.

expresiones

aún; aun	*still, yet; even*	**Aún** hay gente que no viaja al extranjero.
otra vez	*again, once more*	Visité Bogotá en 1968. La visité **otra vez** en 1970.
por eso	*for that reason*	**Por eso**, la conozco muy bien.

Observación

There is a written accent on the **i** in **enviar** when it is stressed.

envío, envías, envía, envían *but* enviamos, enviáis

Ejercicio 1. ¿Está de acuerdo o no?

Indicate whether or not you agree with the following statements. Use the expressions **Estoy de acuerdo** *and* **No estoy de acuerdo.**

1. Para muchos norteamericanos, el éxito en la carrera es más importante que la felicidad (*happiness*).
2. Las personas que viajan al extranjero son generalmente más tolerantes que las personas que no viajan.
3. La política extranjera de los Estados Unidos es muy consistente.
4. En este país hay discriminación hacia (*toward*) otras culturas.
5. En el mundo moderno es muy difícil ganarse bien la vida.
6. Tenemos que respetar las costumbres de nuestros padres.
7. El presidente gobierna el país bien.
8. En el mundo moderno el puesto de embajador tiene más prestigio que antes.
9. La carrera de embajador es muy peligrosa (*dangerous*).
10. Los representantes no representan bien al pueblo (*people*).

A. Irregular preterite forms of **ir** and **ser**

Compare the preterite forms of **ser** and **ir** in the sentences below.

	ir	ser
(yo)	**Fui** al museo.	**Fui** pintora.
(tú)	**Fuiste** a la universidad.	**Fuiste** un estudiante serio.
(él, ella, Ud.)	**Fue** a clase ayer.	**Fue** un profesor excelente.
(nosotros)	**Fuimos** al concierto.	**Fuimos** representantes.
(vosotros)	**Fuisteis** a España.	**Fuisteis** turistas.
(ellos, ellas, Uds.)	**Fueron** al restaurante.	**Fueron** los primeros clientes.

Ir and **ser** have the same preterite forms.

■ *Explicación gramatical*

The context always indicates the meaning of the preterite form.

Fue al teatro.   *He/She went to the theater.*
Fue una actriz excelente.   *She was an excellent actress.*

Ejercicio 2. Diálogo: ¿Adónde fuiste?

Ask a classmate if he or she went to the following places last weekend.

modelo: el cine
    —¿*Fuiste al cine el fin de semana pasado?*
    —*Sí, fui al cine.* or —*No, no fui al cine.*

1. el teatro	3. el centro	5. casa de sus amigos	7. el extranjero	9. San Juan
2. el campo	4. un concierto	6. una discoteca	8. San Francisco	10. Acapulco

Ejercicio 3. ¿Extraordinarios?

Say whether or not the following well-known people were, in your opinion, truly extraordinary.

modelo: Cervantes / escritor   *Cervantes (no) fue un escritor extraordinario.*

1. Humphrey Bogart / actor
2. Marilyn Monroe / actriz
3. García Lorca / poeta
4. Richard Nixon / presidente
5. los hermanos Marx / cómicos
6. Eleanor Roosevelt / embajadora
7. Picasso / pintor
8. Goya y el Greco / pintores

B. Irregular preterites: the **u** group

The verbs below have irregular preterite stems containing the vowel **u**.

	andar	estar	tener	poder	poner	saber
(yo)	anduve	estuve	tuve	pude	puse	supe
(tú)	anduviste	estuviste	tuviste	pudiste	pusiste	supiste
(él, ella, Ud.)	anduvo	estuvo	tuvo	pudo	puso	supo
(nosotros)	anduvimos	estuvimos	tuvimos	pudimos	pusimos	supimos
(vosotros)	anduvisteis	estuvisteis	tuvisteis	pudisteis	pusisteis	supisteis
(ellos, ellas, Uds.)	anduvieron	estuvieron	tuvieron	pudieron	pusieron	supieron

—¿Dónde **estuvieron** Uds. ayer?
—Yo **estuve** en la universidad, pero mis amigos **estuvieron** en el café.

*Where **were** you yesterday?*
*I **was** at the university, but my friends **were** at the café.*

—¿**No pudieron** Uds. visitar a Rosario el domingo pasado?
—No, **tuvimos** que estudiar.

*Weren't you **able** to visit Rosario last Sunday?*
*No, **we had** to study.*

■ *Explicación gramatical*

All of the above verbs have the same preterite endings.

-e   -iste   -o   -imos   -isteis   -ieron

Ejercicio 4. ¡Qué lástima!

Last Monday the following students could not do what they wanted because they had an exam. Explain this as in the model.

modelo: Teresa (ir al cine)   *Teresa tuvo un examen. Por eso no pudo ir al cine.*

1. Enrique (reunirse con nosotros)
2. Paco y Pedro (visitarme)
3. yo (salir)
4. nosotros (jugar al tenis)

5. tú (ir a la discoteca)
6. Ud. (dormir hasta el mediodía)

7. Uds. (visitar el museo)
8. mis amigos (divertirse)

Ejercicio 5. Anoche

Ask a classmate if he or she did the following things last night.

modelo: ponerse furioso/a
—¿*Te pusiste furioso/a anoche?*
—*Sí, me puse furioso/a anoche.* or —*No, no me puse furioso/a anoche.*

1. ponerse triste
2. estar de mal humor
3. poder estudiar
4. poder mirar la televisión
5. tener tiempo para divertirse
6. tener tiempo para escuchar música
7. ver las noticias del día
8. andar por la calle
9. estar de vuelta temprano
10. tener un accidente

C. Preposition + infinitive

Note the uses of the infinitives in the following sentences.

Ana le escribió a María
antes de escribirle a Antonio.
Asistió a una fiesta
después de visitar el museo.
Fui a Bogotá **para aprender** el español.
Pasé tres meses allí **sin hablar** inglés.

Ana wrote to María
before writing to Antonio.
She went to a party **after visiting**
(**after having visited**) the museum.
I went to Bogotá **to learn** Spanish.
I spent three months there **without
speaking** English.

Where in English a preposition is often followed by a verb in *-ing*,
Spanish usually uses the construction:

preposition + infinitive

Ejercicio 6. La universidad

*The students below attended college for different reasons. Explain these reasons,
following the model.*

modelo: Marisa / estudiar francés   *Marisa asistió a la universidad para estudiar francés.*

1. nosotros / estudiar electrónica
2. Felipe / estudiar filosofía
3. Teresa / aprender italiano
4. tú / escaparte de casa
5. Antonio / conocer a chicas
6. yo / divertirme
7. nosotros / jugar al tenis
8. Andrés / conversar con personas interesantes

Ejercicio 7. ¡Lógico!

*Put the two suggested actions in logical order, using **después de** or **antes de** as
appropriate. Use the preterite.*

modelo: Roberto (estudiar / tomar el examen)
Roberto estudió antes de tomar el examen. or *Roberto tomó el examen después de estudiar.*

1. Mariana (comer / lavarse las manos)
2. Francisco (buscar su pasaporte / ir a Bogotá)
3. García Lorca (escribir su poesía / tener éxito)
4. yo (leer el horóscopo / comprar la revista)
5. mis primos (obtener un puesto / ganarse la vida)
6. nosotros (pensar / hablar)
7. tú (tener fama / recibir el premio Nóbel)
8. Susana y Luis (enviar las tarjetas / escribir las tarjetas)

Ejercicio 8. Y Ud., ¿qué dice?

Complete the sentences below with an infinitive construction.

1. Asisto a la universidad para ——————— .
2. Estudio español para ——————— .
3. Espero ganar dinero para ——————— .
4. Para recibir el premio Nóbel, tengo que ——————— .
5. Para ganarme la vida, debo ——————— .
6. Quiero ser presidente de los Estados Unidos para ——————— .
7. Quiero ser embajador/a a las Naciones Unidas para ——————— .
8. Para viajar al extranjero, necesito ——————— .
9. No puedo tener éxito en la vida sin ——————— .

D. *Al* + infinitive

Note the use of *al* + *infinitive* in the sentences below.

Al volver, Ana vio a Antonio.   *Upon returning, Ana saw Antonio.*
Recibiste la carta **al llegar** a casa.   *You received the letter upon arriving home.*

To express the simultaneity of two actions, in Spanish one uses this construction:

al + infinitive

■ *Explicación gramatical*

The *al* + *infinitive* construction has several English equivalents.*

Al llegar, Ana nos envió una tarjeta.   { *On arriving,* *Upon arriving,* *When she arrived,* } *Ana sent us a card.*

---

* The *al* + infinitive construction may also denote cause.
Al no recibir el puesto, fue al extranjero.
Since (Because) he did not get the position, he went abroad.

Ejercicio 9. Ana

Say when the following people saw Ana, as in the model.

modelo: Carlos / entró en el café   *Al entrar en el café, Carlos vio a Ana.*

1. Felipe / entró en el hotel
2. Paco / se sentó en el restaurante
3. Carmen / salió del hospital
4. nosotros / volvimos a casa
5. tú / llegaste a la universidad
6. yo / tomé el autobús

Ejercicio 10. Intérprete

You are working as a translator. Put the following sentences into Spanish.

1. The president already sent his ambassador abroad.
2. I don't like to work but I have to earn a living.
3. For that reason I am looking for a position with the government.
4. The representatives went to Bogotá last year. They went again last week.
5. She was in Stockholm last month. She received the Nobel Prize.
6. You (**Tú**) cannot be successful without working.
7. They had to speak to their representatives before leaving.
8. Upon returning, the ambassador saw the president.
9. When the journalists arrived, they took photographs and asked questions.

REALIDAD HISPANICA

Lectura cultural: Los escritores latinoamericanos

    El éxito de los autores latinoamericanos contemporáneos es *tan*   so
extenso *hoy en día* en Europa y los Estados Unidos que algunos   nowadays
críticos literarios se refieren al «boom» de la literatura latinoamericana.
Escritores como Mario Vargas Llosa, Gabriel García Márquez, José
Donoso y Julio Cortázar pueden dedicarse a escribir y pueden vivir con
lo que ganan de sus obras sin tener otro *empleo.* Pero la situación   what / job
económica de los escritores latinoamericanos no siempre fue así.

    Antes del «boom» pocos *podían* ganarse la vida con sus obras   were able to
literarias. Por eso existió una costumbre muy interesante: Para ayudar a
los autores, sus países les *daban* puestos diplomáticos, enviándolos a   gave
representar a su país en el extranjero. *De este modo* los países *tenían*   In this way / had
representantes prestigiosos, y los escritores podían ganarse la vida. Aún
hoy varios escritores latinoamericanos ocupan puestos diplomáticos
porque sus países los estiman mucho.

    Cuando Pablo Neruda *era* un poeta joven y poco *conocido,* Chile   was / known
lo mandó al Oriente como diplomático. En *los años treinta* representó   the thirties

a su país en España. Y en 1971 recibió el Premio Nóbel. El distinguido poeta ecuatoriano, Jorge Carrera Andrade, también tuvo una carrera diplomática.

El novelista Miguel Angel Asturias pasó algunos años de su *juventud* en París como exilado político de su país, Guatemala. Irónicamente, cuando recibió el Premio Nobel en 1967, *estaba* en París otra vez: como embajador de Guatemala en Francia.

<table>
<tr><td>youth</td></tr>
<tr><td>he was</td></tr>
</table>

La distinguida novelista y poetisa mexicana, Rosario Castellanos, *era* la embajadora de México en Israel cuando murió.

was

El novelista mexicano, Carlos Fuentes, ocupó un puesto diplomático en Francia por varios años, y el novelista cubano, Alejo Carpentier, ahora representa a su país en París.

La poetisa chilena, Gabriela Mistral, representó a su país en varias partes de Sudamérica y Europa. Después de recibir el Premio Nóbel en 1945, ella *desempeñó el cargo de* representante de su país en una comisión de las Naciones Unidas, pocos años después de la formación de esa organización.

served as

Pero los escritores latinoamericanos tuvieron —y todavía tienen— *papeles* importantes en sus países que no se limitan a la vida diplomática. ¡Tres de ellos *llegaron a ser* presidentes! De 1868 a 1874, Domingo Faustino Sarmiento fue el presidente de la Argentina; en 1948 el novelista Rómulo Gallegos fue el presidente de Venezuela; y en 1963 el escritor Juan Bosch desempeñó el cargo de presidente de la República Dominicana.

roles

became

Al reconocer a sus escritores de esta forma, los países latinoamericanos *demuestran* su *aprecio* por la literatura y por la contribución de los escritores a la cultura *mundial*.

show / esteem

world

Domingo Faustino Sarmiento (1811–1888)   Rómulo Gallegos (1884–1969)

¿Comprendió Ud.?

1. ¿Cómo ayudaron a sus autores los países latinoamericanos?
2. ¿Qué recibieron los países? ¿Qué recibieron los autores?
3. ¿Qué poeta chileno recibió el Premio Nobel? ¿Qué poetisa chilena lo recibió?
4. ¿De qué país es Miguel Angel Asturias?
5. ¿Qué autor argentino llegó a ser presidente de su país?
6. ¿Por qué les dan los países latinoamericanos a sus escritores puestos diplomáticos?

Aumente su vocabulario: guessing the meanings of new words

Spanish contains many words that correspond to English words that are not cognates. Often, however, these Spanish words are related to other English words that can provide clues to their meanings. Here are some examples of words taken from the **Lectura.**

ganar	*(to gain)*	→	*to earn*
escribir	*(to inscribe)*	→	*to write*
demostrar	*(to demonstrate)*	→	*to show*
poder	*(power: ability)*	→	*to be able to*
enviar	*(envoy: one who is sent)*	→	*to send*
joven	*(juvenile: young person)*	→	*young*

When you come across an unfamiliar Spanish word, try to establish a connection with a related English word.

Práctica

Match each new Spanish word with its related English word in **A** *and its appropriate English equivalent in* **B.**

	A	**B**
1. aumentar	cargo	eighth
2. cargar	debilitated	nurse
3. débil	octave	to load
4. enfermera	infirmary	to increase
5. octavo	augment	weak

AHORA LE TOCA A UD.

1. *Write a paragraph of five to ten lines about your favorite author. You may want to describe this person's life and works.*
2. *Have you read a good biography or autobiography lately? Describe it in a paragraph of five to ten lines.*

LECCION 18
¡Desastre!

En las oficinas de Gutiérrez Hermanos, **S.A.**, el **empleado** Carlos
Arizmendi está trabajando tranquilamente cuando entra el Sr.
Domingo Gutiérrez, uno de los hermanos.

GUTIERREZ: ¡Otra vez! ¡Lo *hicieron* otra vez! Exactamente como yo
se lo *dije*... ¡lo hicieron otra vez!

ARIZMENDI: Buenos días, Sr. Gutiérrez. ¿Me permite preguntar qué
es lo que hicieron? Y ¿quién lo *hizo*?

GUTIERREZ: ¡Los *obreros* de la municipalidad! ¡Ellos lo hicieron!

ARIZMENDI: Pero, Sr. Gutiérrez, ¿qué hicieron?

GUTIERREZ: ¡La escultura azteca! ¡Descubrieron más esculturas
aztecas! ¡*Excavaron* la calle para arreglarla, y
descubrieron más esculturas aztecas!

ARIZMENDI: Pero, Sr. Gutiérrez...

GUTIERREZ: ¡*Esto* no va a *terminar* nunca! Cuando *construyeron* el
metro descubrieron templos y pirámides aztecas, y ahora
esto...

ARIZMENDI: Pero, Sr. Gutiérrez...

GUTIERREZ: Y ¿sabe lo que hicieron cuando descubrieron la
escultura? ¡*Destruyeron* la *playa de estacionamiento*
para excavar más! ¡La playa de estacionamiento donde
siempre *dejo* mi coche! ¿Ahora qué voy a hacer?

ARIZMENDI: Bueno... ya construyeron el metro...

Margin glosses:
Inc. / employee
They did
I told
did
workers
They dug up
This / end / they built
subway
They destroyed / parking lot
I leave

Preguntas

1. ¿Qué descubrieron los obreros?
2. ¿Por qué excavaron la calle?
3. ¿Qué descubrieron cuando construyeron el metro?
4. ¿Qué destruyeron?
5. ¿Por qué está enojado el Sr. Gutiérrez?

NOTA CULTURAL

Mexico City: Past and Present

The present center of Mexico City lies above the buried ruins of pyramids, temples, and palaces of the Aztec capital of Tenochtitlán that was conquered and largely destroyed by Hernán Cortés and his Spanish followers in 1521. Those structures were razed and their stones were used by the conquistadors to construct the cathedral, Cortés' own palace, and other buildings.

Since the 1910 revolution, when pride in the country's Indian past began to reassert itself, Mexicans have become increasingly conscious of the archaeological treasures hidden below the downtown area of their capital. The Museo Nacional de Antropología has an outstanding collection of art and artifacts of Mexico's history.

El templo del sol. Sitio maya en Palenque, México

En el Museo Nacional de Antropología de México

FONETICA The letter *n* before certain consonants

In Spanish, the letter **n** represents the sound /ŋ/, before the sounds /**k**/ (written **c**), /**g**/, and **jota** (written **j**, or **g** before **e** and **i**).

The letter **n** represents the sound /**m**/ when it occurs before the consonant sounds /**b**/ (written **b** and **v**), /**f**/, /**m**/ and /**p**/. Note: when **n** occurs before **m** the resulting sound is often a single consonant /**m**/.

Práctica

/ŋk/	incompleto inclinado en casa son cubanos están cansadas
/ŋg/	tango sin gafas con gusto tienen ganas son gordas inglés
/ŋ + jota/	injusto ángel un jefe un juez un jardín ingeniero
/mb/	un banco un billete un balcón un baño un bombero son buenos
	un valor un violín un vestido invitar enviar sin vida
/mf/	un fin de semana son feos están furiosos son fuertes son felices
/mm/	un médico un mecánico un mundo sin moneda un modo son matemáticos
/mp/	un plomero un piso un porcentaje un papel un problema son pobres

LENGUA ESPAÑOLA

VOCABULARIO *Las ciencias y la tecnología*

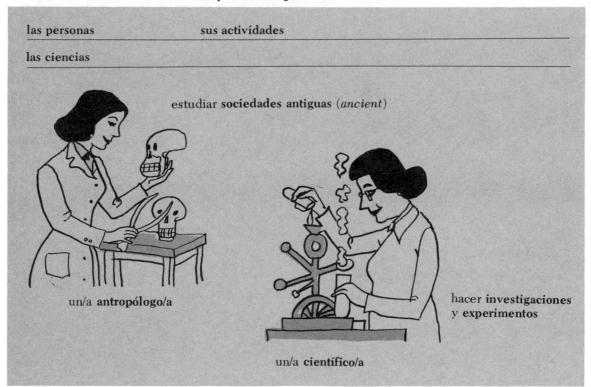

las personas   sus actividades

las ciencias

estudiar **sociedades antiguas** (*ancient*)

un/a **antropólogo/a**

hacer **investigaciones y experimentos**

un/a **científico/a**

un/a **inventor/a**

crear (*to create*) **productos** nuevos

un/a **matemático/a**

desarrollar (*to develop*) **sistemas** matemáticos

la arquitectura y la ingeniería (*engineering*)

diseñar edificios (*buildings*) e **iglesias** (*churches*)

un/a **arquitecto/a**

diseñar puentes (*bridges*) y **caminos** (*roads*)

un/a **ingeniero/a**

construir edificios y puentes

un/a **obrero/a**

Ejercicio 1. Y Ud., ¿qué dice?

1. ¿Trabajó durante las vacaciones pasadas? ¿dónde? ¿en un restaurante? ¿en una fábrica? ¿en un laboratorio? ¿en el campo?
2. ¿Dónde vive? ¿en una casa pequeña o en un edificio grande?
3. ¿Tiene la universidad un laboratorio de lenguas? ¿Va Ud. al laboratorio a menudo? ¿Cuándo?
4. ¿Estudia ciencias? ¿cuáles? ¿Hace experimentos?
5. ¿Estudia historia? ¿ciencias naturales? ¿ciencias sociales? ¿Tiene que hacer investigaciones?
6. ¿Qué quiere ser? ¿científico/a? ¿arquitecto/a? ¿ingeniero/a? ¿matemático/a?

A. Verbs ending in **-uir**

Note the forms of the verb **construir** (*to build*) in the chart below.

	present	*preterite*
(yo)	Construyo una silla.	Construí una lámpara.
(tú)	Construyes una mesa.	Construiste un estante.
(él, ella, Ud.)	Construye un estante.	Construyó un armario.
(nosotros)	Construimos un armario.	Construimos un edificio.
(vosotros)	Construís un escritorio.	Construisteis una iglesia.
(ellos, ellas, Uds.)	Construyen un camino.	Construyeron un puente.
present participle	construyendo	

■ *Explicación gramatical*

In verbs like **construir,** a **y** is inserted before all endings except those beginning with a stressed "i". In the preterite, note the endings **-yó** and **-yeron.**

VOCABULARIO *Verbos que terminan en -uir*

construir	*to build, construct*	Los aztecas **construyeron** pirámides.
contribuir	*to contribute*	Los coches **contribuyen** a la contaminación del aire.
destruir	*to destroy*	Los españoles **destruyeron** la civilización azteca.
distribuir	*to distribute*	El profesor **distribuyó** las tareas.
incluir	*to include*	Mis padres **incluyeron** un cheque en su carta.

Ejercicio 2. La colecta

Say how much money the following people contributed to a fund for the restoration of Aztec sites. Use the preterite of **contribuir.**

modelo: el presidente / 2.000 pesos   *El presidente contribuyó dos mil pesos.*

1. yo / 100 pesos
2. la antropóloga / 200 pesos
3. los obreros / 1.000 pesos
4. tú / 450 pesos

5. nosotros / 1.800 pesos   7. Uds. / 3.000 pesos
6. Ud. / 4.000 pesos   8. un arquitecto famoso / 20.000 pesos

B. Irregular preterites: the *i* and *j* groups

Note the irregular preterite stems of the verbs below.

	hacer	querer	venir	decir	producir	traer
(yo)	hice	quise	vine	dije	produje	traje
(tú)	hiciste	quisiste	viniste	dijiste	produjiste	trajiste
(él, ella, Ud.)	hizo	quiso	vino	dijo	produjo	trajo
(nosotros)	hicimos	quisimos	vinimos	dijimos	produjimos	trajimos
(vosotros)	hicisteis	quisisteis	vinisteis	dijisteis	produjisteis	trajisteis
(ellos, ellas, Uds.)	hicieron	quisieron	vinieron	dijeron	produjeron	trajeron

■ *Explicaciones gramaticales*

1. The above verbs have the same endings in the preterite as those of the **u** group, with one exception: in the **ellos** form, those verbs with stems ending in **j** have the ending **-eron**.

2. In the **él** form, the preterite stem of **hacer** has a **z** to maintain the sound of the stem: **hizo**.

3. All verbs ending in **-cir** follow the pattern of **producir**: ¿**Quién condujo?**

Ejercicio 3. La fiesta

Say who came and who did not come to the party.

modelo: Paco (no)   *Paco no vino.*

1. Diego (sí)   4. tú (no)
2. Enrique e Isabel (no) 5. nosotros (no)
3. yo (sí)   6. Uds. (sí)

Ejercicio 4. Diálogo: ¿Qué hiciste ayer?

Ask a classmate if he or she did any of the following yesterday.

modelo: hacer la tarea
            —¿*Hiciste la tarea ayer?*
            —*Sí, hice la tarea.* or —*No, no hice la tarea.*

1. hacer algo importante   6. decirle mentiras a su novio/a
2. hacer algo estúpido   7. no querer ir al cine
3. hacer planes para el fin de semana   8. no querer dar un paseo
4. venir aquí   9. no querer llamar a sus padres
5. traer sus libros a la biblioteca   10. traducir un poema

C. Preterite forms: of stem-changing verbs in -ir

Verbs like **sentirse** (*to feel*) and **dormir** (*to sleep*) have stem changes in the present tense.

Me *sie*nto bien hoy. **D**ue**rmo mucho.**

Note the new stem changes that occur in the preterite.

	sentirse (ie, i)	dormir (ue, u)
(yo)	Me sentí bien.	Dormí bien.
(tú)	Te sentiste mal.	Dormiste mal.
(él, ella, Ud.)	Se sintió bien.	Durmió bien.
(nosotros)	Nos sentimos enfermos.	Dormimos mal.
(vosotros)	Os sentís mal.	Dormís mal.
(ellos, ellas, Uds.)	Se sintieron bien.	Durmieron bien.
present participle	sintiéndose	durmiendo

■ *Explicaciones gramaticales*

1. Stem-changing verbs in **-ir** will be listed in the vocabulary with two vowel changes. The second one is used in the **él** and **ellos** forms of the preterite.

2. Stem-changing verbs with the pattern (**e → i**) have the same change in the third-person forms of the preterite.

   Le p*i*dió dinero a su abuelo.

3. The second stem change also occurs in the present participle.

   Estoy divirtiéndome.   *I am having fun.*
   Los niños están durmiendo.   *The children are sleeping.*

4. Review the following verbs and their stem changes in the present and preterite.

   e → ie; i   divertirse (*to have fun*), preferir (*to prefer*)
   e → i; i   pedir (*to ask for*), repetir (*to repeat*), servir (*to serve*)
   o → ue; u   morir (*to die*)

Ejercicio 5. La fiesta

Some people had fun at the party, while others did not. Express this by using the correct preterite forms of **divertirse** *in affirmative or negative sentences.*

modelo: Uds. (sí)   *Uds. se divirtieron en la fiesta.*

1. yo (sí)	3. Elena (sí)	5. mis amigos (no)	7. Carlos y yo (sí)
2. Paco (no)	4. mis primas (sí)	6. tú (no)	8. Ud. (no)

Ejercicio 6. Datos inútiles (Useless facts)

Replace the italicized subjects by the subjects in parentheses. Make all necessary changes.

modelo: *Mi tío* murió en 1950. (mis abuelos) *Mis abuelos murieron en 1950.*

1. *Yo* no dormí bien anoche. (Paco; Uds.; Ana y María; nosotros; tú; Ud.)
2. *Yo* me sentí cansado. (Felipe; Elena y Susana; Uds.; Ud.; nosotros; tú)
3. *Tú* le pediste aspirinas a Raúl. (yo; Carlos; tu hermana; mis amigos; Uds.; nosotros)
4. *Mamá* les sirvió una pizza a nuestros amigos. (Ana; yo; Felipe y Roberto; la Sra. de Ochoa; nosotros; tú)
5. *El profesor* repitió la pregunta. (yo; los estudiantes; mi papá; nosotros; tú)
6. *Nosotros* preferimos ir a un restaurante mexicano. (Adela; Carmen y su novio; tú; Ud.; Uds.; yo)

D. *Hace:* its use with the preterite

Note the use of **hace** in the sentences below.

Fui a Nueva York **hace dos semanas.**   *I went to New York **two weeks ago.***
Descubrieron la escultura **hace tres días.**   *They discovered the sculpture **three days ago.***

In sentences where the verb is in the preterite,
hace + period of time   **corresponds to**   period of time + *ago*

Ejercicio 7. Los inmigrantes

The following people came to the United States as immigrants. Use the information in parentheses to say how many years ago they arrived.

modelo: Carlos (Miami / 1960)   *Carlos llegó a Miami hace [veinte] años.*

1. Enrique (Nueva York / 1970)
2. Susana (Chicago / 1968)
3. Carmen (Los Angeles / 1975)
4. Esteban y Roberto (San Francisco / 1965)
5. Luisa y Concepción (Santa Fe / 1974)
6. nosotros (El Paso / 1976)

Ejercicio 8. ¿Cuánto tiempo hace?

Say how long ago the following things happened.

modelo: Nací _____ .   *Nací hace veinte años.*

1. Me gradué de la escuela secundaria _____ .
2. Llegué a la universidad _____ .
3. Llegué a esta clase _____ .
4. Me levanté _____ .
5. Me bañé _____ .
6. Arreglé mi cuarto _____ .
7. Hice mi cama _____ .
8. Les pedí dinero a mis padres _____ .

E. *Lo que*

Note the use of **lo que** in the sentences below.

¿Sabe Ud. **lo que** hicieron?   *Do you know **what** they did?*
Creo **lo que** ella me dijo.   *I believe **what** she told me.*
Eso es **lo que** trajimos.   *That is **what** we brought.*

Lo que is the equivalent of the English *what* in the sense of *that which*.

Ejercicio 9. Un examen sobre la civilización mexicana

Imagine that you are teaching a course on Mexico. On an oral exam you ask the students to tell you what they know about certain subjects. Give instructions following the model.

modelo: ¿Qué descubrió Cortés? *Dígame lo que descubrió Cortés.*

1. ¿Qué piensa Ud. de Pancho Villa?
2. ¿Qué sabe Ud. de las pirámides aztecas?
3. ¿Qué piensa Ud. de los conquistadores españoles?
4. ¿Qué pintó Diego Rivera?
5. ¿Qué contribuyeron los mayas a la sociedad?
6. ¿Qué construyeron los aztecas?

Ejercicio 10. ¡No!

Roberto wants to know what Elena is doing. Elena does not feel like telling him. Play both roles as in the model.

modelo: mirar
        ROBERTO: *¿Qué miras?*
        ELENA: *No quiero decirte lo que estoy mirando.*

1. beber	4. escuchar	7. diseñar
2. comer	5. leer	8. construir
3. hacer	6. esperar	9. pensar

Ejercicio 11. Intérprete

You are working as a translator. Put the following sentences into Spanish.

1. Scientists do experiments, and mathematicians develop systems.
2. Architects design buildings, and engineers build bridges and roads.
3. My roommate and I are building a bookcase.
4. What did you (**tú**) do yesterday? I came (in order) to play tennis with you, and you were not here.
5. Did Mrs. Ortega bring the new products? I brought the money.
6. The professor said (that) he translated the article easily.
7. I felt bad yesterday. I didn't sleep well. I ate nothing.
8. Anthropologists studied those societies five years ago.
9. Four weeks ago the workers wanted to contribute one hundred dollars.
10. I want to know what happened yesterday!

AHORA LE TOCA A UD.

1. *Select a famous scientist or inventor and describe this person's contributions in a short paragraph.*
2. *Pretend you are an archaeologist living in the year 3000 and that you have discovered the remains of an American civilization dating back to the twentieth century. In a short paragraph say what you found and how you interpret that society as a result of your findings.*

Canto

¿Solo así *he de irme*?	must I
¿Como las flores que *perecieron*?	perished
¿*Nada* queda en mi nombre?	
¿*Nada* de mi fama aquí en la *tierra*?	earth
¡Al menos flores, al menos cantos!	At least / flowers / songs

—Cantos de Huexotzingo

This canto or song is of pre-Columbian origin and is engraved over the entrance of an exhibition hall in the National Museum of Anthropology in Mexico City.

¿ Solo así he de irme?

Pablo Picasso. Tres músicos

VOCES HISPANAS

Oyes ¿Qué música?   You hear

Oyes ¿qué música?
Lograste reducir la guitarra a geometría,   You managed
la mandolina, el violín, la flauta
y los descompusiste para verlos mejor *por todas partes*,   all over
prender todas las caras del *sonido*.   to capture / sound
Los *vasos*,   glasses
las *botellas*,   bottles
los *fruteros*,   fruit bowls
las *mesas*,   tables
los libros,
los periódicos,
los *balcones*,   balconies
las estrellas
dislocados cantaron.
Pero *jamás* lo hicieron más unidos.   never

Tú *has pintado* la música que miras.   have painted

231

Joan Miró. El circo

Miró

Oʜ la O
de MirO
Todo en el mundo es O
La línea *se dispara*   the line shoots off
     recta   straight
          curva
               zig-zag
La mano queda
aunque se va   although / it is gone
          Punto   dot
Todo en *el cielo* es punto   heaven
          Oh noche puntuada
               Música celestial

—Rafael Alberti

   A man of many talents, Rafael Alberti (1902–   ) is one of Spain's
foremost contemporary poets. He has also enjoyed acclaim as an
artist, dramatist and prose writer. The preceding selections—the first
about Picasso and the second about Miró—are but two of the many
poems he has written about artists and their paintings.

The Repaso sections let you check your knowledge of Spanish structures. (See pages 451–452.) If you make any mistakes, you may want to review the pages indicated in parentheses.

A. Verbs with irregular forms (pp. 132–133, 141–143, 152, 154, 202–203)

Complete the sentences below with the appropriate forms of the present tense of the verbs in parentheses.

1. (decir) Yo siempre _____ la verdad. Paco _____ mentiras a menudo. Y Uds. ¿qué les _____ a sus amigos?
2. (dar) Yo _____ una fiesta el viernes próximo. Mis primos _____ una fiesta el sábado.
3. (conocer) Nosotros _____ a la familia de Roberto. Yo _____ a su hermano.
4. (saber) ¿ _____ Uds. cuándo es el examen? Yo no _____ .
5. (escoger) ¿Qué _____ Ud.? ¿el suéter o la camisa? Yo _____ el suéter azul.

B. Stem-changing verbs (pp. 168–170, 177–180)

Complete the following sentences with the appropriate forms of the present tense of the verbs in parentheses.

1. (jugar) ¿ _____ Uds. al tenis? Yo _____ con Anita. Nosotros _____ todos los sábados.
2. (querer) Nosotros _____ ir al cine. Yo _____ ver una película italiana. Y tú, ¿qué tipo de película _____ ver?
3. (empezar) Paco _____ el trabajo a las ocho. Nosotros _____ a las nueve. Y Uds., ¿a qué hora _____ ?
4. (almorzar) ¿Dónde _____ tú? Hoy yo _____ en el restaurante. Nosotros _____ a menudo allí.
5. (volver) Yo _____ a casa con mi hermano. Nosotros _____ después de la película. Y Ud., ¿a qué hora _____ a casa?
6. (pedir) Nosotros _____ café. Yo _____ un café con leche. Tú _____ un té.

C. Direct and indirect object pronouns (pp. 134–137, 143–148)

Complete the following sentences with the direct or indirect object pronouns that refer to the person in parentheses.

1. (María) _____ invito a la fiesta. _____ presto mis discos.
2. (Paco y Andrés) No _____ conozco. No _____ voy a escribir.
3. (tu hermano) No _____ comprendo. No _____ digo nada.
4. (tú) _____ escribo porque quiero pedir _____ algo.
5. (yo) Mis amigos _____ comprenden. Siempre _____ ayudan.
6. (Ud.) No _____ escribo porque no _____ conozco bien.
7. (Uds.) _____ ayudo. _____ presto dinero.

D. *Me gusta* (pp. 166–168)

*Complete the following sentences with the appropriate forms of the **me gusta** construction and the definite article.*

1. A Paco _____ deportes.
2. A nosotros _____ cine.
3. A ti _____ óperas.
4. A mí _____ comedias.
5. A Ud. _____ conciertos.
6. A mis amigos _____ teatro.

E. Double object pronoun sequence (pp. 155–156)

Answer the following questions in the affirmative, using <u>two</u> object pronouns.

1. ¿Me prestas tus discos?
2. ¿Me das tu reloj?
3. ¿Le prestas tus discos a Paco?
4. ¿Les prestas tus cintas a tus hermanos?

F. Forms of the reflexive pronouns (pp. 180–182)

Complete the sentences below with the appropriate forms of the present tense of the reflexive verb **prepararse.**

1. Yo _____ para el examen.
2. Ud. _____ para la fiesta.
3. Nosotros _____ para el concierto.
4. Tú _____ para el partido.
5. Uds. _____ para la conferencia.
6. Emilio y Antonio no _____ .

G. Reflexive verbs (pp. 180–184, 193–195)

Translate the following sentences.

1. I am looking at myself in the mirror.
2. We wash ourselves.
3. Paco gets up at five.
4. You shave.
5. When does María go to bed?
6. The students fall asleep.
7. We are having fun.
8. Pablo and Marta are getting married.
9. They write to each other.
10. I wash my hands.

H. The preterite of regular verbs (pp. 203–208)

Put the italicized verbs in the preterite.

1. *Nado* y *corro* mucho.
2. *Vivimos* en Madrid donde *estudiamos* arquitectura.
3. *Hablas* mucho pero no *comprendes* nada.
4. Ud. *llama* a mi hermano y le *escribe* también.
5. Mis padres *venden* su apartamento y *compran* una casa.
6. Uds. no *reciben* las cartas que yo les *mando*.
7. Mis padres me *ayudan* cuando *necesito* dinero.
8. Pedro no *comprende* lo que *lee*.

I. Irregular preterites (pp. 208, 214–216, 226)

Complete the sentences below with the appropriate preterite forms of the verbs in parentheses.

1. (ser)   Mi abuelo _____ médico. Mis primos _____ malos estudiantes.
2. (ir)   Yo _____ a San Juan. Tú _____ a Madrid. Nuestros amigos _____ a San Diego.
3. (tener)   Mis padres _____ un accidente. Yo no _____ dinero. Nosotros no _____ suerte.
4. (estar)   Mi hermano _____ enfermo. Sus amigos _____ muy preocupados.
5. (decir)   Tú no _____ la verdad. Tus amigos me _____ todo.
6. (hacer)   Los estudiantes _____ la tarea pero Andrés no _____ nada.
7. (poder)   ¿Por qué no _____ ir Uds. a la fiesta? Nosotros _____ conocer a gente muy simpática.
8. (conducir)   Yo _____ el coche de mi padre. Mis hermanas no la _____ .

J. Preterite of stem-changing verbs (pp. 227–228)

Put the italicized verbs in the preterite.

1. *Juego* al tenis.
2. Carlos *piensa* en el examen.
3. Uds. *almuerzan* en el restaurante.
4. Felipe *duerme* mal.
5. *Se sienten* mal.
6. ¿A qué hora *te acuestas*?

UNIDAD VII AYER Y HOY

LECCION 19
La mujer de hoy

Sin duda el papel de la mujer está *cambiando* mucho en el último *cuarto* del siglo XX. *Mientras que* hay muchas mujeres que están contentas con las nuevas actitudes y diversas oportunidades que se les ofrecen, hay otras que prefieren su papel tradicional y no quieren cambiar nada. *Del mismo modo,* hay hombres que están a favor de los *cambios* y otros que no pueden aceptarlos. ¿Cuál es su opinión?

undoubtedly / role / changing
quarter / while

In the same way
changes

1. La mujer es...
   a) más independiente que el hombre.
   b) menos independiente que el hombre.
   c) *tan* independiente como el hombre.
2. El hombre es...
   a) más *sensible* que la mujer.
   b) menos sensible que la mujer.
   c) tan sensible como la mujer.

as

sensitive

3. La mujer es...
   a) más realista que el hombre.
   b) menos realista que el hombre.
   c) tan realista como el hombre.
4. Cuando un hombre y una mujer hacen el mismo trabajo...
   a) el hombre debe ganar más dinero que la mujer.
   b) la mujer debe ganar menos dinero que el hombre si ella está casada.
   c) la mujer debe ganar *tanto* dinero como el hombre.   as much
5. Con respecto a la posición *actual* de la mujer en las profesiones, ella   current
   tiene...
   a) más oportunidades que el hombre.
   b) menos oportunidades que el hombre.
   c) *tantas* oportunidades como el hombre.   as many
6. Si una mujer va a casarse, debe hacerlo cuando *tenga*...   she is
   a) menos *de* veinte años.   than
   b) más de veinte pero menos de veinticinco años.
   c) más de veinticinco pero menos de treinta años.
7. La primera presidenta de los Estados Unidos va a tener...
   a) pocas dificultades.
   b) muchas dificultades.
   c) muchísimas dificultades.

NOTA CULTURAL

Women in the professions

Although some women in Hispanic countries have had successful professional careers in the past, the majority traditionally have obtained only low-status, low-paid jobs. However, the current need for skilled professionals and technicians is so great in the developing countries that employers cannot afford to discriminate on the basis of sex. Consequently, educated women in Hispanic countries usually encounter less difficulty in finding satisfying, well-paid jobs than do their American counterparts.

Tres abogadas de Sevilla

LIC. HELGA SALINAS DE ANTEZANA
ADMINISTRADOR DE EMPRESAS
UNIVERSIDAD CATOLICA BOLIVIANA

Casilla Postal No. 6346
La Paz - Bolivia

Teléf. Domic. 355230
Teléf. Ofic. ....

VOCABULARIO *La igualdad de los sexos*

sustantivos

el cambio	*change; exchange*	la actitud	*attitude*
el derecho	*right*	la autoridad	*authority*
el modo	*mode, manner, way*	la desigualdad	*inequality*
el movimiento	*movement*	la edad	*age*
el papel	*role*	la estructura	*structure*
el problema	*problem*	la igualdad	*equality*

adjetivos

actual	*present, current*	¿Cuál es la condición **actual** de la mujer norteamericana?
igual	*equal*	En principio, somos **iguales.** Pero en realidad...
medio	*middle*	La clase **media** tiene un papel importante.
último	*latest*	¿Sabe Ud. las **últimas** noticias?

verbos

aceptar	to accept	Uds. no tienen que **aceptar** la injusticia.
cambiar	to change	En la vida todo **cambia.**
conseguir (e → i)	to obtain, get	¿Puede la mujer **conseguir** cambios?
reclamar	to claim, demand	La mujer **reclama** igualdad de derechos.
seguir (e → i)	to follow	Ud. tiene que **seguir** los consejos de sus amigos.

expresiones

aparte de	*aside from, besides*	¿Qué le preocupa **aparte de** sus estudios?
casi	*almost*	**Casi** siempre tengo razón.
sin duda	*doubtless, without a doubt*	**Sin duda**, la mujer de hoy es más independiente que antes.

■ *Observación*

In verbs like **seguir** and **conseguir,** the **u** is dropped before an **a** or **o** ending.

(yo) sigo   (yo) consigo

Ejercicio 1. Está de acuerdo o no?

Say whether or not you agree with the following statements. Use expressions such as Estoy (completamente, parcialmente) de acuerdo or No estoy de acuerdo.

1. La mujer tiene un papel importante en la vida política norteamericana.
2. El único modo de conseguir cambios es con una revolución.
3. La igualdad absoluta no existe.

4. La mayoría de los hombres pueden aceptar a las mujeres como iguales.
5. En la sociedad actual, la desigualdad de los sexos es el problema más importante.
6. La sociedad actual ofrece más igualdad que la sociedad de 1900.
7. No hay derechos sin responsabilidades.

Ejercicio 2. Los problemas de la mujer

*Say whether or not the following situations constitute important problems for women. You may modify your answers with adverbs such as **muy, bastante,** and **demasiado.***

modelo: la discriminación en el trabajo
> *La discriminación en el trabajo (no) es un problema (muy) importante.*

1. la desigualdad de oportunidades económicas
2. la desigualdad de oportunidades educativas
3. la desigualdad de salarios
4. la autoridad del hombre en su casa
5. la autoridad del hombre en el trabajo
6. el trabajo doméstico

A. Ordinal numbers

Ordinal numbers are used to indicate numerical sequence. In Spanish, they have the following forms.

1	**primero (primer)**	*first*	6	**sexto**	*sixth*
2	**segundo**	*second*	7	**séptimo**	*seventh*
3	**tercero (tercer)**	*third*	8	**octavo**	*eighth*
4	**cuarto**	*fourth*	9	**noveno**	*ninth*
5	**quinto**	*fifth*	10	**décimo**	*tenth*

■ *Explicaciones gramaticales*

1. Ordinal numbers are adjectives and agree in gender and number with the nouns they modify.

   Es mi **segunda** clase y mi **segundo**   *This is my **second** class and my **second** examen.* *exam.*

2. Ordinal numbers are usually placed before the nouns they modify. **Primero** and **tercero** are shortened to **primer** and **tercer** before masculine singular nouns.

   Enero es el **primer** mes del año. Marzo es el **tercer** mes.

3. When used with the names of royalty and popes, the ordinal number follows the individual's name. (Contrary to English, the definite article is not used.)

   ¿Qué sabe Ud. de Carlos V (Quinto) y Felipe II (Segundo)?

4. Ordinal numbers are rarely used in Spanish beyond **décimo** (*tenth*).
Beyond *ten*, cardinal numbers are used and are placed after the noun.

¿Cuáles son los derechos de la mujer en **el siglo XX (veinte)**?

Ejercicio 3. Ciudades del mundo hispano

*Below are listed the ten most populous cities of the Hispanic world, together with
their rankings. Indicate this rank, following the model.*

modelo: Madrid (España) / 3   *Madrid es la tercera ciudad más grande del mundo hispano.*

1. Buenos Aires (la Argentina) / 2   4. La Habana (Cuba) / 9   7. Guadalajara (México) / 10
2. Santiago (Chile) / 4   5. Caracas (Venezuela) / 7   8. Lima (el Perú) / 6
3. Bogotá (Colombia) / 5   6. México (México) / 1   9. Barcelona (España) / 8

B. Comparisons of inequality: the comparative constructions

In comparisons of inequality, certain people or things exhibit more or
less of a specific trait or quantity than others. In the comparisons below,
note the words in heavy print.

Pedro es **más alto que** Carmen.	*Pedro is **taller than** Carmen.*
Carmen es **más liberal que** Pedro.	*Carmen is **more liberal than** Pedro.*
Luis es **menos inteligente que** yo.	*Luis is **less intelligent than** I.*
Trabajo **más seriamente que** él.	*I work **more seriously than** he.*
Tengo **más trabajo que** Rafael.	*I have **more work than** Rafael.*
Tengo **menos problemas que** Luisa.	*I have **less (fewer) problems than** Luisa.*

In comparisons of inequality, the following constructions are used.

$$\left.\begin{array}{l} más \\ menos \end{array}\right\} + \left\{\begin{array}{l} \text{adjective} \\ \text{adverb} \\ \text{noun} \end{array}\right\} + que \text{ (if expressed)}$$

■ *Explicaciones gramaticales*

1. In comparisons, subject pronouns are used after **que**.

   Ud. tiene más autoridad **que nosotros.**

2. Note the following irregular comparative forms.

(bueno)	**mejor**	*better*	Soy un **mejor** estudiante que Ud.
(bien)	**mejor**	*better*	Uds. cantan **mejor** que yo.
(malo)	**peor**	*worse*	Tengo un problema **peor**...
(mal)	**peor**	*worse*	Hoy me siento **peor** que ayer.
(grande)	**mayor**	*older*	Soy **mayor** que mi hermano.
(pequeño)	**menor**	*younger*	Pero soy **menor** que mi hermana.

   When **grande** and **pequeño** refer to size, not age, regular comparative
   forms are frequently used.

   Soy mayor que mi primo, pero no soy **más grande que** él.

The expressions **más de** (*more than*) and **menos de** (*less than*) are used before specific numbers.

Tiene **más de veinte años.**   Tengo **menos de dos dólares.**

VOCABULARIO La descripción

debil ≠ fuerte

famoso ≠ desconocido

lento ≠ rápido

pobre ≠ rico

amable	*kind, amiable*
atento	*courteous, polite*
cariñoso	*affectionate, loving*
feliz	*happy; lucky*
honrado	*honest*
independiente	*independent*
libre	*free*
maduro	*mature; ripe*
orgulloso	*proud*
sensible	*sensitive*
tímido	*timid*

Ejercicio 4. Por lo general...

Generally speaking, which of the above characteristics do you associate with the following people?

modelo: los niños   *Los niños son tímidos, cariñosos, débiles...*

1. los actores
2. los poetas
3. los atletas
4. los optimistas
5. los estudiantes
6. los amigos
7. los viejos
8. los «esnobs»

Ejercicio 5. Orgullo nacional (National pride)

Roberto is Mexican, and Elena is Spanish. Roberto declares that the Mexicans are superior to the Spaniards, but Elena does not agree. Play both roles, following the model.

modelo: inteligentes
ROBERTO: *Los mexicanos son más inteligentes que los españoles.*
ELENA: *¡No es verdad! ¡Son menos inteligentes!*

1. dinámicos
2. románticos
3. sinceros
4. serios
5. trabajadores
6. amables
7. honrados
8. sensibles
9. orgullosos

Ejercicio 6. La sociedad actual

Is society better today than it was before? Express your opinions as in the model.

modelo: la mujer / ¿independiente?
La mujer es más independiente que antes. or *La mujer es menos independiente que antes.*

1. los viejos / ¿felices?
2. el hombre / ¿intolerante?
3. los estudiantes / ¿inteligentes?
4. los profesores / ¿amables?
5. los políticos / ¿honrados?
6. los crímenes / ¿violentos?
7. los jóvenes / ¿responsables?
8. la gente / ¿sensible?
9. las oportunidades económicas / ¿buenas?
10. la vida / ¿buena?

C. Comparisons of inequality: the superlative constructions

The superlative is used when certain people or things, in comparison with the rest of a group, exhibit the most or least of a specific trait or quantity.

Soy **el** chico **más inteligente del** mundo ...pero no soy **el más rico.**

*I am **the most intelligent** boy **in** the world . . . but I am not **the richest.***

Luisa y Pilar son **las** estudiantes **más simpáticas de** la clase.

*Luisa and Pilar are **the nicest** students in the class.*

Son también **las menos** egoístas.

*They are also **the least selfish.***

In comparisons of inequality, the following superlative construction is used.

$$\begin{matrix} el \\ la \\ los \\ las \end{matrix} + \begin{matrix} \textbf{noun} \\ \text{(if expressed)} \end{matrix} + \begin{matrix} \textit{más} \\ \textit{menos} \end{matrix} + \text{adjective} + \begin{matrix} \textit{de} \\ \text{(if expressed)} \end{matrix}$$

■ *Explicaciones gramaticales*

1. In superlative constructions with adjectives, the noun is often omitted, especially if it has been expressed earlier.

   Consuelo es la chica más inteligente de la clase y es **la más bonita** también.

2. In a superlative construction, **de** corresponds to the English *in*.

3. Note the forms and positions of irregular superlative adjectives in the sentences below.

   Silvia es **la mejor** estudiante de la clase. *Silvia is **the best** student in the class.*
   ¿Es **la** hija **mayor** de la familia? *Is she **the oldest** daughter in the family?*
   ¿Quién es **el** hijo **menor?** *Who is **the youngest** child?*

Ejercicio 7. Una visita al pasado

You are visiting a Spanish city and want to take pictures of the oldest places. Ask your way around, as in the model.

modelo: las casas *¿Dónde están las casas más antiguas de la ciudad?*

1. el restaurante
2. el monumento
3. las calles
4. la iglesia
5. el puente
6. el café
7. las plazas
8. el camino

Ejercicio 8. De moda

A Spanish friend would like to know what people and things are currently most popular in the United States. Reply following the model.

modelo: el actor *El actor más popular actualmente es Paul Newman (John Travolta...).*

1. la actriz
2. el escritor
3. el cómico
4. los cantantes
5. la revista
6. el libro
7. el político
8. las dos canciones
9. las dos películas
10. el baile
11. el coche
12. la feminista

D. Comparisons of equality

In comparisons of equality, certain people or things are said to exhibit the same qualities or quantities as others. Study the constructions in heavy print.

¿Son los hombres **tan atentos como** las mujeres? *Are men **as polite as** women?*
¿Trabajan **tan rápidamente como** Ud.? *Do they work **as quickly as** you?*
Tiene **tanta autoridad como** yo. *She has **as much authority as** I.*
Tenemos **tantos derechos como** él. *We have **as many rights as** he.*

In comparisons of equality, the following constructions are used.

$$\left. \begin{array}{l} \textit{tan} \quad + \quad \textbf{adjective or adverb} \\ \textit{tanto, tanta, tantos, tantas} \quad + \quad \textbf{noun (if expressed)} \end{array} \right\} + \quad \textit{como} \textbf{ (if expressed)}$$

■ *Explicaciones gramaticales*

1. In comparisons of equality, subject pronouns are used after **como.**
2. **Tanto** agrees in gender and number with the noun it introduces.

Ejercicio 9. Diálogo: ¿Más o menos?

Ask a classmate to compare him or herself to his or her best friend.

modelo: dinero
—¿*Tienes tanto dinero como tu mejor amigo/a?*
—*Sí, tengo tanto dinero como él/ella.*
or—*No, no tengo tanto dinero como él/ella.*

1. paciencia   4. energía   7. amigos
2. ideas   5. talento   8. responsabilidades
3. problemas   6. entusiasmo   9. hermanos

Ejercicio 10. Comparaciones culturales

Compare Spain and the United States with respect to the following elements. Use the adjectives in parentheses, as in the model.

modelo: la literatura (interesante)
La literatura norteamericana es más interesante que (menos interesante que, tan interesante como) la literatura española.

1. la civilización (antigua)   5. las universidades (buenas)
2. las ciudades (grandes)   6. el vino (barato)
3. los artistas (famosos)   7. el hombre (orgulloso)
4. la música (frenética)   8. la mujer (independiente)

Ejercicio 11. Comparaciones personales

Compare yourself with your roommate (or a brother or sister).

modelo: independiente
Soy más (menos) independiente que él/ella.
or *Soy tan independiente como él/ella.*

1. atento/a   4. perezoso/a   7. cariñoso/a   10. orgulloso/a
2. rico/a   5. tímido/a   8. feliz   11. sensible
3. deportivo/a   6. fuerte   9. amable   12. maduro/a

Ejercicio 12. Intérprete

You are working as a translator. Put the following sentences into Spanish.

1. I am following your (**Ud.**) advice.
2. This is his third class and his third exam.
3. The first student is more mature than the second (student).
4. They are less sensitive than you (**tú**).
5. He writes more rapidly than I (do).
6. I am bigger than my brother, but he is older than I (am).
7. What is the best attitude? What is the worst problem?
8. We are as active as our cousins.
9. Do you (**tú**) have as many problems as I do?
10. Today's problems are almost always worse than yesterday's problems.

Lectura cultural: La condición actual de la mujer hispana

En casi todos los países hispanos, no existe el divorcio, *no se permite el aborto,* el hombre y la mujer no tienen los mismos derechos legales, y la mujer no participa tanto como el hombre en la vida política, económica y cívica del país. ¿Están contentas las mujeres con esta situación? Algunas sí, otras no. **abortion is not permitted**

En España ahora, hay un movimiento feminista de mujeres que reclaman más control sobre sus propias vidas. Y en aquellos países latinoamericanos que tienen una clase media de *tamaño* respetable, **size** hay proporcionalmente más mujeres en ciertas profesiones que en los Estados Unidos. En noviembre de 1977 *se llevó a cabo* el Primer **took place** Simposio Mexicano-Centroamericano de *Investigación* sobre la Mujer. **research** Un grupo de mujeres, entre ellas antropólogas, economistas, escritoras, juristas y periodistas, estudiaron y *discutieron temas* relacionados con **discussed / themes, topics** la situación de la mujer de estos países.

Pero la existencia de estas actividades no quiere decir que todas las mujeres hispanas están reclamando más derechos. Hay muchas que están contentas con su papel en la sociedad, porque *a pesar de que* la **despite the fact that** sociedad hispana es patriarcal, la familia es un matriarcado. La mujer *se* *encarga del bienestar* físico y de la educación espiritual y moral de la **takes charge of the well-being** familia. Hay que recordar que nos referimos a una familia extendida, una familia que normalmente incluye a más personas que la familia norteamericana. En los países hispanos las familias de la clase media y de la clase rica tienen *sirvientes,* y éstos también están bajo la **servants** responsabilidad de la mujer. Entonces, ella funciona como administradora, dirigiendo las actividades y *asegurando* el bienestar de **insuring** otras personas además del núcleo familiar. Muchas mujeres hispanas están muy *conscientes* de la importancia de estas responsabilidades y **conscious** obligaciones. Tienen un papel bien definido y aceptado y no sienten ninguna necesidad de cambiarlo.

Una familia española

EL FRENTE DE LIBERACION DE LA MUJER
ANTE LA POLITICA ELECTORAL

MITIN FIESTA
FEMINISTA

dia 25 a las 12h.
Luis Mitjans 14
Pte. Vallecas

¡mujer acude!

La sociedad capitalista y patriarcal es para la mujer:

• en la **reproducción**: un sistema de **control** (de nuestro cuerpo, de nuestros hijos).

• en el **trabajo**: un sistema de **doble explotación** (en el trabajo doméstico y en el trabajo asalariado)

• en la **educación**: un sistema de **discriminación** (en los juguetes, en las tareas...)

• en las **relaciones afectivas y sexuales**: un sistema de **opresión** (la familia, el matrimonio)

El Frente de Liberación de la Mujer propone una Sociedad Feminista y Socialista:

• Basada en la **NO EXPLOTACION**

• Basada en la **PARTICIPACION COLECTIVA** de hombres y mujeres para su organización y gestión.

boletín de la asociación española de mujeres universitarias ·madrid· uso interno ·····························

¿Comprendió Ud.?

1. ¿Cuáles son tres características de la condición actual de la mujer hispana?
2. ¿Hay mujeres en las profesiones?
3. ¿Qué indicaciones tenemos de que algunas mujeres hispanas no están contentas con su situación?
4. ¿Cómo piensan las mujeres que están contentas con su papel tradicional?
5. ¿Qué hace la mujer que acepta el papel tradicional?

Aumente su vocabulario: cognate pattern **c → ch**

Some Spanish words containing **c** correspond to English words with **ch**.

patriar**c**a	→	patriar**ch**
matriar**c**ado	→	matriar**ch**y
ri**c**o	→	ri**ch**

Práctica

Give the English equivalents of the following words and use each one in an original sentence.

1. me encanta   3. un campeón
2. un monarca   4. el carácter

AHORA LE TOCA A UD.

Write a paragraph describing the present situation of women in the United States. How is their situation better than it was twenty-five years ago? How is it worse? You may wish to consider such areas as the participation of women in the work force, in the political life of the country, their role in the home, at work, in society, etc.

¿Hay diferencias entre las generaciones?

Nosotros no vivimos ni pensamos del mismo modo que nuestros padres, y ellos tampoco *vivían* ni *pensaban* como sus padres cuando ellos *eran* jóvenes. ¿Cuáles son algunas de las diferencias entre las actitudes de las tres generaciones? Les hicimos esta pregunta a cinco hispanos, y ellos nos contestaron *así*.

lived / thought
were

thus

Enrique Salas (51 años, ingeniero, mexicano)

Cuando yo era joven, *respetábamos* a nuestros padres y los *escuchábamos*. Cuando mi papá me dijo: «Tienes que estudiar ingeniería», ¡la estudié! Pero cuando le digo lo mismo a mi hijo, me contesta: «Papá, es mi vida». Ahora los jóvenes hacen lo que quieren.

we respected
we listened

Rosita Garza (21 años, estudiante, nicaragüense)

Un buen *ejemplo* de las diferencias entre las generaciones es el caso de mi abuela, mi mamá y yo. Mi abuela *no votaba* porque las mujeres de su época no *podían* votar. Mamá puede votar pero siempre le pregunta a papá qué candidato prefiere. ¿Y yo? Participo activamente en la política.

example
didn't vote
were not able

Natalia de Mendoza (52 años, *ama de casa*, colombiana)

Hay diferencias importantes; algunas son buenas y otras, malas. Claro, *por una parte* los jóvenes de hoy tienen una vida más cómoda y tienen más oportunidades de las que *tuvimos* nosotros; pero *por otra parte* estamos perdiendo nuestras tradiciones. Antes la familia era muy *unida;* todos *comían* juntos y pasaban su tiempo libre juntos... Ahora los jóvenes siempre quieren salir con sus amigos y están ocupados con otras cosas.

housewife

on the one hand
we had / on the other hand
united / ate

En la cocina

Consuelo de Palmas (23 años, ama de casa, española)

Mi madre se dedicaba a *criar* a su familia y a mantener nuestra felicidad y bienestar. Y mi padre se dedicaba a *mantener* a su familia también. Mi *esposo* y yo queremos hacer los mismo. Los *valores* que *servían* para ellos pueden servir para nosotros también.

to raise
taking care of
husband / values
served

Ricardo López (20 años, estudiante, norteamericano)

Mi abuelo vino a este país de «*mojado*» y *trabajaba en el terreno*. Mi papá *hacía* el mismo trabajo porque no tenía mucha educación. Pero yo estudio en la universidad. Ellos no tenían las oportunidades que tengo yo.

wetback (illegal Mexican immigrant)
did fieldwork
did

Preguntas

1. ¿Qué profesión tiene el Sr. Salas?
2. ¿Qué estudió en la universidad?
3. ¿Va a estudiar ingeniería su hijo? ¿por qué no?
4. ¿De qué país es la Srta. Garza?
5. ¿Cuál de sus padres toma las decisiones sobre (*about*) la política?
6. Según ella, ¿son los jóvenes más o menos independientes que antes?
7. ¿De dónde es la Sra. de Mendoza?
8. ¿Cuál es su ocupación?
9. Según ella, ¿es la familia de hoy más o menos unida que antes?
10. ¿Cuántos años tiene la Sra. de Palmas?
11. ¿Cómo quieren vivir ella y su esposo?
12. Según ella, ¿son importantes los valores tradicionales o no?
13. ¿De dónde vino el abuelo de Ricardo López?
14. ¿Asistió a la universidad su papá? ¿Qué hacía su papá?
15. ¿Tiene Ricardo más oportunidades que su papá? ¿Qué hace Ricardo?

NOTA CULTURAL

Hispanic women and politics

In a number of Hispanic countries — Bolivia, Mexico, Honduras, Nicaragua, Peru, Colombia, and Paraguay — women received the right to vote as recently as the last half of the twentieth century. Yet, although they are relative latecomers to the political process, they are taking an increasingly active role. Women have served as the mayors of such large cities as San Juan, Puerto Rico, and Santiago, Chile, and every year more women become candidates for local and national political offices.

VOCABULARIO   *Las diferencias entre las generaciones*

---

sustantivos

un ejemplo	*example*	un ama de casa	*homemaker, housewife*
un esposo	*husband, spouse*	una diferencia	*difference*
un tipo	*type, kind*	una esposa	*wife, spouse*
un valor	*value*	una generación	*generation*

adjetivo

unido	*united*	¿Es la familia tan **unida** como antes?

verbos

criar	*to bring up, raise (children)*	¿Deben los hombres tener la responsabilidad de **criar** a los niños?
dedicarse (a)	*to devote oneself (to)*	Debemos **dedicarnos** a la supresión de la injusticia.
mantener	*to maintain, support*	¿Deben los ricos **mantener** a los pobres?
respetar	*to respect*	**Respeto** a las personas que me respetan a mí.
votar	*to vote*	¿Por quién van a **votar** Uds.?

expresiones

a propósito	*by the way*	**A propósito,** ¿por qué no viniste ayer?
así	*so, thus*	Lo hacemos **así.**
según	*according to*	**Según** el mecánico, es un trabajo difícil.

■ *Observación*

1. The verb **mantener** is conjugated like **tener.**
2. Like **agua,** the feminine noun **ama** is introduced by **el** and **un.**

Ejercicio 1. ¿Está Ud. de acuerdo?

Say whether or not you agree with the following statements. Use expressions such as
Estoy (completamente, parcialmente) de acuerdo** or **No estoy de acuerdo.

1. En los Estados Unidos, no hay diferencias importantes entre las generaciones.
2. El papel principal del esposo es mantener a la familia.
3. El papel principal de la esposa es criar a los niños.
4. El trabajo del ama de casa debe ser remunerado.
5. Una sociedad que no mantiene sus tradiciones ni valores no puede sobrevivir (*survive*).
6. En la mayoría de las familias norteamericanas, las mujeres votan por los mismos candidatos que sus esposos.
7. Si la mujer quiere tener los mismos derechos y las mismas oportunidades que tiene el hombre, tiene que dedicarse a la política.
8. El mantener unida a una familia es el papel más importante de los esposos.

A. Regular imperfect forms

The sentences in the first column describe situations that are prevailing now. The verbs are in the present tense. The sentences in the second column describe past situations. The verbs are in the *imperfect*.

(hoy)	**(antes)**	*(before)*
Estudio español.	**Estudiaba** francés.	*I was studying French.*
Mi mamá **trabaja** en una fábrica.	Mi mamá **trabajaba** en casa.	*My mother used to work at home.*
Las mujeres **votan**.	Las mujeres **no votaban**.	*Women did not vote.*

Note the forms of the imperfect tense in the chart below, paying special attention to the endings in heavy print.

	hablar	comer	vivir
(yo)	habl**aba**	com**ía**	viv**ía**
(tú)	habl**abas**	com**ías**	viv**ías**
(él, ella, Ud.)	habl**aba**	com**ía**	viv**ía**
(nosotros)	habl**ábamos**	com**íamos**	viv**íamos**
(vosotros)	habl**abais**	com**íais**	viv**íais**
(ellos, ellas, Uds.)	habl**aban**	com**ían**	viv**ían**

■ *Explicaciones gramaticales*

1. The imperfect is a simple tense. It is formed as follows.

   imperfect stem + imperfect endings

2. For all regular and stem-changing verbs, and for most irregular verbs, the imperfect stem is the infinitive minus **-ar, -er, -ir.**

cont**ar**	→	**cont**aba	dar	→	daba
jug**ar**	→	**jug**aba	estar	→	estaba
quer**er**	→	**quer**ía	hacer	→	hacía
sent**ir**	→	**sent**ía	salir	→	salía

3. Note the various English equivalents of the imperfect.

   Lo aceptaba. { *I accepted it.*
   I used to accept it.
   I was accepting it. }

4. Note the imperfect of **hay (haber)** → **había.**

   ¿Cuántos candidatos **había**? *How many candidates were there?*

Ejercicio 2. La vida social

Certain people are reminiscing about their student days. Some of them used to go out a lot, others only on occasion. Express this, following the model.

modelo: Elena (mucho) *Cuando asistía a la universidad, Elena salía mucho.*

1. Rafael (poco)
2. Carmen y Teresa (de vez en cuando)
3. Felipe y Antonio (siempre)
4. nosotros (todos los días)
5. tú (nunca)
6. Uds. (frecuentemente)
7. Clara (a menudo)
8. yo (todos los sábados)

Ejercicio 3. Diálogo: ¿Qué hacías?

Ask a classmate if he or she did the following things during his or her senior year of high school.

modelo: estudiar mucho
—*¿Estudiabas mucho?*
—*Sí, estudiaba mucho.* or —*No, no estudiaba mucho.*

1. dedicarse a sus estudios
2. cuidar a sus hermanos menores
3. sacar buenas notas
4. seguir los consejos de sus padres
5. aceptar los consejos de sus profesores
6. leer mucho
7. jugar al fútbol
8. hacer tareas todas las noches
9. despertarse temprano
10. llevarse bien con sus compañeros
11. escribir poemas
12. dirigir el periódico de la escuela

Ejercicio 4. Todo cambia

Many things change from year to year. Describe the lives of the people below, saying how things are now and how they used to be last year.

modelo: Carlos / ganar mucho dinero (poco dinero)
Este año Carlos gana mucho dinero.
El año pasado ganaba poco dinero.

1. Elena / estar en Francia (España); hablar francés (español); salir poco (mucho)
2. Federico / tener mucho dinero (poco dinero); vivir en una casa grande (un apartamento pequeño); conducir un coche (una moto)
3. yo / asistir a la universidad (al colegio); estudiar español (italiano); divertirme mucho (poco)
4. tú / salir con amigos divertidos (serios); escuchar música popular (clásica); hablar de deportes (política)
5. nosotros / estudiar mucho (poco); levantarnos temprano (tarde); acostarnos tarde (temprano)

Ejercicio 5.

Describe the situation of women in the United States at the turn of the century and now using the suggested phrases.

modelo: asistir a la universidad
Antes muchas mujeres no asistían a la universidad.
Ahora muchas mujeres asisten a la universidad.

1. votar
2. tener responsabilidades importantes
3. quedarse en casa
4. dedicarse a su familia
5. mantener los valores del pasado
6. respetar a su esposo
7. reclamar sus derechos
8. tener una vida fácil

B. Irregular imperfect forms

Only three Spanish verbs have irregular imperfect forms.

ser: era eras era éramos erais eran
ir: iba ibas iba íbamos ibais iban
ver: veía veías veía veíamos veíais veían

Ejercicio 7. Diálogo: ¿Cómo eras?

Ask a classmate what he or she remembers about his or her childhood. Use the suggested expressions.

modelo: ser independiente
—¿*Eras independiente?*
—*Sí, era independiente.* or —*No, no era independiente.*

1. ser feliz
2. ser cariñoso/a
3. ser un poco tímido/a
4. ir al cine a menudo
5. ir a la playa a menudo
6. ir de compras con sus padres
7. ir a pie a la escuela
8. ver a sus abuelos a menudo
9. ver a sus primos durante las vacaciones
10. ver películas de Walt Disney

C. Imperfect vs. preterite: repeated actions vs. isolated events

Although both the imperfect and the preterite are past tenses, their uses are quite different. These uses depend on the type of past actions or events being described. Note that in the sentences below, those on the left describe habitual, repeated actions, while those on the right describe isolated actions. Compare the verbs used in each set of sentences.

(generalmente)
Encontraba a mis amigos en la universidad.
Íbamos a la biblioteca.
Manuel **estaba** de mal humor.

(ayer)
Los **encontré** en el café.
Fuimos a un concierto.
Estuvo de muy mal humor.

The *imperfect* is used to describe *habitual past actions*, that is, actions that repeated themselves on a regular basis. Such actions are often expressed in English with the construction *used to (+ verb)*.

Durante las vacaciones, *iba* al cine a menudo.

During vacation I often used to go (I would often go) to the movies.

The *imperfect* is also used to describe a *state of affairs* that existed in the past (how things were, how they used to be).

En 1900, las mujeres *no votaban.*

In 1900, women did not vote (were not voting, did not used to vote).

The *preterite* is used to describe *isolated, specific past actions;* that is, actions that did not repeat themselves on a regular basis.

Durante las vacaciones, *fui* al teatro con mi tía.

During vacation, I went to the theater with my aunt.

En 1928, las mujeres *votaron* por primera vez.

In 1928, women voted for the first time.

con el imperfecto

siempre	*always*	Los niños **siempre** respetaban a sus padres.
la mayoría de las veces	*most of the time*	**La mayoría de las veces,** todos comían juntos.
a menudo	*often*	**A menudo,** padre e hijo trabajaban juntos.
a veces	*sometimes*	**A veces,** los abuelos vivían con sus hijos.
de vez en cuando	*from time to time*	**De vez en cuando,** las mujeres no votaban como sus esposos.
generalmente ⎫ por lo general ⎬	*generally*	**Generalmente** ⎫ **Por lo general** ⎬ las mujeres no trabajaban.
por lo común	*normally*	**Por lo común** se quedaban en casa.
usualmente	*usually*	**Usualmente** se dedicaban a su familia.
todos los días	*every day*	En el verano, iba a la playa **todos los días.**
los lunes	*(on) Mondays*	**Los lunes** iba al cine.
todos los martes	*every Tuesday*	**Todos los martes,** iba a la discoteca.

con el pretérito

una vez	*once, one time*	Fui a España **una vez.**
dos veces	*twice, two times*	Fui a México **dos veces.**
un día	*one day*	**Un día** compré una raqueta de tenis.
el miércoles	*(on) Wednesday*	**El miércoles** fui al teatro.
el jueves pasado	*last Thursday*	**El jueves pasado** fui a un concierto.
anoche	*last night*	**Anoche** miré la televisión.
ayer	*yesterday*	**Ayer** compré unos discos nuevos.
anteayer	*the day before yesterday*	**Anteayer** invité a un amigo a un restaurante.

■ *Observación*

The imperfect is often used with the first group of adverbs, because these expressions imply repetition. Similarly, the preterite is often used with the second group of adverbs because they refer to one or more specific times.

Ejercicio 8. En 1900

Describe how things used to be in 1900, using the expressions given in affirmative or negative sentences.

modelo: las mujeres / votar   *Las mujeres no votaban.*

1. los hombres / votar; criar a sus niños; mantener a su familia; respetar a sus esposas
2. las mujeres / ganar dinero; quedarse en casa; ser independientes; mantener a su familia; reclamar sus derechos
3. los estudiantes / aprender latín; ir al cine; tener coches; estudiar electrónica
4. los norteamericanos / viajar en avión; ganar mucho dinero; ser más felices que hoy

Ejercicio 9. Recordando

*Select one of the following periods of your life: **el año pasado, hace cinco años, hace diez años.** Describe your life at that time, using the suggested guidelines.*

modelo: vivir (¿en qué ciudad?)   *Hace cinco años, vivía en Los Angeles.*

1. vivir (¿en una casa o un apartamento?)
2. asistir (¿a qué escuela?)

3. estudiar (¿mucho o poco?)
4. aprender (¿francés? ¿inglés? ¿latín?)
5. jugar (¿a qué deporte?)
6. salir (¿con qué frecuencia?)
7. ir al cine (¿todos los sábados?)
8. hacer (¿muchos viajes?)
9. tener (¿muchos amigos? ¿amigos simpáticos?)
10. tener (¿un coche? ¿una bicicleta? ¿una moto?)
11. escuchar (¿qué tipo de música?)
12. ver (¿qué tipo de programas?)
13. llevarse bien (¿con sus padres? ¿con sus hermanos? ¿con sus amigos? ¿con todos?)
14. leer (¿novelas? ¿poesía? ¿revistas?)

Ejercicio 10. Un día . . .

There were certain things that Teresa used to do regularly last summer, but on one certain day she did something different. Express this as in the model.

modelo: ir a la playa (a la piscina)   *Todos los días, Teresa iba a la playa, pero un día fue a la piscina.*

1. levantarse temprano (tarde)
2. salir con Tomás (con Rafael)
3. ir al cine (a la ópera)
4. jugar al tenis (al volibol)
5. almorzar en casa (en un restaurante)
6. andar en bicicleta (en la moto de su hermano)
7. acostarse a las 11 (a las 2 de la mañana)
8. estar de buen humor (triste)

D. *Lo* + adjective

The Spanish neuter article **lo** is often used with a masculine singular adjective. Note the meanings of this construction in the sentences below.

Prefiero **lo sencillo**.   *I prefer **what is simple (the simple things)**.*
¿Ves **lo difícil** de la situación?   *Do you see **the difficult aspect** of the situation?*
Mis padres siempre me dicen **lo mismo**.   *My parents always tell me **the same thing**.*

The construction *lo + masculine adjective* has several English equivalents.

lo interesante (de la vida)   { **what is interesting (in life)**
the interesting thing(s) (in life)
the interesting aspect(s) (of life)
the interesting side (of life)

Ejercicio 11. Valores

Describe your values, then those of your parents and grandparents, using the cues given below.

modelo: lo importante
Para mí, lo importante es recibir el diploma.
Para mis padres, lo importante era ganarse la vida.
Para mis abuelos, lo importante era mantener las tradiciones de la familia.

1. lo útil
2. lo interesante
3. lo bueno
4. lo malo
5. lo ridículo
6. lo difícil
7. lo triste
8. lo absurdo

Ejercicio 12. Intérprete

You are working as a translator. Put the sentences below into Spanish.

1. Generally men did not raise children.
2. We used to eat hamburgers every Wednesday.
3. My husband used to live in Mexico.
4. There used to be (There were) many inequalities. Women were not independent.
5. I used to see my aunts and uncles from time to time. We used to go to the beach together.
6. Most of the time my brother and I would get along well. Once he made fun of me and I got angry with him.
7. The best thing about being eighteen was that I voted.
8. The sad thing is that I used to accept what he said.

REALIDAD HISPANICA

Lectura cultural: la vida doméstica, ayer y hoy

Si observamos *atentamente* los cambios en los países hispanos durante los últimos treinta años, nos damos cuenta de que para muchas mujeres la vida es bastante diferente de cómo era. Tradicionalmente las mujeres de *clase alta* y *media* se dedicaban a sus familias, a sus casas y a la vida social. Les ayudaban en sus responsabilidades domésticas los sirvientes que tenían en abundancia. Había una *cocinera* que preparaba las *comidas*, un *jardinero* que cuidaba el *jardín*, una *lavandera* que lavaba y *planchaba* la ropa, una *niñera* —a veces una

carefully

upper class / middle

cook
meals / gardener / garden
laundress / ironed / nursemaid

Pequeño, automático, portátil y económico.

Olvídese del mal tiempo...
Secarropas Rodoy seca hasta 4 kilos de ropa majada. Es eléctrico, de mínimo consumo, y con ciclos de secado por aire caliente y frío.

Secarropas RODOY

Precio sugerido: $ 82.400
Adquiéralo en el comercio más cercano a su hogar.

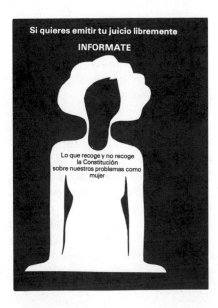

Si quieres emitir tu juicio libremente

INFORMATE

Lo que recoge y no recoge la Constitución sobre nuestros problemas como mujer

Una criada española

para cada niño de la familia—que cuidaba a los niños y otras sirvientas que limpiaban la casa todos los días. Aun las familias de clase media— bastante reducida hasta recientemente—tenían más de una sirvienta.

Las diferencias entre la vida de las sirvientas y la de las familias que las empleaban eran una indicación de la estratificación económica que existía y que aún *sigue existiendo* en algunos países. Las mujeres **still exists** pobres que tenían que ganarse la vida no podían hacer mucho aparte del servicio doméstico. En algunos casos las sirvientas eran como parte de la familia, y pasaban la vida al servicio de ella. Pero en otros casos las sirvientas eran *explotadas* y vivían una *especie* de *esclavitud*. **exploited / kind / slavery** Muchas chicas empezaron a trabajar en el servicio doméstico cuando tenían diez u once años. Recibían un *cuarto*, las comidas, un uniforme **room** y un *sueldo* bastante bajo. Su trabajo consistía en atender a la familia **salary** desde la *madrugada hasta el anochecer*. Con esta abundancia de **sunrise to sunset** servicio doméstico, la familia no necesitaba *lavanderías* ni **laundries** *electrodomésticos* ni «baby-sitters». **electrical appliances**

Pero con la *creciente* industrialización y mayores oportunidades de **growing** educación, la situación comenzó a cambiar. A las mujeres pobres se les ofrecieron oportunidades para trabajar en *fábricas* y oficinas. Podían **factories** trabajar ocho horas diarias y llevar una vida propia después del trabajo.

Las nuevas oportunidades y actitudes también cambiaron la vida de mujeres de otras clases sociales. Algunas aplicaron su inteligencia y energía a una carrera, *mientras que* otras tuvieron que dedicar más **while** tiempo y energía a la casa, *ya que* no tenían sirvientas. Así, *poco a poco* **since / little by little** y *debido* a muchos factores, la vida de todas las mujeres está **due to** cambiando en los países hispanos. La *lavadora* reemplaza a la **washing machine** lavandera; el *lavaplatos*, a la cocinera, y el apartamento sin jardín, a la **dishwasher** casa grande.

¿Comprendió Ud.?

1. ¿Cómo vivían las mujeres hispanas de la clase alta y de la clase media?
2. ¿Qué hacía la cocinera? ¿el jardinero? ¿la lavandera? ¿la niñera?
3. ¿Cómo era la vida de los sirvientes?
4. ¿Cómo está cambiando la situación? ¿Por qué?
5. ¿Es la nueva situación similar o diferente de la situación actual en los Estados Unidos? ¿Cómo?

Aumente su vocabulario: cognate pattern -cio, -cia → -ce

Many Spanish words that end in **-cio** and **-cia** correspond to English cognates ending in *-ce*.

>servi**cio** → *service*
>existen**cia** → *existence*

Note: words ending in **-cio** are masculine, while those ending in **-cia** are feminine.

Práctica

Complete the following Spanish words, paying attention to their gender. Then use each one in a sentence of your own making.

1. la cien—   2. una inconvenien—   3. un pala—   4. el divor—

AHORA LE TOCA A UD.

Interview three or four persons, asking them their views of the generation gap: Is there such a gap? Why does it exist? In what ways was life better thirty years ago? In what ways was it worse? What have we gained? What have we lost?, etc.

In preparing your interviews, you may wish to use the opening presentation as a guide.

LECCION 21

¡Qué susto!

What a fright!

Eran las nueve de la mañana, y el señor Rivera y su esposa estaban muy preocupados porque su hijo, Pedro, no regresó a casa la noche anterior. *De repente, alguien* tocó el timbre. *La señora de Rivera abrió la puerto y gritó.*

suddenly / rang the bell
cried out

SRA. DE RIVERA: Pedro, ¡por fin! ¿Qué te pasó, hijo? ¿Dónde estuviste? ¿Por qué no regresaste a casa anoche?

PEDRO: Bueno, bueno, mamá. Estoy bien. Me pasó una cosa muy curiosa anoche. ¿Te acuerdas que fui a encontrarme con Felipe?

SRA. DE RIVERA: Sí, sí. Eran las seis de la tarde cuando saliste y estaba lloviendo. Me acuerdo porque no llevabas impermeable.

PEDRO:	Sí, mamá. Bueno, cuando llegué a la Plaza San Martín donde tenía que encontrarme con Felipe, había una *manifestación* estudiantil en la calle. Los estudiantes estaban *en huelga* para protestar...

demonstration
on strike

SR. RIVERA:	Y ¿te fuiste con ellos?
PEDRO:	No, papá. No hice nada, pero vino la policía y nos arrestó a todos.
SRA. DE RIVERA:	¿No explicaste que estabas esperando a un amigo?
PEDRO:	¡Mamá! No tuve tiempo. Todo pasó muy rápido. *Además*, el policía que me *agarró* era más grande que yo.

Besides / grabbed

SRA. DE RIVERA:	¿Te llevaron a la *comisaría*? ¿Pasaste la noche allá?

police station

PEDRO:	Sí, porque no me creyeron cuando les dije que estaba esperando a un amigo.
SRA. DE RIVERA:	¡Ay, mi pobre hijo!
SR. RIVERA:	Cuando yo era joven, estas cosas no pasaban...
PEDRO:	Pero, ¡papá! ¿No me contabas de las huelgas de tus días estudiantiles...?
SR. RIVERA:	¡Eran diferentes!

Preguntas

1. ¿Qué hora era cuando Pedro regresó a casa?
2. ¿Qué hora era cuando salió de casa el día anterior?
3. ¿Qué tiempo hacía?
4. ¿Con quién tenía que encontrarse?
5. ¿Qué había en la calle?
6. ¿Participó Pedro en la manifestación?
7. Cuando lo agarró el policía ¿por qué no ofreció Pedro ninguna explicación?
8. ¿Dónde pasó la noche?
9. ¿Había huelgas cuando su padre era estudiante?

NOTA CULTURAL

Strike!

There is a long history of student strikes in Hispanic countries because the students are, for the most part, more politically oriented than their North American counterparts. Some strikes are organized to protest or call attention to university conditions, but others may be in support of political parties or labor unions. Because of their activity and organization, the students are a powerful force that can disrupt or, in extreme cases, even overthrow a government.

Manifestación política en Chile durante la época de Allende

LUCHANDO CONSTRUIREMOS EL SOCIALISMO

"Es la hora de atemperar nuestras discrepancias y ponerlo todo al servicio de la lucha."

VOCABULARIO *Catástrofes*

sustantivos

un accidente	*accident*	una ambulancia	*ambulance*
un bombero	*fireman*	la comisaría	*police station*
un hecho	*fact; event*	una guérra	*war*
un herido	*injured person*	una huelga	*strike*
un incendio	*fire*	una manifestación	*demonstration*
un muerto	*fatality, dead person*	la muerte	*death*
un robo	*robbery, burglary*	la policía	*police (force)*
un suceso	*event*	una víctima	*victim*

verbos

gritar	*to yell, cry (out)*	¿Por qué **gritaste?** ¿Viste algo extraordinario?
llorar	*to cry, weep*	El niño **lloró** cuando perdió su bicicleta.
matar	*to kill*	El policía **mató** al criminal durante el robo.
ocurrir	*to occur*	Ayer **ocurrió** un accidente.
robar	*to rob, steal*	Alguien entró en mi cuarto pero no **robó** nada.
tener lugar	*to take place*	Una huelga **tuvo lugar** en Bolivia.
tirar	*to shoot, fire*	La policía no les debe **tirar** a los estudiantes.

expresiones

en voz alta/baja	*in a loud/soft voice*	El policía me habló **en voz alta.**
mientras (que)	*while*	El robo tuvo lugar **mientras** dormían.
¡Qué (*noun*)!	*What (a/an) (noun)!*	**¡Qué** accidente terrible!
¡Qué (*adjective*)!	*How (adjective)!*	**¡Qué** horrible!
¡socorro!	*help!*	Las víctimas gritaron: «**¡Socorro!**»

■ *Observaciones*

1. **La policía** means *the police (force)*. **Un policía** is *a policeman.*

2. **Víctima,** like **persona,** is feminine whether it refers to males or females.

Ejercicio 1. Lo extraordinario

1. ¿Vio Ud. un incendio el año pasado? ¿Había heridos? ¿muertos? ¿Llegó pronto la policía? ¿la ambulancia? ¿Llegaron pronto los bomberos?

2. ¿Había muchas huelgas estudiantiles durante la guerra de Vietnam? ¿Influyeron en la política norteamericana esas huelgas?

3. ¿Es muy eficiente la policía de la ciudad donde Ud. vive? ¿Hay muchos robos en su ciudad? ¿Hay muchos accidentes de tráfico?

A. The imperfect progressive

The imperfect progressive tense is used to emphasize the fact that specific actions were in progress at a certain point of time in the past.

A las once **estábamos mirando** la televisión.
At eleven o'clock **we were watching** *television.*

Mi papá **estaba leyendo** una novela policíaca.
My father **was reading** *a detective story.*

The imperfect progressive is formed as follows.

imperfect of *estar* + present participle

Ejercicio 2. ¿Qué estabas haciendo a las diez?

Ask a classmate if he or she was doing the following things last night at ten.

modelo: estudiar
 —*¿Estabas estudiando anoche a las diez?*
 —*Sí, estaba estudiando.* or —*No, no estaba estudiando.*

1. mirar la televisión	4. divertirse	7. repasar esta lección	10. dormir
2. escuchar discos	5. leer una novela	8. lavarse	11. jugar al básquetbol
3. charlar con sus amigos	6. comer algo	9. bañarse	12. dar un paseo

Ejercicio 3. El robo

A burglary took place yesterday. The police are checking what the neighbors were doing at that time. Describe the activities of the following people.

modelo: Andrés / comer   *Cuando el robo occurrió, Andrés estaba comiendo.*

1. el Sr. Montez / dormir	6. Uds. / leer el periódico
2. Rafael / estudiar	7. Felipe / hablar con una chica
3. Teresa / charlar con su novio	8. el Sr. Onís / arreglar su coche
4. nosotros / mirar la televisión	9. Ud. / construir un estante
5. Enrique y Ramón / hacer la tarea	10. tú / pintar el apartamento

B. Imperfect vs. preterite: actions in progress vs. specific actions

In each of the sentences below, two actions are described: one action that was in progress and another that occurred at a given point in time. Compare the tenses of the verbs that describe each of these actions.

Cuando **llegué** a la plaza, **había** una manifestación.
When **I arrived** *at the square,* **there was** *a demonstration.*

Vi a un policía que **tenía** un revólver.
I saw a policeman who **was holding** *a revolver.*

The *preterite* relates *what happened.* It is used to describe specific events that took place at a specific moment in the past.

The *imperfect* relates *what was happening.* It is used to describe actions that were in progress for an unspecified amount of time. Such actions are often expressed in English with the construction *was / were* + verb in *-ing.*

The relationship between the two tenses can be visually represented as follows.

(specific actions)   **Cuando** *llegué*   *Vi* a un policía

— — —↓— — — — →   — —↓— — — — →

(actions in progress)   *había* una manifestación.   que *tenía* un revólver.

■ *Explicaciones gramaticales*

1. The imperfect progressive may be substituted for the imperfect if the speaker wishes to emphasize the ongoing nature of the action.

    Cuando saliste, **estaba lloviendo.**   *When you went out, **it was raining.***

2. If the preterite is used, it indicates that the speaker sees the past action as having a beginning and an end. If the imperfect is used, it indicates that the speaker views the action as ongoing and of unspecified duration.

    Ana **lloró** cuando Raúl se fue.   *Ana **cried** when Raúl left.*
    Ana **lloraba** cuando Raúl se fue.   *Ana **was crying** when Raúl left.*

Ejercicio 4. En la calle

On his way to a student demonstration, Miguel met several people in the street. Say what these people were doing when Miguel met them. Follow the model.

modelo: encontrar a una amiga / ir a la manifestación
          Miguel encontró a una amiga que iba a la manifestación.

1. hablar con dos estudiantes / regresar de la manifestación
2. reconocer al periodista / sacar fotos
3. encontrarse con chicos / gritar en voz alta
4. escuchar a la Sra. de Morales / quejarse de los estudiantes
5. ver a su profesor / venir de la biblioteca
6. ayudar a una chica / llorar

C. Imperfect vs. preterite: background information vs. principal events

The first sentence in each group describes a specific event. The sentences that follow provide background information on these events. Compare the tenses of the verbs in heavy print.

Hice un viaje a México con mis amigos.   *I **took** a trip to Mexico with my friends.*
  Teníamos veinte años.   *We **were** twenty years old.*
  Éramos jóvenes.   *We **were** young.*
  Queríamos conocer una cultura   *We **wanted** to become acquainted*
    diferente.   *with a different culture.*

Aquella noche **no dormí.**   *That night I **didn't sleep.***
  Hacía mucho calor.   *It **was** very hot.*
  Mis compañeros **estaban** enfermos.   *My friends **were** sick.*

Clara **habló** con un policía.	Clara *spoke* with a policeman.
Era el jueves pasado.	*That was* last Thursday.
El policía **era** muy amable.	The policeman *was* very kind.
Llevaba un uniforme azul.	*He was wearing* a blue uniform.

The *preterite* may relate *specific events* that occurred in the past.
The *imperfect* may describe the *background* or *circumstances* of the main action.
This background may concern:

time	*Era* el dos de julio.
	Eran las diez de la mañana.
weather	*Hacía* mucho calor.
age	*Tenía* veinte años.
physical appearance	El chico *llevaba* una camisa azul.
emotional and mental states	*Estaba* de buen humor.
	Quería aprender español.

◾ *Explicación gramatical*

Sometimes an occurrence may be considered as either a specific action
or the background for another action. Note the difference between the
following two sentences.

(specific action)	**Llovió** ayer.	*It rained yesterday.*
(background)	**Llovía** ayer cuando salí.	*It was raining yesterday when I went out.*

Ejercicio 5. Circunstancias inoportunas

Some people did not do certain things because the circumstances were not right.
Express this, following the model.

modelo: nosotros (ir a la playa / hacer frío)   *No fuimos a la playa porque hacía frío.*

1. Enrique (salir / llover)
2. Ana y Teresa (jugar al tenis / hacer mucho calor)
3. Rafael (nadar / hacer mucho frío)
4. Manuel (hacer el viaje / no tener bastante dinero)
5. tú (ir a la universidad / estar enfermo)
6. yo (estudiar / estar cansado)
7. nosotros (reunirse con nuestros amigos / estar ocupados con la tareas)
8. Paco (salir / querer ayudar a su papá)

Ejercicio 6. Otro robo

Yesterday a bank was robbed in Madrid. Various witnesses claim to have seen the
burglars. They describe the suspects. Play the role of each witness.

modelo: ver a un hombre (ser joven / tener unos 20 años / tomar un taxi)
         Vi a un hombre. Era joven. Tenía unos veinte años. Tomó un taxi.

1. ver a un hombre (llevar un traje azul / ser alto / entrar en un café)
2. ver a una mujer (tener un revólver / ser rubia / salir del banco)
3. ver a dos jóvenes (tener unos 18 años / ser atléticos / llevar gafas de sol)
4. ver a una señora vieja (llevar un vestido negro / entrar en el banco / escaparse en una bicicleta)

D. Imperfect vs. preterite: summary

The imperfect and the preterite are used to describe different types of actions and states.

preterite	imperfect	
actions that did not occur regularly: what people did what happened	**repeated actions in the past:** what people used to do what used to be	**Todos los años** *íbamos* **a México, pero un año** *fuimos* **a España.**
actions that occurred at a specific point in time: what people did what happened	**actions in progress:** what people were doing what was happening	**Mi novio me** *llamó* **mientras yo** *miraba* **(estaba mirando) la televisión.**
specific events and main actions: what happened what people did	**background circumstances of these actions:** when, what weather, how old they were, how they looked, how they felt	**Mi hermana** *se casó* **cuando** *tenía* **25 años.**

Ejercicio 7. El accidente

Report on an automobile accident—real or imagined. Describe the circumstances of the accident and what precisely happened. Use the questions below as a guide.

1. ¿Dónde tuvo lugar el accidente?
2. ¿Qué día era?
3. ¿Qué hora era?
4. ¿Hacía buen o mal tiempo?
5. ¿Cómo era la visibilidad?
6. ¿Había mucha gente en la calle?
7. ¿Qué causó el accidente?
8. ¿Qué pasó?
9. ¿De qué marca (*make*) eran los coches?
10. ¿Cuántas personas había en los coches?
11. ¿Quiénes eran?
12. ¿Había heridos? ¿Había muertos?
13. ¿Vino una ambulancia?
14. ¿Vino la policía?
15. ¿Vinieron los bomberos?
16. ¿Qué occurrió después?

E. Some verbs with different meanings when used in the imperfect and the preterite

Certain verbs in Spanish may have special connotations in the preterite. Note these meanings in the following chart.

	imperfect	*preterite*
conocer	Ya **conocía** este hospital. *I knew / was familiar with . . .*	Ayer **conocí** a un nuevo médico. *I met (for the first time) . . .*
saber	**Sabía** que Ud. tuvo un accidente. *I knew / was aware . . .*	Lo **supe** hace una hora. *I found out / heard about . . .*
poder	**Podía** participar en la huelga. *I was able / had the chance . . .*	**Pude** sacar unas fotos. *I succeeded / was able to and did . . .*
querer	**Quería** llamar a la policía. *I wanted to / felt like . . .*	**Quise** ayudar a los heridos. *I tried / wanted to and did . . .*
no querer	**No quería** mirar al muerto. *I didn't want to (but I did).*	**No quise** ir a la comisaría. *I refused / didn't want to and didn't . . .*

■ *Explicación gramatical*

Note that the imperfect meanings of these verbs all describe ongoing conditions or states, while the preterite meanings refer to specific past actions.

Ejercicio 8. Intérprete

You are working as a translator. Put the following sentences into Spanish.

1. At ten o'clock we were dancing and having fun.
2. They heard a woman who was crying.
3. The police were already there when the firemen arrived.
4. The robbery took place while we were eating.
5. It was raining and I was in a bad mood.
6. I knew this small restaurant. While I was drinking coffee there, I met a kind lady . . .
7. We already knew there was a fire in the library. We found out about it yesterday.
8. They had the chance to visit the police station. They were able to talk to the police and take pictures.
9. She wanted to come home yesterday. She wanted (tried) to call you (**tú**) but you were not there.
10. I didn't want to study last night, but I had an exam this morning. The professor refused to change the date.

AHORA LE TOCA A UD.

Tell about a memorable event in your life, such as your graduation from high school, your first job, your first time away from home, the first time you spoke in public, or an incident in which the police were called in. Describe both the background of the event and the main happenings. The following questions may be helpful.

1. ¿Cuándo fue?
2. ¿Cuántos años tenía Ud.?
3. ¿Estaba Ud. de buen humor? ¿nervioso/a? ¿preocupado/a? ¿contento/a?
4. ¿Había otras personas?
5. ¿Qué hizo Ud.?
6. ¿Qué hicieron las otras personas?

La noche boca arriba

faceup

A *mitad del* largo *zaguán* del hotel pensó que debía ser tarde, y se *apuró a salir a la calle* y sacar la motocicleta del *rincón* donde el *portero de al lado* le permitía *guardarla*. En la *joyería* de la *esquina* vio que eran las nueve menos diez; *llegaría con tiempo sobrado* adonde iba. El sol se filtraba entre los altos edificios del centro, y él —porque para *sí mismo*, para ir pensando, no tenía nombre — *montó* en la máquina *saboreando* el *paseo*. La moto *ronroneaba* entre sus piernas, y un viento fresco le *chicoteaba* los pantalones.

Dejó pasar los ministerios (el rosa, el blanco) y la serie de comercios con brillantes *vitrinas* de la calle Central. Ahora entraba en la parte más agradable del *trayecto*, el *verdadero* paseo: una calle larga, bordeada de *árboles*, con poco tráfico y amplias villas. *Quizá algo distraído*, pero corriendo sobre la derecha como *correspondía*, se *dejó llevar por la tersura* de ese día *apenas* empezado. *Tal* vez su involuntario *relajamiento* le impidió prevenir el accidente. Cuando vio que la mujer *parada* en la esquina *se lanzaba* a la *calzada* a pesar de las *luces* verdes, ya era tarde para las soluciones fáciles. *Frenó* con el pie y la mano, ·*desviándose* a la izquierda; oyó el grito de la mujer, y junto con el *choque* perdió la visión. Fue como dormirse de *golpe*.

Halfway down / hall
he hurried / corner
doorman next door / keep / jeweler / corner /
he'd arrive with time to spare
himself / mounted
savoring / ride / purred
whipped

show windows
journey / real
trees / Perhaps
somewhat distracted / he ought to / he let himself be carried away by the smoothness / just / perhaps
relaxation
standing / dashed / street / despite / lights
He braked / swerving
collision
all of a sudden

VOCES HISPANAS

Volvió bruscamente del *desmayo*. Cuatro o cinco hombres jóvenes lo estaban sacando de *debajo* de la moto. *Sentía gusto a sal* y *sangre*, le *dolía* una rodilla, y cuando lo *alzaron* gritó, porque no podía *soportar* la presión en el brazo derecho.... Preguntó por la mujer, tratando de dominar la náusea que le *ganaba* la *garganta*.

La ambulancia policial llegó a los cinco minutos, y lo *subieron* a una *camilla blanda* donde pudo *tenderse a gusto*.... Se sentía bien, era un accidente, mala suerte; unas semanas quieto y nada más. El *vigilante* le dijo que la motocicleta no parecía muy *estropeada*....

—Julio Cortázar

Julio Cortázar (1914–   ) is an Argentine author known for his novels and short stories. He is currently living and writing in Europe, where he has worked as a translator for UNESCO. The above selection is the beginning of one of his stories.

he came to / faint
underneath / He tasted
salt / blood / hurt / they picked him up
to stand
was filling / throat
lifted
soft stretcher / stretch out / in comfort
policeman / wrecked

ASI ES LA VIDA

¿Hay algo que le molesta hoy?

Hace cinco meses que Alfredo Costa trabaja en una estación de televisión en Santiago de Chile. Ahora va a inaugurar un nuevo programa: cinco minutos de *entrevistas* espontáneas. Alfredo *baja* a la calle con su micrófono y un *camarógrafo*. *Se acerca* a la gente que *camina* por la Avenida Providencia y hace la siguiente pregunta a varias personas: «¿Hay algo que le molesta hoy?»

interviews / goes down
cameraman / He approaches
are walking

Una señorita
¡Sí! Hace media hora que estoy en frente del *banco* esperando a mi novio. Tenemos que llegar a una *reunión* a las 7:00, y... ¡Ah, aquí está!

bank
get-together

Una vieja
La gente decente ya no puede andar *por* la calle. Hace poco, estaba caminando *por* la plaza y un joven me robó el *bolso*. El bolso no tenía gran valor, pero *dentro* había un cheque...

on
through / handbag
inside

Una señora
A mí no me molesta nada. Hoy mi esposo me trajo *flores* para nuestro aniversario. ¡Se acordó! Hace 25 años que estamos casados...

flowers

Un señor

La inflación me molesta mucho. Ahora pagamos 300 pesos por un kilo de carne. En noviembre costaba 200 pesos. No sé cómo vamos a vivir... No puedo *ahorrar* nada, porque todo *aumenta* cada día.

save / goes up

Una señorita

Acabo de salir de una entrevista de *empleo* en un banco. El *aviso* decía «Necesitamos administradora», pero cuando llegué a la entrevista la primera pregunta fue «¿Sabe Ud. *escribir a máquina*?» Esa entrevista *no valía la pena*...

I have just / job / ad

to type
was not worthwhile

Un joven

Hoy no me molesta nada porque ¡mañana salgo para Portillo a esquiar! Ya me puedo ver *bajando* la montaña...

coming down

Preguntas

1. ¿Hace cuánto tiempo que Alfredo Costa trabaja en la estación de televisión?
2. ¿En qué ciudad trabaja?
3. ¿En qué consiste su nuevo programa?
4. ¿Qué le molesta a la primera señorita?
5. ¿Dónde espera a su novio?
6. ¿Qué le molesta a la vieja?
7. ¿Qué había en el bolso?
8. ¿Qué le molesta a la señora?
9. ¿Hace cuántos años que está casada?
10. ¿Qué le molesta al señor?
11. ¿Por qué no puede ahorrar dinero?
12. ¿Qué le molesta a la señorita?
13. ¿Fue buena la entrevista?
14. ¿Qué le molesta al joven?
15. ¿Cómo se imagina el joven?
16. ¿Qué le molesta a Ud. hoy?

NOTA CULTURAL

Chile

Because of its long and narrow configuration, Chile has thousands of miles of Pacific coast as its western border, and the Andes mountains as its eastern frontier. Therefore, the inhabitants of Chile's capital, Santiago, are just one hour's drive away from either beautiful beaches or excellent skiing. As the seasons in the northern and southern hemispheres are reversed, many ski teams from Europe and North America make use of the fine skiing conditions in Portillo in July and August.

El telesquí

¿HAY ALGO QUE LE MOLESTA HOY?

HOTEL PORTILLO

Precio de Habitación Nº ...412... Fecha ..Invierno 1978..

Tipo de Habitación ..Doble Lago.......... Precio ..US$89.00..

Este precio incluye habitación, pensión, impuesto y propina legal.

En Recepción están a disposición de los huéspedes listas completas de precios para todo tipo de habitaciones y servicios ofrecidos por el hotel.

El precio de la pensión no incluye servicio a la habitación.

Habrá un cobro de $ ..US$1.00............. por cada comida de pensión servida en la habitación. Para consumos extras consulte el menú.

Para servicio de lavandería, llame a la camarera. Hay una lista de precios en el cajón de su escritorio.

Rogamos a Ud. no molestar a sus vecinos con ruidos o fiestas después de las 10 P.M. El esquí es un deporte de día para muchos.

Hora de entrega de la habitación: 1 P.M.

ANDARIVEL

7 DIAS

20

FOTO

Nº 12129

VALIDO HASTA
2 SET. 1978

VOCABULARIO *El dinero*

sustantivos

el banco	*bank*	una cuenta	*(bank) account*
un billete	*bank note, bill*	una cuenta corriente	*checking account*
un cheque	*check*	una cuenta de ahorros	*savings account*
el nivel	*level*	la inflación	*inflation*
el nivel de vida	*standard of living*	la moneda	*coin, money; change*
un precio	*price*	una tarjeta de crédito	*credit card*
el sueldo	*salary*		

verbos

abrir	*to open*	Voy a **abrir** una cuenta de ahorros.
ahorrar	*to save*	¡Es difícil **ahorrar** dinero!
aumentar	*to increase*	Cuando los precios **aumentan**,
bajar	*go down*	el nivel de vida **baja**.
cerrar (e → ie)	*to close, shut*	Debes **cerrar** esa cuenta.
faltar	*to be lacking*	Siempre me **falta** dinero.
firmar	*to sign*	Ud. debe **firmar** el cheque.
gastar	*to spend*	¿**Gasta** Ud. mucho dinero cuando va al centro?
molestar	*to bother*	¿Qué te **molesta** ahora?
pagar	*to pay*	¿Cuánto **pagó** Ud. por su tocadiscos nuevo?
prohibir	*to prohibit*	Mi padre lo **prohibe**.
satisfacer	*to satisfy*	Gano muy poco. Mi sueldo no me **satisface**.
subir	*to raise, go up*	Hay inflación cuando los precios **suben**.
valer	*to be worth*	¿Cuánto **vale** su casa?
valer la pena	*to be worthwhile*	No **vale la pena** ahorrar dinero.

■ *Observaciones*

1. **Valer** has an irregular **yo**-form in the present tense: **valgo**.

2. The verbs **faltar, molestar** and **satisfacer** are used in constructions similar
    to the **me gusta(n)** construction.

Te falta experiencia.	*You lack experience.*
No **me molesta** el ruido.	*The noise doesn't **bother me**.*
A Ud. no **le satisface** nada.	*Nothing **satisfies you**.*

3. In Spanish, nouns are sometimes derived from verbs. Once you know
    the verbs, these nouns are usually easy to recognize and understand.

un ahorro	(ahorrar)	*a saving(s)*
un aumento	(aumentar)	*an increase; rise; raise*
una baja	(bajar)	*a fall, decline*
una firma	(firmar)	*a signature*
un gasto	(gastar)	*an expense*
un pago	(pagar)	*a payment*

Ejercicio 1. Ud. y las finanzas

1. ¿Tiene Ud. una cuenta corriente? ¿en qué banco? Y ¿tiene una cuenta de ahorros?
2. ¿Tiene Ud. empleo? ¿Gana un buen sueldo? ¿Le satisface su trabajo?
3. Cuando Ud. compra ropa, ¿cómo paga por ella? ¿con dinero, con un cheque o con una tarjeta de crédito?
4. ¿Gasta Ud. mucho dinero en libros? ¿en ropa? ¿en transporte?
5. ¿Sabe Ud. ahorrar dinero o lo gasta todo?
6. En su opinión, ¿es la inflación el problema principal en los Estados Unidos?

Ejercicio 2. Problemas económicos

*The following statements deal with economic or financial questions. Are they
correct or not? Express your opinion by saying **Es verdad** or **No es verdad**.*

1. Hay inflación cuando los precios suben.
2. La inflación es significativa cuando los precios aumentan más de diez por ciento al año.
3. Cuando hay inflación, vale la pena ahorrar dinero.
4. Cuando la inflación es muy significativa el nivel de vida baja.
5. Ahora los bancos pagan un interés de doce por ciento.
6. Un cheque que no tiene firma no es válido.
7. Para abrir una cuenta en un banco, es necesario tener más de 21 años.

A. *Acabar de*

In the examples below, the first sentence of each pair describes an event
that is going to happen soon. The second sentence describes an event
that has just happened. Contrast the expressions in heavy print.

María **va a firmar** su cheque.	*María **is going to sign** her check.*
Carlos **acaba de firmar** su cheque.	*Carlos (has) **just signed** his check.*

Mis primos **van a cambiar** unos pesos.   *My cousins **are going to exchange** some pesos.*
Mis padres **acaban de cambiar** unos pesos.   *My parents **(have) just exchanged** some pesos.*

Ud. **va a irse**.   *You **are going to leave**.*
Nuestros amigos **acaban de irse**.   *Our friends **(have) just left**.*

To express an action that has just happened, Spanish-speakers use the following construction.

present tense of *acabar* **+** *de* **+ infinitive**

Note: **Acabar** is a regular **-ar** verb that means *to finish*.

¿Vas a **acabar** este trabajo?   *Are you going **to finish** this job?*

Ejercicio 3. *En el banco*

Roberto and Carmen meet at the bank. Roberto tells Carmen what he is going to do. Carmen tells him that she has just done these things herself. Play both roles.

modelo: cambiar unas pesetas
     ROBERTO: *Voy a cambiar unas pesetas.*
     CARMEN: *Y yo acabo de cambiar unas pesetas.*

1. gastar todo su dinero
2. depositar el cheque en el banco
3. abrir una cuenta de ahorros
4. cambiar (*cash*) un cheque

Ejercicio 4. *En el centro comercial*

Some people have gone to the shopping center. Say what each one has just bought.

modelo: Felipe (un traje de baño)   *Felipe acaba de comprar un traje de baño.*

1. Elena (una blusa)
2. los primos de Juan (gafas de sol)
3. yo (una chaqueta)
4. tú (zapatos)
5. Uds. (raquetas de tenis)
6. nosotros (sillas)
7. Paco (una cámara)
8. Silvia y Clara (ropa)

Ejercicio 5. *¿Están de buen humor?*

*Explain the moods (column **B**) of the people in column **A** by saying what they have just done (column **C**). Give two sentences for each subject, following the model.*

modelo: *Estoy furiosa. Acabo de sacar una mala nota.*

A	B	C
yo	alegre	gastar todo su sueldo
Felipe	triste	recibir un cheque de mil pesetas
nosotros	furioso	sacar una mala nota
Carmen y Elena	contento	darse cuenta del alto nivel de la inflación
Uds.	nervioso	comprar un coche
tú	de buen humor	ganar cien dólares
		reunirse con amigos simpáticos
		perder su tarea

B. The construction **hace... que** + present tense

In the examples below, the first sentence of each pair describes the present situation. The second sentence describes a situation that has been going on for a specified period of time. Contrast the verb tenses used in Spanish and in English.

Los precios **suben**.	*Prices are going up*.
Hace tres años que los precios **suben**.	*Prices have been going up for three years*.

No **ahorro** nada.	*I am not saving anything*.
Hace seis meses que no ahorro nada.	*I have not saved anything for six months*.

To describe a condition or action that began in the past and that is still in progress, Spanish-speakers use the following construction.

hace + time + *que* + present tense

Explicación gramatical

To ask how long something has been going on, Spanish-speakers say:

¿Hace cuánto tiempo que...?   *(For) how long. . . ?*

Ejercicio 6. Diálogo ¿Hace cuánto tiempo?

Ask a classmate for how long he or she has been doing or has had the following things.

modelo: estudiar
—¿Hace cuánto tiempo que estudias español?
—Hace seis meses que estudio español.

1. asistir a la universidad
2. vivir en esta ciudad
3. conocer a su compañero de cuarto
4. estar en esta clase
5. saber conducir
6. tener una cuenta corriente

C. Uses of *para*

Note the uses and meanings of **para** in the sentences below.

Trabajamos **para** ganarnos la vida.	*We work (in order) to earn a living*.
Salió **para** el banco.	*He left for the bank*.
¿Tiene Ud. un cheque **para** mí?	*Do you have a check for me?*
Voy a hacerlo **para** mañana.	*I am going to do it by tomorrow*.

The preposition *para* is used to indicate:

purpose	*in order to*	**para** ganar dinero
general destination in space	*to, toward, for*	un autobús *para* **Madrid**
the recipient	*for*	un regalo *para* **Ud.**
general destination in time	*by, for*	un trabajo *para* **hoy**

Ejercicio 7. ¿Adónde? ¿Para qué?

Where did the following people go? Give their destinations and the purposes of the errands or trips.

modelo: Luis (el banco / depositar su dinero)
        Luis salió para el banco. Salió para depositar su dinero.

1. Elena (el café / reunirse con sus amigos)
2. yo (la biblioteca / estudiar)
3. tú (el centro / comprar ropa)
4. nosotros (la agencia de empleos / buscar trabajo)
5. mis amigos (España / aprender español)
6. Teresa y Lucía (Francia / estudiar francés)

D. Uses of **por**

Note the uses and meanings of **por** in the sentences below.

Llamamos a Juan **por** teléfono.	*We are calling Juan **on** the phone.*
Los chicos corren **por** el parque, **por** las calles...	*The boys run **through** the park, **along** the streets. . .*
Vengo **por** mi cheque.	*I am coming **for (in search of)** my check.*
Hago el trabajo **por** mi padre.	*I am doing the work **for (on behalf of)** my father.*
Te esperé **por** dos horas.	*I waited for you **for** two hours.*
Te doy $100 **por** tu bicicleta.	*I am giving you $100 **for** your bicycle.*
Van al banco tres veces **por** mes.	*They go to the bank three times **a (per)** month.*

The preposition *por* is used to indicate:

mode, means	*by*	**por** avión, *por* teléfono
motion at a location	*through, along*	**por** la calle
motive, cause, duty	*for (the sake of)*	**por** la igualdad, *por* mis padres
elapsed time	*for*	**por** tres horas, *por* dos semanas
exchange	*(in exchange) for*	diez dólares *por* una silla
units of measure	*per; a/an*	veinte kilómetros *por* hora

VOCABULARIO Expresiones con por

por casualidad	*accidentally*	por lo común	*commonly*
por ciento	*percent*	por lo general	*generally*
por cierto	*certainly*	por lo menos	*at least*
por ejemplo	*for example*	¿por qué?	*why?*
por eso	*therefore, so*	por suerte	*fortunately*
por favor	*please*	por supuesto	*of course*
por fin	*finally, at last*	por todas partes	*everywhere*

Ejercicio 8. ¿Cuánto me pagas?

Imagine that a friend is selling the following items. Tell him how much you are going to give him for each one.

modelo: una guitarra   *Voy a pagarte 20 dólares por la guitarra.*

1. un tocadiscos
2. un diccionario de español
3. un refrigerador
4. una bicicleta

5. una raqueta de tenis
6. una silla
7. un disco de música clásica
8. su libro de español

Ejercicio 9. Y Ud., ¿qué dice?

1. ¿Llama Ud. a sus amigos por teléfono? ¿cuándo?
2. ¿Le gusta dar paseos por el campo? ¿por la ciudad? ¿por la calle?
3. Cuando Ud. conduce, ¿respeta el límite de velocidad (*speed limit*) de 55 millas por hora?
4. ¿Cuántas veces por mes va Ud. al cine? ¿al teatro?
5. ¿Cuántas veces por semana va Ud. a la clase de español?
6. ¿Manda Ud. muchas cartas por avión? ¿adónde? ¿a quiénes?

Ejercicio 10. Ayer

*Describe what the following people did yesterday by completing the sentences below with **por** or **para**, as appropriate.*

1. Silvia tomó el avión _____ Nueva York. Va allá _____ asistir a una conferencia.
2. Felipe llamó a su novia _____ teléfono. Hablaron _____ dos horas.
3. Enrique e Isabel dieron un paseo _____ el campo. _____ eso, volvieron tarde.
4. Carmen compró un billete de teatro _____ mañana. Pagó 20 pesos _____ el billete.
5. Ana compró un regalo _____ su mamá _____ su cumpleaños.
6. Inés salió _____ México _____ visitar a su novio.
7. _____ supuesto, las estudiantes se preparan _____ el examen.

Ejercicio 11. Intérprete

You are working as a translator. Put the sentences below into Spanish.

1. Luckily we have just gone to the bank. I don't need any money. (I don't lack money.)
2. As prices are going up everywhere, I spend my salary very quickly.
3. For three years I have been saving ten dollars a week. Now I have at least 1,500 dollars.
4. It bothers me to use credit cards. I prefer to pay with a check.
5. He left a present for you (**tú**).
6. Do you (**Ud.**) have the homework for tomorrow?
7. They were running along the beach. We were going to the beach.

REALIDAD HISPANICA

Lectura cultural: La inflación

Uno de los problemas actuales más graves en los países latinoamericanos es la inflación. Claro, en los Estados Unidos la inflación también es un problema, pero no es tan *elevada* como la   high
inflación de algunos de esos países. Para tener una idea de la gravedad

del problema, vamos a ver el porcentaje de aumento en algunos países latinoamericanos en el año 1978:

Colombia	20%
Chile	30%
el Perú	80%
la Argentina	170%

¿A qué se puede atribuir esta inflación elevada? Uno de los factores que contribuyó a ella fue el aumento de población y el consecuente *desempleo*. Otro factor fue el hecho de que estos países exportan principalmente *materias primas*. Los precios que recibían por sus productos bajaban, mientras que los precios que tenían que pagar por los productos que importaban—productos *fabricados, maquinarias* y petróleo—subían.

¿Cómo afecta la inflación a la gente? La inflación afecta a cada nivel de la sociedad, sobre todo a la clase *obrera cuyos* sueldos casi *no les alcanzan* para comprar las cosas básicas. Es un círculo vicioso,

unemployment

raw materials

manufactured / equipment

working-class / whose aren't sufficient

porque cada vez que suben los sueldos, aumentan los precios también, y cuando los precios suben, es necesario aumentar los sueldos otra vez. Así la inflación se mantiene constantemente alta.

En una situación económica como ésta, es casi imposible ahorrar dinero: primero, porque la gente tiene que gastar más para vivir y no tiene dinero para ahorrar; y segundo, porque no vale la pena ahorrar nada en estas circunstancias. La gente piensa que en vez de ahorrar dinero, es mejor *invertirlo* en cosas que no pierden su valor. Entonces, los que tienen suficiente dinero lo invierten en *propiedades* o *alhajas*, cosas que mantienen un valor constante. Y si no tienen mucho dinero, compran televisores, ropa o muebles porque saben que *dentro de poco tiempo* los precios de estos artículos *serán* aun más altos.

Pero hay algunas naciones latinoamericanas que tienen grandes *esperanzas* para el futuro. Venezuela es uno de los grandes exportadores de petróleo del mundo, y dentro de poco México va a producir lo suficiente para satisfacer su *consumo* interno. Otros países latinoamericanos *recién* están comenzando a descubrir el potencial de sus *recursos* naturales.

invest
properties / jewels

soon
will be

hopes

consumption
just
resources

¿Comprendió Ud?

1. ¿Es la inflación un problema grave en los países latinoamericanos ahora? ¿En los Estados Unidos?
2. ¿Cuánto fue el porcentaje del aumento de la inflación en la Argentina en el año 1978?
3. ¿A qué se puede atribuir esta inflación elevada?
4. ¿Cómo afecta la inflación a la gente?
5. Cuando los sueldos aumentan, ¿cómo afectan a los precios?
6. ¿Por qué no ahorra dinero la gente en tiempos inflacionarios?
7. ¿En qué se basan las esperanzas de algunas naciones latinoamericanas?

Aumente su vocabulario: cognate pattern **-oso** → **-ous**

Many Spanish adjectives that end in **-oso** correspond to English adjectives that end in *-ous*.

gener**oso** → *generous*

Práctica

Complete the following Spanish adjectives and use each one in an original sentence.

1. ambici—   3. fam—
2. curi—   4. delici—

AHORA LE TOCA A UD.

In a short paragraph describe the characteristics of inflation in the United States. You may want to explore the following aspects: the level of inflation, the possible causes of inflation, and its effects on other people and on you personally. You may find ideas in the Lectura.

LECCION 23
El hogar

the home

¿Vive Ud. en una casa? o ¿en un apartamento? ¿Está contento con su hogar? Como pasamos mucho tiempo en casa, la *comodidad* que nos ofrece es muy importante. Pero, ¿cómo podemos definir la comodidad? Vamos a preguntarles a cuatro hispanos si están *satisfechos* con sus hogares, para ver si podemos definirla.

comfort

satisfied

Dra. Raquel de Martín (de Buenos Aires)

Mi casa es perfecta para mis necesidades. Está cerca de mi *consultorio,* entonces estoy en casa cuando mis hijos vuelven de la escuela. Los chicos están contentos porque tenemos un *jardín* grande donde pueden jugar. Y mi esposo está contento porque la casa es grande, así que el ruido de los chicos no le molesta cuando está cansado y quiere descansar *un rato.*

medical office

garden

for a while

Ernesto Chávez (de Bogotá)

Acabo de comprar un apartamento nuevo y estoy muy *estusiasmado*. Está cerca del centro. Entonces los teatros, cafés y cines están *cerca*. Tiene garaje, así que no tengo que estar preocupado por mi coche. Y ¡la *vista*! El apartamento está en el décimo *piso* y tiene un balcón grande que me ofrece una vista *hermosa*. Estoy convencido de que una casa influye mucho en la actitud de una persona.

enthusiastic
nearby
view / floor
beautiful

María Teresa Contreras (de San José)

A veces estoy satisfecha con nuestro apartamento, otras veces no. Vivo con mis padres y hermanos, y no entienden que la puerta de mi cuarto está *cerrada* porque quiero estar sola. Quiero mucho a mi familia, pero no entienden que a veces necesito un poco de vida *privada*. Y tengo otro problema—el teléfono siempre está *ocupado*. Claro, con seis personas... Ahora, en mi propio apartamento... Pero no vale la pena pensar en esas cosas.

closed

private / busy

Héctor Calderón (de Caracas)

No, no estoy contento con mi casa, pero como no gano mucho, no puedo cambiarla. *Todo* está *roto*—las ventanas, las puertas—y la *lluvia* entra por el *techo*. Somos seis personas en la familia y tenemos un solo *baño*. Y claro, por la mañana toda la familia está *apurada*. Estoy frustrado porque quiero comprar una casa mejor, pero no puedo.

Everything / broken
rain / roof
bathroom / in a hurry

Preguntas

1. ¿Está contenta con su casa la Dra. de Martín?
2. ¿Por qué está contenta su familia?
3. ¿Por qué está entusiasmado Ernesto Chávez?
4. ¿De qué está convencido?
5. ¿Por qué está contenta María Teresa Contreras?
6. ¿Por qué no está contenta?
7. ¿En qué condición está la casa de Héctor Calderón?
8. ¿Por qué tiene problemas su familia por la mañana?
9. ¿Por qué está frustrado él?
10. ¿En qué consiste la comodidad?

Una casa en la costa de España

NOTA CULTURAL

Hispanic architecture

Many buildings in the southwestern and western parts of the United States make use of Hispanic architectural elements in their design and construction. Adobe walls, tile roofs, tile floors or decorations, and patios are all Spanish or Mexican architectural features that have been utilized to add to the beauty and comfort of American homes.

VOCABULARIO *El hogar* (The home)

sustantivos

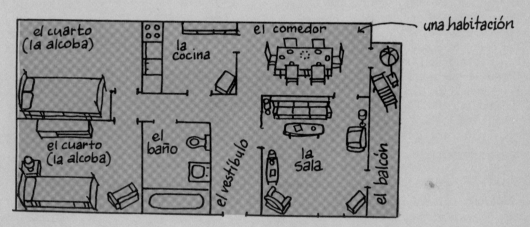

verbos

alquilar	*to rent*	Cuando estaban en España, **alquilaron** un coche.
apagar	*to turn off*	Si quieres ahorrar electricidad, tienes que **apagar** la luz.
decorar	*to decorate*	Voy a **decorar** mi cuarto.
encender (e → ie)	*to turn on; light*	¿Quién **encendió** el radio?
reparar	*to fix, repair*	¿Quién puede **reparar** el techo?

Observaciones

1. **El primer piso** corresponds to *the second floor* in English. Similarly, **el segundo piso** is *the third floor*, etc.

2. In Spain, the word **piso** (*floor*) also means apartment.

3. The word **cuarto** is the general term for *room*. A bedroom may also be referred to as **un cuarto, un dormitorio, una recámara,** or **una alcoba.**

Ejercicio 1. Su casa

Describe your family's house or apartment by answering the questions below.

1. ¿Vive su familia en una casa o en un apartamento?
2. ¿Es grande su casa / apartamento?
3. ¿Cómo es la sala? ¿grande? ¿pequeña?
4. ¿Cómo es la cocina? ¿moderna? ¿antigua?
5. ¿Cuántos cuartos hay?
6. ¿Cómo es su cuarto? ¿muy grande? ¿cómodo? ¿espacioso?
7. ¿Decoró Ud. su cuarto? ¿con qué?
8. ¿Hay un sótano en su casa? ¿Está bien ventilado? o ¿es húmedo?
9. ¿Hay un garaje? ¿Es para uno o dos coches?
10. ¿Hay un jardín? ¿Es grande o pequeño?

Ejercicio 2. Para conservar energía

Imagine that you want to save energy. Say whether or not you do the following things.

modelo: encender el radio   *No enciendo el radio.*

1. dejar la puerta abierta en el invierno
2. cerrar las ventanas en el invierno
3. encender las luces durante el día
4. encender el televisor y no mirarlo
5. apagar el radio cuando sale de casa
6. comprar una bicicleta
7. vender su coche grande
8. bajar la calefacción (*heating*) por la noche

A. The past participle

In the sentences below, the words in heavy print are the past participles of the verbs in parentheses. Compare the past participle endings with the infinitive endings.

(alquilar)	El apartamento está **alquilado.**	*The apartment is **rented.***
(reparar)	El techo está **reparado.**	*The roof is **repaired.***
(encender)	El radio está **encendido.**	*The radio is **turned on.***
(perder)	El niño está **perdido.**	*The child is **lost.***
(servir)	El desayuno está **servido.**	*Breakfast is **served.***
(construir)	El garaje está bien **construido.**	*The garage is well **built.***

For most verbs, the past participle is formed as follows.

infinitive stem + $\begin{cases} -ado & \text{(for } \textit{-ar} \text{ verbs)} \\ -ido & \text{(for } \textit{-er} \text{ and } \textit{-ir} \text{ verbs)} \end{cases}$

■ *Explicaciones gramaticales*

1. When used with **estar**, the past participle functions as an adjective. It must agree in gender and number with the noun or pronoun it modifies.

   La lámpara está **encendida.**
   Las luces no están **encendidas.**
   El radio y **el tocadiscos** están **apagados.**

2. In both Spanish and English, the past participle may function as an adjective. Sometimes, however, Spanish uses a past participle where English uses another expression.

   Mi hermana está **dormida.**   *My sister is* **asleep.**
   Los chicos están **sentados.**   *The boys are* **sitting (seated).**

Ejercicio 3. La sala de clase

Describe your classroom and the people in it. Use the past participles of the verbs in parentheses below.

modelo: la puerta (cerrar)   *La puerta (no) está cerrada.*

1. las ventanas (cerrar)
2. los radiadores (apagar)
3. las luces (encender)
4. los estudiantes (preparar)
5. el profesor/la profesora (sentar)

Ejercicio 4. ¡Qué desorden! (What a mess!)

Miguel was late for an exam, so he left his apartment in a hurry. There were many things he did not have time to do. Describe the current state of his apartment, using affirmative or negative sentences as appropriate.

modelo: las luces (encender)   *Las luces están encendidas.*

1. el televisor (encender)
2. el radio (apagar)
3. el tocadiscos (encender)
4. las ventanas (cerrar)
5. la puerta (cerrar)
6. la cocina (arreglar)
7. su alcoba (arreglar)
8. los platos (lavar)

Ejercicio 5. Diálogo: ¿Cómo estás?

Ask a classmate if he or she is experiencing certain feelings or conditions. Use **estar** *plus the past participle, as in the model.*

modelo: preocupar
   —*¿Estás preocupado/a?*
   —*Sí, estoy preocupado/a.* or —*No, no estoy preocupado/a.*

1. enojar   3. descansar   5. agitar   7. dormir
2. ocupar   4. sentar   6. cansar   8. bien vestir

Ejercicio 6. ¡Pobre Ricardo!

Poor Ricardo. There are many things he would like to do but cannot because of certain circumstances. Play his role as in the model.

modelo: salir con Marta / invitar a una fiesta
          No puedo salir con Marta porque ella está invitada a una fiesta.

1. ir al cine con mis primos / invitar a una fiesta
2. hablar con Teresa / ocupar
3. jugar al tenis con Felipe y Jaime / cansar
4. llamar a mis primas / enojar conmigo
5. entrar en el apartamento / cerrar
6. usar mi coche / no reparar
7. gozar de mi casa de campo / alquilar
8. usar el teléfono / ocupar

B. Irregular past participles

A few verbs in Spanish have irregular past participles. Note some of these irregular forms in the chart below.

escribir	escrito (*written*)	La carta está **escrita.**
romper	roto (*broken*)	Las gafas están **rotas.**
hacer	hecho (*done; made*)	La cama está **hecha.**
satisfacer	satisfecho (*satisfied*)	¡Nunca estás **satisfecho!**
morir	muerto (*dead*)	Su abuelo está **muerto.**
poner	puesto (*put; set*)	La mesa está **puesta.**
abrir	abierto (*open, opened*)	La ventana está **abierta.**

Ejercicio 7. Las compañeras de cuarto

Ana María has been away. When she returns, her roommate Susana tells her how things are. Play the role of Susana as in the model.

modelo: las camas / hacer   *Las camas están hechas.*

1. los cheques / escribir
2. el garaje / alquilar
3. la tarea / hacer
4. el canario / morir
5. la mesa / poner
6. su bicicleta / romper
7. las plantas / morir
8. la lámpara / romper
9. las ventanas / abrir
10. yo / satisfacer

Ejercicio 8. Frustraciones

Say why the people below did not do certain things, using past forms of **poder** and **estar** and elements from columns **A, B, C,** and **D.** Write eight affirmative or negative sentences.

modelo: Elena no pudo llamar a Paco porque el teléfono no estaba arreglado.

A	B	C	D
yo	ir al campo	el teléfono	arreglar
Elena	cambiar un cheque	el televisor	romper
mis amigos	acostarse	la mesa	abrir
Raúl y yo	ir de compras	el coche	cerrar
Ud.	comer	la cama	reparar
	ver aquel programa	las tiendas	poner
	llamar a Paco	el banco	
	comprar aspirinas	la farmacia	
	preparar la comida	el mercado	
		el refrigerador	

C. Stressed possessive adjectives and pronouns

To emphasize possession or relationship, Spanish-speakers use the stressed forms of the possessive adjective. Note the position of these stressed adjectives in the sentences below.

¿Quién es Sergio?	Who is Sergio?
Es **un amigo mío.**	He is **a friend of mine.**
¿A quiénes invitó Ramón?	Whom did Ramón invite?
Invitó a **unas amigas suyas.**	He invited **some friends of his.**

The forms of the stressed possessive adjectives are given in the chart below.

	singular		plural		
	masc.	fem.	masc.	fem.	
(yo)	mío	mía	míos	mías	(of mine)
(tú)	tuyo	tuya	tuyos	tuyas	(of yours)
(él, ella, Ud.)	suyo	suya	suyos	suyas	(of his, hers, yours)
(nosotros)	nuestro	nuestra	nuestros	nuestras	(of ours)
(vosotros)	vuestro	vuestra	vuestros	vuestras	(of yours)
(ellos, ellas, Uds.)	suyo	suya	suyos	suyas	(of theirs, yours)

◼ Explicaciones gramaticales

1. Stressed possessive adjectives come *after* the nouns they modify. They agree with the nouns in gender and number.

2. Stressed possessive pronouns are formed as follows.

definite article + stressed possessive adjective

Ese no es mi abrigo.	*That's not my coat.*
El mío es negro.	***Mine** is black.*
Y ¿**el tuyo?** ¿De qué color es?	*And **yours?** What color is it?*

Note that stressed pronouns must be of the same number and gender as nouns they refer to.

mi chaqueta → **la mía**   tus sandalias → **las tuyas**

3. When stressed possessive pronouns are used after **ser,** the definite article is not used.

Estos cuadernos son **míos.**	*These notebooks are **mine.***
No son **tuyos.**	*They are not **yours.***

Ejercicio 9. A la fiesta

The following people are going to a party with friends and relatives. Express this as in the model.

modelo: Raquel (una amiga)   *Raquel va a la fiesta con una amiga suya.*

1. Paco (unas amigas)
2. Rafaela (un primo)
3. Marisol y Carmen (unos amigos)
4. nosotros (una prima)
5. Ud. (unos amigos)
6. tú (unas primas)
7. yo (unos primos)
8. Uds. (unos amigos)

Ejercicio 10. ¿De quiénes son?

Emilio thinks that the items of clothing left in his room belong to certain people, but Felipe claims them all as his. Play both roles.

modelo: un suéter / Enrique
          EMILIO: *El suéter es de Enrique, ¿verdad?*
          FELIPE: *No, no es suyo. Es mío.*

1. los jeans / Jaime
2. las sandalias / Mari Carmen
3. la corbata / Ramón
4. las gafas de sol / Raquel
5. la chaqueta / Carlos
6. el impermeable / mi hermana
7. los calcetines / mis primos
8. el pañuelo / Clara

Ejercicio 11. Consuelo y Ud.

Consuelo, a Mexican exchange student, tells you about herself and her studies. Reply by telling her about yourself, following the model.

modelo: Mi compañera de cuarto es argentina.
          El mío es (norteamericano). or *La mía es (norteamericana).*

1. Mi cuarto es muy cómodo.
2. Mi puerta siempre está abierta.
3. Mi compañera de cuarto es de Buenos Aires.
4. Mis amigas hablan español.
5. Mis clases son bastante interesantes.
6. Mis exámenes son difíciles.
7. Mis profesores son estrictos.

■ *Observación*

When the above phrases are used as adverbs, the **de** is dropped.

El garaje está **detrás de** la casa.   *The garage is **in back of** the house.*
El garaje está **detrás**.   *The garage is **in back**.*

Ejercicio 12. ¿Dónde?

Situate the following people, places and things in their surroundings. Use prepositions from the **Vocabulario.**

modelo: En la clase: el profesor   *El profesor está cerca de la ventana.*

1. En la clase: la profesora / los estudiantes / la puerta / el suelo / los escritorios / las luces
2. En la casa: el techo / el garaje / el jardín / el sótano / la planta baja
3. En el apartamento: la sala / el baño / la cocina / el comedor / el vestíbulo / el balcón
4. En la universidad: las residencias / la biblioteca / el laboratorio de lenguas / la cafetería / la piscina / el teatro / el estadio de fútbol americano

Ejercicio 13. Intérprete

You are working as a translator. Put the following sentences into Spanish.

1. My house is near the school and has a garden next to the garage.
2. This is a very old house! The doors and windows are broken.
3. We used to rent a small apartment. Now we have a big house with five bedrooms and three baths.
4. My room is well decorated. The walls are painted; they are white. The furniture is red and black.
5. That's not your (**tú**) bicycle. Yours is next to the door. Mine is on the balcony.
6. Clara is a friend of mine. She lives on the third floor.
7. There is a bathing suit of his on my bed.

Lectura cultural: La casa hispana

Cuando pensamos en la arquitectura típicamente hispánica, pensamos en patios, balcones, *fuentes*, y *superficies* decoradas con *diseños complejos*. Algunas de estas características vienen de la influencia *morisca*. Los *moros* estuvieron en España desde el año 711 hasta 1492, y sus contribuciones al arte, a la cultura y a la arquitectura fueron muy importantes. Por ejemplo, introdujeron el uso de jardines y fuentes. *Además*, como su religión no les permitía incluir representaciones de *seres humanos* en el decorado de sus edificios, *empleaban* diseños complejos. La ciudad española de Granada contiene *maravillosos* ejemplos de arquitectura morisca, como el palacio de la Alhambra y los jardines del Generalife.

En los países latinoamericanos que tienen un *clima* tropical *se encuentra* otro tipo de arquitectura hispana. Los mexicanos usaban *adobe* y *tejas* en la construcción de sus casas porque son materiales que durante el día absorben el *calor* del sol para *calentar* la casa durante la noche, y que *se refrescan* durante la noche para mantener la casa *bien fresca* durante el día.

fountains / surfaces
elaborate designs
Moorish / Moors (Arabs)

Furthermore
human beings
they used
marvelous

climate
is found
sun-baked brick / tiles
heat / to heat
cool off
nice and cool

El patio de los leones de la Alhambra

El barrio Santa Cruz de Sevilla

LAS CA

La casa hispana *refleja* cierta actitud cultural. En España y en algunos países latinoamericanos casi lo único que *se ve desde* la calle es una *fachada severa* que no da ninguna idea de cómo es la casa *por dentro*. En otros países muchas casas están detrás de altos *muros*. La casa es un mundo cerrado que *pertenece* solamente a los que viven en ella; el mundo exterior no sabe nada de lo que pasa adentro. En muchos casos la casa *mira hacia dentro* en vez de *hacia fuera*. Por ejemplo, muchas veces la casa hispana tiene el jardín por dentro en vez de tenerlo por *fuera*. La casa está construida alrededor de un patio, y todos los cuartos de la casa *dan a* él. Si los que viven en la casa quieren observar lo que pasa en la calle, salen al balcón.

Cuando los españoles llegaron a las Américas, llevaron *consigo* su estilo de arquitectura. Construyeron casas, iglesias, palacios y edificios públicos que combinaban los materiales del Nuevo Mundo con los *gustos* del Viejo Mundo en un estilo que hoy llamamos colonial. En ciudades como San Juan en Puerto Rico, Lima en el Perú y Quito en el Ecuador, hay muchos edificios coloniales que se conservan como monumentos nacionales.

Actualmente en las ciudades grandes *se construyen* altos edificios de apartamentos modernos con baños y cocinas al gusto contemporáneo. Pero la mayoría de los apartamentos aun tienen un vestigio de la *herencia* hispana—un balcón.

reflects
that is seen from
stark facade
within / walls
belongs

faces inward / outward

outside

face

with them

tastes

are built

heritage

¿Comprendió Ud.?

1. ¿Cuáles son algunas características de la arquitectura española?
2. ¿Qué contribuyeron los moros a la arquitectura española?
3. ¿Por qué emplearon los moros diseños complejos en el decorado de sus edificios?
4. ¿En qué ciudad española hay ejemplos de la arquitectura morisca?
5. ¿Cómo es la arquitectura en los países tropicales?
6. ¿Qué actitud cultural refleja la casa hispana?
7. ¿En qué consiste el estilo colonial?
8. ¿Cómo es la arquitectura moderna en el mundo hispano?

Aumente su vocabulario: cognate pattern *ej* → **ex**

The Spanish letter group **ej** + *vowel* often corresponds to the English letter group **ex** + *vowel*.

ejmplo → *example*

Práctica

Give the English equivalents of the italicized words and use each word in an original sentence.

1. un *ejercicio*
2. un problema *complejo*
3. un *ejecutivo*
4. una vida *ejemplar*
5. una persona *perpleja*

AHORA LE TOCA A UD.

1. *Describe your house or apartment.*
2. *Describe the difficulties students may encounter in looking for housing in your area.*

LECCION 24

¿Está Ud. en la onda?

Are you with it?

Ud. *ha* empezado a estudiar el español, y ya ha aprendido mucho   have
sobre la lengua, la civilización y la cultura de la gente del mundo
hispano. Pero, ¿está Ud. en la onda en el mundo hispano? ¡Vamos a
ver!

		SI	NO	
1.	¿Ha comido en algún restaurante mexicano?	☐	☐	
2.	¿Ha *leído* algún cuento o poema de Borges*?	☐	☐	read
3.	¿Ha escuchado algún concierto de guitarra?	☐	☐	
4.	¿Ha *visto* alguna película del director Luis Buñuel**?	☐	☐	seen
5.	¿Ha aprendido a bailar *la salsa*?	☐	☐	a Latin-American dance
6.	¿Ha visto algún partido de jai alai?	☐	☐	
7.	¿Ha viajado a algún país hispano?	☐	☐	
8.	¿Ha escuchado algún programa de radio o televisión en español?	☐	☐	

* See **Voces hispanas**, p. 302, for an example of Borges' work.
** Luis Buñuel was born in Spain, has lived in Mexico for many years, and has directed films in
both countries. Two well-known films of his are *Viridiana* and *Tristana*.

Interpretación

¿Cuántas veces ha contestado Ud. «Sí»?

6–8 = ¡Ud. está muy en la onda!
3–5 = ¡Ud. casi, casi está en la onda!
0–2 = ¡Caramba! ¡Tiene que hacer algo! ¿No quiere estar en la onda?

NOTA CULTURAL

The mass media

In this day and age of mass communication, it is not difficult to be "with it." Not only do Americans and Hispanic people often see the same movies and television programs, but they often read the same or similar magazines. **Visión** *is similar to* Time; *the* Reader's Digest *appears in Spanish as* **Selecciones;** *the Spanish counterpart of* Good Housekeeping *is* **Buenhogar;** *and* **Investigación y ciencia** *is like* Scientific American. *Can you guess the English name of* **Mecánica popular?**

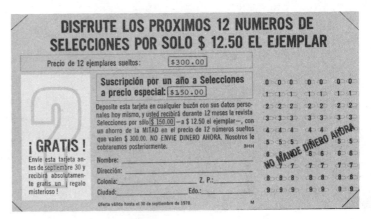

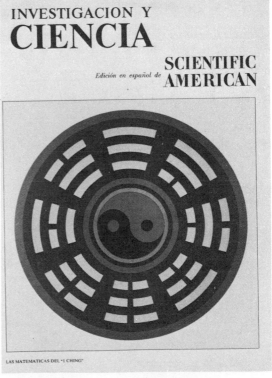

VOCABULARIO *Para informarse*

la televisión

un canal (*channel*)	¿Qué **canales** puede ver Ud. aquí?
un programa	¿Qué **programas** prefiere Ud.?
	¿las variedades?
	¿las noticias?
	¿las **telenovelas** (*serials, soap operas*)?
	¿los programas deportivos?
un anuncio	No me gustan los **anuncios.**

la radio

un radio	Vamos a poner **el radio.**
una estación	¿Qué **estación** escucha Ud. normalmente?
un locutor / una locutora	**El locutor** va a anunciar las noticias.

la prensa (*the press*)

los avisos	*want ads*	las historietas	*comics*
un periódico / un diario	*newspaper*	la página deportiva	*sports page*
el título	*headline*		

Ejercicio 1. ¿Está Ud. de acuerdo?

Do you agree with the following statements? Express your opinion with **Estoy (completamente, más o menos) de acuerdo** *or* **No estoy de acuerdo.**

1. No existe la democracia sin una prensa libre.
2. En los Estados Unidos, la prensa es libre e independiente.
3. Hay demasiados anuncios en la televisión.
4. Por lo general, los distintos (*different*) canales presentan programas interesantes.
5. Los locutores presentan las noticias de una manera imparcial.
6. El horóscopo es la parte más interesante del diario.
7. La mayoría de la gente compra el periódico por los avisos.
8. Las historietas en los periódicos norteamericanos son muy divertidas.
9. No hay periodistas imparciales.
10. Los periodistas tienen bastante influencia política.

Ejercicio 2. Ud. y las informaciones

1. ¿En qué canal ve Ud. las noticias? ¿los programas deportivos? ¿las variedades?
2. En su opinión, ¿cuál es el mejor programa de variedades?
3. ¿Escucha Ud. la radio a menudo? ¿qué estación? ¿Escucha Ud. las noticias? ¿los programas de música? ¿Qué tipo de programa le gusta más?
4. ¿Qué periódicos lee Ud.? ¿Cómo se llama el diario de la ciudad donde Ud. vive?

5. ¿Lee Ud. el horóscopo? ¿la página deportiva? ¿los títulos? ¿los avisos? ¿la página de comentarios políticos? ¿Cuál es la primera página que lee?
6. En su opinión, ¿cuál es el mejor periódico norteamericano?
7. ¿Quién es el locutor más popular en los Estados Unidos? y ¿la locutora más popular?
8. ¿Qué historietas le gustan más a Ud.?

A. The present perfect

The present perfect is a past tense. As in English, it is used to describe what has or has not happened. In the sentences below, the verbs in heavy print are in the present perfect.

¿Has leído tu horóscopo hoy?   *Have you read your horoscope today?*
No, **no he leído** el periódico.   *No, I haven't read the paper.*

¿Han llamado Uds. a Tomás?   *Have you called Tomás?*
No, y no **hemos llamado** a Ana tampoco.   *No, and we haven't called Ana either.*

Study the forms of the present perfect in the chart below.

(yo)	**He ido** a México.	(nosotros)	**Hemos ido** al Uruguay.
(tú)	**Has ido** al Perú.	(vosotros)	**Habéis ido** al Paraguay.
(él, ella, Ud.)	**Ha ido** a Chile.	(ellos, ellas, Uds.)	**Han ido** a España.

■ *Explicaciones gramaticales*

1. The present perfect is a compound tense that consists of two words.

   present of *haber* + past participle

2. When the past participle is used in a perfect tense, its form does not change with the subject. It always ends in *-o*.

   Paco y Roberto ⎫
   Elena y María ⎬   han aprendid**o** mucho.

3. The construction **haber** + *past participle* forms a block that cannot be broken by a pronoun or a negative word.

   ¿Ha llamado Ud. a Elena?   *Have you called Elena?*
   No, no la **he llamado.**   *No, I have not called her.*

   ¿Te has equivocado?   *Have you made a mistake?*
   No me **he equivocado** nunca.   *I have never made a mistake.*

4. In Lección 23 you learned a few irregular past participles. Here are several more verbs with irregular past participles.

decir	dicho (*said, told*)	¿Qué ha **dicho** el profesor?
descubrir	descubierto (*discovered*)	¿Has **descubierto** la verdad?
ver	visto (*seen*)	¿Has **visto** la última película de Carlos Saura?
volver	vuelto (*returned*)	Pedro no ha **vuelto** a casa.

5. Verbs with infinitives ending in **-eer** have an accent mark on the past participle ending.

leer   leído

Ejercicio 3. El examen final

Not everyone has studied for the final exam. Express this as in the model.

modelo: Carlos (sí)   *Carlos ha estudiado.*

1. Federico (sí)
2. María (no)
3. Ud. (sí)
4. Paco y Enrique (sí)
5. Uds. (no)
6. sus amigos (no)
7. yo (sí)
8. tú (no)
9. nosotros (sí)
10. Beatriz y Gabriela (no)

Ejercicio 4. Diálogo: ¿Qué has hecho últimamente?

Ask a classmate if he or she has recently done any of the following.

modelo: comprar alguna revista
     —*¿Has comprado alguna revista recientemente?*
     —*Sí, he comprado una revista.* or —*No, no he comprado ninguna revista.*

1. leer historietas
2. leer los títulos
3. ver las noticias
4. escribir una carta a algún periódico
5. ir de compras
6. ver alguna película española
7. esquiar
8. correr diez kilómetros
9. escuchar la radio
10. viajar en avión
11. alquilar un apartamento
12. limpiar su cuarto
13. enojarse
14. aburrirse
15. recibir un telegrama
16. descubrir algún buen restaurante mexicano
17. decir mentiras
18. volver a casa

Ejercicio 5. Una cuestión de adaptarse

A group of Spanish-speaking students has spent a month in the United States. Some have had fun because they have adapted, while others have not done as well. Express this as in the model, using the present perfect forms of **divertirse** *and* **adaptarse.**

modelo: Esteban (sí)   *Esteban se ha divertido porque se ha adaptado bien.*

1. Ana María (no)
2. yo (sí)
3. tú (no)
4. Felipe y Andrés (no)
5. Carmen y Consuelo (sí)
6. nosotros (sí)
7. Uds. (no)
8. Ud. (sí)

Ejercicio 6. La compañera de cuarto ideal

Elena asks her roommate Marisa if she is going to do certain things. Marisa answers that she has already done them. Play both roles.

modelo: comprar el periódico
    ELENA: *¿Vas a comprar el periódico?*
    MARISA: *Ya lo he comprado.*

1. preparar el café
2. comprar pasteles
3. pagar el alquiler (*rent*)
4. hacer las camas
5. arreglar la sala
6. limpiar el baño
7. reparar la silla que está rota
8. ver las noticias en la televisión

Ejercicio 7. Diálogo: ¿Qué has hecho?

*Ask a classmate if he or she has ever done any of the following things. Use the expression **alguna vez** (ever) in your questions.*

modelo: hablar en público
    —*¿Has hablado en público alguna vez?*
    —*Sí, ya he hablado en público.*
    or —*No, todavía no he hablado en público.*
    or —*No, no he hablado nunca en público.*

1. votar
2. comer en un restaurante hispano
3. ver un partido de jai alai
4. beber champán
5. esquiar
6. correr el maratón
7. ir al Canadá
8. ir a México
9. hacer una «pizza»
10. hacer un viaje al extranjero
11. escribirle al presidente
12. escribir un artículo para un periódico
13. actuar en una película
14. trabajar en una estación de radio
15. ver una película en español
16. leer historietas en español

VOCABULARIO *Cosas para la casa*

para el baño		**para la sala**	
una toalla	towel	las cortinas	curtains
el jabón	soap	la alfombra	rug
un cepillo de dientes	toothbrush	una almohada	pillow
un peine	comb		

para el comedor

para la cocina			
el refrigerador	*refrigerator*	una cocina de gas	*gas stove*
el lavaplatos	*dishwasher*	una cocina eléctrica	*electric stove*

Ejercicio 8. Y Ud., ¿qué dice?

1. Para decorar un cuarto, ¿es más importante tener cortinas, almohadas o una alfombra?
2. Cuando se baña, ¿qué necesita?
3. ¿Cuál es el aparato más útil de la cocina? ¿el menos útil?
4. ¿Ya ha comprado Ud. platos para su cuarto o apartamento? ¿manteles y servilletas? ¿cuchillos, cucharas y tenedores? ¿Puede describirlos?

B. The pluperfect

The pluperfect tense is used to express what had happened prior to another past event. In the sentences below, the verbs in heavy print are in the pluperfect.

Cuando llegué mis amigos ya **habían salido.**   *When I arrived my friends had already left.*

El verano pasado fui a Puerto Rico.   *Last summer I went to Puerto Rico.*
El verano anterior **había ido** a México.   *The summer before, I had gone to Mexico.*

Study the forms of the pluperfect in the chart below:

(yo)	**Había leído** el periódico.	(nosotros)	**Habíamos leído** las noticias.
(tú)	**Habías leído** la revista.	(vosotros)	**Habíais leído** el aviso.
(él, ella, Ud.)	**Había leído** el horóscopo.	(ellos, ellas, Uds.)	**Habían leído** el poema.

■ *Explicaciones gramaticales*

1. The pluperfect, like the present perfect, is a compound tense. It is formed according to the following pattern.

   imperfect of *haber* + past participle

2. As with the present perfect, adverbs and negative expressions never come between the auxiliary verb **haber** and the past participle.

   Ya **había comprado** la alfombra.   *I had already bought the rug.*
   No **habían visto** las almohadas.   *They had not seen the pillows.*

3. Object pronouns always come *before* the verb **haber.** Contrast:

   Nos habían despertado temprano.   *They had woken **us** up early.*
   Me lo habías dicho ayer.   *You had told **me that** yesterday.*

Ejercicio 9. ¡Lógico!

Here are the grades that certain students received on an exam. Say who had prepared for the exam and who had not.

modelo: Rafael / una F   *Rafael no se había preparado para el examen.*

1. yo / una A
2. tú / una nota mala
3. Teresa / una nota muy buena
4. Raúl / una D
5. Héctor y Andrés / notas buenas
6. nosotros / notas excelentes
7. Uds. / una F
8. Ud. / una B

Ejercicio 10. Todo cambia

Explain what happened last summer, and then the summer before. Follow the model.

modelo: Pedro (visitar a sus primas / a sus abuelos)
   El verano pasado, Pedro visitó a sus primas.
   El verano anterior, había visitado a sus abuelos.

1. Rafael (trabajar de intérprete / de mecánico)
2. Elena (trabajar en un banco / para un periódico)
3. Silvia (pasar un mes en el Perú / en la Argentina)
4. Claudia (pasar las vacaciones en Francia / en Italia)
5. Federico (ir a la playa / a las montañas)
6. María (salir con Miguel / con Alberto)
7. Roberto (ganar poco dinero / mucho dinero)
8. su primo (romperse la pierna / el brazo)

Ejercicio 11. ¡Hay un comienzo para todo! (Everything has a beginning.)

While in Spain, some students did things they had never done before. Express this as in the model.

modelo: tú / hablar español   *Hablaste español. Antes no habías hablado español nunca.*

1. yo / vivir en un país hispano
2. tú / comer calamares (*squid*)
3. mis primas / beber vino español
4. mis amigos / escuchar música flamenca
5. Roberto / jugar al jai alai
6. Ud. / asistir a una corrida (*bullfight*)
7. Uds. / charlar en español
8. nosotros / ver monumentos muy antiguos

Ejercicio 12. Intérprete

You are working as a translator. Put the following sentences into Spanish.

1. Have you (**tú**) read the headlines? Have you seen the sports page? Have you looked at the horoscope?
2. The announcer has not told us what happened.
3. Teresa and Esteban have not yet returned home.
4. Have your (**Uds.**) parents ever seen a Spanish movie?
5. When you (**Ud.**) came, I had already set the table.
6. When she called you (**Ud.**), she had already received your check.
7. We had not yet seen the new stove and the new refrigerator.
8. My parents had bought me a small rug, three red pillows, and blue curtains for my room.
9. Have you seen my comb and toothbrush?

AHORA LE TOCA A UD.

Describe five accomplishments of which you are particularly proud. Describe five other personal goals that you have not yet attained (but hope to achieve someday!).

La Boca: un barrio de Buenos Aires

New England, 1967

Han cambiado las formas de mi *sueño;*   dream
ahora son oblicuas casas rojas
y el delicado bronce de las *hojas*   leaves
y el *casto* invierno y el *piadoso leño.*   pure / pious log
Como en el día séptimo, la tierra
es buena. En los *crepúsculos* persiste   twilights
algo que casi no es, *osado* y triste;   daring
un antiguo *rumor* de Biblia y guerra.   murmur
Pronto (nos dicen) *llegará la nieve*   snow will arrive
y América me espera en cada *esquina,*   street corner
pero siento en la tarde que declina
el hoy tan lento y el ayer tan *breve.*   brief
Buenos Aires, yo *sigo caminando*   I go on walking
por tus esquinas, sin por qué ni cuándo.

Cambridge, 1967

—Jorge Luis Borges

*Jorge Luis Borges writes poetry, short stories, and essays. In this poem,
written while he was the Charles Eliot Norton lecturer at Harvard
University, he expresses his reaction to New England and his
nostalgia for his native Buenos Aires.*

LECCION 25
El futuro personal

¿Cuántos años tiene Ud.? ¿18? ¿19? ¿un poco más? ¿Ha pensado
Ud. alguna vez en *cómo será* dentro de veinte años? Les hicimos esta
pregunta a seis jóvenes latinoamericanos y españoles y nos contestaron
así.

you will be like

Angel (estudiante, 19 años): «Como soy muy trabajador, creo que
tendré mucho éxito en mi *carrera* de *abogado*. Así tendré fama y
ganaré mucho dinero.»

I will have / career / lawyer
I will earn

Teresa (*maestra*, 21 años): «Si no sé lo que me *pasará* mañana, ¿cómo
voy a saber cómo *seré* dentro de veinte años? Ud. sabe que *el hombre
propone, pero Dios dispone...*»

teacher / will happen
I will be / man proposes,
but God disposes

Ricardo (estudiante, 20 años): «Ahora soy *izquierdista*. Entonces,
dentro de veinte años o *estaré* en la *cárcel* por ser revolucionario o seré
un comerciante *burgués* como mi papá. ¿Quién sabe?»

leftist
I will be / jail
bourgeois

Guillermo (empleado de banco, 22 años): «*Supongo* que seré menos idealista y más cínico. Y *sin duda* seré más gordo y tendré menos pelo... Pero, por el momento, prefiero no pensar en esas cosas.»

I suppose
undoubtedly

Margarita (secretaria, 18 años): «¿Cómo seré? Si mis *deseos se cumplen*, estaré casada con un buen hombre, tendré tres o cuatro hijos, viviré en una *casita* linda... *si Dios quiere*. Pero de una cosa estoy *segura*... ¡no estaré en esta oficina!»

wishes are fulfilled

little house / if God wills
sure

Jorge (plomero, 21 años): «¡Seré millonario! Tendré *un yate, pasaré* los *días* diviertiéndome, y ¡nunca *trabajaré* más! ¿Cómo *lo haré*? ¡*Me sacaré el gordo!*»

yacht / I'll spend
I'll work / will I do it /
 I'll win first prize
 in the lottery!

Preguntas

1. ¿Quién es Angel? ¿Para qué profesión está estudiando? ¿Qué espera del futuro?
2. ¿Quién es Teresa? ¿Tiene algún plan especial para el futuro?
3. ¿Quién es Ricardo? ¿Tiene opiniones conservadoras o radicales ahora?
4. ¿Quién es Guillermo? ¿Qué piensa de su futuro?
5. ¿Quién es Margarita? ¿Está casada ahora? ¿Le gusta mucho su trabajo? ¿Qué espera Margarita del futuro?
6. ¿Quién es Jorge? ¿Tiene mucho dinero ahora? ¿Cómo espera ser millonario?

NOTA CULTURAL

Mobility

Until recent years, few Hispanic people would consider moving to another country or to another part of their own country in order to further their careers. Their roots —home and family —took precedence over job opportunities. However, changing economic and political conditions have modified traditional attitudes. The poor leave their homes in the countryside and flock to the cities in search of employment, while well-educated professionals consider opportunities wherever they may arise.

EL FUTURO PERSONAL

VOCABULARIO *El futuro*

sustantivos

los demás	*others, the rest*	una carrera	*career*
el futuro	*future*	la culpa	*guilt, blame*
el sentido	*sense, meaning*	la salud	*health, welfare*

verbos

proponer	*to propose*	¿Qué me **propone** Ud. como trabajo de verano?
suponer	*to suppose*	**Supongo** que me dices la verdad.
tener la culpa (de)	*to be to blame, to be guilty of*	No **tengo la culpa de** tus problemas.
tratar (de)	*to try (to)*	¿Por qué no **tratas de** ir a España durante las vacaciones?

■ *Observación*

The verbs **proponer** and **suponer** are conjugated like **poner**.

Ejercicio 1. ¿Está de acuerdo o no?

Say whether or not you agree with the following statements.

1. Tener buena salud es más importante que tener una carrera brillante.
2. El horóscopo determina nuestro futuro.
3. Para prepararse para el futuro, es esencial conocer el pasado.
4. Los que no tienen un sentido de la historia están condenados a repetir los errores del pasado.
5. En una carrera profesional, la suerte es tan importante como el talento.
6. Tener éxito en nuestras relaciones con los demás es más importante que tener éxito en nuestra carrera.
7. Si hay criminales, la sociedad tiene la culpa.
8. En la vida, lo esencial no es tener éxito sino (*but*) tratar de tenerlo.
9. Todos tenemos la culpa de las injusticias de la sociedad.
10. Siempre tenemos la culpa de nuestros errores.
11. Si hay inflación, la culpa es del gobierno.

A. The future tense: regular forms

The following questions and answers concern future events. The verbs in heavy print are in the future tense.

—¿**Trabajarás** durante el verano?	*Will you work during the summer?*
—Sí, **trabajaré** en un hospital.	*Yes, I will work in a hospital.*
—¿Adónde **irán** Uds. el año próximo?	*Where will you go next year?*
—**Iremos** a Francia.	*We will go to France.*

Note the forms of the future tense in the chart below, paying special attention to the endings.

	trabajar	comer	escriber
(yo)	trabajaré	comeré	escribiré
(tú)	trabajarás	comerás	escribirás
(él, ella, Ud.)	trabajará	comerá	escribirá
(nosotros)	trabajaremos	comeremos	escribiremos
(vosotros)	trabajaréis	comeréis	escribiréis
(ellos, ellas, Uds.)	trabajarán	comerán	escribirán

■ *Explicaciones gramaticales*

1. In Spanish, the future is a simple tense, consisting of one word. It is formed as follows.

   future stem + future endings

2. For all regular verbs and many irregular verbs, the future stem is the infinitive.

ser	Mi hermano **será** profesor.	*My brother **will be** a professor.*
estar	**Estaré** de vuelta mañana.	*I **will be** back tomorrow.*
jugar	**Jugarán** al fútbol el domingo.	*They **will play** soccer on Sunday.*

3. The future endings are the same for all verbs. With the exception of the **nosotros** form, the future endings have accent marks.

   -é -ás -á -emos -éis -án

Ejercicio 2. Un año en el extranjero

Several Hispanic students have decided to spend next year abroad. Say where they will be going and what language they will be speaking.

modelo: Enrique (Chicago)   *Enrique irá a Chicago. Hablará inglés.*

1. yo (París)
2. nosotros (Madrid)
3. Elena (San Francisco)
4. Roberto y Paco (Miami)
5. Uds. (Montreal)
6. Ud. (Montevideo)
7. tú (Lima)
8. Felipe y Marisa (Santiago de Chile)

Ejercicio 3. Diálogo: Dentro de cinco años

Ask a classmate what he or she will be doing five years from now.

modelo: trabajar en un laboratorio
        —¿Dentro de cinco años, ¿trabajarás en un laboratorio?
        —Sí, trabajaré en un laboratorio. or —No, no trabajaré en un laboratorio.

1. ser estudiante
2. vivir en el campo
3. vivir en el extranjero
4. ser rico/a

5. estar casado/a
6. hablar español muy bien

7. viajar mucho
8. ser una persona famosa

Ejercicio 4. Mañana

Plan your day for tomorrow, using the suggested verbs.

modelo: despertarse (¿a qué hora?)   *Me despertaré a las seis y media.*

1. levantarse (¿a qué hora?)
2. ir (¿adónde?)
3. llevar (¿qué ropa?)
4. estudiar (¿qué?)
5. llamar (¿a quién?)

6. almorzar (¿dónde? ¿con quién?)
7. comprar (¿qué?)
8. volver a casa (¿a qué hora?)
9. acostarse (¿a qué hora?)
10. dormirse (¿a qué hora?)

Ejercicio 5. ¿Más o menos?

Are you an optimist or a pessimist? Compare conditions ten years from now with those of today. Use **más** *or* **menos** *as in the model.*

modelo: los hombres (ser felices)   *Los hombres serán más (menos) felices que hoy.*

1. la gente (trabajar; viajar; comer productos artificiales)
2. las mujeres (trabajar; ganar dinero; tener derechos; ser independientes)
3. los coches (ser rápidos; gastar gasolina; ser grandes)
4. los científicos (crear productos nuevos; usar computadoras; desarrollar teorías nuevas)
5. yo (necesitar dinero; estar contento/a; mirar la televisión; leer)

VOCABULARIO *Más carreras*

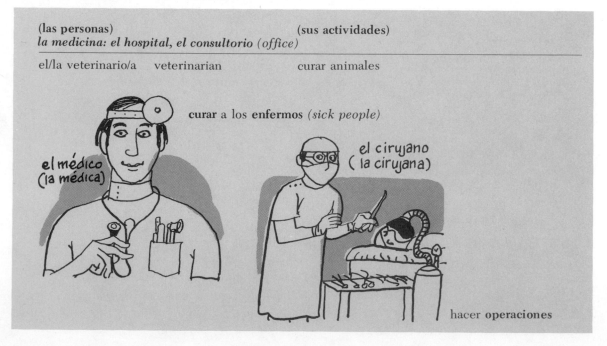

(las personas)   (sus actividades)
la medicina: el hospital, el consultorio (office)

el/la veterinario/a   veterinarian   curar animales

curar a los **enfermos** *(sick people)*

el médico
(la médica)

el cirujano
(la cirujana)

hacer **operaciones**

la enfermera
(el enfermero)

cuidar a los enfermos

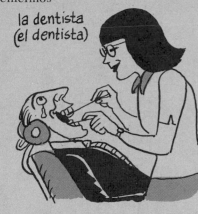
la dentista
(el dentista)

cuidar
los dientes

el farmacéutico
(la farmacéutica)

preparar **medicinas**

los negocios (business): la oficina

la abogada
(el abogado)

defender (e → ie) a los **clientes**

el/la ejecutivo/a	*executive*	dirigir la **compañía**
el/la comerciante	*businessman/woman*	hacer negocios
el/la jefe/a	*boss*	dirigir a los **empleados** (*employees*)
el/la secretario/a	*secretary*	escribir cartas a máquina
el/la dependiente	*salesperson*	vender productos

los oficios (*trades*): **el taller** (*workshop*)		
el carpintero	*carpenter*	construir casas y muebles
el electricista	*electrician*	hacer instalaciones eléctricas
el plomero	*plumber*	hacer instalaciones de plomería
el mecánico	*mechanic*	reparar **máquinas** (*machines*)

Ejercicio 6. *Proyectos profesionales*

The following students have decided on certain careers. On the basis of their choices, say what each one will or will not do.

modelo: Diego / carpintero (trabajar en un taller; viajar mucho)
> *Diego será carpintero. Trabajará en un taller. No viajará mucho.*

1. Felipe / farmacéutico (vender aspirinas; trabajar en una farmacia; ganarse bien la vida)
2. nosotros / veterinarios (estar mucho tiempo en el consultorio; tener muchos pacientes; conocer muchos animales)
3. Marisa y Estela / dentistas (cuidar los dientes; trabajar en consultorios; dirigir a muchos empleados)
4. yo / plomero (hacer instalaciones de agua; hacer instalaciones eléctricas; trabajar en muchos sótanos; reparar lavaplatos)
5. mi prima / ejecutiva (escribir cartas; dirigir a muchos empleados; viajar de vez en cuando; ganarse bien la vida)
6. Ud. / cirujano (trabajar en un hospital; curar a los enfermos; ser famoso/a)
7. tú / abogado (estudiar mucho; defender a tus clientes; hablar en público)
8. Uds. / comerciantes (viajar mucho; llamar a sus clientes por teléfono; divertirse mucho)

Ejercicio 7. *¿Cuándo?*

Here are some possibilities for the future. In your opinion, how many years will it be before each event occurs? Or will it never happen?

modelo: los arquitectos / construir ciudades en el mar
> *Los arquitectos construirán ciudades en el mar dentro de veinte años.*
> or *Los arquitectos nunca construirán ciudades en el mar.*

1. la gente / vivir hasta tener los cien años
2. las amas de casa / usar robots en casa
3. todos los norteamericanos / hablar español
4. los astronautas / ir a Venus
5. los médicos / descubrir una cura contra (*for*) el cáncer
6. los científicos / controlar el clima (*climate*)

B. The future tense: irregular forms

Some verbs have irregular future stems. Note these stems in the following chart.

decir	**dir-**	No **diré** nada.
hacer	**har-**	¿Qué **harás** mañana?

hay	habrá	**Habrá** mucha gente en la oficina.
poder	podr-	No **podré** vender estos productos.
querer	querr-	¿**Querrá** él ver esa película?
saber	sabr-	**Sabrán** curar a los enfermos.
poner	pondr-	¿**Pondrás** la alfombra en tu oficina?
tener	tendr-	Pedro no **tendrá** la culpa.
venir	vendr-	Los dependientes **vendrán** a las ocho.
salir	saldr-	¿Con quién **saldrá** el jefe?
valer	valdr-	¿Cuánto **valdrán** esas máquinas el año próximo?

■ *Explicaciones gramaticales*

1. All verbs, regular and irregular, have the same future endings.

2. All future stems, regular and irregular, end in **r**.

Ejercicio 8. El fin de semana

Some people will go out next weekend; others will not. Express this as in the model.

modelo: Roberto (sí) *Roberto saldrá.*

1. Juana (no)
2. Ramón y Francisca (sí)
3. Marta y Emilio (no)
4. Ud. (sí)
5. tú (no)
6. Miguel y yo (no)
7. Uds. (no)
8. yo (sí)

Ejercicio 9. El fin de semana próximo

Describe your forthcoming weekend by answering the following questions.

1. ¿Tendrá Ud. que estudiar?
2. ¿Querrá salir?
3. ¿Saldrá? ¿cuándo? ¿Adónde irá?
4. ¿Hará algo interesante? ¿algo especial? ¿algo importante? ¿Qué hará?
5. ¿Hará un viaje? ¿adónde?
6. ¿Vendrán a su casa sus amigos? ¿Qué podrán hacer en su casa?
7. ¿Qué es lo que Ud. no podrá hacer?

Ejercicio 10. Joselito

Carlos tells about his life at the university. His little brother Joselito says that one day he will do the same things. Play the part of Joselito.

modelo: Tengo muchos amigos.   JOSELITO: *Yo también tendré muchos amigos.*

1. Tengo una novia.
2. Salgo con mi novia a menudo.
3. Tengo profesores simpáticos.
4. Hago muchas cosas interesantes.
5. Puedo viajar.
6. Tengo que estudiar mucho.
7. Quiero ser ingeniero.

Ejercicio 11. Su futuro

Describe two aspects of the future professional lives of the following people. Use elements from **A**, **B**, and **C** in logical sentences as in the model.

modelo: *Mis amigos serán periodistas. Harán entrevistas.*
Podrán conocer a personas interesantes.

A	B	C
yo	periodista	hacer operaciones
tú	dentista	tener muchos clientes
Teresa	abogado	hacer viajes
Rafael	ejecutivo	hacer entrevistas
nosotros	cirujano	hacer investigaciones
mis amigos	carpintero	poder ganar mucho dinero
Uds.	plomero	tener un consultorio
	enfermero	poder conocer a personas interesantes
	profesor	saber cuidar a los enfermos
	veterinario	saber construir casas
		trabajar con las manos

C. The future of probability

In the exchanges below, Carlos wonders aloud about certain things and Antonia suggests some possible answers. Note the tenses of the verbs in heavy print.

CARLOS:	¿Dónde **estará** tu hermana?	*Where **can** your sister **be**?*
ANTONIA:	**Estará** en el taller.	***She is probably** at the shop.*

CARLOS:	¿Qué hora **será**?	*I wonder what time it **is**.*
ANTONIA:	**Será** la una y media.	***It is probably** one-thirty.*

In Spanish, the *future* may be used instead of the present to indicate uncertainty or to express probability.

Ejercicio 12. ¿Dónde estarán?

Enrique wants to know where certain people are. Silvia makes guesses as to their whereabouts. Play both roles.

modelo: Paco (en la farmacia)
    ENRIQUE: ¿Dónde estará Paco?
    SILVIA: Estará en la farmacia.

1. mamá (en la oficina)
2. María (en la playa)
3. Ramón y Emilio (en el garaje)
4. sus hermanos (en el café)
5. su papá (de viaje)
6. su primo (con su novia)

Ejercicio 13. Posibilidades

Ramón may not have all the answers to Teresa's questions, but he replies as best he can. Play the part of Ramón.

modelo: ¿Dónde está Paco? (en casa) *Estará en casa.*

1. ¿Qué hora es? (las dos)
2. ¿Adónde va Carlos? (al café)
3. ¿Cómo está Ana? (muy cansada)
4. ¿Dónde trabaja Manuel? (en algún taller)
5. ¿Qué revista compra Clara? (*Hoy*)
6. ¿A qué hora viene el mecánico? (a las tres)

Ejercicio 14. Intérprete

You are working as a translator. Put the sentences below into Spanish.

1. I suppose you (**tú**) know what you are doing.
2. We will not be to blame.
3. The plumber will install the dishwasher tomorrow.
4. The lawyers will defend their clients.
5. What will you (**Ud.**) say to the boss?
6. How much will your (**Uds.**) company be worth in five years?
7. What is the date today? It's probably February 4.
8. Where is the surgeon? He is probably at the hospital.
9. I don't know why we have no light. I'll call the electrician immediately.

REALIDAD HISPANICA

Lectura cultural: Lo que será, será

Cuando yo era *chiquitito*,   little boy
Dije a mi madre, ¿qué seré yo?
¿Seré ingeniero, seré doctor?
Y ella me contestó...
Que será, será,
Será lo que habrá de ser,
El tiempo lo hará saber,
Lo que será, será.

Esta canción es tan popular en los países hispanos como en los
Estados Unidos porque expresa cierto *grado* de fatalismo hacia el   degree
futuro, lo cual corresponde a la actitud hispana. El fatalismo es un
factor *determinante* en el *comportamiento* y la manera de pensar del   determining / behavior
hispano. Se manifiesta en dos formas: el *desafío* heroico y la   challenge
resignación pasiva.

Un *ejemplo* simbólico del desafío heroico es la *corrida de toros*,   example / bullfight
una dramatización de la *lucha* del hombre contra la muerte. Cuando el   struggle
torero confronta el *toro* con *coraje, gracia y orgullo*, su vida está en   bullfighter / bull / courage /
manos del destino. Si no pierde el coraje, tendrá éxito una vez más y el   grace / pride
toro *será vencido*. Pero si no tiene éxito... es el destino.   will be overcome

«Que será, será...» *En cuanto* a la resignación pasiva, lo que resulta   As for
es una tendencia a no buscar soluciones constructivas a los problemas.

La corrida de toros

En la política, en la salud pública y en las relaciones sociales, el fatalismo puede influir mucho en la actitud pública. ¿Por qué querer o tratar de *solucionar cuestiones* o problemas cuando «El hombre propone y Dios dispone»? Todo *se solucionará* si Dios quiere.

    Pero este mismo *sentido* de fatalismo tiene su aspecto positivo con respecto a la salud mental del individuo. En su vida personal, el individuo trata de hacer lo mejor que puede. Pero si *fracasa*, no sufre los efectos de culpa ni *fracaso* porque no tiene la culpa. Todo está en manos del destino.

to solve / issues

will be solved

sense

fails

failure

¿Comprendió Ud.?

1. ¿Cómo afecta al hispano el fatalismo?
2. ¿Qué es un ejemplo del desafío heroico?
3. ¿Qué es un ejemplo de la resignación pasiva?
4. ¿Cuál es el factor positivo del fatalismo?
5. Indique las frases de la Lectura que representan el fatalismo.

Aumente su vocabulario: the diminutive suffixes *-ito* and *-cito*

The suffixes **-ito/-ita** and **-cito/-cita** add a feeling of smallness or endearment to the noun or adjective to which they are attached.

una casa	→ una cas**ita**	*a little house*
mi abuelo	→ mi abuel**ito**	*my dear grandpa*
un joven	→ un joven**cito**	*a young boy*

A double diminutive conveys the meaning of *very small.*

un chico → un chiqu**ito** → un chiqu**itito** *a very little boy*

Práctica

Give the diminutive forms of the following words and use each one in an original sentence.

modelo: un hombre *un hombrecito*

1. una mujer
2. Miguel
3. Juana
4. una chica
5. mi hermano
6. un regalo

AHORA LE TOCA A UD.

Write two sentences about what your life will be like at each of the following times.
Dentro de cinco años...
Dentro de diez años...
Dentro de veinte años...
Dentro de cincuenta años...

¡Sacarse el gordo!

Winning the grand prize!

Salvador Ramírez vende *billetes de lotería* en la *esquina* de las
calles Reforma y Niza en la capital de México. Un día, *por curiosidad*,
le dice a sus clientes: «Vamos a suponer que Ud. se saca el gordo esta
semana. ¿Qué *haría*?» La gente le contesta así:

lottery   tickets / corner
out of curiosity

would you do

El doctor Velázquez: «*No haría* nada diferente. Estoy contento con mi
vida *tal como es*.»

I wouldn't do
just as it is

La señorita Núñez: «*¡No trabajaría* más! *¡Pasaría* mis días en las
playas de Acapulco!»

I wouldn't work / I'd
spend

El señor Acosta: «*¡Viajaría!* Toda la vida he deseado viajar pero nunca
he salido de este país.»

I would travel!

La señora de Figueroa: «*Ayudaría* a mis hijos. El dinero le *permitiría*
a mi hijo mayor—*el que* tiene 18 años—asistir a la universidad *en vez
de* trabajar.»

I'd help / would permit
the one who / instead of

El señor Blavia: «*¡Tendría* el coche más grande que se ha visto»!

I would have

El señor Maldonado: «*¡Compraría* una casa grande para mi familia y
billetes de lotería todas las semanas!»

I would buy

La señorita Valverde: «*No gastaría* el dinero en *tonterías*, sino que *lo
invertiría* en *bienes raíces*.»

I wouldn't spend / fool-
ishness / would invest /
real estate

Preguntas

1. ¿Qué vende Salvador Ramírez?
2. ¿Desea cambiar su vida el doctor Velázquez? ¿por qué (no)?
3. ¿Adónde quiere ir la señorita Núñez?
4. ¿Viaja mucho al extranjero el señor Acosta?
5. ¿Es estudiante el hijo de la señora de Figueroa? ¿Qué hace él en este momento?
6. ¿Qué quiere comprar el señor Blavia? ¿el señor Maldonado?
7. ¿Le gustaría a la señorita Valverde gastar su dinero? ¿Qué piensa hacer con él?

NOTA CULTURAL

The lottery

Nearly every Hispanic country has a national lottery. Tickets are sold in special shops, in stands on the streets, or by hawkers who approach pedestrians or the occupants of cars that stop at a red light. The proceeds from the sale of lottery tickets support national social and educational programs.

LENGUA ESPAÑOLA

VOCABULARIO *Viajes*

(las personas)		(sus actividades)
el/la agente de viajes	*travel agent*	vender **billetes / boletos de ida** (*one-way tickets*) o **de ida y vuelta** (*round-trip*)
el/la viajero/a	*traveller*	necesitar **documentos** (**un pasaporte**)
el/la pasajero/a	*passenger*	**subir a** (*to get on, in*) y **bajar de** (*to get off*) un avión...
el/la empleado/a	*clerk*	**pesar** (*to weigh*) **el equipaje** (*baggage*)

Ejercicio 1. Ud. y los viajes

1. ¿Le gusta a Ud. viajar?
2. ¿Viaja mucho? ¿adónde?
3. ¿Tiene Ud. pasaporte? ¿Cómo es su foto?
4. Cuando viaja, ¿lleva mucho o poco equipaje? ¿por qué?
5. ¿Cuántos kilos pesa su equipaje generalmente?
6. ¿Está Ud. un poco nervioso/a cuando sube a un avión?
7. Cuando se va de vacaciones, ¿compra Ud. un billete de ida o un billete de ida y vuelta?
8. ¿Quiere trabajar en una agencia de viajes? ¿por qué (no)?

A. The conditional: formation

The conditional is used to express what would happen. In the sentences below, the verbs in heavy print are in the conditional.

Me gustaría sacarme el gordo.   *I would like* to win the grand prize.
Compraría un coche nuevo.   *I would buy* a new car.
Iría a Acapulco.   *I would go* to Acapulco.

Note the forms of the conditional in the chart below.

	trabajar	comer	vivir	salir
(yo)	trabajaría	comería	viviría	saldría
(tú)	trabajarías	comerías	vivirías	saldrías
(él, ella, Ud.)	trabajaría	comería	viviría	saldría
(nosotros)	trabajaríamos	comeríamos	viviríamos	saldríamos
(vosotros)	trabajaríais	comeríais	viviríais	saldríais
(ellos, ellas, Uds.)	trabajarían	comerían	vivirían	saldrían

■ *Explicaciones gramaticales*

1. In Spanish, the conditional is a simple tense, consisting of one word. It is formed as follows.

   future stem + conditional endings

   The conditional endings are the same as the imperfect endings for **-er** and **-ir** verbs.

2. Remember: For all regular and most irregular verbs, the future stem is the infinitive. (To review the irregular future stems, see Lección 25, section B.)

Ejercicio 2. Fantasías

Say what the following people would buy if they had a lot of money.

modelo: Teresa (un coche deportivo)   *Teresa compraría un coche deportivo.*

1. Héctor (un avión)
2. Esteban (un yate)
3. sus primos (una casa con piscina y cancha de tenis)
4. yo (una isla desierta en el Océano Pacífico)
5. tú (un castillo en España)
6. nosotros (obras de arte)
7. Felipe y yo (un apartamento en un centro de esquí)
8. Silvia y Bárbara (un Ferrari)

Ejercicio 3. Alternativas

Imagine that you had a choice between the following alternatives. What would you do?

modelo: vivir en la ciudad o el campo   *Viviría en el campo.* or *Viviría en la ciudad.*

1. vivir en una casa o un apartamento
2. comprar un Mercedes o un Jaguar
3. ver una película de ciencia-ficción o una película romántica
4. comer en un restaurante francés o un restaurante mexicano
5. ir a España o México
6. visitar París o Roma
7. estudiar ruso o chino
8. trabajar para una compañía pequeña o una compañía internacional
9. ser abogado/a o arquitecto/a
10. ser famoso/a o millonario/a

Ejercicio 4. La lluvia (The rain)

Because of the rain people are not doing certain things. Say what they would do if the weather were better.

modelo: Carlos no hace un picnic.   *Haría un picnic.*

1. No tenemos ganas de salir.
2. El hermano de José no sale.
3. Mis amigos no vienen.
4. Raquel no puede jugar al tenis.
5. Enrique y yo no podemos dar un paseo.
6. Felipe no hace nada interesante.
7. Ud. no se pone su traje nuevo.
8. Uds. no quieren correr por la playa.

B. The uses of the conditional

The conditional in Spanish has four main uses:
—to express what would occur under certain conditions.

Vamos a alquilar un apartamento.	*We are going to rent an apartment.*
Con más dinero, **nos compraríamos** una casa.	*With more money, **we would buy** ourselves a house.*

—to express requests and wishes more politely.

¿**Puede Ud.** darme dos billetes?   *Can you give me two tickets?*
¿**Podría Ud.** darme dos billetes?   ***Could you*** *give me two tickets?*

—to express a future idea or event in the past.

Sé que Ana ganará el premio.   *I know (that) Ana will win the prize.*
Sabía que Ana **ganaría** el premio.   *I knew (that) Ana **would win** the prize.*

—to express probability in the past.

¿Qué tiempo hace? Hará sol.   *How's the weather? It's probably sunny.*
¿Qué tiempo hacía? **Haría** sol.   *How was the weather? **It was probably** sunny.*

Explicación gramatical

Note that whereas in English one uses *would* to refer to repeated past events, in Spanish one uses the imperfect.

Compraban billetes todos los lunes.   ***They would buy*** *tickets every Monday.*

Ejercicio 5. Diálogo: ¿Qué harías?

Ask your classmates whether or not they would do the following things if they were not students.

modelo: trabajar   —¿*Trabajarías?*
                          —*Sí, trabajaría.* or —*No, no trabajaría.*

1. buscar empleo
2. viajar
3. estudiar el español
4. jugar al tenis todo el día
5. vivir en el campo
6. quedarse en casa
7. participar en la vida política
8. luchar (*fight*) por la justicia social
9. luchar por la igualdad de la mujer
10. ser misionero/a

Ejercicio 6. Sacarse el gordo

What did the following people say they would do if they won the grand prize?
Report on their plans as in the model.

modelo: yo (pasar un año en Venezuela)   *Dije que pasaría un año en Venezuela.*

1. tú (comprar un billete de ida para Tahití)
2. Isabel (dejar su empleo)
3. Ud. (organizar una fiesta muy grande)
4. nosotros (alquilar un yate y visitar las Antillas)
5. Uds. (ser generosos y ayudar a sus parientes)
6. yo (dar mil dólares a mi universidad)
7. sus padres (hacer un viaje alrededor del mundo)

Ejercicio 7. De viaje

In your travels you overhear the following requests and statements. Soften them using the conditional tense.

modelo: ¿Puede Ud. ayudarme con la maleta?   *¿Podría Ud. ayudarme con la maleta?*

1. Me gusta bajar en Oviedo.
2. ¿Me permite ver su pasaporte?
3. ¿Puede Ud. pesar nuestro equipaje?
4. Nos gusta tener asientos al lado de la ventana.
5. ¿Puede Ud. venderme un billete de ida para Toledo?
6. ¿Tiene Ud. pesos argentinos?

Ejercicio 8. ¿Por qué no vinieron?

The professor wonders why the following students did not come to class yesterday. Suggest some possible reasons as in the model.

modelo: Paco (estar enfermo)   *Paco estaría enfermo.*

1. Silvia (estar cansada)
2. Felipe (tener gripe [*flu*])
3. Raúl (tener que ayudar a su papá)
4. Lupe (sentirse enferma)
5. Tomás (estar de viaje)
6. Jaime y Luis (estar trabajando)

C. **Pero** vs. **sino**

Pero and **sino** both correspond to *but* in English. However, they each have distinct uses. Note these in the following sentences.

No iremos en avión, **sino** en tren.
No soy médico, **sino** dentista.

*We will not go by plane, **but** by train.*
*I'm not a doctor, **but** a dentist.*

Salimos mañana, **pero** tú te quedarás en casa.

*We are leaving tomorrow, **but** you will stay home.*

Sino means but **in the sense of** on the contrary.

Ejercicio 9. O uno u otro

One cannot be rich and poor at the same time. Express first what you are not, and then what you are, as in the model.

modelo: ¿pobre o rico/a?   *No soy rico/a, sino pobre.* or *No soy pobre, sino rico/a.*

1. ¿profesor/a o estudiante?
2. ¿norteamericano/a o latinoamericano/a?
3. ¿rubio/a o moreno/a?
4. ¿del sur o del norte?
5. ¿paciente o impaciente?
6. ¿optimista o pesimista?
7. ¿liberal o conservador/a?
8. ¿trabajador/a o perezoso/a?

Ejercicio 10. Intérprete

You are working as a translator. Put the following sentences into Spanish.

1. The traveller would like to buy a round-trip ticket. How much does it cost?
2. The clerk will weigh the baggage here.
3. With thirty dollars, we could eat in a good restaurant.
4. Ricardo and I could do something interesting.
5. Could you (**Ud.**) please give me your passport?
6. They knew that it would be windy on the beach.
7. Why didn't Raúl come to the party? He was probably sick.
8. Those who do not have tickets will have to wait.
9. We will not leave at two but at four-thirty.

REALIDAD HISPANICA

Lectura cultural: Mucho dinero

Claro, el que *se sacara* el gordo en la lotería ganaría una *verdadera* — wins / real
fortuna. Podría ser una persona rica por toda la vida. Pero ¿exactamente
cuánto ganaría? Depende del país donde vive, porque no ganaría
dólares. En España ganaría pesetas. En la Argentina, Bolivia,
Colombia, Cuba, Chile, México, la República Dominicana y en el
Uruguay ganaría pesos nacionales. En Costa Rica y El Salvador ganaría
colones. En el Ecuador ganaría sucres, en Guatemala tendría muchos
quetzales, en Honduras sería millonario en lempiras, en Nicaragua
llevaría muchos córdobas al banco, en Panamá tendría balboas, en el
Paraguay ganaría guaranís, en el Perú sus millones serían de soles y en
Venezuela serían de bolívares.

Como *se ve*, cada país tiene su unidad monetaria. El peso, la — you see
unidad monetaria de muchos países, es parte de la *herencia* española. — heritage
Así se llamó una de las diversas monedas españolas *antiguas*. Pero al — old
mirar bien los nombres de las demás unidades monetarias, podemos
ver que éstos se originaron en la historia de sus respectivos países.

¿Le gustaría *adivinar* el origen del colón que se usa en Costa Rica — to guess
y El Salvador? ¡Fantástico!

peso   peseta   peso   bolívar

En el banco

El sucre del Ecuador y el bolívar de Venezuela *llevan* los nombres   bear
de dos generales. Antonio José de Sucre y Simón Bolívar dirigieron la
lucha por la independencia de esos países de la dominación de España.   fight

El lempira de Honduras lleva el nombre del *cacique* que *luchó*   chief / fought
contra los conquistadores españoles y que fue *asesinado* por ellos.   killed

Pero el balboa de Panamá lleva el nombre de un conquistador:
Vasco Núñez de Balboa, el español que *atravesó* el istmo de Panamá y   crossed
descubrió el Océano Pacífico.

Otras unidades monetarias llevan nombres que vienen de la
historia precolombina. El quetzal no es sólo la moneda nacional de
Guatemala, sino también el nombre de un *ave* que vive en la *selva* de   bird / jungle
la América tropical. Los indios guaranís fueron una civilización que se
estableció en una región que hoy forma parte del Paraguay. Muchos de
los descendientes de ellos *siguen viviendo* en el Paraguay. Se llaman   are still living
guaraníes, hablan guaraní, y su dinero es... ¡claro! ¡el guaraní!

¿Comprendió Ud.?

1. ¿Cómo puede ser Ud. una persona rica?
2. ¿Cuál es la unidad monetaria del Perú? ¿de Colombia? ¿de España? ¿de El Salvador?
3. ¿Cuál es el origen del bolívar? ¿del balboa? ¿del guaraní?
4. ¿Ha comprado Ud. alguna vez un billete de lotería? ¿Cuánto ganó Ud.?

Aumente su vocabulario: enriching your English vocabulary

At least 70% of the words in the English language are of Latin origin. Some of these words are common, others are used in more sophisticated contexts (science, the arts, literature, the professions). Sometimes your knowledge of Spanish may help you better understand the meanings of English words. Here are a few examples from the **Lectura.**

Spanish	English
un ave *(bird)*	*an aviary (a place where birds are kept)*
	aviation (the science of flying)
una selva *(forest)*	*silviculture (the science of forestry)*
	Pennsylvania (the "forest of William Penn")

Práctica

Explain the meanings of the following English words as they relate to the Spanish words you have encountered in previous lessons.

1. aqueduct (**agua**—*water*)
2. embarkation (**barco**—*boat*)
3. counsel (**consejo**—*advice*)
4. oculist (**ojo**—*eye*)
5. manuscript (**mano**—*hand;* **escribir**—*to write*)
6. vital (**vida**—*life*)
7. mortality (**muerto**—*dead*)
8. comestible (**comer**—*to eat*)
9. beverage (**beber**—*to drink*)

AHORA LE TOCA A UD.

Describe how you would react to the following situations. Write four sentences for each one, using the conditional.

1. Vamos a suponer que Ud. ha recibido 1.000 dólares para pasar las vacaciones. ¿Cómo los gastaría? ¿Adónde iría?
2. Vamos a suponer que Ud. ha ganado un millón de dólares en la lotería. ¿Qué haría con ese dinero? ¿Lo invertiría todo?
3. Vamos a suponer que Ud. es el rector/la rectora *(president)* de la universidad. ¿Qué cambios haría Ud.?

LECCION 27
Aquí se habla español

Guillermo y Roberto, dos jóvenes de Barcelona, están de
vacaciones en Nueva York. Hoy es el primer día de su visita y quieren
ir a las Naciones Unidas.   United Nations

GUILLERMO:	¡No tengo la menor idea de cómo ir allá!	
ROBERTO:	A *ver* el mapa que trajiste...	Let's see
GUILLERMO:	Este mapa *no sirve* para nada. Lo compró mi tío cuando estuvo aquí en 1948.	is no good
ROBERTO:	No hay ningún policía aquí cerca. ¿A quién podemos pedir *indicaciones*?	directions
GUILLERMO:	No veo a nadie, pero en la *esquina* hay una *zapatería* con un *cartel* que dice «Aquí *se habla español*». Seguramente allí nos podrán ayudar.	corner / shoe store sign / Spanish is spoken

Entran en la zapatería.

ROBERTO:	Buenos días, señorita. ¿Habla Ud. español?	
SEÑORITA 1:	Sí, ¡cómo no! ¿En qué puedo servirles?	
GUILLERMO:	Necesitamos indicaciones. Queremos ir a las Naciones Unidas, en la esquina de la *calle* 42 y la Primera *Avenida*. ¿Cuál es el mejor *modo* de ir allá?	street avenue / way

Señorita 1:	¡Muy fácil! *Se va* a la próxima esquina, *se dobla a la izquierda*, y allí hay una estación de *metro*...	One goes / one turns / to the left / subway
Señorita 2:	¡No, no, no! Se va mejor en autobús...	
Señorita 1:	Sí, pero el metro es más rápido...	
Señorita 2:	Pero *se ve* la ciudad mejor desde el autobús...	you see
Señorita 1:	En el metro *se puede conseguir asiento*...	one can get a seat
Señorita 2:	Si toman el metro tienen que *caminar* tres *cuadras* mientras que el autobús *para* a una cuadra...	to walk / block stops
Guillermo:	Perdón, señoritas. ¿Cómo se dice «taxi» en inglés? ¿*igual que* en español?	the same as
Señoritas:	Sí, se dice «taxi»...	
Roberto:	¡Muchas gracias! ¡Uds. han sido muy *amables*!	kind

Y los dos jóvenes salen a la calle donde están pasando muchos taxis y gritan: «¡Taxi! ¡Taxi!»

Preguntas

1. ¿De qué país son Guillermo y Roberto?
2. ¿Cuánto tiempo hace que están en los Estados Unidos?
3. ¿Adónde quieren ir?
4. ¿Quién compró el mapa que trajo Guillermo?
5. ¿Por qué van a la zapatería los chicos?
6. ¿Qué medio de transporte prefiere la primera señorita?
7. ¿Qué medio de transporte prefiere la segunda señorita?
8. Al final, ¿cómo van a las Naciones Unidas los dos chicos?

NOTA CULTURAL

Public transportation

Public transportation in most Hispanic countries runs frequently and is relatively economical; the systems are well-developed because cars are expensive. Madrid, Mexico City, and Buenos Aires have efficient subway systems. Streetcars, buses of all sizes, trains, and taxis jam the streets. Often these vehicles are crowded, but passengers squeeze aboard anyhow or cling to the doors.

22 N 79
METRO
144
EMBAJADORES
SENCILLO
UTILIZACION
SEGUN TARIFAS

AUTOPISTA BERNARDO SOTO A.
No 32219 1
VEHICULO LIVIANO
(Cuatro llantas o menos)
Tasa de Peaje ₡ 5.00
(Ley No. 3851 de 31 de marzo de 1967 y Decreto Ejecutivo No. 2648-H del 22 de noviembre de 1972).
DIRECCION GENERAL DE HACIENDA

Esperando el autobús en España

VOCABULARIO   *En la ciudad*

EL MAPA

el árbol (los árboles)

el parque

el banco

la fuente

la avenida

la flor (las flores)

la esquina

la parada de autobus

la calle

la cuadra

seguir derecho

doblar a la izquierda

doblar a la derecha

Ejercicio 1. ¿Conoce su ciudad?

1. ¿Tiene un mapa de la ciudad donde vive? ¿Qué se indica en el mapa?
2. ¿Cómo se llama la calle donde vive?
3. ¿Cómo se llama la avenida más larga de su ciudad? y ¿la más ancha?
4. ¿Hay un parque cerca de donde vive? ¿Qué hay en este parque?
5. ¿Cómo se llama el parque más grande de su ciudad? ¿Hay árboles en este parque? ¿flores?
6. ¿Hay una parada de autobús cerca de donde vive? Aproximadamente cuántas paradas hay entre la cuadra donde vive y el centro?
7. Al salir de aquí ahora, ¿va Ud. a doblar a la izquierda o a la derecha?

A. The passive voice

Contrast the verb forms used in each pair of sentences. In the first sentence, the subject does the action: the construction is in the active voice. In the second sentence, the subject is the recipient of the action: the construction is in the passive voice.

(active)	Nuestros primos **nos invitan** a Nueva York todos los veranos.	*Our cousins **invite us** to New York every summer.*
(passive)	**Somos invitados** a Nueva York por nuestros primos todos los veranos.	*We are invited to New York every summer by our cousins.*

(active)	Mi tío **compró** este mapa hace veinte años.	*My uncle **bought** this map twenty years ago.*
(passive)	Este mapa **fue comprado** por mi tío hace veinte años.	*This map **was bought** by my uncle twenty years ago.*

In Spanish, the passive construction is formed as follows.

ser + past participle (+ *por* + agent [if expressed])

■ *Explicaciones gramaticales*

1. In passive constructions, the past participle agrees with the subject.

   Ana fue invitad**a** al baile.   María e Inés no fueron invitad**as**.

2. Note how the passive voice may be used in various tenses.

(preterite)	El Perú **fue descubierto** por Pizarro.	*Peru **was discovered** by Pizarro.*
(present perfect)	Los billetes **han sido pagados**.	*The tickets **have been paid for**.*
(future)	Tú **serás invitado** también.	*You **will be invited** too.*

3. The passive voice, formed with **ser**, refers to the *happening of an action*. It should not be confused with the construction **estar** + *past participle* which is used to describe a *condition* or *state*. Contrast:

(action: ser)	La puerta **fue abierta** por el niño.	*The door **was opened**. . .*
(state: estar)	La puerta **estaba abierta**.	*The door **was open**.*

Ejercicio 2. Invitaciones

Indicate by whom certain people were invited to dinner.

modelo: Teresa (Esteban)   *Teresa fue invitada por Esteban.*

1. Julio (Tomás)
2. sus primas (el tío Gregorio)
3. yo (Ud.)
4. Carmen y Susana (sus novios)
5. los estudiantes (la profesora)
6. las estudiantes norteamericanas (los estudiantes españoles)

Ejercicio 3. En el futuro

Say whether or not the following things will happen in the future. Use the passive voice as in the model.

modelo: la igualdad de los sexos (aceptar por todos)
   En el futuro, la igualdad de los sexos (no) será aceptada por todos.

1. los demás planetas (explorar por los rusos)
2. Venus (explorar por los astronautas)
3. una cura contra el cáncer (descubrir por los médicos)
4. ciudades en el mar (construir por los arquitectos)
5. nuestra civilización (destruir por la bomba nuclear)
6. una civilización nueva (crear por nuestros hijos)
7. la sociedad (transformar por los jóvenes)
8. reformas importantes (realizar por el gobierno)

B. The impersonal reflexive construction

Spanish-speakers avoid using the passive, especially when the subject is not a person and the agent is not expressed. In the examples below, note how in Spanish the impersonal reflexive construction is used while in the corresponding English sentences the passive is used.

Se prohibe fumar.	*Smoking is prohibited.*
Aquí se habla español.	*Spanish is spoken here.*
¿Dónde se vende el periódico?	*Where is the newspaper sold?*
¿Se venden revistas aquí?	*Are magazines sold here?*

Instead of a passive construction, Spanish-speakers often use the following impersonal reflexive construction.

se + verb (+ subject [if expressed])

◼ *Explicación gramatical*

Note that in the impersonal reflexive construction, the verb agrees with the subject, and the subject (when expressed) usually follows the verb.

Ejercicio 4. Idiomas

Indicate which of the following languages are spoken in the countries listed below.
francés portugués español inglés

modelo: México   *En México se habla español.*

1. Francia	3. Chile	5. Guatemala	7. la Argentina
2. Australia	4. Portugal	6. el Brasil	8. el Canadá

Ejercicio 5. La vida estudiantil

Antonio is telling you about student life in Spain. Say whether or not the same holds true of the United States in each case.

modelo: Estudiamos mucho.   *Aquí también se estudia mucho.* or *Aquí no se estudia mucho.*

1. Estudiamos lenguas en la universidad.
2. Jugamos al fútbol y al béisbol.
3. Bailamos en las fiestas.
4. Escuchamos discos de «rock».
5. Bebemos vino en las comidas.
6. Salimos los sábados por la noche.
7. Vamos al cine a menudo.
8. Vamos mucho al café.
9. Hablamos de la política.
10. Vivimos bien.

Ejercicio 6. ¿Qué se hace en su universidad?

1. ¿Qué lenguas se enseñan en su universidad?
2. ¿A qué hora se abre la biblioteca? ¿A qué hora se cierra?
3. ¿A qué hora se abre la cafetería? ¿A qué hora se cierra?
4. ¿Se come bien en la cafetería? ¿Qué platos se sirven?
5. ¿Se aprenden cosas útiles en esta universidad?
6. ¿Qué deportes se practican? ¿Qué deportes practica Ud.?

Ejercicio 7. En los Estados Unidos

Indicate whether or not the following things are done in the United States. You may wish to use adverbs such as **normalmente, generalmente, bastante,** *or* **a veces.**

modelo: hablar inglés   *Generalmente se habla inglés en los Estados Unidos.*

1. vivir bien
2. ganar mucho dinero
3. trabajar mucho
4. mirar la televisión mucho
5. viajar en tren
6. beber cerveza
7. comprar muchas cosas inútiles
8. importar vino
9. exportar coches
10. consumir demasiada energía

VOCABULARIO   *De compras*

(los lugares)	(los productos)
En el **supermercado**	se vende una gran **variedad** de cosas.
En la **panadería**	se venden pan y pasteles.
En la **carnicería**	se vende carne.
En la **lechería**	se venden huevos, queso y leche.
En la **frutería**	se vende fruta.
En los **quioscos**	se venden periódicos, revistas y flores.
En la **heladería**	se vende helado.
En la **zapatería**	se venden zapatos.

◼ Observación

The word **tienda** is used with the name of the product to designate many other shops.

una tienda de discos   *a record shop*
una tienda de ropa   *a clothing store*

Ejercicio 8. En España

An American student and a Spanish student are comparing shopping customs in their respective countries. The American explains that the items listed below are sold in supermarkets. The Spanish student explains that they are sold in specialty shops. Play both roles.

modelo: el queso
  EL NORTEAMERICANO: *Se vende queso en el supermercado.*
  EL ESPAÑOL: *En España, se vende en la lechería.*

1. el pan
2. el helado
3. la carne
4. las revistas
5. las naranjas
6. los pasteles
7. los huevos
8. las bananas

Ejercicio 9. Intérprete

You are working as a translator. Put the following sentences into Spanish.

1. You (**tú**) should go straight ahead, turn left at the fountain, and then turn right at the bus stop.
2. This skirt was made by my sister.
3. When we entered the room, the window was open. I believe that it was opened by the secretary.
4. Dancing is prohibited.
5. Where are flowers sold?
6. The bakery opens at six and closes at one.
7. Ice cream is bought at the ice cream store.

AHORA LE TOCA A UD.

Write a paragraph about your own city or town: what agreeable surprises await the foreign visitor?

Nosotros, no

Aquella tarde, cuando *tintinearon las campanillas* de los teletipos y fue *repartida* la noticia como un *milagro*, los hombres de todas las latitudes *se confundieron* en un solo *grito de triunfo. Tal como había sido predicho* doscientos años antes, finalmente el hombre había conquistado la inmortalidad en 2168.

Todos los *altavoces* del mundo, todos los *trasmisores de imágenes*, todos los boletines *destacaron* esta gran revolución biológica. También *yo me alegré*, naturalmente, en un primer instante.

¡Cuánto habíamos esperado este día!

Una sola inyección, de cien centímetros cúbicos, era todo lo que *hacía falta* para no morir *jamás.* Una sola inyección, aplicada cada cien años, garantizaba que ningún cuerpo humano se *descompondría* nunca. Desde ese día, sólo un accidente podría *acabar* con una vida humana. Adiós a la enfermedad, a la *senectud*, a la muerte por *desfallecimiento* orgánico.

Una sola inyección, cada cien años.

Hasta que vino la segunda noticia, complementaria de la primera. La inyección sólo *surtiría* efecto entre los menores de veinte años. Ningún ser humano que *hubiera traspasado* la edad del *crecimiento* podría detener su descomposición interna *a tiempo.* Sólo los jóvenes serían inmortales. El gobierno federal mundial *se aprestaba* ya a organizar el *envío, reparto* y aplicación de las dosis a todos los niños y adolescentes de la tierra. Los compartimentos de medicina de los *cohetes* llevarían *ampolletas* a las más *lejanas* colonias *terrestres* del espacio.

Todos serían inmortales.

(Glosses, right margin)

jingled / little bells
was distributed / miracle
mingled / triumphant cry
just as predicted

loudspeakers / transmitters of images / emphasized
I was happy

How long

was necessary / never
would decompose
finish off
senility
weakening

would have the desired
had gone beyond
growth / in time

got ready / shipping / distribution
rockets / phials / distant
earthly

332

Menos nosotros, los mayores, los adultos, los formados, en *cuyo* **Except / whose**
organismo la *semilla* de la muerte estaba ya definitivamente **seed**
implantada.

Todos los muchachos *sobrevivirían para siempre.* Serían **would survive forever**
inmortales y *de hecho animales de otra especie. Ya no seres* **in fact / human beings**
humanos: su sicología, su visión, su perspectiva, eran radicalmente
diferentes a las nuestras. Todos serían inmortales. *Dueños* del **Masters**
universo para siempre. *Libres.* Fecundos. *Dioses.* **Free. / Gods.**

Nosotros, no. *Marginados de pronto,* como los últimos abuelos de **on the fringe / suddenly**
pronto nos habíamos convertido en habitantes de un *asilo para* **old age home / fright-**
ancianos, confusos conejos asustados entre una *raza de titanes.* Estos **ened rabbits / race of**
jóvenes, *súbitamente,* comenzaban a ser nuestros *verdugos* sin **titans**
proponérselo. Ya no éramos sus padres. Desde ese día, éramos otra **suddenly / executioners**
cosa; una cosa repulsiva y enferma, ilógica y monstruosa. Eramos Los **intending to be**
Que Morirían. Aquellos Que Esperaban la Muerte. Ellos *derramarían* **would shed tears /**
lágrimas, ocultando su desprecio, mezclándolo con su alegría. Con **hiding their contempt /**
esa alegría ingenua con la cual expresaban su *certeza* de que ahora, **mixing it**
ahora sí, todo tendría que ir bien. **certainty**

Nosotros sólo esperábamos. Los veríamos *crecer, hacerse* **grow / become**
hermosos, continuar jóvenes y prepararse para la segunda inyección, **beautiful**
una ceremonia—que nosotros ya no veríamos—cuyo carácter
religioso se haría evidente. Ellos no se encontrarían jamás con Dios.
El último *cargamento de almas rumbo al más allá,* era el nuestro. **shipment of souls**
headed for the beyond

¡Ahora cuánto nos costaría dejar la tierra! ¡Cómo *nos iría* **would gnaw away at us /**
carcomiendo una dolorosa envidia! ¡Cuántas *ganas de asesinar nos* **painful envy / desire for**
llenaría el alma, desde hoy y hasta el día de nuestra muerte! **murder / would fill our**
souls

Hasta ayer. Cuando el primer chico de quince años, con su
inyección en el organismo, decidió suicidarse. Cuando llegó esa
noticia, nosotros, los mortales, comenzamos recientemente a *amar* y **to love**
a comprender a los inmortales.

Porque ellos son unos pobres *renacuajos* condenados a prisión en **tadpoles**
el *verdoso estanque* de la vida. Perpetua. Eterna. Y empezamos a **greenish pond**
sospechar que dentro de 99 años, el día de la segunda inyección, la **to suspect**
policía saldrá a buscar a miles de inmortales para *imponérsela.* **apply it**

Y la tercera inyección, y la cuarta, y el quinto siglo, y el sexto;
cada vez menos voluntarios, cada vez más niños eternos que
imploran la evasión, el final, el *rescate.* Será horrenda la *cacería.* **rescue / hunt**
Serán perpetuos miserables.

Nosotros, no.

—José Bernardo Adolph

José Bernardo Adolph is a Peruvian writer, journalist, and political
activist who currently holds a government position. This startling
science fiction story was taken from his collection of short stories **El**
retorno de Aladino *(Aladdin's Return).*

The Repaso sections let you check your knowledge of Spanish structures. Answers to these exercises are found on pages 452–453. If you make any mistakes, you may want to review the pages indicated in parentheses.

A. Comparisons (pp. 240–242, 243–245)

Express the comparisons indicated by the symbols in parentheses. (> more than, < less than, = as . . . as).

1. (>) Paco es / (serio) / Tomás.
2. (<) Las mujeres no son / (inteligentes) / los hombres.
3. (=) Madrid no es / (grande) / Buenos Aires.
4. (=) Mis amigos son / (pobres) / yo.
5. (>) El vino es / (bueno) / la cerveza.

B. Possessive adjectives and pronouns (pp. 288–289)

Complete the sentences below with the possessive pronouns which correspond to the person in parentheses.

1. (nosotros) Las cintas son _____ .
2. (Felipe) La cámara es _____ .
3. (Carmen) Los libros son _____ .
4. (Ud.) El coche es _____ .
5. (tú) La raqueta es _____ .
6. (Uds.) La motocicleta es _____ .
7. (yo) Los periódicos son _____ .
8. (mis primos) El apartamento es _____ .

C. Regular and irregular forms of the imperfect (pp. 252–254)

Complete the second sentence of each pair with the appropriate imperfect form of the italicized verb.

1. Raúl *toca* la guitarra. Antes _____ el violín.
2. *Estudiamos* español. Antes _____ francés.
3. Clara *vive* en Colombia. Antes _____ en México.
4. Mis primos *salen* mucho. Antes _____ poco.
5. *Juegas* al tenis. Antes _____ al volibol.
6. *Estamos* en la clase. Antes _____ en casa.
7. *Hago* mucho. Antes no _____ nada.
8. Mis primos *conducen* un coche. Antes _____ una moto.
9. *Voy* a la playa. Antes _____ a la piscina.
10. *Vamos* al café. Antes _____ al cine.
11. No *veo* más a Carlos. Antes lo _____ a menudo.
12. *Somos* perezosos. Antes _____ más enérgicos.

D. Uses of the imperfect and the preterite (pp. 254, 263–267)

Translate the following sentences.

1. I used to play tennis.
2. Yesterday I played with my friends.
3. Generally we would swim at the beach.
4. This morning we swam at the swimming pool.
5. It was eleven o'clock and the weather was fine.
6. I saw a friend who was talking with your girlfriend.
7. I took a picture of children who were playing soccer.
8. When I came back, it was ten o'clock.

E. *Por* and *para* (pp. 277–279)

*Complete the sentences below with **por** or **para**, as appropriate.*

1. Voy a llamarte _____ teléfono.
2. Ayer, pasé _____ la calle de San Leandro.
3. Tengo que estudiar _____ el examen.
4. ¿Cuánto dinero quieres _____ tu guitarra?
5. El telegrama es _____ ti.
6. Fuimos al campo _____ la tarde.
7. Voy a comprar una blusa nueva _____ la fiesta.
8. Mi padre salió _____ Nueva York.

F. The present perfect (pp. 297–300)

Say that the following people have not done what they were supposed to do.
Complete the sentences with the appropriate present perfect forms of the verbs in parentheses.

1. (llamar) Yo no _____ a mis padres.
2. (preparar) Tú no _____ la comida.
3. (encender) Felipe no _____ las luces.
4. (comer) Los niños no _____ las frutas.
5. (vender) Nosotros no _____ nuestros libros.
6. (aprender) Uds. no _____ los verbos.
7. (hacer) Los estudiantes no _____ la tarea.
8. (decir) Tú no me _____ la verdad.
9. (poner) Carmen no _____ la carne allí.
10. (volver) Mis hermanos no _____ a casa.
11. (escribir) Yo no le _____ a mi abuelo.
12. (ver) María no _____ a su novio.

G. Regular and irregular forms of the future (pp. 306–308, 310–313)

Describe the weekend plans of the following people by completing the sentences
with the appropriate future forms of the verbs in parentheses.

1. (nadar) Marisa y sus amigas _____ .
2. (ir) Uds. _____ al cine.
3. (trabajar) El sábado yo _____ por unas horas.
4. (comer) Nosotros _____ en un restaurante.
5. (escribir) Felipe le _____ a su novia.
6. (leer) Tú _____ una novela.
7. (hacer) Yo _____ un viaje.
8. (querer) Tú _____ ir a la playa.
9. (poner) Silvia se _____ su vestido nuevo.
10. (salir) Pablo _____ con sus amigos.
11. (poder) Nosotros _____ descansar.
12. (venir) Mis primos _____ a mi casa.

H. The conditional (pp. 318–321)

Say what the following people would do if they were in Spain. Complete the
sentences with the appropriate conditional forms of the verbs in parentheses.

1. (visitar) Nosotros _____ Toledo.
2. (ir) Yo _____ a Sevilla.
3. (comprar) Tú _____ un sombrero andaluz.
4. (comer) Felipe _____ paella todos los días.
5. (ver) Ud. _____ a sus primos.
6. (aprendar) Uds. _____ a tocar la guitarra.

I. The impersonal reflexive construction (pp. 329–331)

Rewrite the following sentences using the impersonal reflexive construction:
se + verb.

1. Hablamos español.
2. No decimos eso.
3. ¿Cómo vamos al teatro?
4. Buscamos a dos secretarias.

UNIDAD **X ACTITUDES ACTUALES**

A LA SOMBRA DE LO DIFERENTE
CON AMOR Y ASOMBRO

PRIMER CONGRESO MUNDIAL
DE BRUJERIA
Avianca
bogotá agosto 24-28 1975 colombia·sur america

LECCION 28
¿Es Ud. supersticioso/a?

    ¿Piensa Ud. que hay factores desconocidos que controlan nuestro
destino? ¿Cuál es su tendencia más marcada—creer en lo racional o en   fate, destiny
lo fantástico? ¿Es Ud. supersticioso/a? Vamos a ver...

	SI	NO	
1. ¿«*Toca madera*» Ud. para *evitar* la mala suerte?	☐	☐	Do you knock on wood / to avoid
2. ¿Trata Ud. de leer su horóscopo todos los días?	☐	☐	
3. ¿Insiste Ud. en llevar un amuleto para evitar la mala suerte?	☐	☐	
4. ¿Piensa Ud. que hay algunos números que traen suerte?	☐	☐	
5. Al saber que es *martes 13*, ¿decide Ud. no hacer ciertas cosas?	☐	☐	Spanish equivalent of Friday the 13th
6. Al ver una *escalera* en su *camino*, ¿decide Ud. no pasar por *debajo*?	☐	☐	ladder / way under
7. ¿Vacila en encender tres cigarrillos con el mismo *fósforo*?	☐	☐	match
8. ¿*Se alegraría de* saber *de antemano* su futuro?	☐	☐	Would you like / beforehand
9. Cuando Ud. está enfermo/a, ¿insiste en tomar *remedios caseros* en vez de ir a un médico?	☐	☐	home remedies

Interpretación

Si ha contestado sí de 0 a 2 veces, Ud. es una persona muy racional.
Si ha contestado sí de 3 a 6 veces, Ud. es una persona bastante
supersticiosa.
Si ha contestado sí de 7 a 9 veces, seguramente también cree en *brujas*   witches
y *fantasmas*.   ghosts

NOTA CULTURAL

Medicine

Although there are modern hospitals
and well-trained doctors in all Latin
American cities, folk medicine still
plays an important role in isolated
regions where such attention is
unavailable. For want of other medical
facilities people go to the **curandero**,
the healer, for medical problems, and
to the **partera**, the midwife, for
childbirth. Scientists who have
recently been studying the efficacy of
the herbs and other remedies used by
the **curanderos** have found that some
of them, such as curare, do indeed have
important medicinal properties.

Una clínica en Mérida, México

LENGUA ESPAÑOLA

VOCABULARIO   Creencias (beliefs)

sustantivos

el destino	*destiny, fate*	un alma	*soul, spirit*
un dios	*god*	una creencia	*belief*
los seres extraterrestres	*people from outer space*	la fe	*faith*
un fantasma	*ghost*	la realidad	*reality*
un fenómeno	*phenomenon*	la religión	*religion*
un milagro	*miracle*	la suerte	*luck, fortune*
un platillo volante	*flying saucer*	la superstición	*superstition*

adjetivos

cierto   *certain, a certain*
seguro   *sure*

verbos

evitar	*to avoid*	¿Quieres **evitar** una mala nota? ¡Tienes que estudiar más!
explicar	*to explain*	No podemos **explicar** los milagros.
predecir	*to predict*	¿Quién puede **predecir** el futuro?

■ *Observaciones*

1. Like **agua**, **alma** is introduced by the masculine articles **el** and **un: el alma, un alma.** In the plural, however, both nouns take feminine articles: **las aguas, unas almas.**

2. **Predecir** is conjugated like **decir.**

Ejercicio 1. ¿Está de acuerdo o no?

Indicate whether or not you agree with the following statements.

1. Nuestro destino está escrito en las estrellas (*stars*).
2. No podemos cambiar el destino.
3. No hay milagros. Hay solamente fenómenos naturales que no podemos explicar todavía.
4. La vida es un milagro.
5. Los platillos volantes son el producto de la imaginación.
6. Dios es la creación del hombre.
7. Sin religión, la vida no tiene sentido.
8. Dios creó el mundo.
9. Hay dos realidades: la visible y la invisible. Los fantasmas forman parte de la realidad invisible.
10. La religión es el opio (*opiate*) de los pueblos (*people*).
11. No podemos hacer nada contra la mala suerte.
12 Tenemos un alma inmortal.
13. Si se quiere evitar la mala suerte, hay que llevar un amuleto.
14. Si tenemos fe, no necesitamos suerte.
15. Los seres extraterrestres existen y quieren comunicarse con nosotros.

A. The construction verb + infinitive

In the sentences below note the infinitives after certain verbs.

Espero ver un platillo volante.	*I hope to see a flying saucer.*
¿**Quiere Ud. evitar** la mala suerte?	*Do you want to avoid bad luck?*
Aprendo a ser menos supersticioso.	*I am learning to be less superstitious.*
Tratamos de predecir el futuro.	*We are trying to predict the future.*
Insisten en creer en lo imposible.	*They insist on believing in the impossible.*
Sueño con encontrarme con seres extraterrestres.	*I dream of meeting people from outer space.*

When one verb immediately follows another in Spanish, the second verb is almost always an infinitive. The resulting constructions are:

verb + infinitive
verb + preposition (*a, de, en, con*) **+ infinitive**

■ *Explicación gramatical*

The first verb determines the type of construction. When a verb is followed by a preposition, it is useful to learn this preposition together with the verb: **aprender a, insistir en.**

verbo (+ infinitivo)

necesitar	*to need (to)*	**Necesitamos** trabajar para ganar dinero.
poder (o → ue)	*can, to be able (to)*	No **puedo** salir.
querer (e → ie)	*to want (to)*	¿**Quieres** ir al cine?
saber	*to know how (to)*	Ana no **sabe** predecir el futuro.

verbo + a (+ infinitivo)

aprender a	*to learn to*	**Aprendemos a** ser más tolerantes.
ayudar a	*to help to*	El agente de viajes me **ayuda a** organizar el viaje.
comenzar (e → ie) a	*to begin to*	¿Cuándo **comenzaste a** estudiar francés?
empezar (e → ie) a	*to begin to*	**Empiezo a** trabajar el lunes próximo.
enseñar a	*to teach how to*	¿Quién le **enseñó a** hablar español?
ir a	*to be going to*	**Voy a** leer mi horóscopo.

verbo + de (+ infinitivo)

acabar de	*to have just finished*	**Acabo de** leer mi horóscopo. ¡Dios mío!
alegrarse de	*to be glad about*	Me **alegro de** asistir a la universidad.
cansarse de	*to get tired of*	¿**Te cansas de** estudiar?
dejar de	*to quit, stop*	¿Por qué no **dejas de** decir tonterías?
olvidarse de	*to forget to*	Me **olvidé de** cerrar la puerta.
tratar de	*to try to*	**Tratamos de** comprender lo que él dice.

verbo + en (+ infinitivo)

insistir en	*to insist on*	**Insisto en** hablar con el profesor.
vacilar en	*to hesitate to*	**Vacilamos en** decirle la verdad.

verbo + con (+ infinitivo)

soñar (o → ue) con	*to dream about*	¿**Sueñas con** viajar en un platillo volante?

Ejercicio 2. Su vida actual

Say whether or not you do the following things. Complete the sentences below affirmatively or negatively with the expressions in parentheses.

modelo: Aprendo a _____ . (hablar francés)
      Aprendo a hablar francés. or *No aprendo a hablar francés.*

1. Aprendo a _____ . (hablar en público; programar computadoras; respetar las opiniones de los demás)
2. Necesito _____ . (estudiar; dormir mucho; ganar dinero)
3. Me alegro de _____ . (asistir a esta universidad; vivir en esta ciudad; sacar una «A»)
4. Me canso de siempre _____ . (ir a las mismas clases; estudiar español; ver a las mismas personas)
5. A veces me olvido de _____ . (hacer la tarea; prepararme para los exámenes; llamar a mis amigos; escribirles a mis padres)
6. Trato de _____ . (sacar buenas notas; divertirme; aprender cosas útiles; evitar clases con profesores estrictos)

7. Sueño con _____ . (hacer viajes; tener mucho dinero; casarme; sacarme el gordo)
8. Ayudo a _____ . (publicar el periódico estudiantil; servir comida en la cafetería, limpiar la casa)
9. Vacilo en _____ . (tomar decisiones; conducir por la noche; viajar en avión)
10. Mañana dejo de _____ . (fumar; comer dulces; mirar la televisión por la tarde)

Ejercicio 3. *La clase de filosofía*

Some students are discussing metaphysical questions in philosophy class. However, not everyone wants to or is able to understand the ideas in question. Complete the statements below with the appropriate preposition (a, de, en, con), if required, and the infinitive comprenderlas.

modelo: Rafael empieza _____ . *Rafael empieza a comprenderlas.*

1. Anita quiere _____ .
2. Roberto trata _____ .
3. Teresa insiste _____ .
4. Carlos sueña _____ .
5. Felipe no puede _____ .
6. Juanita vacila _____ .
7. Miguel comienza _____ .
8. Susana no trata _____ .

Ejercicio 4. *¡Lógico!*

Use the verbs in parentheses to create new sentences, either affirmative or negative, that logically complete the original ideas expressed. Use the appropriate prepositions when needed.

modelo: No quiero hablar italiano.(aprender) *No aprendo a hablar italiano.*

1. Carmen quiere tocar la guitarra. (aprender)
2. Raúl no quiere estudiar. (dejar)
3. Silvia quiere buscar zapatos. (ir)
4. Queremos aprender cosas útiles. (insistir)
5. Rafael no quiere llamar a Marisa. (tratar)
6. No quiero salir contigo. (alegrarse)
7. Quieres estudiar. (cansarse)
8. Felipe quiere ver platillos volantes. (soñar)
9. No queremos tomar decisiones. (vacilar)
10. Mis amigos quieren decirme la verdad. (insistir)
11. Mi hermana quiere jugar al tenis. (cansarse)
12. Quiero comprar el periódico. (olvidarse)

Ejercicio 5. *Yo*

Talk about yourself by completing the sentences below with personal information. Use infinitives, and insert the appropriate prepositions when needed.

modelo: Necesito _____ . *Necesito estudiar un poco más.*

1. En la universidad, aprendo _____ .
2. Me alegro _____ .
3. Me canso _____ .
4. No me canso _____ .
5. Con mis amigos, trato _____ .
6. A veces me olvido _____ .
7. Nunca me olvido _____ .
8. A veces vacilo _____ .
9. Nunca vacilo _____ .
10. Sueño _____ .

B. The infinitive with expressions of obligation

Note the use of infinitives after the verbs and expressions of obligation in heavy print.

Ud. **debe** ayudar a los demás.	*You **should (ought to)** help other people.*
Tenemos que aceptar nuestro destino.	*We **have to** accept our destiny.*
Hay que estudiar los fenómenos inexplicables.	*One **has to (One must)** study inexplicable phenomena.*

The infinitive is used after verbs or expressions of obligation such as:
deber   tener que   hay que

■ *Explicaciones gramaticales*

1. **Hay que** expresses an impersonal obligation. It has several English equivalents.

Hay que hacerlo.
$\begin{cases} \textit{One has to do it.} \\ \textit{We must do it.} \\ \textit{They have to do it.} \\ \textit{It has to be done.} \end{cases}$

2. These expressions of obligation may be conjugated in all tenses.

Debíamos estudiar el problema.	*We **had to** study the problem.*
Tuve que decir la verdad.	*I **had to** tell the truth.*
Habrá que tener paciencia.	*We **will have to** be patient.*

Ejercicio 6. ¿Obligaciones?

*Say whether or not one should do the following things. You may begin your sentences with (no) **tenemos que**, (no) **debemos**, or (no) **hay que**. Make any necessary changes.*

1. respetar las creencias de los demás.
2. aceptar el destino
3. creer en Dios
4. ser racional
5. tratar de comprender la vida
6. creer en alguna religión
7. creer en la suerte
8. luchar (*fight*) contra la superstición
9. ser tolerante

C. Other infinitive constructions

Note the use of the infinitive in the constructions in heavy print.

Estoy **cansado de estudiar.**	*I am **tired of studying.***
Es **la hora de salir.**	*It is **time to leave.***
Leo el horóscopo **para saber** el futuro.	*I read the horoscope **in order to know** the future.*

Infinitives are often used in the following constructions:

adjective + *de* + infinitive
noun + *de* + infinitive
preposition + infinitive

VOCABULARIO   *Preposiciones que se usan con infinitivos*

al	*when, upon*	**Al** regresar a casa, llamé a mi hermano.
antes de	*before*	Tienes que pensar más **antes de** hablar.
después de	*after*	**Después de** estudiar, voy a ir al café.
en vez de	*instead of*	**En vez de** estudiar, Paco charla con sus amigos.
para	*(in order) to*	Voy a la clase de filosofía **para** estudiar problemas filosóficos.
sin	*without*	¿Es posible ser feliz **sin** tener amigos?

Ejercicio 7. *¿Sí o no?*

Say whether or not you like the idea of doing the following things. Use the model as a guide.

modelo: ¿Estudia Ud. para exámenes?
   Sí, me gusta la idea de estudiar para exámenes.
   or *No, (no) me gusta la idea de estudiar para exámenes.*

1. ¿Estudia Ud. los fines de semana?
2. ¿Está de vacaciones?
3. ¿Gana mucho dinero?
4. ¿Ahorra su dinero?
5. ¿Paga mucho dinero por su vivienda (*lodging*)?
6. ¿Tiene muchas responsabilidades?

Ejercicio 8. *No, no, no*

Use the phrases in parentheses to tell the following people to do certain things instead of what they are doing now.

modelo: Andrés mira telenovelas. (estudiar el francés)
   Andrés, tienes que estudiar el francés en vez de mirar telenovelas.

1. Marisa lee novelas. (estudiar filosofía)
2. Roberto habla. (escuchar)
3. Teresa toma vino. (comer)
4. Carmen piensa en el presente. (planear para el futuro)
5. Alberto juega al tenis. (hacer la tarea)
6. Juan discute con los representantes de su compañía. (estar en huelga)

Ejercicio 9. *Intérprete*

You are working as a translator. Put the following sentences into Spanish.

1. I am sure that people from outer space visit us from time to time.
2. I never predict the future.
3. We try to avoid bad luck.
4. Who can try to explain this miracle?
5. They insisted on speaking about flying saucers.

6. We have to stop working.
7. One has to tell the truth.
8. Is it possible to believe in God without believing in miracles?

Lectura cultural: La religión

Muchas *cuestiones* de interés actual en los Estados Unidos también son significativas en España y Latinoamérica. Pero hay una que es diferente: la de la religión. Tenemos que recordar la *unidad* religiosa de esos países. Más del 93 por ciento de sus habitantes son católicos, y más de la tercera parte de todos los católicos del mundo viven en estos países. Desde el *bautismo* hasta la muerte, la iglesia católica influye muchísimo en la vida del hispano.

La religión siempre ha sido de gran importancia en la historia del Nuevo Mundo. Los *peregrinos* ingleses que vinieron a *fundar* sus colonias en América salieron de Inglaterra porque querían practicar su religión con libertad. Como no les interesaba compartirla con los *indígenas*, no trataron de convertirlos. *En cambio*, los conquistadores españoles que vinieron al Nuevo Mundo no buscaban sólo *riquezas* sino también almas para Dios. Entonces, poco tiempo después de la *llegada* de los conquistadores, llegaron los *misioneros* para convertir a los indios a la fe católica.

issues

unity

baptism

pilgrims / to found

natives / on the other hand

riches

arrival / missionaries

Un bautismo en la catedral de Barcelona

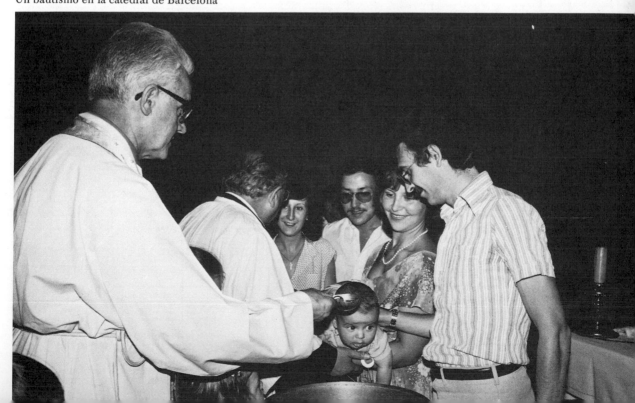

HOROSCOPO SEMANAL
Por MARCO
Del 13 al 19 de agosto
(ambos inclusive)

	DINERO	TRABAJO	SUERTE	SALUD	FAMILIA	AMOR
ARIES Del 21 marzo al 20 abril	Le amenaza una cierta situación de desequilibrio económico. Especialmente durante los días 13 y 19.	No se oponga a las exigencias de los superiores y pasará una semana tranquila por lo general.	No espere mucho de ella. Desentiéndase de aquellos asuntos que considere muy delicados.	Demasiado tiempo ocupado en sus cosas le hará abandonar el estado de salud. No abuse de sus energías.	Las necesidades de los amigos le llevarán a abandonar sus obligaciones familiares. Dedique un poco más de tiempo a los suyos.	Las relaciones conyugales marcharán por buen camino. La semana será a la vez propicia para pasar de la amistad al amor.
TAURO Del 21 abril al 21 mayo	Es mal momento para empezar a ampliar algún negocio. Las cosas pueden complicársele fácilmente.	No se deje llevar por la información que reciba de los compañeros. Sólo desearán servirse de usted.	De aspecto generalmente neutral. Conviene dejar pasar la semana sin grandes precauciones.	Le acompaña un buen aspecto astral en este terreno. No se preocupe demasiado por esos pequeños síntomas.	La familia política se mostrará más exigente en la relación. Procure discutir menos con ella.	Será un buen período de tiempo para ampliar los lazos de amor y de amistad. Goce de la felicidad que le rodea.
GEMINIS Del 22 mayo al 21 junio	Desconfíe de situaciones demasiado favorables. Las actuales condiciones ayudarán poco a su economía.	Responda a las necesidades de algunos compañeros. Alguien llegará a estar muy necesitado de su colaboración.	Será un período de tiempo muy prometedor en este sentido. Sobre todo durante el 15 y el 17.	Responderá bastante bien a los cuidados que ahora le dispense. No se abandone mucho en estos días.	El trabajo que realice en casa será muy beneficioso para todos. Semana propicia para dedicar más tiempo a los asuntos del hogar.	Evite la precipitación en las actuales relaciones amorosas, ya que encontrará menos correspondencia a su afecto.
CANCER Del 22 junio al 22 julio	La semana se presenta propicia para buscar nuevas salidas a los asuntos relacionados con los negocios.	Puede encontrar mayores motivos de satisfacción en el actual trabajo. Los demás le necesitarán bastante.	El mejor día para alcanzar una mayor estabilidad en sus proyectos es el 14. Procure aprovecharlo al máximo.	Ningún cuidado especial se hará necesario en estos días. Su organismo funcionará como una máquina perfecta.	Cuide mejor sus propiedades. Las personas encargadas de ello se mostrarán un tanto negligentes.	Tienda a ocupar un primer plano. Sólo así podrá vencer ciertas actitudes de indiferencia por parte de la persona amada.
LEO Del 23 julio al 22 agosto	Su actitud ante los nuevos problemas financieros le harán ganar la confianza de los demás.	Déjese aconsejar por los compañeros. Le ayudarán mucho en sus pretensiones laborales.	La tiene de espalda durante el 18 y el 19. Pero el resto tenderá a presentársele mucho más prometedor.	Ninguna situación desfavorable se advierte en el estudio de este terreno. No se preocupe demasiado por ella.	Los padres se mostrarán muy sensibles a la falta de atenciones. Interésese más por las visitas.	Nuevos contactos con el otro sexo crearán una cierta sensación de inseguridad en las relaciones conyugales.
VIRGO Del 23 agosto al 23 septbre.	Una mejor información sobre los actuales ingresos le proporcionará la ocasión de hacer algunas reclamaciones justificadas.	Posponga algunos asuntos personales y evitará muchos conflictos con los superiores.	Se presenta una semana bastante difícil para triunfar en nuevos proyectos de vida. Déjelo todo para una mejor ocasión.	Es buen momento para llevar una vida normal en todo. Su organismo presentará un adecuado equilibrio funcional.	La armonía del hogar se verá afectada por actitudes de incomprensión ante las necesidades de la familia política.	Es buen momento para declarar su afecto a la persona que más le interese. Será, por lo general, bien correspondido.
LIBRA Del 24 septbre. al 23 octubre	Cuide su bolsillo de las propias necesidades. Le amenaza un importante despilfarro que no tardará en lamentar.	Las personas que le rodean estarán dispuestas a ayudarle ante cualquier cambio en su actividad.	Déjela pasar sin grandes pretensiones. La semana se le presenta muy variable en este sentido.	Mantenga a su organismo apartado de los excesos. Especialmente durante los últimos días.	La semana se presenta propicia para interesarse por la situación de la familia menos allegada.	Buen período de tiempo para nuevas aventuras sentimentales. Encontrará mayor liberalidad en la relación.
ESCORPIO Del 24 octubre al 22 novbre.	Personas de cierta influencia estarán dispuestas a ayudarle ante cualquier problema económico.	Es buen momento para progresar en aquellas actividades que obliguen a una mayor responsabilidad.	No se aventure en nuevos proyectos de vida. Las cosas pueden complicarse con cierta facilidad.	Las personas delicadas encontrarán en las atenciones médicas sobrados motivos de satisfacción.	Ciertas necesidades suyas encontrarán mucha oposición en las personas que le rodean.	Una mala interpretación puede producir rupturas pasajeras. Haga más suyos los problemas del ser amado.
SAGITARIO Del 23 novbre. al 21 diciembr.	Toda falta de interés hacia algunos trabajos extras perjudicará demasiado al propio bolsillo.	Tómese las cosas con más calma. Es fácil que la gente llegue a colaborar menos con usted.	Le presentará el lado más favorable durante el 14 y el 15. Esté pendiente de todo lo que le rodee.	Amenaza un ligero retroceso. Ponga rápido remedio a cualquier problema de salud por pequeño que sea.	Semana propicia para hacer más feliz la vida a los demás, que confiarán bastante en usted.	Atraviesa un período de tiempo monótono en este terreno. Interésese más por los viajes y las reuniones.
CAPRICORNIO Del 22 dicbre. al 20 enero	Es buen momento para encontrar alguna colaboración en aquellos asuntos relacionados con el comercio.	No se oponga a las circunstancias, ya que los problemas laborales se solucionarán de forma imprevista.	De aspecto positivo por lo general. No pierda la calma si las cosas se complican en un principio.	Nada desfavorable se advierte con respecto a días pasados. No se preocupe demasiado por ello.	Su vida en el hogar resultará más cómoda y confortable. Goce de la felicidad que le rodea.	Será una semana propicia para corresponder a toda muestra de afecto. Procure aprovecharla al máximo.
ACUARIO Del 21 enero al 20 febrero	Será una semana bastante prometedora a su economía. Ciertas necesidades se resolverán de forma imprevista.	Es buen momento para solicitar un favor especial de los superiores. Se mostrarán bastante transigentes con usted.	La tiene de su parte durante los días 16 y 17. Aproveche algunas oportunidades para lograr sus propósitos.	Ningún cuidado especial se hará necesario en estos días. Disfrute de todo lo que le rodea.	Encontrará mayor colaboración en los suyos. Desentiéndase de algunas obligaciones familiares.	No le faltarán buenas ocasiones para emprender una nueva situación de idilio. Alguien llegará a congeniar bastante con usted.
PISCIS Del 21 febrero al 20 marzo	Es mal momento para interesarse por nuevos proyectos de ahorro. Los gastos a que se vea obligado serán importantes.	Se presenta una semana variable en este terreno. Tómese las cosas del trabajo con cierta calma.	Encontrará poco apoyo por parte de ella. Sírvase más de la influencia y de la colaboración de los demás.	No se preocupe demasiado por el estado de salud. Se le presenta un buen aspecto de los astros en este terreno.	No le faltarán satisfacciones ante la actitud que tomen los miembros menores del hogar.	Atraviesa un período de tiempo difícil en este terreno. Desconfíe de situaciones demasiado favorables.

Las civilizaciones de Centro y Sudamérica tenían religiones muy *complejas* que eran principalmente teocracias, gobiernos *vistos como procedentes* de Dios. Por eso, al ver que sus dioses y sus líderes fueron *vencidos* por los españoles, los indios dejaron de *venerarlos* y aceptaron la fe de éstos. Sin embargo, en algunas regiones rurales de Latinoamérica todavía se encuentran *costumbres* religiosas que combinan ritos y creencias precolombinas con las de la fe católica.

    A *pesar del poderío* de la iglesia católica en los países hispanos, hay *fieles* que la critican por la gran influencia económica que tiene en algunos países y por *haberse aliado* en el pasado con *fuerzas* que resistían el cambio social y económico. Ultimamente la iglesia católica *se ha dado cuenta de* que el *bienestar* espiritual de los católicos latinoamericanos coincide con su bienestar temporal y por eso está participando en intentos de crear una sociedad más justa.

(margin glosses)
complex / seen as coming
defeated / worship them
customs
Despite the power
the faithful
having allied itself / forces
has realized / well-being

¿Comprendió Ud.?

1. ¿Por qué es la religión muy importante en los países hispanos?
2. ¿Por qué vinieron los peregrinos a lo que es hoy los Estados Unidos?
3. ¿Qué buscaban los conquistadores españoles en el Nuevo Mundo?
4. ¿Cuál es la diferencia entre las actitudes de los peregrinos y las de los conquistadores españoles hacia los indios?
5. ¿Por qué aceptaron los indios la fe de los españoles?
6. ¿Qué han criticado algunos hispanos de la iglesia católica? ¿Cómo ha respondido la Iglesia a la crítica?

Aumente su vocabulario: cognate pattern t → th

Many English words of Latin or Greek origin that contain the letters *th* correspond to Spanish words where t is used in its place.

| católico | → | *cath*olic | matemáticas | → | *mathematics* |
| el teatro | → | *thea*ter | norteamericano | → | *North American* |

Práctica

Complete the following Spanish words and use each in a sentence of your own making.

1. una —eoría   3. un —ema   5. un au—or   7. la pan—era rosa
2. un —ermómetro   4. una —esis   6. el en—usiasmo   8. un mi—o

AHORA LE TOCA A UD.

1. *Most people have certain private superstitions. Describe your own measures for avoiding bad luck. If you are not superstitious, describe a common superstition in which you do not believe.*
2. *Describe three of the most common superstitions in this country.*
3. *Describe your religious beliefs.*

LECCION 29
Para vivir muchos años...

16 de julio

Mi *querido nieto*:

    Te agradezco mucho la tarjeta que me mandaste la semana pasada cuando *cumplí* los 85 años. Me preguntaste lo que he hecho para vivir tantos años y gozar de ellos, y me alegro de *compartir* mis secretos contigo.

1. *Come* alimentos nutritivos. *No comas* muchos dulces. (¡Todavía tengo casi todos los dientes!)
2. *Toma* bebidas alcohólicas con moderación. (Pero un poquito de vino de vez en cuando no hace ningún *daño*.)
3. *Haz ejercicio* regularmente. (Jugué al tenis hasta los 65 años y todavía doy un paseo todos los días.)
4. *¡No fumes!*
5. *¡Diviértete!* ...también con moderación.
6. *No te preocupes* por problemas que no puedes resolver.
7. *¡Cásate!* (Acabo de leer en un artículo que los hombres casados viven más años que los solteros.)
8. *Ten* abuelos que han vivido muchos años... ¡como yo!

Un abrazo fuerte,
Tu abuelo

Glosas:
- dear grandson
- I thank you for
- turned
- to share
- eat / Don't eat
- Drink
- harm
- Exercise
- Don't smoke!
- Enjoy yourself!
- Get married!
- Have
- A big hug,

1. ¿A quién escribe el abuelo?
2. ¿Cuántos años tiene el abuelo?
3. ¿Tiene buena salud?
4. ¿Qué tipo de ejercicio hace regularmente?
5. ¿Tiene un temperamento tranquilo o nervioso?
6. ¿Qué cosas ha evitado?
7. ¿Qué cosas ha hecho?
8. ¿Está Ud. de acuerdo con todos los consejos? o ¿sólo algunos? ¿Cuáles son?
   ¿Hay alguno que no le parece bien?

NOTA CULTURAL

Vilcabamba, Ecuador

The small Andean village of Vilcabamba, Ecuador has drawn the attention of scientists who study longevity because 16.4 percent of its inhabitants are over the age of sixty, and several of them are close to, or over, a hundred years old. These figures are in startling contrast to those for the rest of rural Ecuador, and they are also far above the average for other countries. The scientists who have studied the elderly residents of Vilcabamba attribute their longevity to a low caloric consumption—about 1,200 per day; high social status in the community—the elderly are respected and their advice is sought after; close family ties—most of them live with their immediate families or close relatives; and work—they continue to lead useful and productive lives.

¿Cuántos años tendrá la señora?

LENGUA ESPAÑOLA

VOCABULARIO   *Beber, comer y fumar*

beber

el alcohol	*alcohol*
el jugo de frutas	*fruit juice*
un refresco	*soft drink, cold drink*
el vino blanco	*white wine*
el vino tinto	*red wine*

comer

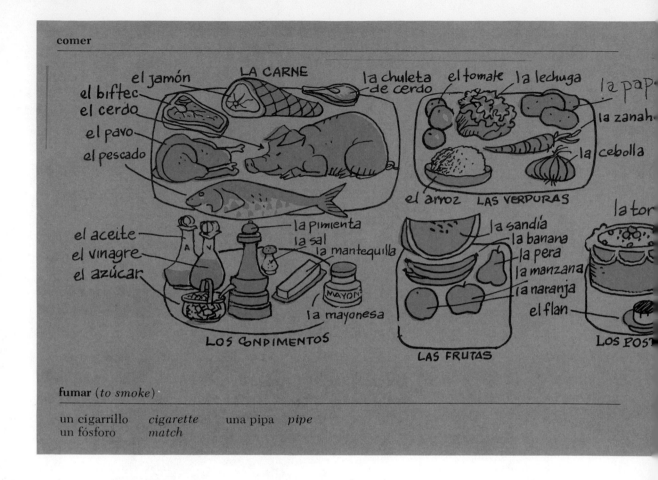

fumar (*to smoke*)

un cigarrillo   *cigarette*   una pipa   *pipe*
un fósforo   *match*

Ejercicio 1. ¿Está de acuerdo o no?

Say whether or not you agree with the following statements. You may modify your
answers with adverbs such as **completamente** *or* **parcialmente**.

1. Hay que prohibir fumar en todos los lugares públicos.
2. El abuso del alcohol es el problema más grave de la juventud.
3. Las mujeres beben tanto alcohol como los hombres.
4. Hay que prohibir el uso del alcohol en las residencias universitarias.
5. El alcoholismo es la causa principal del suicidio.
6. Las personas que empiezan a beber con moderación cuando son jóvenes no tienen problemas
   luego con el alcohol.
7. No se puede comer «bien» sin buen vino.
8. El alcoholismo es un problema psicológico.
9. El consumo (*consumption*) del azúcar es tan peligroso como el del alcohol.
10. Los norteamericanos comen demasiada carne.
11. Para tener buena salud, hay que ser vegetariano.
12. Para no emborracharse (*get drunk*), hay que comer y beber al mismo tiempo.

Ejercicio 2. Ud. es el cocinero/la cocinera (You're the cook)

Imagine that you are preparing the following foods. Say which ingredients you plan to use.

modelo: un sándwich de jamón
        Para hacer un sándwich de jamón, necesito mantequilla, lechuga, jamón y pan.

1. una ensalada mixta
2. un flan
3. una ensalada de fruta
4. una ensalada de huevos
5. su sándwich preferido

A. Familiar affirmative commands: regular **tú** forms

The sentences on the left are statements about certain people; the verbs are in the present tense. In the sentences on the right these people are told what to do; the verbs are in the command form. Compare the verbs in heavy print.

Roberto no **estudia**.	**Estudia**, Roberto.	*Study*, *Roberto.*
Clara no **escucha**.	**Escucha**, Clara.	*Listen*, *Clara.*
Isabel no **come** fruta.	**Come** fruta, Isabel.	*Eat fruit*, *Isabel.*
Ramón no **sube** al coche.	**Sube al** coche, Ramón.	*Get in the car*, *Ramón.*

For most verbs, familiar affirmative commands are formed as follows:

affirmative *tú* command = *él* form of the present tense

◼ *Explicación gramatical*

The above pattern applies to all regular and stem-changing verbs, as well as many irregular verbs.

pensar (e → ie) **Piensa** un poco, Federico.
repetir (e → ie) **Repite** la pregunta, Carmen.
mostrar (o → ue) **Muestra** tus fotos, Diego.
jugar (u → ue) **Juega** con nosotros, Francisco.

Ejercicio 3. ¿Le gusta enseñar?

Imagine that you are teaching in a Mexican elementary school. Ask your students to do the following things.

modelo: Isabel / estudiar *¡Isabel! Estudia, por favor.*

1. Paco / escuchar
2. Pilar / mirar esta foto
3. Rubén / contestar en inglés
4. Carmen / comenzar la lección
5. Luisa / buscar su cuaderno
6. Felipe / tomar el libro de Ana
7. María / pensar un poco
8. José / jugar con los otros chicos
9. Clara / leer la lección
10. Inés / aprender los verbos
11. Pablo / escribir la composición
12. Jaime / repetir las palabras
13. Francisca / cantar una canción
14. Pedro / empezar su tarea

B. Familiar negative commands: regular forms

In the sentences on the left, Elena says what she's doing; the verbs are in the present tense. In the sentences on the right, Carlos tells Elena not to do these things; his commands are in the negative. Compare the stems of the verbs in heavy print.

ELENA:

CARLOS (A ELENA):

Estudio.   No **estudies**, Elena.
Vendo mi guitarra.   No **vendas** tu guitarra.
Escribo una carta.   No **escribas** la carta.
Salgo con Enrique.   No **salgas** con Enrique.
Digo tonterías.   No **digas** tonterías.

For most verbs, the formation of familiar negative commands follows this pattern:

yo **form of the present (minus** *-o*)   **+**   { *-es*   (for verbs ending in *-ar*)
                                         { *-as*   (for verbs ending in *-er* or *-ir*)

■ *Explicación grammatical*

In order to preserve the sound of the stem, verbs ending in **-car, - gar,** and **-zar** have the following spelling changes:

bus**car**   c → qu   No bus**ques** mi guitarra.
ju**gar**   g → gu   No jue**gues** cuando debes estudiar.
empe**zar**   z → c   No empie**ces** a hacer esta tarea.

*Ejercicio 4. El régimen (*The diet*)*

Imagine that a friend of yours is trying to lose weight. Tell your friend whether or not to eat items 1–9, and whether or not to drink items 10–18.

modelo: carne   *Come carne.* or *No comas carne.*

1. mantequilla
2. chuletas de cerdo
3. papas fritas
4. ensalada de tomates
5. fruta
6. naranjas
7. helado
8. pasteles
9. flan

10. té
11. leche
12. refrescos
13. alcohol
14. cerveza
15. jugo de manzana
16. vino
17. agua
18. chocolate

Ejercicio 5. Moderación

Tell the following people to be more moderate in what they do. (Note: **tanto** *means so much.)*

modelo: Carlos habla mucho.   *¡No hables tanto!*

1. Rita estudia mucho.
2. Olga trabaja mucho.
3. Felipe lee mucho.
4. Roberto come mucho.
5. Marisela fuma mucho.
6. Isabel piensa mucho.
7. Inés duerme mucho.
8. Rafael bebe mucho vino.

Ejercicio 6. ¡No!

Roberto is telling you what he does. Tell him to stop doing these things.

modelo: Hablo francés.   *No hables francés, Roberto.*

1. Fumo cigarrillos.
2. Gasto mucho dinero.
3. Bebo vino blanco.
4. Juego al hockey.
5. Salgo con chicas presumidas (*conceited*).
6. Digo tonterías.
7. Hago cosas inútiles.
8. Toco la trompeta.

Ejercicio 7. Sí y no

Tell a friend to do one of the things in parentheses, but not the other.

modelo: hablar (español / inglés)
     Habla español. No hables inglés.
     or *No hables español. Habla inglés.*

1. apagar (la luz / el radio)
2. aprender (a conducir / a esquiar)
3. leer (el horóscopo / las historietas)
4. doblar (a la derecha / a la izquierda)
5. beber (café / refrescos)
6. subir (al autobús / al tren)
7. cerrar (la puerta / la ventana)
8. pensar (en el futuro / en el pasado)

C. Position of pronouns with commands

In column **A**, Carmen is asking advice on certain matters. Pedro (column **B**) tells her to do what she suggests, and Luisa (column **C**) tells her not to. Contrast the positions of the object pronouns in the affirmative (**B**) and negative (**C**) commands.

(A) CARMEN	(B) PEDRO	(C) LUISA
¿Invito a Roberto a bailar?	Sí, invíta**lo**.	No, no **lo** invites.
¿Llamo a Clara?	Sí, lláma**la**.	No, no **la** llames.
¿Les escribo a mis primos?	Sí, escríbe**les**.	No, no **les** escribas.
¿Me preparo para la fiesta?	Sí, prepára**te**.	No, no **te** prepares.

In an affirmative command, the object pronoun comes *after* the verb, and is attached to it.
In a negative command, the object pronoun comes *before* the verb.

■ *Explicaciones gramaticales*

1. When a pronoun is attached to the verb in an affirmative command, an accent mark is used to indicate that the stress pattern of the verb has not changed.

   Manda la carta.   →   Mándala.

2. When two pronouns are used in a command, the indirect object pronoun comes before the direct object pronoun.

Préstame tus apuntes.   →   Préstamelos.
No nos leas el horóscopo.   →   No nos lo leas.

3. When a one-syllable affirmative command is used together with only one object pronoun, no accent mark is needed.

Dame los fósforos.   *but:*   Dámelos.

Ejercicio 8. *Antes de salir*

A friend asks you whether or not he should do the following things before leaving. Tell him to do them, using object pronouns.

modelo: ¿Abro las ventanas?   *Sí, ábrelas.*

1. ¿Cierro la puerta?
2. ¿Apago las luces?
3. ¿Apago el tocadiscos?
4. ¿Llamo a Carmen?
5. ¿Invito a tu primo a la fiesta?
6. ¿Mando las cartas?
7. ¿Mando un telegrama al hotel?
8. ¿Le escribo a Paco?

Ejercicio 9. *La fiesta*

Carmen is giving a party and is asking Carlos whom to invite. Play both roles as in the model.

modelo: invitar a Susana (no)
      CARMEN: *¿Invito a Susana?*
      CARLOS: *No, no la invites.*

1. invitar a Diego (sí)
2. invitar a Paco (no)
3. invitar a mis hermanos (sí)
4. llamar a Carolina (sí)
5. llamar a María y Juana (no)
6. llamar a Jaime (no)
7. mandarle una invitación a Inés (sí)
8. mandarles invitaciones a nuestros parientes (no)
9. mandarle una invitación al profesor de matemáticas (no)
10. mandarles invitaciones a los estudiantes mexicanos (sí)

Ejercicio 10. *Mañana*

You are very busy today and cannot spend any time with your friend Ricardo. Indicate this to him and tell him to try again tomorrow.

modelo: llamar por teléfono   *¡No me llames por teléfono hoy! Llámame mañana.*

1. visitar
2. invitar a salir
3. pedir dinero
4. decir todo
5. mostrar tus regalos
6. contar la historia de tu vida

Ejercicio 11. Para recuperarse

Dolores is recovering from mononucleosis. Tell her what to do and what not to do.

modelo: levantarse tarde (sí)   *Levántate tarde.*

1. levantarse temprano (no)
2. acostarse tarde (no)
3. acostarse temprano (sí)
4. descansar mucho (sí)
5. comer bien (sí)
6. ocuparse de sus estudios (no)
7. enojarse (no)
8. preocuparse (no)

D. Familiar commands: irregular forms

Eight verbs have irregular affirmative commands in the **tú** form.

decir	**Di** la verdad.	salir	**Sal** inmediatamente.
hacer	**Haz** ejercicio.	ser	**Sé** generoso.
ir(se)	**Vete** al estadio.	tener	**Ten** paciencia.
poner	**Pon** las verduras aquí.	venir	**Ven** a las dos.

Four verbs have irregular familiar negative command forms.

dar	**No** le **des** ningún cigarrillo a Ana.	ir	**No vayas** a la cocina.
estar	**No estés** triste.	ser	**No seas** impaciente.

■ *Explicaciones gramaticales*

1. Only **ir** and **ser** have irregular affirmative and negative **tú** command forms.

2. The negative **tú** command form of **saber** is **sepas**. However, **saber** is seldom used in negative commands.

3. The affirmative **tú** command form **ve** is almost always used in the reflexive.

   Vete a la cama ahora mismo.   **Go** to bed right now.

   The above usage is a redundant form used in colloquial speech for emphasis. The true reflexive meaning of **irse** is *to go away* It is used when the point of departure but not the destination is expressed.

Ejercicio 12. Vacilaciones

Miguel asks Elena whether or not he should do certain things. Elena tells him to do them. Play both roles as in the model. Use object pronouns in Elena's answers whenever possible.

modelo: salir con Teresa
        MIGUEL: *¿Salgo con Teresa?*
        ELENA: *Sí, sal con ella.*

1. poner el jamón en la mesa
2. poner la mesa
3. hacer los sándwiches
4. hacer las maletas

5. ir(se) al supermercado
6. ir(se) a la panadería
7. salir a las dos

8. salir mañana también
9. decirle la verdad a María
10. tener paciencia con ella

Ejercicio 13. El ángel y el diablo

The angel gives Juanita good advice. The devil gives her bad advice. Play both roles.

modelo: decir la verdad
      ANGEL: *¡Di la verdad!*
      DIABLO: *¡No digas la verdad!*

1. decir mentiras
2. hacer la tarea
3. ir(se) a clase
4. ponerse furiosa

5. ser buena con todo el mundo
6. tener paciencia
7. darles buenos consejos a sus amigos
8. darles malos consejos a sus hermanos

Ejercicio 14. Intérprete

You are working as a translator. Put the following sentences into Spanish.

1. Do you (**tú**) smoke cigarettes or cigars? I prefer smoking a pipe.
2. Eat your carrots, Paco.
3. Come to the restaurant at seven, Beatriz.
4. Don't begin to make the salad yet, Ana.
5. Don't play soccer, Pedro.
6. Where is the pepper, Rafael? Look for it.
7. Where are the apples, Marta? Show them to me.
8. Do you have the pears, Clara? Don't eat them now.
9. Go to the dining room, Raúl. Don't go to the kitchen.
10. Put the rice on the table, Paquita.

REALIDAD HISPANICA

Lectura cultural: ¿Tiene Ud. hambre?

    Si Ud. entra en un restaurante en España o en algunos países latinoamericanos y pide una tortilla, el *camarero* le traerá un *plato* hecho de huevos, papas y un poco de cebolla. Los españoles sirven la tortilla como «*tapas*», algo para *picar* mientras se toma vino o *jerez*, o un aperitivo. Para muchos latinoamericanos la tortilla es una *comida ligera*. Pero si Ud. pide una tortilla en México, el camarero le traerá un pan *chato y redondo* hecho de *harina de maíz*. Esta tortilla es la comida básica de los mexicanos y con ella se hacen tacos, enchiladas, quesadillas, tostadas y otros platos mexicanos.

    Como se ve, no se puede hablar de la cocina hispana en términos generales. La comida de cada país hispano es diferente, y en muchos

waiter / a dish

snack / to nibble / sherry
light meal

flat and round / corn-
   meal

Comida mexicana en el mercado de Guadalajara

países hay diferencias regionales también. La comida depende, en gran parte, de los productos del país. En España, Puerto Rico y Cuba se come mucho arroz. En México y en los países centroamericanos, el *maíz* es la comida básica. En algunos países centroamericanos, se usa la yuca, una planta de *raíz comestible*, casi tanto como el maíz. *Por otro lado*, en la Argentina, el Uruguay y Chile se come mucha carne de res— ¡frecuentemente dos veces al día! Y en casi todos los países hispanos se toma mucho café.

corn
edible root
on the other hand

Muchos de los productos que usamos en los Estados Unidos y Europa se originaron en Latinoamérica y fueron introducidos en Europa por los conquistadores españoles. Algunos de ellos son el cacao (chocolate), la vainilla, la banana, el pavo, el tomate, el *chicle*, el tabaco, la papa y la *calabaza*. Y en muchos países latinoamericanos, especialmente en los países tropicales, se comen frutas y verduras que no se conocen en otros países.

chewing gum
pumpkin, squash

Mucha gente cree que la comida hispana es *picante*, pero no es una característica de la comida hispana en general. En México, por ejemplo, donde se usan mucho los chiles, la comida sí es picante. Sin embargo, hay *aficionados* a la comida picante que *juran* que la comida peruana es todavía más picante que la mexicana.

spicy

devotees / swear

Aproveche la oportunidad de comer algún plato hispano. *¡Buen provecho!*

Take advantage of /
Hearty appetite!

¿Comprendió Ud.?

1. ¿Cómo es la tortilla española? ¿Cómo es la tortilla mexicana?
2. ¿Por qué no se puede hablar de la cocina hispana en términos generales?
3. ¿Cuál es la comida básica de México? ¿de Puerto Rico? ¿de la Argentina?
4. ¿Qué productos de origen latinoamericano usa Ud.?
5. ¿Es verdad que toda la comida hispana es picante? ¿Le gusta a Ud. la comida picante?

Aumente su vocabulario: cognate pattern -co → -c, -cal

Often Spanish adjectives that end in **-co** correspond to English cognates that end in **-cal**, or at times in **-c**.

bás**ico**	*basic*
matemá**tico**	*mathematical*

Such cognates have an accent mark on the third syllable from the end.

Práctica

Complete the following Spanish adjectives and use each in an original sentence.

1. músi—   3. sistemáti—   5. eléctri—
2. técni—   4. cómi—   6. electróni—

AHORA LE TOCA A UD.

Imagine that you are giving health advice to the following people. Tell them what to eat and drink, what foods or drinks to avoid, whether or not to exercise, etc. Give five pieces of advice to each.

1. an athlete
2. a friend who must study very hard for an exam
3. a friend who has a weight problem
4. a friend who tends to study too much

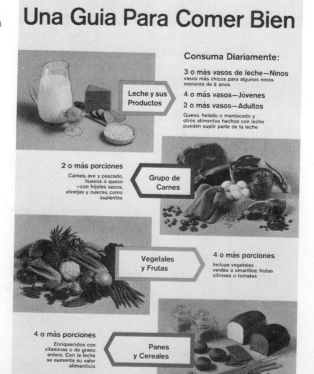

Una Guia Para Comer Bien

Consuma Diariamente:

Leche y sus Productos

3 o más vasos de leche—Ninos
vasos más chicos para algunos ninos
menores de 8 anos

4 o más vasos—Jóvenes
2 o más vasos—Adultos
Queso, helado o mantecado y
otros alimentos hechos con leche
pueden suplir parte de la leche

Grupo de Carnes

2 o más porciones
Carnes, ave y pescado,
huevos o queso
—con frijoles secos,
alverjas y nueces, como
suplentes

Vegetales y Frutas

4 o más porciones
Incluya vegetales
verdes o amarillos; frutas
citrosas o tomates

Panes y Cereales

4 o más porciones
Enriquecidos con
vitaminas o de grano
entero. Con la leche
se aumenta su valor
alimenticio

LECCION 30

¡Que se diviertan!

Have a good time!

¿Le gustaría estudiar en un país hispánico? ¿Le gustaría viajar a los países hispanos? *Vaya* si puede, porque es el mejor modo de perfeccionar su español. Aquí hay algunas *sugerencias* para viajeros.

Go
suggestions

1. No compare ningún otro país con el suyo. ¡Lo más interesante son las diferencias!
2. Trate de hablar la lengua del país. *¡No sea* tímido!
3. No se quede solamente en las ciudades principales. ¡Visite varias regiones del país!
4. Sea receptivo; deje los estereotipos y las ideas *preconcebidas* en casa.
5. Sea agradable y *cortés*. En los países hispanos la *cortesía* es muy importante.
6. Respete las costumbres y la moralidad del país. ¡Vístase de una manera apropiada!
7. Observe las *leyes* del país si no ha hecho el viaje con la intención de estudiar las condiciones de las prisiones extranjeras.
8. No pase todo el tiempo en compañía de norteamericanos. ¡Conozca a otra gente!

Don't be

preconceived

courteous / courtesy

laws

¡Que *tenga* un buen viaje!

have

¡QUE SE DIVIERTAN!

359

Preguntas

1. En su opinión, ¿cuáles son las dos sugerencias más importantes?
2. ¿Cuál es la sugerencia menos importante?
3. ¿Está Ud. de acuerdo con todas las sugerencias? Si no, ¿cuáles no le parecen bien? ¿por qué?

NOTA CULTURAL

Student travel

Hitchhiking is an acceptable mode of travel in many parts of Europe, including Spain, but it is not a common practice for tourists in Latin America. However, limited funds can be stretched and much can be seen by travelling on buses or trains. Most countries offer bus service of at least two classes, and trains sometimes pass through some of the most spectacular scenery in the world. For example, the only way to reach Machu Picchu from Cuzco is by train, and the three-day train trip from Buenos Aires, Argentina to Santiago, Chile is a remarkable ride across the Andes Mountains. And to go from Peru to Bolivia, one can cross Lake Titicaca by hydrofaoil!

CAMINOS Y PUENTES FEDERALES DE INGRESOS Y SERVICIOS CONEXOS		
AUTOPISTA MEXICO-CUERNAVACA		
Comprobante	418063	

Tarifa No.	TIPO	IMPORTE
1	Automóviles, Turismos, Pick-ups y Panels	$20.00
2	Automóviles, Turismos, Pickups y Panels con Remolque o Tráiler	28.00
3	Autobuses de Pasajeros	16.00
4	Camiones de carga de 2 Ejes	19.00
5	Camiones de carga o Tractores con semi-remolque de 3 Ejes	25.00
6	Camiones de carga o Tractores con remolque de 4 Ejes	31.00
7	Camiones de carga o Tractores con remolque de 5 o más Ejes	37.00
8	Motocicletas con o sin Side-car	10.00

_____19

A veces los estudiantes mexicanos viajan asi.

VOCABULARIO *De viaje*

sustantivos

el camino	*road*	una camioneta	*van*
un camión	*truck*	una carretera	*highway*
el campamento	*camp*	una mochila	*backpack*
un saco de dormir	*sleeping bag*	una tienda de campaña	*tent*

verbos

caminar	*to walk*	No me gusta **caminar** cuando llueve.
estacionar	*to park*	¡Se prohibe **estacionar** aquí!
hacer camping	*to go camping*	Vamos a **hacer camping** en agosto.
parar(se)	*to stop*	El autobús **se para** enfrente de mi casa.

Ejercicio 1. Y Ud., ¿qué dice?

1. ¿Le gusta hacer camping?
2. ¿Ha hecho camping alguna vez? ¿dónde? ¿cuándo? ¿con quiénes?
3. ¿Va a hacer camping durante las vacaciones de verano? ¿dónde?
4. ¿Tiene saco de dormir? ¿mochila? ¿tienda de campaña?
5. ¿Se prohibe estacionar cerca de su casa? ¿Dónde estacionan sus coches los estudiantes de esta universidad?

A. Formal command forms

The **Ud.** and **Uds.** commands are the same in both the affirmative and negative. As you read the following commands, pay attention to the verb forms in heavy print.

	Ud.	**Uds.**
(hablar)	**Hable** español.	No **hablen** francés.
(pensar)	**Piense** en el viaje.	No **piensen** en el trabajo.
(leer)	**Lea** el mapa.	No **lean** las historietas.
(encender)	No **encienda** el radio.	**Enciendan** las luces.
(traer)	**Traiga** la tienda.	No **traigan** los sacos de dormir.
(abrir)	**Abra** la ventana.	No **abran** la puerta.
(dormir)	**Duerma** bien.	No **duerman** hasta las seis.
(salir)	No **salga** de la tienda.	**Salgan** con nosotros.

¡QUE SE DIVIERTAN!

The **Ud.** and **Uds.** commands are formed according to the following pattern.

	Ud.	Uds.	
yo form of the present (minus *-o*) +	*-e*	*-en*	for verbs ending in *-ar*
	-a	*-an*	for verbs ending in *-er* or *-ir*

■ *Explicaciones gramaticales*

1. The subject pronouns **Ud.** and **Uds.** are often used in formal commands.

2. Like the negative **tú** commands, the **Ud.** and **Uds.** commands are derived from the **yo** form of the present. This applies to all regular and stem-changing verbs, and almost all irregular verbs.

3. In order to preserve the sound of the stem, verbs ending in **-car, -gar**, and **-zar** have the same spelling changes you have seen in negative **tú** commands.

buscar	c → qu	Bus**qu**en sus mochilas.
jugar	g → gu	No jue**gu**en al tenis.
organizar	z → c	Organí**c**ese mejor.

4. Verbs that have irregular negative **tú** command forms have the same irregularities in the **Ud.** and **Uds.** command forms.

dar:	No le **dé Ud.** el mapa a Raúl.	No nos **den Uds.** fruta.
estar:	**Esté** tranquilo.	No **estén** nerviosos.
ir:	**Vaya** en la camioneta.	No **vayan** en el camión.
ser:	**Sea** médico.	No **sean** abogados.

5. In affirmative commands, object pronouns follow the verb and are attached to it.

¿Le escribo?	Sí, escríba**me**.
¿Invitamos a María al cine?	Sí, invíten**la**.
¿Nos ponemos suéteres?	Sí, póngan**selos**.

   As with **tú** commands, the accent mark is used to retain the original stress of the verb.

Ejercicio 2. Consejos para unos amigos españoles

Imagine that Spanish friends are going to spend some time in this country as students. Give them advice by telling them what and what not to do.

modelo: visitar (Miami o San Francisco)
   Visiten Miami. No visiten San Francisco.
   or *Visiten San Francisco. No visiten Miami.*

1. visitar (Chicago o Nueva York)
2. quedarse (en el campo o en una ciudad grande)
3. traer (una mochila o un saco de dormir)
4. alquilar (un coche o una camioneta)

Ejercicio 3. ¡Por favor!

Ask a person whom you do not know well to do the following things. Address that person as **Ud.**

modelo: cerrar la puerta   *Cierre la puerta, por favor.*

1. cerrar las ventanas
2. jugar al tenis con Ud.
3. mostrarle sus libros
4. repetir la pregunta
5. sentarse aquí

Ejercicio 4. En México

Imagine that you are travelling in Mexico. As you find yourself in different places, ask people to help you. Use the suggested expressions.

modelo: (en un café) traerme una cerveza   *Por favor, tráigame una cerveza.*

(en un café)

1. traerme vino tinto
2. traerme la cuenta (*bill*)

(en la calle)

3. decirme dónde está el Hotel María Isabel
4. decirme dónde está el Café Tacuba

(en el hotel)

5. darme una habitación
6. poner mis maletas en la habitación
7. darme la cuenta

(en una tienda)

8. mostrarme aquellos sombreros
9. decirme el precio
10. decirme si Ud. acepta cheques de viajero

Ejercicio 5. En el consultorio del médico

Imagine that you are a doctor. Tell a Spanish-speaking patient what things to do and not do in order to lead a healthier life.

modelo: comer mucho   *No coma mucho.*

1. beber agua mineral
2. tomar bebidas alcohólicas
3. correr unos kilómetros todos los días
4. hacer otro ejercicio también
5. ir en coche a trabajar
6. dar paseos en el campo
7. ponerse furioso por cosas pequeñas
8. acostarse temprano

VOCABULARIO   *El coche*

sustantivos

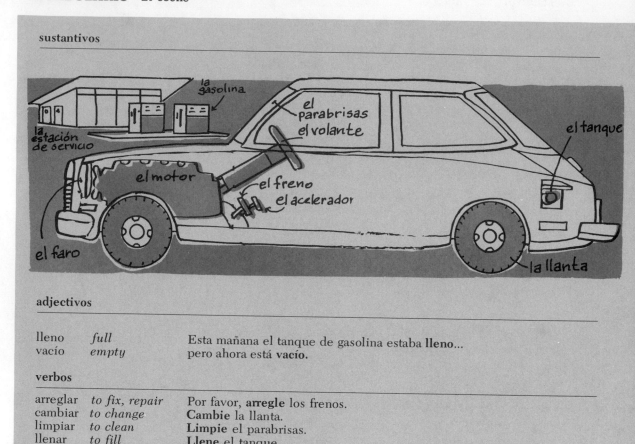

adjectivos

| lleno | *full* | Esta mañana el tanque de gasolina estaba **lleno**... |
| vacío | *empty* | pero ahora está **vacío**. |

verbos

arreglar	*to fix, repair*	Por favor, **arregle** los frenos.
cambiar	*to change*	**Cambie** la llanta.
limpiar	*to clean*	**Limpie** el parabrisas.
llenar	*to fill*	**Llene** el tanque.
revisar	*to check*	**Revise** el nivel del aceite.

Ejercicio 6. Antes del viaje

Imagine that you are driving from Mexico City to El Paso. Before setting out, you want to have your car checked. Give your instructions to the mechanic by using the appropriate verbs with the suggested nouns.

modelo: los faros   *Por favor, arregle (limpie) los faros.*

1. el parabrisas
2. el freno
3. el tanque de gasolina
4. las llantas
5. el motor
6. el aceite
7. el volante
8. el carburador

B. Indirect commands with **que**

In each sentence on the left, a direct **Ud.** command is used to tell someone what to do. In each sentence on the right, an indirect command is given. Compare the verb forms in both sentences.

Salgan Uds.	*Leave.*	**¡Que salgan** los jóvenes!	*Have the young people **leave.***
Conteste Ud.	*Answer.*	**¡Que conteste** el guía!	*Let the guide **answer.***

In Spanish, indirect commands concerning others are expressed as follows.

¡Que + formal command form of the verb + subject (if expressed)!

◼ *Explicaciones gramaticales*

1. The verbs in the direct **Ud./Uds.** commands and in the third-person indirect commands are the same. They are *subjunctive* verb forms.*

2. Note the English equivalents of the indirect command.

¡Que lo haga José! $\left\{\begin{array}{l}\textit{Let José do it.}\\ \textit{May José do it.}\\ \textit{Have José do it.}\end{array}\right.$

Ejercicio 7. ¡Por supuesto!

Imagine that the following people want to do certain things which require your permission. Tell them to go ahead and do these things.

modelo: Sus amigos quieren arreglar el coche.   *¡Que lo arreglen!*

1. Jaime quiere cambiar la llanta.
2. Rita quiere limpiar el parabrisas.
3. Ricardo quiere revisar el nivel del aceite.
4. Margarita quiere llenar el tanque.
5. Esteban quiere hacer las maletas.
6. Sus hermanos quieren salir mañana.
7. Sus padres quieren darles a Ud. y sus amigos cien dólares.
8. Sus abuelos quieren pagar la tienda de campaña.

C. The subjunctive: Introduction

Tenses and Moods

The verb is the word or words in a sentence that expresses an action or state of being. It is characterized by its tense and its mood.
1. The tense indicates at what time the action occurs. The present, the imperfect, the preterite, and the future are tenses.
2. The mood indicates the attitude of the speaker toward the action. The indicative and the subjunctive are moods.

Indicative and Subjunctive

1. The indicative mood is used to state facts and to express what is

---

* See section C.

considered as certain. It is the mood of *what is, was, or will be*. So far, it is the mood that you have been using for the most part.

2. The subjunctive is often used to convey wishes, requests, needs, emotions, doubts, and possibilities. It is the mood of *what may or might be*. In the following chapters you will learn how to form and when to use the subjunctive.

In each pair of sentences below, contrast the forms of the verbs in heavy print. The verbs in the sentences on the left are in the indicative mood because the speaker is expressing facts. The verbs in the two pairs of sentences on the right are in the subjunctive mood because the speaker is expressing a desire or request.

facts: indicative	*desires: subjunctive*	*indirect commands*
Carlos **estudia** poco.	Quiero que Carlos **estudie** más.	¡Que **estudie** más!
Mis amigos **llegan** hoy.	Prefiero que **lleguen** mañana.	¡Que **lleguen** mañana!

■ *Explicaciones gramaticales*

1. When the first part of the sentence is a noun clause expressing a wish, request, or emotion, the clause in which the subjunctive appears is almost always introduced by **que**.

2. The indicative is used after **que**, however, when the first part of the sentence indicates knowledge of a fact.

indicative: **Sé** que Carlos te **escucha**.   *I **know** that Carlos **listens** to you.*
subjunctive: **Espero** que Carlos me **escuche**.   *I **hope** that Carlos **listens** to me.*

Ejercicio 8. La indiferencia

Rafael's friends, family, and acquaintances want him to change his habits. When expressing their wishes, they use the subjunctive mood. Describe the fact that Rafael doesn't change in spite of them. Use the indicative mood as in the model.

modelo: El profesor quiere que Rafael estudie.   *Pero Rafael no estudia.*

1. Su novia quiere que la llame.
2. Su mejor amigo quiere que le escriba.
3. Sus padres quieren que viva con ellos.
4. El doctor quiere que coma alimentos nutritivos.
5. Sus amigos quieren que los invite a su casa.
6. Su profesor de inglés quiere que hable inglés.

Ejercicio 9. Intérprete

You are working as a translator. Put the following sentences into Spanish.

1. Esteban and Carlos, please look for my sleeping bag.
2. María and Carmen, please bring your tent.
3. Mr. Gómez, please tell me what time it is.
4. Mrs. Sánchez, please put on this dress.
5. Mr. and Mrs. Ortiz, do you have a new van? Please show it to us.
6. Mr. Montero, please fill the tank and check the oil.
7. Have a good trip, Pablo!
8. May you (**Ud.**) have fun!

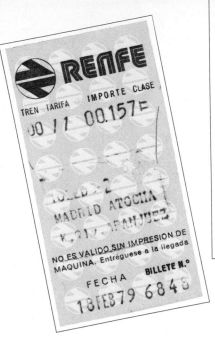

ENTRADA DE EXTRANJEROS № 381008

APELLIDOS { 1.º ——————— NOMBRE ——————————
(Nom/Name) { 2.º ——————— (Prénom/First Name/Vorname)
FECHA DE NACIMIENTO ————————————————
(Date de naissance/Birth Date/Geburtsdatum)
NACIONALIDAD ACTUAL ————————————————
(Nationalité actuelle/Present nationality/Gegenwärtige Staatangehörigkeit)
LUGAR DE NACIMIENTO ————————————————
(Lieu de naissance/Place of birth/Geburtsort)
PASAPORTE N.º ————— EXP. EN ————— EL —————
(N.º du passeport/Passport number/Reisepassnummer)
———————————— DE ———————— DE 19———
                                                          Firma,
ESTABLECIMIENTO ———————————— Signature/Unterschrift,
DOMICILIO ———————————————————————
————————————————————————————————

AHORA LE TOCA A UD.

Give advice to each of the following people in short paragraphs of three or four sentences. You may use the suggestions in ¡Que se diviertan! *as a model.*

1. María and Luisa want to spend the summer in the United States. They are interested in nature and wildlife. They have a limited budget.
2. Felipe and Carlos want to study for a year in the United States. Their field is economics. They also like sports.
3. Mr. Montero is the president of a small electronics company. He would like to make business contacts with American industry, and at the same time keep abreast of new technological developments.
4. Mrs. Ayala is a free-lance writer. She is also an expert photographer. She would like to write an article on some unusual aspects of life in the United States.

María Auxiliadora Puig

VOCES HISPANAS

¡Para chuparse los dedos!

You'll lick your fingers

El dulce de leche es popular en todos los países hispanos. Como ocurre muchas veces con la comida, en algunos países se conoce por otro nombre. En Chile, por ejemplo, se llama **manjar blanco**, y en México se llama **cajeta**. Todo el mundo tiene *lindos recuerdos* de cómo la abuela lo preparaba con leche y azúcar. Pero nosotros le vamos a dar una *receta* moderna que nos dio María Auxiliadora Puig, de Caracas, Venezuela. ¡Pruébela!

happy memories

recipe

1. Compre una *lata* de leche condensada *azucarada*.
2. Abra la lata.
3. Ponga el *contenido* de la lata en la parte *superior* de un *baño de María*. (No se olvide de tener suficiente agua en la parte inferior.)
4. *Tape* el baño de María.
5. Déjelo *cocinar a fuego lento* por dos horas. Después de la primera hora, *revuélvalo* bien con un *batidor* de mano cada quince minutos.
6. Sáquelo del fuego después de dos horas, *añada* una *cucharadita* de vainilla y revuélvalo bien.
7. Deje que *se enfríe*.

can / sweetened

contents / upper / double boiler

cover

simmer

stir it / beater

add / teaspoon

cool

¿Cómo se puede comer? A los hispanos les gusta comer el dulce de leche en *una tostada* para el *desayuno* en vez de *mermelada*. También se come con helado o con *galletas dulces* o se usa como el *relleno* de una torta o en una gran variedad de postres. Es fácil prepararlo y— ¡es para chuparse los dedos!

toast / breakfast / jam

cookies / filling

FACULTAD DE MEDICINA

UNIDAD XI OPINIONES

LECCION 31

Sugerencias, recomendaciones y consejos

Suggestions

José Antonio Delgado tiene 18 años, y *dentro de poco terminará* sus estudios secundarios. Ahora tiene que decidir en qué *facultad* de la universidad va a *matricularse*. ¡Es una decisión difícil! Por eso les pide consejos a sus parientes y amigos, que ofrecen las siguientes opiniones:

soon / he will finish
school
enroll

el papá

Yo prefiero que estudies *derecho*. Yo soy abogado y tu abuelo fue abogado; es una tradición *familiar*.

law
family

la mamá

Te aconsejo que pienses en la medicina porque siempre he querido tener un médico en la familia.

I advise you to think of

Juanita (su hermana mayor)

   Ya sé que todo el mundo va a darte consejos; entonces sólo te
recomiendo que *hagas* lo que tú quieras hacer y lo que te hará feliz. — you do

Diego (su amigo favorito)

   Ojalá que te decidas a estudiar arquitectura como yo. Así — I hope you'll decide
podremos ser compañeros en la facultad de Arquitectura también.

El tío Gregorio

   Sugiero que *escuches* las opiniones e ideas de todos y que después — you listen
tomes tu propia decisión. Vas a estar trabajando muchos años. *¡Que* — you make
escojas bien! — May you choose

Preguntas

1. ¿A quiénes pide consejos José Antonio Delgado?
2. ¿Qué hay que estudiar para ser abogado?
3. ¿Qué profesión tiene su papá?
4. ¿Qué estudia su amigo Diego?
5. ¿Dónde se estudia arquitectura?
6. Según el tío Gregorio, ¿por qué es importante escoger el trabajo con cuidado?
7. En su opinión, ¿cuál es el mejor consejo que se le da a José Antonio?

NOTA CULTURAL

Career choices

*Many Hispanic students still prefer to
study for one of the traditional
professions—law, medicine,
engineering, economics, or
architecture—instead of one of the
newer professions that lead to careers
in science or technology. The result of
this preference is an oversupply of
people trained in the traditional fields
and consequently fewer employment
possibilities available to them. At the
same time, this leads to a scarcity of
well-trained scientists and technicians
to fill the increasing needs of the
Hispanic countries in those areas.*

Estudiantes de medicina en México

VOCABULARIO *La enseñanza (education)*

sustantivos

el colegio	*high school*	una conferencia	*lecture*
el derecho	*(study of) law*	una especialidad	*major*
el examen de ingreso	*entrance exam*	la escuela secundaria	*high school*
un maestro	*teacher (elementary school)*	una facultad	*school (of a university)*
un requisito	*requirement*	una maestra	*teacher*
un título	*diploma, degree*		*(elementary school)*
		una sugerencia	*suggestion*

verbos

graduarse	*to graduate*	Voy a **graduarme** este año.
matricularse (en)	*to enroll, register (in)*	Quiero **matricularme** en la facultad de Derecho.
terminar	*to end, finish*	¿Cuándo vas a **terminar** tus estudios?

Ejercicio 1. Los estudios

1. ¿Qué título desea obtener Ud.?
2. ¿En qué facultad estudia?
3. ¿Cuáles son los requisitos de su facultad?
4. ¿Es difícil el examen de ingreso de su facultad?
5. ¿Son interesantes las conferencias? ¿Cuántos estudiantes asisten a ellas?
6. ¿Cuándo se matriculó Ud. en esta universidad?
7. ¿Ha escogido una especialidad? ¿cuál?
8. ¿Desea Ud. ser maestro/a? ¿por qué (no)?
9. ¿Cuándo va a terminar sus estudios?
10. ¿Cuándo va a graduarse?
11. ¿Tiene sugerencias o consejos para otros estudiantes que desean matricularse en su facultad? ¿qué sugerencias? ¿qué consejos?

A. Present subjunctive: regular forms

In the sentences on the left, certain requests are made directly. The formal command form is used. In the sentences on the right, the same requests are made indirectly. The verbs in the second clause are in the subjunctive mood. Compare the forms of the verbs in heavy print in each pair of sentences.

direct requests: command forms   *indirect requests: subjunctive mood*

Estudien Uds.   El profesor quiere que **estudien**.
Coma Ud. menos.   El médico insiste en que Ud. **coma** menos.
Vengan Uds. a las tres.   Prefiero que los estudiantes **vengan** a las tres.

The **Ud.** and **Uds.** commands and the present subjunctive are formed in the same way. In the chart below, note the subjunctive forms of three regular verbs (**hablar, comer,** and **vivir**) and one irregular verb (**salir**). Pay special attention to the first-person singular stems and the endings in heavy print.

infinitive	hablar	comer	vivir	salir
present indicative **yo** form	hablo	como	vivo	salgo
present subjunctive				
yo	habl**e**	com**a**	viv**a**	salg**a**
tú	habl**es**	com**as**	viv**as**	salg**as**
él, ella, Ud.	habl**e**	com**a**	viv**a**	salg**a**
nosotros	habl**emos**	com**amos**	viv**amos**	salg**amos**
vosotros	habl**éis**	com**áis**	viv**áis**	salg**áis**
ellos, ellas, Uds.	habl**en**	com**an**	viv**an**	salg**an**

■ *Explicaciones gramaticales*

1. The forms of the **Ud.** and **Uds.** command and the negative **tú** command forms are the same as the corresponding present subjunctive forms.

2. The present subjunctive of all regular and most irregular verbs is formed according to the following pattern.

subjunctive stem	+	subjunctive endings
yo form of the present indicative minus **-o**	+	*-e -es -e -emos -éis -en* (for *-ar* verbs) *-a -as -a -amos -áis -an* (for *-er* and *-ir* verbs)

Note that the vowel of the subjunctive ending is always:

e **for** *-ar* **verbs**
a **for** *-er* **and** *-ir* **verbs**

3. In order to maintain the sound of the stem, verbs ending in **-car, -gar** and **-zar** have the following spelling changes in the subjunctive.

explicar	c → qu	Quiero que me expli**qu**es esto.
llegar	g → gu	¿A qué hora quieres que lle**gu**emos?
organizar	z → c	¿Quieres que organi**c**emos una fiesta?

Ejercicio 2. La clase de inglés

Imagine that you are teaching English in a Spanish secondary school. Express your wishes to the students as in the model, using the subjunctive forms of the verbs in parentheses.

modelo: María (aprender el poema)   *Quiero que María aprenda el poema.*

1. Paco (aprender los verbos)
2. Silvia y Marisa (leer la novela)
3. Consuelo (escribir una composición)
4. Rafael (terminar la tarea)

5. Andrés y Antonio (explicar el poema)
6. tú (hablar inglés en clase)
7. Uds. (escuchar las cintas)
8. los estudiantes (comprenderlo todo)

Ejercicio 3. Entre amigos

Indicate to the following people that you wish them to do the activities suggested in parentheses. Begin each sentence with **Deseo que** *+ subjunctive.*

modelo: tú (trabajar) *Deseo que trabajes.*

1. nosotros (organizar una fiesta / invitar a nuestros amigos a cenar / preparar la comida)
2. Felipe (comer menos / correr dos millas todos las días / nadar tres veces por semana)
3. Ana María (comprar una calculadora / tocar la guitarra / prestarme diez dólares / sacar fotos)
4. tú (arreglar tu cuarto / abrir la ventana / cerrar la puerta / lavar tu coche)
5. Raúl y Carmen (comprar el periódico / leer las noticias / discutir problemas políticos)

Ejercicio 4. Buenos consejos

Margarita is not pleased with herself lately. She tells Elba what is bothering her, and Elba offers some helpful advice. Play the role of Elba, as in the model, beginning your sentences with **Te aconsejo que** *+ subjunctive.*

modelo: No conduzco con cuidado. *Te aconsejo que conduzcas con cuidado.*

1. No hago la tarea.
2. No veo a mis abuelos a menudo.
3. No salgo con mi novio.
4. No conozco mi ciudad.
5. No tengo paciencia.
6. No hago ejercicio.
7. No digo la verdad.
8. No salgo mucho.

B. The subjunctive after expressions of wish and request

In Spanish, when the subject makes a request or expresses a wish concerning another person, the second verb in the sentence is in the subjunctive mood. Note the two verbs in heavy print in the following sentences.

Espero que **escuchen** mis ideas. *I hope (that) **they listen to** my ideas.*
Quiero que **estudies** derecho. *I want you to study law.*
Mis padres **insisten en** que me **prepare** *My parents **insist** that **I prepare***
para una carrera científica. *for a career in science.*

◼ Explicación gramatical

The subjunctive is used after a verb or expression in which the subject requests or wishes that someone else do something. When the wish or request concerns the subject, an infinitive construction is used. Contrast:

Quiero salir. *I want to go out.*
Quiero que Ud. salga conmigo. *I want you to go out with me.*

VOCABULARIO   *Verbos y expresiones de mandato y deseo* (wish)

aconsejar	*to advise*	Le **aconsejo** a Paco que busque un trabajo interesante.
desear	*to wish, want*	Esteban **desea** que María salga con él.
esperar	*to hope*	**Espero** que nos matriculemos en la misma facultad.
insistir en	*to insist*	**Insistimos en** que Luisa termine sus estudios.
pedir (i)	*to request*	Le **pide** a Ud. que no hable tanto.
permitir	*to permit, allow*	No **permito** que Juan tome el examen de ingreso.
preferir (ie)	*to prefer*	**Prefiero** que me llames por teléfono antes de las diez.
prohibir	*to forbid*	Mis padres me **prohiben** que yo salga sola.
querer (ie)	*to want*	¿**Quieres** que te preste veinte dólares?
recomendar (ie)	*to recommend*	El profesor nos **recomienda** que visitemos España.
sugerir (ie)	*to suggest*	Te **sugiero** que estudies más.
ojalá*	*let's hope*	**Ojalá** que haga buen tiempo mañana.

Observaciones

1. With the verbs **aconsejar, pedir, recomendar,** and **sugerir,** Spanish-speakers use the indirect object pronoun that corresponds to the implied subject of the subjunctive clause.

   Su padre **le** pide a **Carlos** que estudie más.

2. The verbs **prohibir** and **permitir** may also be followed by infinitives.

   Me permite **que fume.** }
   Me permite **fumar.** }   *He allows me to smoke.*

Ejercicio 5. Sus esperanzas para el futuro

Express your feelings about the following possibilities. Begin your sentences with expressions such as **quiero que, espero que, prefiero que,** *and* **insisto en que.**

modelo: Mis padres me pagan los estudios.   *Quiero que mis padres me paguen los estudios.*

1. Mi esposo/a me comprende.
2. Mis hijos me dicen siempre la verdad.
3. Mis amigos me respetan.
4. Mis hermanos menores se matriculan en esta universidad.
5. Mis hijos escogen la misma carrera que yo.
6. Mi esposo/a gana más dinero que yo.
7. Mis amigos tienen éxito en sus carreras.
8. Esta universidad me ofrece un título honorario.
9. Mi mejor amigo/a se matricula en la facultad de Derecho.

---

* The expression **ojalá (que),** which is used to express a general wish, is derived from an Arabic phrase meaning *May Allah grant that* . . . . It has several English equivalents: *let's hope that* . . . , *I hope that* . . . , *hopefully* . . . .

Ejercicio 6. Una diferencia de opinión

Teresa wants to do certain things, but her father does not agree with her. Play both roles as in the model.

modelo: tener su propio apartamento
      TERESA: *Deseo tener mi propio apartamento.*
      EL PAPA: *No permito que tengas tu propio apartamento.*
                 or *Prohíbo que tengas tu propio apartamento.*
                 or *No quiero que tengas tu propio apartamento.*

1. trabajar en un restaurante
2. escoger una carrera peligrosa
3. estudiar veterinaria
4. comprar una moto
5. aprender a pilotar un avión
6. salir sola
7. hacer un viaje a Africa
8. viajar alrededor del mundo

Ejercicio 7. Sus consejos

Give advice to the following people, as in the model. Use your imagination to complete the sentences.

modelo: María quiere estudiar un idioma útil.   *Le aconsejo a María que estudie el japonés.*

1. Felipe quiere ver una película buena.
2. Susana quiere matricularse en una facultad de ciencias.
3. Federico quiere obtener su título sin estudiar mucho.
4. Tú quieres hacer algo interesante esta noche.
5. Uds. quieren mirar un programa divertido en la televisión.
6. Mis amigos quieren visitar un país exótico.
7. Carmen quiere comprar un coche económico.
8. Jaime quiere vivir lejos de las ciudades grandes.

Ejercicio 8. Intérprete

You are working as a translator. Put the following sentences into Spanish.

1. We want Enrique and Clara to study law.
2. I know that you (**tú**) are going to graduate this year.
3. What are the requirements for entering law school?
4. We hope that you (**Ud.**) finish this assignment tomorrow.
5. Let's hope that it is sunny this weekend.
6. My parents insist that I don't smoke at home.
7. I suggest that you leave now.

MINISTERIO DE EDUCACION Y CIENCIA

SUBDIRECCION GENERAL DE CENTROS
DE LA DIRECCION GENERAL DE ENSEÑANZAS MEDIAS

MANUEL BARTOLOME COSSIO. S/N
MADRID-3

Lectura cultural: La enseñanza

La enseñanza a *nivel* secundario y universitario en los países hispanos es muy diferente de la enseñanza en los Estados Unidos. En la mayoría de los países hispanos, al terminar la *escuela primaria* a los trece o catorce años, los estudiantes *ingresan* a la escuela secundaria. Pero las escuelas secundarias son especializadas. Los estudiantes que quieran prepararse para la universidad pueden ir a la escuela secundaria que enseña las humanidades. Los que quieran ser maestros asisten a la escuela normal. También hay escuelas militares y escuelas vocacionales que preparan a los estudiantes para carreras específicas. Así que a los trece o catorce años los jóvenes ya tienen que tomar decisiones que *influyen enormemente en* su futuro.

Esta es una de las diferencias notables entre el sistema educativo de los Estados Unidos y el de los países hispanos. Otra diferencia es que en las escuelas secundarias de los países hispanos la mayoría de las materias que se estudian son obligatorias. El sistema no permite que los estudiantes escojan lo que quieren estudiar o, si pueden escoger algo, es dentro de una selección muy limitada.

Cuando los estudiantes terminan sus estudios secundarios, reciben el bachillerato. Este no es el equivalente del título universitario de los Estados Unidos. El bachillerato indica solamente que los estudiantes se han graduado de la escuela secundaria.

Las universidades de los países hispanos *se componen* de diferentes facultades. Algunas de ellas son Ingeniería, Filosofía y

level

elementary school

enter

greatly influence

are composed

Estudiantes serios en una escuela primaria de Madrid

Letras, Medicina, Farmacología, *Odontología*, Veterinaria, Ciencias Naturales, Ciencias Sociales, Trabajo Social, Derecho, *Pedagogía*, *Agronomía*, Economía y *Administración de Negocios*. Después de tomar un examen de ingreso, los estudiantes que han sido aceptados se matriculan directamente en la facultad que han seleccionado y allá pasan de tres a siete años, según el curso que siguen. A veces la universidad no permite que los estudiantes tomen clases en otras facultades, o si un estudiante las toma, no se las aceptan como parte de su plan de estudios.

    Esta *clase* de educación está *dirigida* casi exclusivamente a la preparación profesional del individuo. Como consecuencia, según la carrera que siga, un estudiante puede graduarse con poca o ninguna preparación en las humanidades.

    Pero *últimamente* se están tomando *medidas* para cambiar esta situación. Algunas universidades como el Instituto Tecnológico de Monterrey (México), la Universidad de Puerto Rico (cuyo sistema educativo es igual al de los Estados Unidos) y la Universidad de los Andes (Bogotá, Colombia) han adoptado requisitos en las humanidades. Lo han hecho en parte porque los estudiantes insistían en que las universidades *se adaptaran* mejor a las necesidades actuales de nuestra época.

Dentistry
Education
Agriculture / Business
  Administration

kind / directed

lately / measures

adapt themselves

¿Comprendió Ud.?

1. ¿Cuáles son algunas de las diferencias entre el sistema de enseñanza de los Estados Unidos y de los países hispanos a nivel secundario? ¿a nivel universitario?
2. ¿Cuál de los dos sistemas prefiere Ud.? ¿Por qué?
3. ¿Qué significa tener el bachillerato?
4. ¿Tiene requisitos su universidad? ¿Cuáles son?

Aumente su vocabulario: *f* → **ph**

Often Spanish words with the consonant *f* correspond to English cognates with the consonants *ph*.

farmacología   →   *phar*ma*cology*
teléfono   →   *tele*p*hone*

Práctica

Guess the meanings of the following words and use each one in an original sentence.

1. la fonética
2. una foto
3. una frase
4. el fonógrafo
5. la fotografía
6. un fenómeno
7. una catástrofe
8. un micrófono
9. el alfabeto
10. el énfasis

AHORA LE TOCA A UD.

What suggestions do your family and friends have about your course of study?
Express their recommendations in a short paragraph of four to six sentences using the subjunctive.

Modelo: Mi papá quiere que estudie español.

LECCION 32
Esposos ideales

¿Piensa Ud. casarse algún día? ¿Sí? ¡Por supuesto, Ud. se casará con la persona ideal! Pero, ¿cómo será? ¿Cuáles son las cualidades necesarias e importantes que debe tener? Dé un número entre uno y cinco a las *siguientes frases*, según la importancia que tienen para Ud. El uno indica que es de mínima importancia, y el cinco indica que es de máxima importancia.

following sentences

1. Es necesario que mi esposo/a tenga una buena profesión.   5 4 3 2 1
2. Es importante que *sea* atractivo/a.   5 4 3 2 1   be
3. Es indispensable que gane bastante.   5 4 3 2 1
4. Es esencial que sea inteligente.   5 4 3 2 1
5. Es necesario que sea de la misma clase social.   5 4 3 2 1
6. Es importante que tenga interés en la familia y en la casa.   5 4 3 2 1
7. Es esencial que tenga buen *sentido* de humor.   5 4 3 2 1   sense
8. Es necesario que se interese por las mismas cosas que yo.   5 4 3 2 1
9. Es esencial que sea *comprensivo/a* y *compasivo/a*.   5 4 3 2 1   understanding / sympathetic
10. Es necesario que sea *honrado/a* y *sincero/a*.   5 4 3 2 1

Ahora comparen sus respuestas. ¿Cuáles son las cualidades más importantes para las mujeres de la clase? ¿Cuáles son las más importantes para los hombres? ¿Cuáles no le importan mucho a nadie? ¿Hay diferencias de opinión?

NOTA CULTURAL

Spanish surnames

Spanish surnames may appear very long to those who do not know how they are formed. Children use the surnames of both parents, but the father's comes first. Therefore, when Esperanza **Gómez** Estrada marries Luis **Villegas** Rodríguez, her name becomes Esperanza **Gómez de Villegas**, for she drops her mother's maiden name (**Estrada**) and adds her husband's first surname (**Villegas**). Esperanza might modernize her last name omitting the **de** and writing **Gómez Villegas**. Their children's surname will be **Villegas Gómez** or **Villegas y Gómez**.

Ramón O. Almodóvar Torres
María del Carmen Díaz de Almodóvar
y
Efrer Morales Serrano
Anita Amaral de Morales
tienen el honor de invitarle
al matrimonio de sus hijos
Maricarmen
y
Juan Manuel
el sábado treintiuno de diciembre
de mil novecientos setenta y siete
a las once de la mañana
Santa Iglesia Catedral
San Juan, Puerto Rico

Recepción
Hotel El Convento

VOCABULARIO *El matrimonio*

sustantivos

el amor	*love*	la fidelidad	*faithfulness*
el divorcio	*divorce*	la luna de miel	*honeymoon*
el matrimonio	*marriage; married couple*		
los recién casados	*newlyweds*		

el anillo
el novio
la novia
EL CASAMIENTO
LA BODA
EL MATRIMONIO
la pareja

adjetivos

eterno	*eternal*	¿Cree Ud. que el amor es **eterno**?
familiar	*(of the) family*	Me gustan las ceremonias **familiares**.

verbos

casarse	*to get married*	¿Sabe Ud. cuándo va a **casarse**?
divorciarse	*to get divorced*	En los países hispanos, la gente **se divorcia** menos que en los Estados Unidos.
durar (por)	*to last*	¿**Dura** el amor por toda la vida?
pelearse	*to fight*	Los recién casados **se pelearon**.
querer (e→ie)	*to love*	Rafael **quiere** a Mari Carmen.

expresiones

en seguida	*right away*	La novia va a llegar **en seguida**.
inmediatamente	*immediately*	La ceremonia empieza **inmediatamente**.

Ejercicio 1. ¿Está de acuerdo o no?

Say whether or not you agree with the following statements, and then explain your answers.

1. El amor es eterno.
2. El factor más importante en el matrimonio es la fidelidad.
3. Las parejas que se pelean van a divorciarse algún día.
4. El divorcio no debe permitirse.
5. Los recién casados no deben vivir con sus padres.
6. La boda es más importante para los novios que para sus padres.

A. The subjunctive after expressions of opinion

The subjunctive is used after impersonal expressions of opinion. Note the verbs in heavy print in the sentences below.

Es importante que los novios **se conozcan** bien. *It is important that the bride and groom know each other well.*

Es mejor que no **se casen** inmediatamente. *It is better that they not marry right away.*

In Spanish, opinions are often expressed using the following construction.

es + adjective (noun) + *que* + subjunctive clause

▪ *Explicación gramatical*

If the opinion expressed does not concern a specific person, the infinitive is used. Contrast:

Es importante **respetar** a los demás. *It is important to respect others.*

Es importante **que se respeten**. *It is important that they respect each other.*

VOCABULARIO *Unas expresiones de opinión*

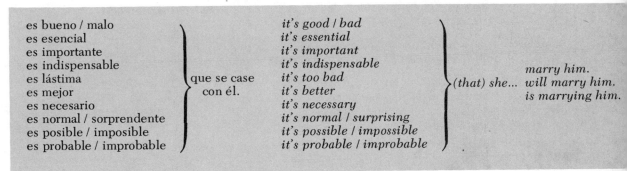

es bueno / malo	it's good / bad
es esencial	it's essential
es importante	it's important
es indispensable	it's indispensable
es lástima	it's too bad
es mejor	it's better
es necesario	it's necessary
es normal / sorprendente	it's normal / surprising
es posible / imposible	it's possible / impossible
es probable / improbable	it's probable / improbable

que se case con él.

(that) she... marry him. / will marry him. / is marrying him.

Ejercicio 2. ¿Bueno o malo?

Express your opinions about the following statements. Begin your sentences with **Es bueno que** *or* **Es malo que**.

modelo: Los padres escogen al novio de su hija.
Es bueno que los padres escojan al novio de su hija.
or Es malo que los padres escojan al novio de su hija.

1. Un joven escoge a su propia novia.
2. Los novios se conocen bien antes de casarse.
3. Los jóvenes esperan unos años antes de casarse.
4. Una pareja se divorcia cuando tiene niños.
5. Las mujeres se dedican exclusivamente a la familia.
6. Los jóvenes se casan por amor.
7. El divorcio no existe en algunos países.
8. La sociedad considera el matrimonio como algo serio.

Ejercicio 3. ¿Necesario o no?

Read what the following people plan to do and decide whether the preliminary preparation listed in parentheses is necessary or not.

modelo: Francisca quiere ser arquitecta. (asistir a la universidad)
Es necesario que asista a la universidad.

1. Paco quiere ser médico. (asistir a la facultad de Medicina / estudiar biología / aprender el francés / casarse con una enfermera)
2. Teresa quiere trabajar para las Naciones Unidas. (aprender lenguas extranjeras / hablar inglés / tener muchos títulos / viajar)
3. Queremos pasar un año en Costa Rica. (hablar español / tener mucho dinero / tener pasaportes / conocer gente que vive allá)
4. Armando quiere casarse. (hablar con los padres de su novia / comprar un anillo de diamantes / tener empleo)
5. Juanita quiere divorciarse. (tener un abogado / regresar a casa de sus padres / hablar con su esposo)
6. Quiero asistir a una boda. (mandar un regalo / lavar el coche / llevar ropa elegante / cortarse el pelo)

Ejercicio 4. El futuro

Say what you should do to attain the following objectives. Complete the sentences with personal ideas.

modelo: Si quiero tener muchos amigos, es importante que _____ .
Si quiero tener muchos amigos, es importante que tenga paciencia.

1. Si quiero sacar buenas notas, es indispensable que _____ .
2. Si quiero graduarme, es necesario que _____ .
3. Si quiero pasar vacaciones interesantes, es esencial que _____ .
4. Si quiero tener trabajo interesante, es necesario que _____ .
5. Si quiero ser famoso/a, es indispensable que _____ .
6. Si quiero ser feliz, es mejor que _____ .
7. Si quiero casarme, es indispensable que _____ .
8. Si no quiero divorciarme, es esencial que _____ .
9. Si quiero tener una boda elegante, es indispensable que _____ .
10. Si quiero pasar mi luna de miel en Acapulco, es importante que _____ .

Ejercicio 5. Sus opiniones

Express your opinions about the following statements, using impersonal expressions of your choice.

modelo: Existe el amor. *Es probable que exista el amor.*

1. Los jóvenes se casan por amor.
2. La mayoría de las parejas se pelean.
3. Existe el divorcio.
4. Existe el amor eterno.
5. La mayoría de la gente se casa para tener una vida cómoda.
6. La novia lleva un vestido blanco para el casamiento.
7. El esposo lleva un anillo para indicar que no es soltero.
8. La esposa tiene la responsabilidad de criar a los niños.

B. Present subjunctive forms of stem-changing verbs in -ar and -er

Note the present subjunctive forms of the stem-changing verbs **jugar**, **pensar**, and **poder.** Pay special attention to the stem vowels in heavy print.

	jugar (**ue**)	pensar (**ie**)	poder (**ue**)
(yo)	j**ue**gue	p**ie**nse	p**ue**da
(tú)	j**ue**gues	p**ie**nses	p**ue**das
(él, ella, Ud.)	j**ue**gue	p**ie**nse	p**ue**da
(nosotros)	juguemos	pensemos	podamos
(vosotros)	juguéis	penséis	podáis
(ellos, ellas, Uds.)	j**ue**guen	p**ie**nsen	p**ue**dan

■ Explicaciones gramaticales

1. The subjunctive forms of stem-changing verbs in **-ar** and **-er** have the regular present subjunctive endings.

2. The stem changes in the present subjunctive of these verbs are the same as those of the present indicative: they occur only in the **yo, tú, él,** and **ellos** forms of the verb.

Ejercicio 6. ¿Es importante?

Say whether or not it is important that certain people think about the things mentioned below. Use the appropriate subjunctive forms of **pensar.**

modelo: yo / en el futuro
    Es importante que yo piense en el futuro. or *No es importante que yo piense en el futuro.*

1. tú / en el examen final
2. los novios / en el futuro
3. los padres de la novia / en la boda
4. nosotros / en los demás
5. mis amigos / en mí
6. tú y yo / en nuestras carreras

Ejercicio 7. ¿Qué piensa Ud.?

Express your views as in the model, using impersonal expressions.

modelo: Pierdes el tiempo. (es lástima)   *Es lástima que pierdas el tiempo.*

1. Nos acordamos de nuestra boda. (es normal)
2. Me acuerdo de mi primer amor. (es probable)
3. Los niños juegan al volibol. (es probable)
4. No podemos visitar México. (es lástima)
5. Quieres casarte. (es bueno)
6. Queremos divorciarnos. (es imposible)
7. Los recién casados piensan comprar una casa. (es posible)
8. No pueden comprarla. (es lástima)

C. Present subjunctive forms of stem-changing verbs in -ir

Note the present subjunctive forms of the stem-changing verbs **sentir,** **repetir,** and **dormir.** Pay special attention to the stem vowels in heavy print.

	sentir (ie, i)	repetir (i)	dormir (ue, u)
(yo)	sienta	repita	duerma
(tú)	sientas	repitas	duermas
(él, ella, Ud.)	sienta	repita	duerma
(nosotros)	sintamos	repitamos	durmamos
(vosotros)	sintáis	repitáis	durmáis
(ellos, ellas, Uds.)	sientan	repitan	duerman

■ *Explicaciones gramaticales*

1. The subjunctive forms of stem-changing verbs in **-ir** have the regular present subjunctive endings.

2. The stem changes of the present indicative that are found in the **yo, tú,** **él,** and **ellos** forms of the verb also occur in the present subjunctive. The stem change in the **nosotros** and **vosotros** forms is the same as the stem change in the **él** and **ellos** forms of the preterite.

Ejercicio 8. Deseos y opiniones

Replace the italicized word with the words in parentheses and make all necessary changes.

modelo: Espero que *Susana* se sienta mejor. (tú)   *Espero que te sientas mejor.*

1. María espera que *Ricardo* se sienta alegre. (yo; tú; nosotros; Uds.; Ud.)
2. Le sugiero a *Ud.* que repita la pregunta. (Uds.; Ana; tú; los estudiantes)
3. El médico insiste en que *los niños* duerman más. (yo; nosotros; tú; Ud.; Uds.)

4. Prefieren que *Ud.* sirva champán en la boda. (mis padres; yo; nosotros; Uds.)
5. Es normal que *los recién casados* les pidan dinero a sus familias. (el novio; yo; nosotros; la novia; tú; Uds.)
6. No es sorprendente que *tú* prefieras una boda íntima. (sus padres; tú; y yo; mi familia; Uds.)
7. Es importante que *la novia* se vista con elegancia. (sus padres; yo; nosotros; los invitados; tú; Uds.)
8. Es bueno que *Tomás* se divierta tanto. (Uds.; tú; mis primos; mis tíos; nosotros)

D. Verbs irregular in the present subjunctive

The following verbs have irregular subjunctive stems, but regular endings.

ir	**vay-**	Sugiero que **vayas** a la boda.
saber	**sep-**	Los padres quieren que su hija **sepa** la verdad.
ser	**se-**	Espero que los novios **sean** felices.

The following verbs have regular subjunctive stems, but some irregular endings:

dar	**d-**	**dé**	des	**dé**	demos	deis	den
estar	**est-**	**esté**	**estés**	**esté**	estemos	estéis	**estén**

▪ *Explicaciones gramaticales*

1. Verbs with irregular **Ud.** command forms have similar irregularities in the subjunctive.

2. The subjunctive form of **hay** is **haya.**

Ejercicio 9. Un año en el extranjero

The following students want to spend a year abroad. Suggest to which of the following countries they should go, depending on their interests. **Italia, Francia, Inglaterra, los Estados Unidos, España,** *or* **la Argentina.**

modelo: Roberto estudia literatura francesa.   *Le sugiero a Roberto que vaya a Francia.*

1. Carmen estudia literatura hispanoamericana.
2. Felipe estudia arquitectura.
3. Rosa y Lola estudian español.
4. Estudias arte.
5. Mis primos estudian derecho.
6. Enrique y tú estudian historia medieval.

Ejercicio 10. ¿Qué piensa Ud.?

Express your opinions as in the model.

modelo: ¿Es bueno? (los jóvenes / ser idealistas)
    Es bueno que los jóvenes sean idealistas. or *No es bueno que los jóvenes sean idealistas.*

1. ¿Es sorprendente? (hay muchos divorcios)
2. ¿Es necesario? (los novios / siempre estar de acuerdo)
3. ¿Es malo? (un esposo / saber lo que piensa su esposa)
4. ¿Es importante? (los padres / ir a las bodas de sus hijos)

5. ¿Es indispensable? (los recién casados / tener dinero suficiente para vivir)
6. ¿Es probable? (sus padres / darle dinero para su boda)

Ejercicio 11. Intérprete

You are working as a translator. Put the following sentences into Spanish.

1. It's important that the groom give a ring to the bride.
2. It's better that they get married right away.
3. It's too bad that children are always fighting.
4. It's essential that you (**tú**) remember the date of the wedding.
5. Let's hope that the newlyweds can find an apartment.
6. It's surprising that you (**Ud.**) and José do not play tennis.
7. Teresa hopes that we'll feel better tomorrow.
8. It's good that we're going to the concert with you (**Ud.**).
9. I hope that they're not sick and that they can come with us.
10. I prefer that you (**tú**) give me a small ring.

REALIDAD HISPANICA

Lectura cultural: El matrimonio

El matrimonio es un *paso* muy importante para los hispanos   step
porque es probable que sea para toda la vida. Como el divorcio no
existe en la mayoría de los países hispanos, es necesario que los novios
estén bien seguros de que quieren casarse. Cuando la pareja *se
compromete* hay una pequeña ceremonia en la cual la novia recibe un   gets engaged
anillo de *oro* o, si la situación económica del novio lo permite, de   gold
diamantes. En muchos países los novios se casarán con el mismo anillo.

Si la situación económica de los novios no les permite casarse poco
tiempo después de comprometerse, es posible que este período dure

La boda. Santiago de Chile

mucho tiempo. Si no quieren vivir con los padres después de casarse, es necesario que se compren un apartamento, y los apartamentos son caros. Y como la mayoría se venden, hay muy pocos que se pueden alquilar. Entonces, la pareja que no tiene mucho dinero tiene que esperar y trabajar hasta que tenga lo suficiente para el *pago inicial* y las *mensualidades*.

down payment
monthly payments

En muchos países hispanos el gobierno no reconoce el casamiento religioso y la Iglesia no reconoce el casamiento civil. Entonces, cuando llega el momento de casarse, es necesario que los novios tengan dos ceremonias: una civil y una religiosa. La ceremonia civil *se efectúa* unos días antes de la ceremonia religiosa en presencia de solamente los familiares y los amigos más íntimos. La boda religiosa es la ceremonia grande. Casi siempre tiene lugar en una iglesia y la novia se viste de blanco. Después de la ceremonia religiosa, los recién casados tienen una recepción para los invitados en un salón o en casa de la novia.

takes place

Y, ¿después? La *dichosa* pareja se va de luna de miel. ¡Por fin estarán solos!

happy

¿Comprendió Ud?

1. ¿Por qué tienen que estar bien seguros de que quieren casarse los hispanos?
2. ¿Qué recibe la novia al comprometerse?
3. ¿Cómo afecta a los novios la situación de vivienda?
4. ¿Cómo son las bodas hispanas?
5. ¿Cuáles son las diferencias entre las actitudes hacia el matrimonio en los países hispanos y en los Estados Unidos?

Aumente su vocabulario: the suffixes *-imiento, -amiento*

In Spanish, nouns are often derived from verbs according to the following patterns:

-ar verbs: infinitive stem − ar + amiento   casar → casamiento (*wedding*)
-er and -ir verbs: infinitive stem − er / ir + imiento   sentir → sentimiento (*feeling*)

Nouns ending in **-amiento** and **-imiento** are masculine.

Práctica

Guess the meaning of each of the following nouns, and give the original infinitive. Then use each word in an original sentence.

1. descubrimiento   3. nacimiento   5. pensamiento
2. conocimiento   4. estacionamiento   6. establecimiento

AHORA LE TOCA A UD.

What are the qualities you would like to see in your children? Write a short paragraph using expressions such as es importante que, es esencial que, *etc. Use* Esposos ideales *as a model.*

LECCION 33
La política

¿Tiene Ud. interés en la política? O ¿es indiferente? Cuando hicimos esta pregunta a varios hispanos, nos contestaron así:

Francisco Arias (21 años, de Venezuela)
Claro que me interesa la política. Y me molesta mucho que no todos los *ciudadanos* de este país tengan el mismo interés. Realmente me *asombra* que muchas personas no estén más *conscientes* de la gran responsabilidad que *implica* una democracia.

citizens
amaze / aware
entails

Teresa Muñoz (18 años, del Paraguay)
¿Yo? ¿Interesarme en la política? ¿Para qué? *Dudo* que el gobierno escuche la voz del *pueblo*.

I doubt
people

Ricardo López (20 años, de México)
No es verdad que los estudiantes sean *apáticos*. Pero *temo* que sean cínicos con respecto a la política.

apathetic / I am afraid

Mónica Osorio (19 años, de Cuba)

A mi modo de pensar, hay sólo una solución para los países del Tercer Mundo: ¡el marxismo! No creo que ningún otro tipo de gobierno pueda solucionar nuestros problemas.

Enrique Rivera (20 años, de la Argentina)

¿La política? *No me importa un pepino.* Compro el periódico para leer la página deportiva, nada más. Estoy bien *afligido* porque es *dudoso* que mi equipo gane el *campeonato* este año.

I couldn't care less.
distressed
it is doubtful / championship

María Rubio (18 años, del Perú)

Es sorprendente que haya algún estudiante que no se interese en la política. Pero temo que los estudiantes radicales sean más *ruidosos* que los demás y que la gente piense que ellos representan a todos.

noisy

Juan Castro (20 años, del Ecuador)

Tengo interés en la política y me gustaría *desempeñar un papel* más activo. Pero espero obtener empleo en el gobierno después de recibir mi título, y tengo miedo de que la actividad política *perjudique* mi carrera.

to play a role

harm

Preguntas

1. ¿Cree en el sistema democrático Francisco?
2. ¿Se interesa en la política Teresa? ¿Por qué es cínica?
3. Según Ricardo, ¿cuál es la actitud política de los estudiantes?
4. ¿Cree en el capitalismo Mónica? ¿por qué no?
5. ¿Qué es lo que le interesa a Enrique?
6. ¿Por qué no quiere participar en la política Juan?

NOTA CULTURAL

Hispanic government and politics

In recent years the number of Latin American countries that are governed by a freely elected president and congress has diminished. Power and control have passed from one rival military faction to another, often through swift, bloodless coups. Spain, however, is experiencing a resurgence of democracy since the death of Generalísimo Francisco Franco, who ruled the country for nearly thirty years.

Las elecciones de 1979 en España

VOCABULARIO *El mundo político*

sustantivos

un ciudadano	*citizen*	una ciudadana	*citizen*
el gobierno	*government*	la democracia	*democracy*
un político	*politician*	las elecciones	*election*
el pueblo	*people*	una ley	*law*
un voto	*vote*	la libertad	*liberty*
		la lucha	*fight; struggle*
		la paz	*peace*
		la política	*politics; policy*
		una voz (voces)	*voice*

adjetivos

apático	*apathetic*	¿Son **apáticos** los jóvenes?
consciente	*conscious, aware*	No están **conscientes** de sus derechos.
justo	*fair, just*	Esta ley no es **justa**.
político	*political*	No tengo interés en los problemas **políticos**.

verbos

elegir	*to elect; to choose*	¿A qué candidato **elegirán**?
luchar	*to struggle; to fight*	**Luchamos** para obtener libertad.
solucionar	*to solve*	El gobierno no puede **solucionar** esos problemas.
tener interés en	*to be interested in*	¿**Tiene** Ud. **interés en** la política?

expresiones

en contra de	*against*	El pueblo lucha **en contra de** la guerra.
en pro de	*for*	Y lucha **en pro de** la paz.
a mi modo de pensar	*to my way of thinking*	**A mi modo de pensar**, todos deben votar.

Ejercicio 1. ¿Está Ud. de acuerdo o no?

Say whether or not you agree with the following statements, and explain your answers.

1. La democracia es el mejor sistema político.
2. No existe democracia sin libertad de expresión.
3. No importa qué candidatos elijamos; todos van a hacer lo mismo.
4. En los países comunistas las leyes son más justas que en los Estados Unidos.
5. La paz es más importante que la libertad.
6. El gobierno de los Estados Unidos no es perfecto, pero es el mejor gobierno del mundo.
7. Actualmente los estudiantes son más apáticos que en los años sesenta.
8. La libertad y la justicia son cosas muy relativas.
9. No hay verdadera (*real, true*) democracia en los Estados Unidos porque solamente una minoría de los ciudadanos votan en las elecciones.
10. El gobierno actual no puede solucionar los problemas del pueblo.

A. The subjunctive after expressions of emotion

In Spanish, when the subject expresses his or her feelings about an event or situation, the second verb in the sentence is in the subjunctive mood. Note the two verbs in heavy print in the following sentences.

Me alegro de que Ud. **vaya** a votar.   *I am happy that you are going to vote.*
Raúl **siente** que Ana **no pueda** votar.   *Raúl is sorry that Ana cannot vote.*

In Spanish, emotions and feelings are often expressed using the following construction.

verb or expression of emotion + *que* + subjunctive clause

■ *Explicación gramatical*

When the emotion concerns the subject's own actions or condition, the infinitive is used instead of a subjunctive clause. Contrast:

Me alegro de **que Ud. pueda votar.**   *I am happy [that] you are able to vote.*
Me alegro de **poder votar.**   *I am happy [that] I am able to vote.*

VOCABULARIO   *Sentimientos y emociones*

la felicidad	(*happiness*)	
alegrarse de	*to be happy*	**Me alegro de** que Ud. tenga éxito en su carrera política.
la tristeza	(*sadness*)	
sentir (e→ie)	*to be sorry, regret*	**Siento** que Ud. no haya ganado las elecciones.
la infelicidad		
quejarse de	*to complain*	**Nos quejamos de** que las leyes no sean justas.

el asombro (*amazement*)		
asombrarse de	*to be astonished*	**Me asombro de** que mis amigos sean apáticos.
el orgullo (*pride*)		
estar orgulloso de	*to be proud*	Los padres de Carmen **están orgullosos de** que su hija asista a esta universidad.
el miedo (*fear*)		
temer	*to fear, dread*	**Temo** que mi candidato pierda la elección.
tener miedo de	*to be afraid*	**¿Tienes miedo de** que la lucha sea difícil?

■ *Observación*

Expressions that follow the **me gusta** pattern are often used to describe feelings and attitudes.

me gusta	*I like*	**No me gusta** que mis primos voten por otro candidato.
me molesta	*it bothers me*	**¿Le molesta** que abra la ventana?

Ejercicio 2. Las elecciones

*The candidate is happy that some people are voting for him, and sorry that others are not. Express this by beginning each sentence with **El candidato se alegra de que** or **El candidato siente que.***

modelo: José (no)   *El candidato siente que José no vote por él.*

1. yo (sí)
2. Federico (no)
3. Clara y Elena (sí)
4. Uds. (no)
5. nosotros (sí)
6. Ud. (no)
7. sus padres (no)
8. tú (sí)

Ejercicio 3. La felicidad

Happiness means different things to different people. Explain why certain people are happy.

modelo: Carmen (Su novio la llama todos los días.)
   Carmen se alegra de que su novio la llame todos los días.

1. mis padres (Yo les escribo de vez en cuando.)
2. el candidato (El pueblo va a votar por él.)
3. el profesor (Los estudiantes estudian.)
4. los estudiantes (El profesor les da un examen fácil.)
5. yo (Mis amigos me comprenden.)

Ejercicio 4. Un poco de cortesía

Courtesy requires that you ask other people if they mind your doing certain things. Ask the people named in parentheses if it bothers them that you do the following things.

modelo: fumar (el profesor)   *¿Le molesta que fume?*

1. abrir la ventana (los estudiantes)
2. cerrar la puerta (un amigo)
3. poner discos de «rock» (su mamá)
4. encender el radio (sus compañeros de cuarto)
5. dormirse (el profesor)

Ejercicio 5. Sus reacciones personales

Express your reactions to the following statements. Use the expressions from the **Vocabulario** *to create affirmative or negative statements.*

modelo: Tenemos que trabajar.   *Siento que tengamos que trabajar.*

1. Tenemos que estudiar.
2. Las vacaciones empiezan en junio.
3. Vivimos en una democracia.
4. La libertad es una cosa relativa.
5. Muchos ciudadanos son apáticos.
6. Muchos norteamericanos no votan en las elecciones.

Ejercicio 6. Así es la vida

The people whose names are listed below are not happy. Say what each one is complaining about, using **quejarse de** *as in the model.*

modelo: Carmen (Los estudiantes son cínicos.)   *Carmen se queja de que los estudiantes sean cínicos.*

1. Paco (Los jóvenes no tienen interés en la política.)
2. Antonia (El gobierno no escucha la voz del pueblo.)
3. Carlos (Las leyes no son justas.)
4. Susana (El gobierno no puede solucionar nuestros problemas.)

Ejercicio 7. En cinco años

Say whether or not you fear that the following problems will be more severe five years from now.

modelo: la inflación (¿ser más grave?)
   Temo que la inflación sea más grave. or No temo que la inflación sea más grave.

1. el pueblo (¿ser más conservador?)
2. la ropa (¿costar más?)
3. los jóvenes (¿fumar más?)
4. el problema de la violencia (¿ser más grave?)

B. The subjunctive after expressions of doubt

In each of the following pairs of sentences, speaker **A** considers some things as certain and uses the indicative. Speaker **B** considers them doubtful, and uses the subjunctive. Contrast the verbs used in each set of sentences.

A. *(certainty):* **Creo que es** posible reformar el gobierno.
B. *(doubt):* **Dudo** *(I doubt)* **que sea** posible reformar el gobierno.

A. *(certainty):* **Es cierto que** muchas personas **tienen** interés en la política.
B. *(doubt):* **No creo que** muchas personas **tengan** interés en la política.

A. *(certainty):* **Es verdad que** muchos norteamericanos **votan** en las elecciones.
B. *(doubt):* **No es verdad que** muchos norteamericanos **voten** en las elecciones.

In Spanish, expressions of doubt and uncertainty are followed by the subjunctive.

■ *Explicaciones gramaticales*

1. When an expression of certainty is used in the negative, it may become an expression of doubt.

   Creo que las leyes **son** justas.   *(certainty)*
   No creo que las leyes **sean** justas. *(no certainty = doubt)*

   Similarly, when an expression of doubt is used in the negative, it may become an expression of certainty.

   Dudo que Ud. **sepa** los resultados de las elecciones.   *(doubt)*
   No dudo que Ud. **sabe** los resultados de las elecciones. *(no doubt = certainty)*

2. In interrogative sentences, expressions of certainty are followed by the indicative if the speaker is merely asking for information. However, if the speaker is expressing a doubt, however minimal, the subjunctive is used.

   Contrast the following sentences.

   ¿Cree Ud. que Pedro **es** orgulloso? ***Do you think*** *that Pedro **is** proud?*
   (I am asking you because I would like to have your opinion.)

   ¿Cree Ud. que Pedro **sea** tímido? ***Do you really think*** *that Pedro **is** timid?*
   (I am asking you because I personally doubt it.)

VOCABULARIO *Verbos y expresiones de certeza y de duda*

la certeza *(certainty)*		la duda *(doubt)*
creer	*to believe, think*	no creer
estar seguro de	*to be sure*	no estar seguro de
es cierto / seguro	*it is certain*	no es cierto / seguro
es verdad	*it is true*	no es verdad
no dudar	*not to doubt*	dudar
no negar (e→ie)	*not to deny*	negar (e→ie)

Ejercicio 8. ¿Sí o no?

Say whether or not you believe in the existence of the following. Begin your sentences with **Creo que** *or* **No creo que,** *and use the verb* **existir** *in the indicative or subjunctive, whichever is correct.*

modelo: la percepción extrasensorial
   Creo que existe la percepción extrasensorial.
   or *No creo que exista la percepción extrasensorial.*

1. el monstruo del Loch Ness
2. el triángulo de las Bermudas
3. los platillos volantes
4. los fantasmas
5. los seres extraterrestres
6. la vida eterna
7. Dios
8. el amor eterno

Ejercicio 9. ¿Existe el progreso?

Compare the world of today with the world of a few years ago. Begin your sentences with one of the expressions from the **Vocabulario,** *and use the indicative or subjunctive, as appropriate.*

modelo: el mundo (¿más racional?)
   Creo (Es verdad, Es cierto...) que el mundo de hoy es más racional que antes.
   or *No creo (No estoy seguro de, Dudo...) que el mundo de hoy sea más racional que antes.*

1. los jóvenes (¿más responsables?)
2. los políticos (¿más conservadores?)
3. la sociedad (¿más justa?)
4. las mujeres (¿más independientes?)
5. la existencia (¿más complicada?)
6. la gente (¿más feliz?)
7. las familias (¿más unidas?)
8. la vida (¿más interesante?)

Ejercicio 10. *Sentimientos personales*

Formulate two sentences that express your feelings about each of the following persons or things. Begin one with an expression of certainty and the other with an expression of doubt. Use your imagination.

modelo: los políticos
           Creo que los políticos tienen buenas intenciones. Pero dudo que siempre digan la verdad.

1. sus padres
2. su compañero/a de cuarto
3. los científicos
4. el presidente de los Estados Unidos
5. los estudiantes
6. el pueblo norteamericano
7. el futuro
8. su vida

Ejercicio 11. *Intérprete*

You are working as a translator. Put the following sentences into Spanish.

1. I am sorry that you (**Ud.**) are not interested in politics.
2. We are happy that there are elections in our country.
3. The citizens are complaining that the government is not solving their problems.
4. Are you (**tú**) proud that your son is a candidate?
5. Are you afraid that the people are not going to vote for him?
6. It bothers me that young people are not fighting to obtain peace.
7. I think that the laws are just, but I don't think the politicians are honest.
8. We are not sure that our candidate has enough votes.
9. We doubt that the president can solve the problem of inflation.
10. We are not sure that he listens to the voice of the people.

AHORA LE TOCA A UD.

How would you answer the questions asked by the interviewer in La política: *¿Tiene Ud. interés en la política? O, ¿es Ud. indiferente? Explain your position briefly.*

La tía Julia y el escribidor

En ese tiempo remoto, yo era muy joven y vivía con mis abuelos en una *quinta* de paredes blancas de la calle Ocharán, en *Miraflores*. Estudiaba en San Marcos, Derecho, creo, resignado a ganarme más tarde la vida con una profesión liberal, aunque *en el fondo*, me *hubiera* gustado más *llegar a ser* un escritor. Tenía un trabajo de título pomposo, sueldo modesto, apropiaciones ilícitas y *horario* elástico: director de Informaciones de Radio Panamericana. Consistía en *recortar* las noticias interesantes que aparecían en los diarios y *maquillarlas* un poco para que *se leyeran* en los boletines. La *redacción* a mis órdenes era un muchacho de pelos *engomados* y *amante* de las catástrofes llamado Pascual. Había boletines cada hora, de un minuto, *salvo* los de mediodía y de las nueve, que eran de quince, pero nosotros preparábamos varios *a la vez, de modo que* yo andaba mucho en la calle, tomando cafecitos en la Colmena, alguna vez en clases, o en las oficinas de Radio Central, *más animadas que* las de mi trabajo.

villa / (suburb of Lima, Peru)

deep down
I'd have / to become
schedule

clipping out
change them around / they could be read
editor / greasy
lover
except
at a time / so that

livelier

· ·

Estábamos en el *altillo* y conversábamos mientras yo *pasaba a máquina*, cambiando adjetivos y adverbios, noticias de *El Comercio* y *La Prensa* para el Panamericano de las doce. Javier era mi mejor amigo y nos veíamos *a diario*, *aunque fuera* sólo un momento, para *constatar* que existíamos. Era un *ser* de entusiasmos cambiantes y contradictorios, pero siempre sinceros. Había sido la *estrella* del Departamento de Literatura de *la Católica*, donde no se vio antes a un *alumno* más *aprovechado*, ni más lúcido *lector* de poesía, ni *más agudo* comentarista de textos difíciles. Todos *daban por descontado* que se graduaría con una tesis brillante, sería un *catedrático* brillante y un poeta o un crítico igualmente brillante. Pero él, un buen día, sin explicaciones, había *decepcionado* a todo el mundo, abandonando la tesis en la que trabajaba, renunciando a la Literatura y a la Universidad Católica e *inscribiéndose* en San Marcos como alumno de Economía. Cuando alguien le preguntaba a qué se debía esa deserción, él confesaba (o *bromeaba*) que la tesis en que *había estado* trabajando le había abierto los ojos. Se iba a *titular* «Las *paremias* en *Ricardo Palma*». Había tenido que leer las «Tradiciones Peruanas» con *lupa*, *a la caza* de refranes, y como era concienzudo y riguroso, había *conseguido llenar* un *cajón* de *fichas* eruditas. Luego, una mañana, *quemó* el cajón con las fichas en un *descampado*—él y yo bailamos una danza apache alrededor de las *llamas* filológicas—y decidió que *odiaba* la literatura y que *hasta* la economía resultaba preferible a eso. Javier hacía su práctica en el Banco Central de Reserva y siempre encontraba pretextos para *darse un salto* cada mañana hasta Radio Panamericana.

—Mario Vargas Llosa

The Peruvian novelist and critic Mario Vargas Llosa has received several literary awards for his work. The preceding selections are from the first chapter of his most recent book, La tía Julia y el escribidor, *a work that is part autobiography, part fiction.*

altillo / *pasaba a máquina*	top floor / typed
	(names of newspapers)
a diario / *aunque fuera*	daily / even if it were
constatar / *ser*	verify / person
estrella	star
la Católica	(la Universidad Católica)
alumno / *aprovechado* / *lector*	student / diligent / reader
más agudo / *daban por descontado*	sharper / took for granted
catedrático	professor
decepcionado	fooled
inscribiéndose	enrolling
bromeaba	joked
había estado / *titular*	had been / be titled
paremias / *Ricardo Palma*	proverbs / (Peruvian writer [1833-1919])
lupa / *a la caza*	magnifying glass / in search of
concienzudo / *conseguido llenar* / *cajón* / *fichas*	conscientious / managed to fill / box / file cards
quemó	he burned
descampado	open field
llamas / *odiaba* / *hasta*	flames / he hated / even
darse un salto	take a break

400

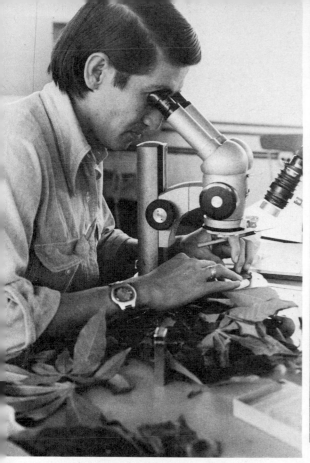

UNIDAD XII MAS ALLA DE LA VIDA ESTUDIANTIL

LECCION 34
La entrevista

interview

La compañía CHIC, fabricante de productos de *belleza*, puso un aviso en el periódico para un/a Director/a de Relaciones Públicas. Era exactamente el tipo de empleo que buscaba Marta, así que ella les mandó su currículum vitae y cartas de referencia. Ahora Marta tiene una entrevista con el señor Torres, Jefe de Personal de la compañía. Vamos a ver lo que cada uno está pensando en este momento:

beauty

MARTA

Quiero un empleo que...
      sea interesante
      me ofrezca oportunidades para progresar
      me pague bien
      esté cerca de casa
      ofrezca buenos *beneficios*
      esté en un *ambiente* agradable
      me dé muchas responsabilidades
      exija que utilice mis talentos

benefits
environment

EL SEÑOR TORRES

Buscamos una persona que...

    sepa inglés
    aprenda rápidamente
    trabaje bien con los demás
    sepa escribir a máquina
    sea agradable
    tolere tensión de vez en cuando
    acepte responsabilidades

Preguntas

¿Qué aspectos del empleo son importantes para Marta? (Explique cómo Ud. ha llegado a estas conclusiones.)

1. ¿el sueldo?
2. ¿las posibilidades de viajar?
3. ¿las posibilidades de progresar?
4. ¿las responsabilidades?
5. ¿el prestigio?

¿Qué cualidades son importantes para el Sr. Torres? (Explique cómo Ud. ha llegado a estas conclusiones.)

6. ¿la inteligencia?
7. ¿la personalidad?
8. ¿la apariencia física?
9. ¿las referencias?
10. ¿la ambición?

NOTA CULTURAL

Second language ability

Many job opportunities exist in the United States for those who can speak Spanish, while in Hispanic countries many good jobs require knowledge of English. As international business expands, cultural and educational programs extend their scope, and tourism increases, more and more jobs and careers require competence in a second language and an understanding of other cultures.

VOCABULARIO *El trabajo*

el ambiente	*atmosphere, environment*	la capacidad	*ability*
un beneficio	*benefit*	una cita	*appointment; date*
el desempleo	*unemployment*	una entrevista	*interview*
un empleo	*job*	la llave (del éxito)	*key (to success)*
un negocio	*business*	la responsabilidad	*responsibility*

■ *Observación*

Una llave is a *key* in the concrete sense: a key used to open doors. **Una clave** is a *key* in the abstract sense: a key to a puzzle or a code. Some Spanish-speakers refer to *the key to success* as **la clave del éxito.**

Ejercicio 1. Y Ud., ¿qué dice?

1. ¿Cree Ud. que el desempleo es un gran problema en los Estados Unidos? ¿por qué?
2. En su opinión, ¿cuál es la llave del éxito?
3. ¿Cómo se viste Ud. para una entrevista seria?
4. ¿Qué cualidades son indispensables para ser profesor/a? ¿para ser ejecutivo/a? ¿para ser abogado/a?
5. ¿Prefiere Ud. el mundo de los negocios o el mundo de la enseñanza? ¿por qué?
6. ¿Qué beneficios quiere obtener Ud. en su empleo? ¿qué responsabilidades?

A. Indicative vs. subjunctive after relative pronouns

Read the following pairs of sentences carefully. In the first sentence of each pair, the subjects are referring to real, specific persons or things. In the second sentence, the subjects are referring to hypothetical or as yet unidentified persons or things. Note the forms of the verbs in each set of sentences.

Conozco a una persona que **habla** francés.	*I know a person who speaks French. (The speaker knows this person exists.)*
Busco una persona que **hable** español.	*I am looking for a person who speaks Spanish. (For the speaker, this person may or may not be found.)*
Vivo en un apartamento que **está** lejos de la universidad.	*I live in an apartment that is far from the university. (This is a fact.)*
Necesito un apartamento que **esté** más cerca.	*I need an apartment that is closer. (This apartment may or may not be found.)*
Carlos quiere bailar con la chica que **baila** bien.	*Carlos wants to dance with the girl who dances well. (He knows who she is.)*
Carlos quiere bailar con una chica que **baile** bien.	*Carlos wants to dance with a girl who dances well. (He is not sure who that girl is.)*

In Spanish, both the indicative and the subjunctive moods may be used after *relative pronouns*. The choice of mood depends on what the subject is describing.

The *indicative* is used to describe specific persons or things. It is the mood of *what is, was, or will be.*
The *subjunctive* is used to describe non-specific persons or things. It is the mood of *what may be or might have been.*

■ *Explicación gramatical*

The personal **a** is used to introduce direct objects that refer to specific persons. When the direct object is a hypothetical or unidentified person, the **a** is usually omitted. Contrast:

El jefe busca **a la empleada** que habla ruso.   *The boss is looking **for the employee** who speaks Russian. (A specific person.)*

El jefe busca **una empleada** que hable chino.   *The boss is looking **for an employee** who is able to speak Chinese. (A person as yet unidentified.)*

Ejercicio 2. En busca de una secretaria (In search of a secretary)

The head of personnel in an international company is looking for a new secretary. The candidate must possess certain qualifications. Play the role of the head of personnel and describe these qualifications.

modelo: saber hablar español y francés   *Buscamos una secretaria que sepa hablar español y francés.*

1. saber escribir a máquina
2. saber escribir cartas en inglés
3. tener mucha paciencia
4. ser seria
5. estar siempre de acuerdo con su jefe
6. estar contenta con el trabajo
7. tener un buen sentido de humor
8. ser ambiciosa

Ejercicio 3. El sueño y la realidad (Dreams and reality)

The following people would like to know persons with qualities other than those their current acquaintances possess. Express this as in the model.

modelo: Silvia tiene un novio que es muy inteligente. (muy romántico)
          Silvia sueña con tener un novio que sea muy romántico.

1. Ana sale con un chico que tiene moto. (coche)
2. Felipe tiene una amiga que es seria. (divertida)
3. Carmen tiene un novio que trabaja en un café. (en un banco)
4. Tomás conoce a una chica que tiene mucho dinero. (un buen sentido de humor)
5. Gabriela tiene un novio que habla con ella de deportes. (de música clásica)
6. Isabel conoce a un chico que la invita al teatro. (a una discoteca)

Ejercicio 4. Lo más importante

For each of the following groups of features, say which one you consider the most important. Begin each sentence with **Prefiero.**

modelo: vivir en una casa (tener garaje / estar situada en el centro / ser barata)
Prefiero vivir en una casa que esté situada en el centro.
or *Prefiero vivir en una casa que tenga garaje.*
or *Prefiero vivir en una casa que sea barata.*

1. conducir un coche (ser rápido; consumir poca gasolina; ser cómodo)
2. tener profesores (ser divertidos; dar buenas notas; ayudarme)
3. tener amigos (ser generosos; decir siempre la verdad; comprenderme)
4. tener trabajo (ser interesante; pagar bien; ofrecer posibilidades de progresar)
5. tener un/a novio/a (ser sincero/a; tener dinero; saber divertirme)
6. trabajar con personas (ser amables; tener buen sentido de humor; respetarme)
7. salir con personas (ser divertidas; tener ideas diferentes; bailar bien)

Ejercicio 5. Expresión personal

Complete the following sentences with personal ideas.

1. Busco trabajo que _____ .
2. Deseo vivir en un apartamento que _____ .
3. Quiero casarme con una persona que _____ .
4. Tengo ganas de conocer gente que _____ .
5. No me gustaría trabajar con alguien que _____ .

B. The present perfect subjunctive

Read each set of sentences below. In the first sentence of each pair, the speaker expresses feelings or doubts about a present event and uses the *present subjunctive*. In the second sentence, the speaker expresses feelings or doubts about a past event and uses the *present perfect subjunctive*. Contrast the verbs in heavy print.

Siento que **no vengas**.	*I'm sorry (that) **you are not coming**.*
Siento que **no hayas venido**.	*I'm sorry (that) **you haven't come**.*

Dudo que Carlos **llame**.   *I doubt that Carlos is calling.*
Dudo que Luis **haya llamado**.   *I doubt that Luis has called.*

Es bueno que **vayamos** a la ciudad.   *It's good (that) we are going to the city.*
Es bueno que **hayamos ido** a la ciudad.   *It's good (that) we went to the city.*

The subjunctive mood, like the indicative mood, has several tenses.
Note the forms of the present perfect subjunctive of **hablar** in the chart
below.

Es posible que...			
(yo)	**haya hablado**	(nosotros)	**hayamos hablado**
(tú)	**hayas hablado**	(vosotros)	**hayáis hablado**
(él, ella, Ud.)	**haya hablado**	(ellos, ellas, Uds.)	**hayan hablado**

■ *Explicaciones gramaticales*

1. The present perfect subjunctive is a compound tense. It is formed as
    follows:

    present subjunctive of *haber* **+ past participle**

2. Remember the past participles of most verbs are formed by adding
    -ado / -ido to the infinitive stems:

    habl- → **hablado**   **com-** → **comido**
    viv- → **vivido**.

    Some verbs have irregular past participles; for instance,

    escribir → **escrito**   **poner** → **puesto**   **romper** → **roto**   **ver** → **visto**
    volver → **vuelto**   **decir** → **dicho**   **hacer** → **hecho**

Ejercicio 6. El anfitrión perfecto (**The perfect host**)

*The perfect host remarks that he is happy that everyone has come to his party and
hopes that they have had a good time. Play the role of the host as in the model.*

modelo: Rafael   *Me alegro de que Rafael haya venido.*
                      Espero que se haya divertido.

  1. Teresa   4. Paco y Luis
  2. tú   5. sus amigos
  3. Ud.   6. su prima

Ejercicio 7. ¿Dónde está Carlos?

*Carlos was supposed to meet his friends at the café, but he is not there. Guess what
may have happened, as in the model.*

modelo: tener un accidente   *Es posible que haya tenido un accidente.*

  1. ir a una entrevista   5. encontrarse con una chica simpática
  2. perder sus llaves   6. olvidarse de la hora de la reunión
  3. salir con su novia   7. sentirse enfermo
  4. tener que arreglar su coche   8. dormirse

Ejercicio 8. Intérprete

You are working as a translator. Put the following sentences into Spanish.

1. I have a job that is boring. I am looking for a job that is interesting.
2. We know many people who play tennis. We are looking for a person who plays jai alai.
3. They have a lawyer who speaks Spanish and English. They are looking for a lawyer who speaks French.
4. I doubt that Marta went to the interview.
5. It's not certain that he received all those benefits.
6. We're happy you (**tú**) graduated this June.
7. It's possible they didn't come to the interview.
8. Let's hope they solved the problem.

REALIDAD HISPANICA

Lectura cultural: El éxito en una carrera

En Latinoamérica y España, *igual que* en los Estados Unidos, los que tienen una educación universitaria generalmente ganan más dinero que los que no tienen título. Pero aparte de la educación, hay otros factores que *influyen en* el éxito en una carrera. En un estudio hecho recientemente, los *investigadores* les pidieron a algunos estudiantes de seis países latinoamericanos que evaluaran la importancia de tres factores: capacidad profesional, la influencia de la familia y suerte. Aquí tenemos los resultados, calculados en porcentajes según su *grado* de importancia.

just as

bear upon

researchers

degree

Las llaves del éxito

País	Capacidad profesional	Conexiones familiares	Suerte
Colombia	54%	40%	6%
México	66%	30%	4%
Panamá	42%	46%	12%
Paraguay	54%	38%	8%
Puerto Rico	79%	19%	2%
Uruguay	51%	31%	18%

No es sorprendente que *se señale* la influencia de la familia como un factor importante en el éxito profesional. Este hecho *se debe* al concepto hispánico que se llama «personalismo». Este concepto se explica así: las familias hispanas *tienden* a ser grandes y unidas, y por lo general la gente *tiene* más *confianza* en un pariente que en una persona *desconocida*. Entonces, *cualquier* miembro de una familia que tenga un negocio o una industria prefiere dar empleo a sus parientes. O, si un miembro de la familia ocupa un *puesto* en el gobierno, hace

is given as

is due to

tend

trust

unknown / any

position

Estudiantes de medicina en México

todo lo posible para conseguir empleo en el gobierno para sus
parientes. Si la persona que busca empleo no tiene ningún pariente
que lo puede ayudar a obtener el empleo que quiere, un miembro de la
familia trata de conseguir la recomendación personal de una persona
importante. En México esta persona importante se llama «el *enchufe*»;   contact
en la Argentina se llama «la cuña»*. Pero *en todo caso, cuantos más*   in any case / the more
«enchufes» tenga la familia, más «suerte» tendrá la persona en su
carrera.

¿Comprendió Ud.?

1. Según el estudio, ¿cuáles son las tres llaves del éxito?
2. ¿Es la familia un factor importante en el éxito profesional en los Estados Unidos? ¿Cómo?
3. Cuando una persona ocupa un puesto en el gobierno de los Estados Unidos, ¿ayuda a otros miembros de su familia a conseguir puestos en el gobierno también? ¿Puede Ud. mencionar algunos ejemplos?
4. ¿Cómo ayuda «el enchufe» o «la cuña»? ¿Hay una expresión en inglés que significa lo mismo?
5. En su opinión, ¿cuál es la llave del éxito?

* Literally, **un enchufe** is a *socket* or *electrical plug*; **una cuña** is a *wedge*.

Aumente su vocabulario: -aje → -age

Often Spanish nouns ending in **-aje** correspond to English cognates in *-age*.

un porcent**aje** → *percentage*

Nouns ending in **-aje** are masculine.

Práctica

Guess the meanings of the following words and use each one in an original sentence.

1. un pasaje
2. un personaje
3. un mensaje
4. el coraje

AHORA LE TOCA A UD.

What kind of a job are you looking for? Describe it by completing sentences like the following:

Busco un empleo que...
Quiero trabajar para un jefe que...
Me gustaría trabajar en (una oficina, un hospital, etc.) que...
Prefiero trabajar con personas que...

LECCION 35

¿La vida urbana o la vida rural?

¿Cuál prefiere Ud.: la vida urbana o la rural? *A continuación* dos
hispanos presentan sus *puntos de vista*.

Below
points of view

Juan Jiménez

A mí me gusta el campo para pasar un fin de semana tranquilo,
pero nunca viviría allá. La vida urbana me fascina con su variedad y sus
ventajas. Claro, tiene sus *desventajas* también. Es verdad que la vida
de la ciudad es frenética y agitada. Y va a seguir igual *a menos que* la
gente utilice el transporte público para que no haya tanta congestión de
tráfico. Otro problema que hay que solucionar antes de que sea
demasiado tarde es el de la *contaminación*. Pero *a pesar de* los
problemas, las ventajas de la vida urbana son innumerables. Hay
muchas oportunidades profesionales y mucha gente interesante.
Puedo gozar de teatros, cines, museos y conciertos porque aquí hay
de todo. Cuando se solucionen los problemas que he mencionado, la
vida urbana será ideal.

advantages / disadvantages
tages
unless

pollution / despite

everything

El aire es puro en el campo.

José Campos

Es verdad que la vida del pueblo es una vida tranquila y a veces aburrida, pero dudo que la vida urbana sea mejor. A menos que venga algún artista de la ciudad, tenemos poca actividad cultural. Pero el habitante de la ciudad tiene que escaparse al campo los fines de semana para respirar un poquito de aire puro. Claro que hay más actividad en la ciudad, pero el *costo de vida* allá es tan *alto* que es imposible gozar de ella, a menos que uno gane mucho. A mí me gusta pasar un fin de semana en la ciudad para apreciar mi vida más cuando vuelvo a casa. Cuando los problemas urbanos se solucionen, tal vez la vida allá sea agradable. Pero hasta que eso ocurra, yo me quedo aquí, bien contento.

cost of living / high

Preguntas

1. ¿Dónde vive Juan Jiménez, en el campo o en una ciudad?
2. Según él, ¿cuáles son las ventajas de la vida urbana?
3. ¿Cuáles son sus desventajas?
4. ¿Dónde vive José Campos?
5. Según él, ¿cuáles son las desventajas de la vida en el campo? ¿Cuáles son las ventajas?
6. ¿Cuáles son las desventajas de la vida urbana?

NOTA CULTURAL

Population shifts

While many Americans are moving away from the cities in order to enjoy rural or small town life, the opposite movement is taking place in Latin America. The following demographic statistics clearly indicate this pattern.

	1970	1977
Rural population	112,128,000	117,579,000
Urban population	152,418,000	203,079,000

Mexico City offers a vivid example of this population shift. In 1978 its population numbered 13 million. It has been projected that by the year 2000 it will have a population of 30 million.

La Plaza de la Reforma en la ciudad de México

LENGUA ESPAÑOLA

VOCABULARIO   La vida urbana

las **ventajas** (*advantages*)

el transporte	*transportation*	la vida cultural	*cultural life*
los vecinos	*neighbors*		

las **desventajas** (*disadvantages*)

el costo de vida	*cost of living*	la congestión de tráfico	*traffic congestion*
el crimen	*crime*	la contaminación del aire	*air pollution*
los impuestos	*taxes*	la falta de espacio libre	*lack of open space*

adjetivos

alto	*high*	En las ciudades, el costo de vida es **alto**.
escaso	*rare, scarce*	Y el espacio libre es **escaso**.
grave	*serious*	¿Cuál es el problema más **grave** de la vida urbana?

verbos

contaminar	*to pollute*	Las industrias **contaminan** el ambiente.
controlar	*to control; to check*	¿Es posible **controlar** la contaminación?
escaparse	*to escape*	La gente **se escapa** de la ciudad los fines de semana.
mejorar	*to improve*	Hay que **mejorar** el sistema de transporte urbano.
reducir (-zco)	*to reduce*	¿Es posible **reducir** los impuestos?

Ejercicio 1. Así es la vida

Certain people live in a large city and are unhappy about it. State the complaint of each, using the expression **quejarse de.**

modelo: Carmen (La gente siempre está de mal humor.)
   Carmen se queja de que la gente siempre esté de mal humor.

1. su papá (Hay mucha congestión de tráfico.)
2. su mamá (El costo de vida es muy alto.)
3. Enrique (El transporte no es cómodo.)
4. Gabriela (Los coches contaminan el aire.)
5. su tía (Hay una falta de espacio libre.)
6. Jaime (Los apartamentos baratos son escasos.)
7. nosotros (Los vecinos hacen mucho ruido.)
8. Uds. (Los impuestos son muy altos.)
9. Ud. (La vida es demasiado agitada.)
10. tú (Las desventajas de la vida urbana son más significativas que las ventajas.)

Ejercicio 2. La ciudad donde Ud. vive

Indicate whether or not the following exist in the city where you live. Then express your feelings about them in sentences using the subjunctive.

modelo: mucho ruido
   (No) Hay mucho ruido. Me alegro de que no haya mucho ruido.
   or *Siento que haya mucho ruido.*

1. una vida cultural activa
2. transporte cómodo
3. mucha contaminación
4. mucha congestión de tráfico
5. museos interesantes
6. muchos crímenes
7. espacio libre
8. buenos restaurantes

A. The use of the subjunctive after certain conjunctions

In each of the sentences below, the speaker mentions a condition that has not yet been met. Note the conjunctions in heavy print and the forms of the verbs that follow these conjunctions.

Te presto el periódico **para que leas** las noticias.

*I am lending you the newspaper **so that you may read** the news.*

Tenemos que controlar la contaminación **antes de que** el problema **sea** más grave.

*We have to control pollution **before** the problem **is** worse.*

No puedo hacer este trabajo **sin que** me **ayudes.**

*I cannot do this work **without your helping** me.*

Iré al cine **a menos que esté** enfermo.

*I will go to the movies **unless I am** sick.*

Vamos a ir a la playa **con tal que consigamos** un coche.

*We are going to go to the beach **provided that we obtain** a car.*

The present subjunctive is used after the following conjunctions:

a condición de que	on condition (that)
a menos que	unless
antes de que	before
con tal que	provided (that), providing (that)
en caso de que	in case (that)
para que	so (that)
sin que	without

■ *Explicaciones gramaticales*

1. The subjunctive is used after conjunctions indicating conditions that are uncertain or have not yet been met. The indicative is used after conjunctions implying that the conditions are known or certain. Contrast:

La invito **porque conoce** a mis padres.   *I am inviting her **because she knows** my parents.*

La invito **para que conozca** a mis padres.   *I am inviting her **so that she will get to know** my parents.*

2. An infinitive construction is usually used after the prepositions **antes de, para** or **sin** when there is no change in subject in the two clauses. Contrast:

Voy a llamarte **antes de salir.**   *I am going to call you **before I leave (before leaving).***

Voy a llamarte **antes de que salgas.**   *I am going to call you **before you leave.***

But:

Iré al cine **con tal que tenga** cinco dólares.   *I will go to the movies **provided that I have five dollars.***

Ejercicio 3. El candidato de todo el mundo

Everyone has a different reason for voting for a certain presidential candidate.
Explain these reasons, following the model.

modelo: Carlos (transformar la sociedad) *Carlos vota por él para que transforme la sociedad.*

1. nosotros (ayudar a los estudiantes)
2. mi mamá (controlar la inflación)
3. mi papá (eliminar los impuestos)
4. yo (mejorar el sistema judicial)
5. tú (reducir el crimen)
6. Uds. (reducir el costo de la vida)
7. Ud. (eliminar la congestión de tráfico)
8. los obreros (solucionar el problema del desempleo)

Ejercicio 4. ¡Adiós!

Carlos wants to phone his friends before they leave on vacation. Express this as in the model.

modelo: Beatriz se va para España.
　　　　Carlos quiere llamar a Beatriz antes de que se vaya para España.

1. Yo me voy para México.
2. Nosotros salimos mañana.
3. Tú sales el viernes próximo.
4. Enrique toma el avión.
5. Felipe y Elena toman el tren.

Ejercicio 5. *Proyectos para el fin de semana*

Everyone intends to go somewhere this weekend unless something happens. Express this as in the model.

modelo: yo (a la playa / si no llueve)　*Iré a la playa a menos que llueva.*

1. tú (al campo / si no hace frío)
2. Carmen (al cine / si no hay alguna reunión política)
3. Federico (a la fiesta / si no tiene trabajo)
4. los estudiantes (al café / si el profesor no da un examen)
5. mis amigos (al partido de fútbol / si no tienen que estudiar)
6. nosotros (al parque / si no tenemos dinero)

Ejercicio 6. *Condiciones*

*The presidential candidate says that it will be possible to bring about certain changes provided that specific things happen. Play the role of the candidate and begin your statements with **será posible.***

modelo: transformar la sociedad / Uds. me ayudan
　　　　Será posible transformar la sociedad con tal que Uds. me ayuden.

1. reformar las instituciones / Uds. votan por mí
2. mejorar el sistema universitario / los estudiantes quieren hacerlo
3. mejorar las condiciones de la vida urbana / la gente escoge representantes buenos
4. reducir los impuestos / Uds. trabajan en mi campaña electoral
5. eliminar la congestión de tráfico / Uds. viajan en transporte público

Ejercicio 7. *Y Ud., ¿qué dice?*

Complete the following sentences with personal ideas.

1. Sacaré una buena nota en español a condición de que _____ .
2. Trabajaré durante las vacaciones con tal que _____ .
3. Trato de ahorrar unos dólares todas las semanas en caso de que _____ .
4. No es posible reducir la contaminación del aire sin que _____ .
5. Es posible eliminar la congestión de tráfico con tal que _____ .
6. No me gusta vivir en una ciudad grande a menos que _____ .

B. Indicative vs. subjunctive after **cuando**

Read the following pairs of sentences carefully. The first sentence in each set concerns activities that are taking place now. The second sentence concerns actions that have not yet taken place. Note the forms of the verbs in heavy print.

Cuando **tengo** dinero, **voy** al cine.   When (Whenever) *I have* money, *I go to the movies.*

Cuando **tenga** mucho dinero, **iré** a España.   When *I have a lot of money, I will go to Spain.*

Cuando **estamos** en clase, **hablamos** español.   When (Whenever) *we are in class, we speak Spanish.*

Cuando **estemos** en México, **hablaremos** español.   When *we are in Mexico, we will speak Spanish.*

Spanish-speakers use two modes with **cuando**:

cuando + **present** indicative
cuando + **present** subjunctive   when main action is   present **tense**
future **tense**

Explicaciones gramaticales

1. The subjunctive is used after **cuando** to refer to a future, not yet completed action.

2. Either the indicative or subjunctive may be used after the following conjunctions of time.

hasta que   until   No podía ir *hasta que* terminó el trabajo.
tan pronto como
así que   as soon as
en cuanto   *Tan pronto como* salieron, empezó a llover.

En cuanto deje de llover, saldrán.

Ejercicio 8. Cuando tengan dinero...

Certain people are discussing what they will do when they have money. Express this as in the model.

modelo: el Sr. Ramos / comprar una casa   *Cuando tenga dinero, el Sr. Ramos comprará una casa.*

1. Elena / hacer un viaje
2. Felipe / no trabajar más
3. Roberto y Susana / casarse
4. yo / esquiar todo el año
5. nosotros / vivir en el campo
6. la Sra. de Ramírez / escribir una novela
7. sus primos / comprar un piano
8. tú / visitar el Perú

Ejercicio 9. ¡Viva la libertad!

Freedom means different things to different people. Say when some people will feel that they are «free.»

modelo: Carlos / vivir en el campo   *Carlos se sentirá libre cuando viva en el campo.*

1. Isabel / conseguir un empleo
2. yo / obtener mi título
3. tú / graduarte
4. nosotros / estar de vacaciones

5. Teresa y Raquel / no vivir más con sus padres   7. Ud. / ser profesor titulado
6. mis primos / ya no ser estudiantes   8. Uds. / casarse

Ejercicio 10. ¿Cuándo?

Complete the following sentences with personal ideas.

1. No compraré un coche nuevo hasta que _____ .
2. Buscaré un empleo tan pronto como _____ .
3. Seré completamente independiente en cuanto _____ .
4. No voy a casarme hasta que _____ .
5. Estaré perfectamente contento/a tan pronto como _____ .
6. Gozaré de la vida urbana en cuanto _____ .

C. The subjunctive: summary

The subjunctive is frequently used in Spanish. It is required in the following cases:

1. after an impersonal expression of opinion or wish.

   Es útil que estudiemos el español.

2. after an expression of desire or an indirect command.

   El profesor quiere que hablemos español.

3. after an expression of doubt or disbelief.

   No creo que el español sea tan difícil de aprender.

4. after an expression of emotion.

   Me alegro de que vayas a México.

5. after a relative pronoun (to express a possibility).

   Quiero conocer una chica que sea de México.

6. after a conjunction that implies a condition as yet unfulfilled.

   Iré a México con tal que tenga bastante dinero.

7. after a conjunction that refers to an uncompleted action.

   Hablaré español cuando esté en España.

Ejercicio 11. El mundo del mañana

Express your views and wishes about the world of tomorrow by completing the sentences below with personal ideas.

1. Espero que mis amigos _____ .
2. Deseo que mi familia _____ .
3. Espero que la gente _____ .
4. Prefiero que todo el mundo _____ .
5. Es necesario que _____ .
6. Es posible que _____ .
7. Es improbable que _____ .
8. Dudo que _____ .
9. Quiero vivir en un mundo que _____ .
10. Quiero vivir con personas que _____ .
11. El mundo será más estable cuando _____ .
12. El futuro será más seguro cuando _____ .

Ejercicio 12. Intérprete

You are working as a translator. Put the following sentences into Spanish.

1. What are the advantages and disadvantages of city life?
2. It's too bad that the government does not reduce taxes.
3. It's important that we control air pollution.
4. We will live in the city provided that the cost of living does not go up.
5. My neighbors want to leave before it snows.
6. We cannot control crime without your (**Uds.**) helping us.
7. When jobs are scarce, unemployment is high.
8. We will improve urban transportation systems when people stop using their cars and start using buses.

REALIDAD HISPANICA

Lectura cultural: El hombre y la *naturaleza*

nature

«¡Los devoró la *selva*!» es la última línea de la novela *La Vorágine*, escrita por el colombiano José Eustacio Rivera en 1924. Esta frase no es ninguna exageración novelística. Los conquistadores españoles descubrieron que la naturaleza de las Américas era muy diferente de la que se conocía en Europa. Los que han seguido a los conquistadores también han descubierto la belleza y la crueldad de la selva, la inmensidad solitaria de *la pampa* y los *peligros* que los esperan en las altas montañas.

jungle

plains / dangers

No sólo la tierra es el *enemigo* del hombre, sino también el clima y las catástrofes naturales. En Chile, el Perú, el Ecuador y Guatemala los *terremotos* ocurren con frecuencia. En algunas regiones la *temporada de las lluvias* produce *inundaciones* que devastan la tierra, mientras que en otras partes la falta de lluvia produce *sequías* y hambre. En los Andes hay frío *cortante*; en la selva amazónica el calor es insoportable. En vez de dominar su ambiente, el latinoamericano ha tenido que adaptarse al *poder* y al peligro de la naturaleza.

enemy

earthquakes / rainy season / floods

droughts

bitter

power

Para los latinoamericanos que viven fuera de los centros urbanos, la lucha para *poblar* y cultivar esas *tierras* siempre ha sido un *esfuerzo* heroico. Aún hoy, *a pesar del* progreso que ha traído nuestro siglo, la naturaleza latinoamericana se manifiesta con una presencia implacable e impresionante; un *desafío* a la *voluntad*, la energía y la imaginación del hombre.

populate / land / effort

in spite of

challenge / will

Como consecuencia, las diferencias entre la vida urbana y la vida rural son a veces enormes en los países hispanos. Generalmente, la vida política, económica, educativa y cultural se concentra en las ciudades o en las capitales. Las ventajas que ofrece la ciudad *tardan en* llegar a las demás partes del país. Por eso, muchos de los que viven en el campo piensan que vivirán mejor en la ciudad y *se trasladan* allí. Llegan a la ciudad y descubren que el costo de vida es muy elevado, que la *vivienda* es escasa y cara y que a ellos les faltan la educación y

are slow in

move

housing

Dos vistas de Caracas

las *habilidades* para obtener trabajo en una sociedad industrializada. Se   skills
han escapado de la *pobreza* rural sólo para *hallar* la pobreza urbana.   poverty / to find

    Mientras que hay mucho movimiento hacia los centros urbanos,
poca gente se va para el campo o los pueblos. Aún cuando una
oportunidad excelente se presenta, un joven profesional no quiere
apartarse del centro de actividad de su país. Para muchos hispanos, el   leave
vivir lejos de una ciudad significa que una persona es «provinciana». La   "provincial"
buena vida—o la esperanza de encontrarla—los espera en la ciudad.

¿Comprendió Ud.?

1. ¿Cuáles son algunas de las características de la selva? ¿de la pampa?
2. ¿Cuáles son algunos de los enemigos del hombre en Latinoamérica?
3. Mencione algunos contrastes entre la vida urbana y la vida rural en Latinoamérica.
4. ¿Qué les pasa a la gente que se traslada del campo a la ciudad?
5. Dé su opinión hacia la vida rural y la vida urbana.

Aumente su vocabulario: the suffixes -ez, -eza

In Spanish, the suffix **-ez** or, more frequently, **-ez**a has often been added to an adjective to create a noun referring to a quality.

natural *(natural)* → la natural**eza** *(nature)*
bello *(beautiful)* → la bell**eza** *(beauty)*

Nouns ending in **-ez** and **-eza** are feminine.

Práctica

Guess the meanings of the following nouns, and give the original adjectives. Then use the words in original sentences.

1. la riqueza
2. la escasez
3. la pobreza
4. la grandeza
5. la tristeza
6. la limpieza

AHORA LE TOCA A UD.

Describe the city in which you live. Say what you like about it and what you do not like. Indicate how its problems might be solved.

LECCION 36
Hacia un mundo mejor...

Sabemos que el mundo de hoy tiene sus defectos y sus problemas. En su opinión, ¿cómo *se podría mejorar*? Cuando les hicimos esta pregunta a varios hispanos, nos contestaron así:

it be improved

Rafael Fernández (de la Argentina)

Le aseguro que si *hubiera* menos políticos, este país estaría en mejores condiciones.

I assure you / there were

Adelina Suárez (de Chile)

¡Si las mujeres *tuvieran* más *poder*, el *estado* del mundo se mejoraría en seguida! El hombre destruye mientras que la mujer construye.

had / power / state

Pedro Redondo (de Costa Rica)

No se puede transformar la sociedad sin transformar primero al individuo. Si la gente *fuera* más abierta, más honrada y *más bondadosa*, el mundo sería mejor.

were
kinder

Ramona Arroyo (de Cuba)

¡Hasta que todos los pueblos entiendan la necesidad de luchar juntos en contra del imperialismo, no habrá soluciones para los problemas del mundo!

Francisco Durán (de México)

Esos políticos viejos no piensan en más que *retener* el poder y *enriquecerse*. ¡Si nosotros, los jóvenes, tuviéramos el poder, la cosa sería diferente!

retaining
getting rich

Lola Galindo (del Perú)

Si *pudieran* encontrar más petróleo en este país, por lo menos se solucionarían nuestros problemas económicos.

could

Fernando Herrero (de Bolivia)

No habría tanta pobreza y desempleo si *se repartiera* la tierra de una manera más justa.

were distributed

Carmen Osorio (de España)

Si pudiéramos *restablecer* los valores de nuestros *antepasados*, no tendríamos la crisis espiritual por la que estamos pasando ahora.

reestablish / ancestors

Preguntas

1. Según Rafael Fernández, ¿cómo se podría mejorar la condición de su país?
2. ¿Cómo mejoraría Adelina Suárez el estado del mundo?
3. En la opinión de Pedro Redondo, ¿qué es necesario para que el mundo sea mejor?
4. Según Ramona Arroyo, ¿cuándo habrá soluciones a los problemas del mundo?
5. ¿Tiene Francisco Durán mucha confianza en los políticos? ¿Qué piensa de ellos?
6. Según Lola Galindo, ¿cuál es una de las maneras de solucionar los problemas económicos de un país?
7. ¿Qué solución a los problemas de la pobreza y el desempleo nos ofrece Fernando Herrero?
8. Según Carmen Osorio, ¿cuáles son los valores que hay que restablecer?

NOTA CULTURAL

Towards the future

Once independence from Spain was achieved in the nineteenth century, Latin-American thinkers began to reflect on the destiny of their continent. Some, like Domingo Faustino Sarmiento of Argentina, urged their countries to model themselves after the United States; others, like José Enrique Rodó of Uruguay, rejected the United States as a prototype and preferred European models. Today many Latin-American statesmen, politicians, economists, and philosophers reject both the United States and the Soviet Union as viable models and insist that Latin America must create its own economic and political systems.

EL CENTRO IBEROAMERICANO DE COOPERACION

tiene el gusto de invitarle al almuerzo que, con motivo del acto inaugural del
«SEMINARIO INTERNACIONAL DE LA EMPRESA PUBLICA EN EL DESARROLLO INDUSTRIAL DE LATINOAMERICA, DEL CARIBE Y ESPAÑA»,
tendrá lugar en este Centro.
el día 19 de febrero, a las 13,30 horas.

AVDA. DE LOS REYES CATOLICOS, 4
CIUDAD UNIVERSITARIA   MADRID, 1979

LENGUA ESPAÑOLA

VOCABULARIO   Para mejorar la sociedad

sustantivos

el estado	*state*	la pobreza	*poverty*
el individuo	*individual*	la tierra	*land*
el poder	*power*		

verbos

repartir	*to distribute*	El gobierno **repartió** las tierras.
restablecer	*to reestablish*	La iglesia quiere **restablecer** los valores espirituales.
transformar	*to transform*	¿Cómo podemos **transformar** la sociedad?

A. The imperfect subjunctive: regular forms

Contrast the verbs in each of the following sets of sentences. In the first sentence of each pair, the subject is communicating wishes, doubts, or emotions that are currently being experienced. The verb that follows **que** is in the *present* subjunctive. In the second sentence, the subject is communicating wishes, doubts, or emotions that were experienced in the past. The verb that follows **que** is in the *imperfect* subjunctive.

(*present*)   ¿**Es** importante que **respetemos** las tradiciones ahora?   *Is it important now that **we** respect traditions?*

	(past)	**Era** importante que **respetáramos** las tradiciones antes.	*In the past it was important that we respect traditions.*
	(present)	**Espero** que mis padres me **comprendan**.	*I hope that my parents understand me.*
	(past)	**Esperaban** que sus padres los **comprendieran**.	*They hoped that their parents understood them.*
	(present)	**No quiero** que **discutamos** sobre política.	*I don't want us to discuss politics.*
	(past)	Mis padres **no querían** que **discutiéramos** sobre política en casa.	*My parents didn't want us to discuss politics at home.*

Note the forms of the imperfect subjunctive in the chart below.

	hablar	comer	vivir
ellos *form of the preterite*	**habla**ron	**comie**ron	**vivie**ron
(yo)	hablara	comiera	viviera
(tú)	hablaras	comieras	vivieras
(él, ella, Ud.)	hablara	comiera	viviera
(nosotros)	habláramos	comiéramos	viviéramos
(vosotros)	hablarais	comierais	vivierais
(ellos, ellas, Uds.)	hablaran	comieran	vivieran

■ *Explicaciones gramaticales*

1. The imperfect subjunctive is formed as follows.

   ellos **form of the preterite minus** *-ron* **+ imperfect subjunctive endings**

2. The imperfect subjunctive endings are:*

   -ra -ras -ra ́-ramos -rais -ran

   Note that in the **nosotros** form of the imperfect subjunctive an accent mark is placed over the final vowel of the stem.

Ejercicio 1. Un candidato decepcionado (**A disappointed candidate**)

The leading candidate was not elected in the last election. He had hoped— wrongly—that certain people would vote for him. Express this as in the model.

modelo: los estudiantes   *Esperaba que los estudiantes votaran por él.*

1. tú
2. yo
3. los profesores liberales
4. Ud.
5. tú y yo
6. todo el pueblo

---

* In Spanish there is a second form of the imperfect subjunctive which is less commonly used. Instead of the **-ra** endings, it uses **-se, -ses, -se, ́-semos, -seis,** and **-sen.**

Ejercicio 2. Relaciones familiares

*Say whether or not your parents insisted that you do the following things when you were younger. Use the **yo** form of the imperfect subjunctive. (Be sure you derive the stem from the **ellos** form of the preterite.)*

modelo: respetarlos   *Mis padres (no) insistían en que los respetara.*

1. escucharlos
2. ayudar en casa
3. estudiar
4. aprender a tocar el piano
5. regresar a casa temprano
6. ahorrar su dinero
7. no perder tiempo
8. escoger buenos amigos

B. The uses of the imperfect subjunctive

The imperfect subjunctive is generally used after the same verbs and expressions as the present subjunctive, when these expressions are in a *past tense*. Note the cases and examples in the chart below:

1. after an impersonal expression of opinion or wish.

   Era importante que los niños **obedecieran** a sus padres.

2. after an expression of indirect command or desire.

   Mis padres **querían** que yo **estudiara** más.

3. after an expression of doubt or disbelief.

   No creían que **volviera** tarde.

4. after an expression of emotion.

   Se asombraban de que **me casara** con Miguel.

5. after a relative pronoun (to express a possibility).

   Quería salir con chicos **que hablaran** español.

6. after a conjunction that implies a condition as yet unfulfilled.

   Paco **salió antes de que** lo **llamara.**
   Mis padres me **mandaron** a México **para que aprendiera** español.

Ejercicio 3. Sentimientos y opiniones

Replace the italicized words by the words in parentheses. Make all necessary changes.

modelo: Era sorprendente que *Raúl e Inés* no se divorciaran. (nosotros)
    Era sorprendente que no nos divorciáramos.

1. En casa, ¿era importante que *los niños* obedecieran? (yo; mis primos; Carlos; nosotros; tú)
2. Mis abuelos querían que *mi papá* asistiera a la universidad. (su hija; yo; mis primas; nosotros)
3. El profesor se quejaba de que *yo* no estudiara más. (tú y yo; los estudiantes; Elena; Uds.)
4. Mi abuelo insistía en que *sus hijos* le escribieran. (mi papá; yo; mis primos; nosotros)
5. Mis padres dudaban que *yo* trabajara mucho. (mis hermanos; nosotros; tú; mi mejor amigo)
6. Voté por *ti* para que transformaras el sistema. (los candidatos liberales; Uds.; el presidente; Ud.)
7. La compañía buscaba *empleados* que hablaran español. (una ingeniera; dos técnicos; una secretaria; un ejecutivo)
8. Mi compañía *me* mandó a Francia para que yo aprendiera el francés. (tú; la Sra. de Montero; los ingenieros; nosotros)

C. The imperfect subjunctive: irregular forms

Since the stem of the imperfect subjunctive is always derived from the **ellos** form of the preterite, the verbs that have irregular preterite stems also have irregular stems in the imperfect subjunctive. Here are a few examples. Note that the endings are regular.

infinitive	ellos form of preterite	yo form of imperfect subjunctive
ir	fueron	fuera
ser	fueron	fuera
hacer	hicieron	hiciera
querer	quisieron	quisiera
venir	vinieron	viniera
estar	estuvieron	estuviera
haber	hubieron	hubiera
poder	pudieron	pudiera
poner	pusieron	pusiera
saber	supieron	supiera
tener	tuvieron	tuviera
conducir	condujeron	condujera
decir	dijeron	dijera
dormir	durmieron	durmiera
servir	sirvieron	sirviera

Ejercicio 4. Ayer y hoy

Say whether or not the following things are important now and whether or not they were important in the past. Begin your sentences with (No) **Es importante** and (No) **Era importante**.

modelo: No hay discriminación.
> (No) Es importante que no haya discriminación.
> (No) Era importante que no hubiera discriminación.

1. No hay guerra.
2. Los políticos dicen la verdad.
3. El presidente sabe la verdad.
4. Los padres tienen paciencia con sus hijos.
5. Las familias tienen muchos niños.
6. Los hijos mantienen las tradiciones de la familia.

Ejercicio 5. ¡Ilusiones!

Say that people were hoping that the following things would happen.

modelo: Los médicos pueden curar el cáncer.
> La gente esperaba que los médicos pudieran curar el cáncer.

1. No hay más conflictos en el mundo.
2. Los hombres y las mujeres son iguales.

3. Los políticos pueden reformar la sociedad.
4. El gobierno puede repartir las tierras de una manera justa.
5. El gobierno hace más para solucionar los problemas de la energía.
6. Los científicos lo explican todo.
7. Vamos a eliminar la injusticia.
8. Los hombres son más racionales.
9. El gobierno tiene menos poder.
10. Podemos transformar a los individuos.

D. The use of the subjunctive after si

Compare the forms of the verbs in the following pairs of sentences.

Si **tengo** dinero este verano, **iré** a España.   *If **I have** money this summer, **I will go** to Spain.*

Si **tuviera** dinero, **iría** a Mallorca.   *If **I had** money, **I would go** to Majorca.*

Si **estamos** en España algún día, **visitaremos** Barcelona.   *If **we are** in Spain some day, **we will visit** Barcelona.*

Si **estuviéramos** en España, **hablaríamos** español.   *If **we were** in Spain, **we would speak** Spanish.*

Note the verb sequences that are used in sentences with si (*if*) clauses.

	subordinate clause (**si**)	main clause
the condition expresses something possible	present indicative	future
the condition expresses something considered contrary to fact	imperfect subjunctive	conditional

Ejercicio 6. Si fueran ricos...

Say what certain people would buy if they had money.

modelo: Elena (un coche deportivo)   *Si tuviera dinero, Elena compraría un coche deportivo.*

1. nosotros (billetes de lotería)
2. mis padres (una casa nueva)
3. yo (una moto)
4. tú (un avión)
5. Carlos (una raqueta)
6. mis amigos (ropa)
7. Ud. (una piscina)
8. Uds. (dos billetes de avión para Málaga)

Ejercicio 7. Si...

Say what you would do if the following circumstances were to occur. Use your imagination.

modelo: ser presidente/a   *Si fuera prèsidentela, reformaría el gobierno.*

1. no ser estudiante
2. tener diez mil dólares
3. tener un millón de dólares
4. ser rector/a de la universidad
5. tener treinta años
6. tener cincuenta años
7. encontrarse en una isla desierta
8. vivir en el siglo XIX

Ejercicio 8. Intérprete

You are working as a translator. Put the following sentences into Spanish.

1. It is important that every individual vote.
2. It was surprising that many people did not vote.
3. The people wanted the government to distribute the land in a fair manner.
4. They wanted a candidate who would transform society.
5. They were afraid that the other candidates would not be able to solve the problems.
6. They hoped that the new president would have the power to improve urban conditions.
7. If I were president, I would try to reduce crime and violence (**violencia**).
8. If I knew how to speak Italian, I would visit Pompeii.

AHORA LE TOCA A UD.

Reread the opinions of the people interviewed in the beginning of the lesson, and then write a short paragraph in which you explain how the world might be better.

Un destino para Iberoamérica

El mundo moderno va a ser cada día más el de las grandes
concentraciones de poder supra-nacionales que se cuentan por las
más altas *cifras* de acumulación de capacidad de trabajo y   figures
producción y de progreso científico y tecnológico. En el panorama de
la *aurora* del siglo XXI *asoman* las grandes *sumas* de poder de los   dawn / appear / sums
Estados Unidos, la Unión Soviética, la nueva y *creciente* comunidad   growing
europea, China y el Japón. No se necesita tener *dones de adivino*   talents for guessing
para *prever* que se va a estructurar un gran *bloque* dirigido por   to foresee / bloc
Rusia, otro por los Estados Unidos y el mundo *anglosajón*, con el   Anglo-Saxon
Canadá, Inglaterra, Australia, Nueva Zelanda y África del Sur, uno,
completo o incompleto de la Europa *Occidental* y otro en Asia, *cuyo*   Western / whose
destino se va a decidir por el *juego* político entre China, el Japón y la   game
India.

¿Qué vamos a hacer los hispanoamericanos *frente a* esa   before
perspectiva cierta? Vamos a continuar *aislados*, indiferentes,   isolated
entregados a la idolatría del pasado o repitiendo el suicida *exabrupto*   given over to / abrupt
de Unamuno: «Que inventen ellos.» Hemos vivido todos demasiado
tiempo en el *retraso* casi tribal y en un estado de guerra civil fría   backwardness
perpetua. Si continuamos separados y *desdeñosos los unos ante los*   disdainful / before each
otros no pasaremos de ser espectadores pasivos de la historia o *mero*   other / mere
campo de expansión *incontrastable* para los grandes centros de   field / undeniable
acumulación económica y cultural.

Y *sin embargo* podría perfectamente no ser así *a poco que* nos   nonetheless / if at all
diéramos cuenta de todo lo que podemos hacer juntos. Somos el más
numeroso *conjunto* de pueblos occidentales con unidad de lengua,   group
creencia y valores de civilización. Rusia es un mosaico de pueblos
con lenguas distintas, la Europa de la *Comunidad Económica* está   Common Market
divida por las lenguas, la religión y la historia, y los asiáticos o los
africanos están fragmentados por lenguas, creencias y tradiciones
aislantes.   insulating
Las cuatro lenguas más *extendidas* del mundo son el chino, con   widespread
750 millones de *hablantes*, el inglés con 300, el español con más de   speakers
200 y el ruso con alrededor de 200. Somos hoy, *pues*, la tercera   then
comunidad lingüística del mundo y las tendencias del *crecimiento*   growth

430

VOCES HISPANAS

demográfico *señalan* que *dentro* de veinte años seremos seguramente la segunda.

Pero poco haríamos con ser más que los *anglo-parlantes* si no *aprovechamos* esa circunstancia extraordinaria para *sumar* capacidades y *planificar* la conquista del futuro. No nos van a preguntar cuántos millones de *seres* somos, sino qué volumen de producción de *acero*, qué *nivel* de *Producto Territorial Bruto*, qué número de computadoras, qué número de técnicos o cuántos Premios Nobel de Física, Química, Biología o Matemáticas podemos exhibir.

Es aún más grande la *tentación* y la posibilidad de hacer algo *por medio de* la cooperación inteligente si tomamos como *punto de partida* la noción del mundo iberoamericano. Entre naciones de lengua portuguesa y de lengua española, en Europa y América, somos hoy más de 300 millones de habitantes, lo que ya nos *coloca* numéricamente por *sobre* la cifra de los pueblos anglosajones.

Si ese inmenso número de hombres, con comunidad cultural fundamental, que *poseen* inmensos territorios y *recursos* naturales y potenciales en *desmesurada escala*, llegaran a un *acuerdo* que les permitiera sumar *fuerzas* para el progreso económico y cultural, el mundo del futuro inmediato vería aparecer una de las más grandes y homogéneas concentraciones de poder que pueda existir.

Sería una *mengua* imperdonable que para el año 2000 los 500 o 600 millones de hombres del mundo iberoamericano contempláramos como pasivos *espectadores* el *predominio* universal de anglosajones, soviéticos o asiáticos, simplemente porque hayamos de continuar con la misma *ceguera* del pasado *alimentando* la guerra civil fría que nos paraliza e ignorando las fabulosas posibilidades de crecimiento y poder que están a nuestro *alcance*.

—Arturo Uslar Pietri

Arturo Uslar Pietri was born in Caracas, Venezuela in 1906, and for many years has been active in the political life of his own country and the cultural life of the Spanish-speaking world. An ardent defender of democracy, he has been a senator, cabinet minister and a candidate for the presidency of Venezuela. One of the Hispanic world's foremost thinkers, he has also written novels, plays and essays.

indicate / within

English speaking
take advantage of / total
plan
people
steel / level / Gross National Product

temptation
by means of / starting point

place
over

possess / resources
limitless scale / agreement
forces

disgrace

spectators / predominance
blindness / fostering

reach

431

The Repaso sections let you check your knowledge of Spanish structures. Answers to these exercises are found on page 453. If you make any mistakes, you may want to review the pages indicated in parentheses.

A. Familiar **tú** commands: regular formation (pp. 351–355)

*Complete the first blank with the affirmative **tú** command of the verb in parentheses. Complete the second blank with the corresponding negative command.*

1. (tomar) _____ el autobús. No _____ el taxi.
2. (comer) _____ frutas. No _____ carne.
3. (vivir) _____ en el campo. No _____ en una ciudad grande.
4. (conducir) _____ bien. No _____ rápidamente.
5. (volver) _____ temprano. No _____ tarde.
6. (pensar) _____ en el examen. No _____ en las vacaciones.

B. Verbs with irregular familiar **tú** commands (pp. 355–356)

*Fill in the first blank with the affirmative **tú** command of the verb in parentheses. Complete the second blank with the corresponding negative form.*

1. (salir) _____ conmigo. No _____ con él.
2. (tener) _____ paciencia. No _____ miedo.
3. (ser) _____ generoso. No _____ tonto.
4. (ir) _____ al cine. No _____ al concierto.
5. (venir) _____ a la una. No _____ después de la película.
6. (decir) _____ la verdad. No _____ mentiras.
7. (hacer) _____ lo útil. No _____ lo inútil.
8. (poner) _____ tu dinero en el banco. No lo _____ en el bolso.

C. Present subjunctive: regular formation (pp. 365–367, 372–376, 385–387)

Fill in the blanks with the appropriate subjunctive forms of the verbs in parentheses.

1. (hablar, leer) El profesor insiste en que los estudiantes _____ menos y _____ más.
2. (escribir, llamar) Espero que tú me _____ o me _____ por teléfono.
3. (comer, tomar) El médico le sugiere a mi padre que él _____ menos y _____ menos café.
4. (salir, hacer) Es importante que nosotros _____ y _____ ejercicios.
5. (tomar, conducir) No quiero que mi hermano _____ mi coche y lo _____ .
6. (tener, decir) Los padres insisten en que sus hijos _____ paciencia y les _____ la verdad.
7. (ganar, vivir) ¿Es necesario que nosotros _____ mucho dinero y _____ cómodamente?
8. (escuchar, comprender) Insisto en que tú me _____ y me _____ .

D. Present subjunctive: irregular formation (pp. 387–388)

Complete the following sentences with the appropriate forms of the verbs in parentheses.

1. (ir) Mi padre espera que yo _____ a España y que mis hermanos _____ a Puerto Rico.
2. (saber) El profesor insiste en que tú _____ los verbos y que tus compañeros _____ el poema.
3. (ser) Es importante que yo _____ más paciente y que Uds. _____ más generosos.

E. Indicative or subjunctive? (pp. 365–367, 404–406)

Complete the sentences below with the él form of the present indicative or the present subjunctive of the verb in parentheses, as appropriate.

1. (trabajar) Es importante que Esteban _____ más.
2. (hablar) No comprendo por qué Lucía no me _____ .
3. (estudiar) Sé que tu amigo _____ mucho.
4. (escuchar) Insisto en que Ud. _____ ese disco.
5. (visitar) Siento que Federico no me _____ nunca.
6. (ganar) Creo que su padre _____ mucho dinero.
7. (necesitar) Dudo que Felipe _____ mis consejos.
8. (hablar) ¿Cómo se llama la chica que _____ con Enrique?
9. (hablar) Necesitamos un intérprete que _____ ruso.
10. (tener) Vivo en una casa que _____ piscina.
11. (tener) Silvia busca un apartamento que _____ una cocina moderna.
12. (escribir) Estoy furioso porque Elena no me _____ .
13. (escribir) Felicia está contenta que su novio le _____ todos los días.

F. Indicative or subjunctive after *cuando* (pp. 416–418)

Complete the sentences below with the present indicative or present subjunctive of the verb in parentheses, as appropriate.

1. (tener) Cuando Carlos _____ dinero, invita a sus amigas.
2. (tener) Cuando Carmen _____ tiempo, te llamará.
3. (hablar) No estoy nervioso cuando _____ español.
4. (hablar) Cuando Silvia _____ con tus amigos, les dirá la verdad.

G. Formation of the imperfect subjunctive (pp. 424–429)

Complete the following sentences with the appropriate forms of the imperfect subjunctive of the verb in parentheses.

1. (estudiar) El profesor insistía en que los estudiantes _____ mucho.
2. (salir) El señor Montero no les permitía a sus hijas que _____ después de la cena.
3. (comer) Era importante que los niños _____ productos naturales.
4. (vivir) Sentía que mis tíos _____ tan lejos.
5. (tener) Me alegraba de que mis amigos _____ padres tan generosos.
6. (estar) El profesor no creía que todos los estudiantes _____ enfermos el día del examen.
7. (decir) Mis padres insistían en que mis hermanos _____ la verdad.
8. (hacer) Era importante que los alumnos _____ la tarea.

APPENDIX A:
REGULAR VERBS

Infinitive	hablar *to speak*	aprender *to learn*	vivir *to live*
Present participle	hablando *speaking*	aprendiendo *learning*	viviendo *living*
Past participle	hablado *spoken*	aprendido *learned*	vivido *lived*

SIMPLE TENSES

Present indicative *I speak, am speaking, do speak*	hablo hablas habla hablamos habláis hablan	aprendo aprendes aprende aprendemos aprendéis aprenden	vivo vives vive vivimos vivís viven
Imperfect indicative *I was speaking, used to speak,* *spoke*	hablaba hablabas hablaba hablábamos hablabais hablaban	aprendía aprendías aprendía aprendíamos aprendíais aprendían	vivía vivías vivía vivíamos vivíais vivían
Preterite *I spoke, did speak*	hablé hablaste habló hablamos hablasteis hablaron	aprendí aprendiste aprendió aprendimos aprendisteis aprendieron	viví viviste vivió vivimos vivisteis vivieron
Future *I will speak, shall speak*	hablaré hablarás hablará hablaremos hablaréis hablarán	aprenderé aprenderás aprenderá aprenderemos aprenderéis aprenderán	viviré vivirás vivirá viviremos viviréis vivirán

Conditional *I would speak*	hablaría hablarías hablaría	aprendería aprenderías aprendería	viviría vivirías viviría
	hablaríamos hablaríais hablarían	aprenderíamos aprenderíais aprenderían	viviríamos viviríais vivirían
Present subjunctive *(that) I speak*	hable hables hable	aprenda aprendas aprenda	viva vivas viva
	hablemos habléis hablen	aprendamos aprendáis aprendan	vivamos viváis vivan
Imperfect subjunctive (-ra)* *(that) I speak, might speak*	hablara hablaras hablara	aprendiera aprendieras aprendiera	viviera vivieras viviera
	habláramos hablarais hablaran	aprendiéramos aprendierais aprendieran	viviéramos vivierais vivieran
Commands *speak*	— habla (no hables) hable	— aprende (no aprendas) aprenda	— vive (no vivas) viva
	hablemos hablad (no habléis) hablen	aprendamos aprended (no aprendáis) aprendan	vivamos vivid (no viváis) vivan

COMPOUND TENSES

Present perfect indicative *I have spoken*	he has ha	hemos habéis han	hablado	aprendido	vivido
Pluperfect indicative *I had spoken*	había habías había	habíamos habíais habían	hablado	aprendido	vivido
Future perfect indicative *I will have spoken*	habré habrás habrá	habremos habréis habrán	hablado	aprendido	vivido
Conditional perfect *I would have spoken*	habría habrías habría	habríamos habríais habrían	hablado	aprendido	vivido

* Alternate endings: -se, -ses, -se, -semos, -seis, -sen.

Present progressive	estoy	estamos	⎫			
I am speaking	estás	estáis	⎬ hablando	aprendiendo	viviendo
	está	están	⎭			

Past progressive	estaba	estábamos	⎫			
I was speaking	estabas	estabais	⎬ hablando	aprendiendo	viviendo
	estaba	estaban	⎭			

Present perfect subjunctive	haya	hayamos	⎫			
(that) I have spoken	hayas	hayáis	⎬ hablado	aprendido	vivido
	haya	hayan	⎭			

Past perfect subjunctive	hubiera	hubiéramos	⎫			
(that) I had spoken	hubieras	hubierais	⎬ hablado	aprendido	vivido
	hubiera	hubieran	⎭			

APPENDIX B:
STEM-CHANGING VERBS

	1. e → ie		**2. o → ue**	
	pensar	perder	contar	volver
Present indicative	**pienso**	**pierdo**	**cuento**	**vuelvo**
	piensas	**pierdes**	**cuentas**	**vuelves**
	piensa	**pierde**	**cuenta**	**vuelve**
	pensamos	perdemos	contamos	volvemos
	penséis	perdéis	contáis	volvéis
	piensan	**pierden**	**cuentan**	**vuelven**
Present subjunctive	**piense**	**pierda**	**cuente**	**vuelva**
	pienses	**pierdas**	**cuentes**	**vuelvas**
	piense	**pierda**	**cuente**	**vuelva**
	pensemos	perdamos	contemos	volvamos
	penséis	perdáis	contéis	volváis
	piensen	**pierdan**	**cuenten**	**vuelvan**

(Note: The verb **jugar** changes **u → ue**.)

	3. e → ie, i	4. e → i, i	5. o → ue, u
	sentir	pedir	dormir
Present indicative	**siento**	**pido**	**duermo**
	sientes	**pides**	**duermes**
	siente	**pide**	**duerme**
	sentimos	pedimos	dormimos
	sentís	pedís	dormís
	sienten	**piden**	**duermen**
Present subjunctive	**sienta**	**pida**	**duerma**
	sientas	**pidas**	**duermas**
	sienta	**pida**	**duerma**
	sintamos	**pidamos**	**durmamos**
	sintáis	**pidáis**	**durmáis**
	sientan	**pidan**	**duerman**
Preterite	sentí	pedí	dormí
	sentiste	pediste	dormiste
	sintió	**pidió**	**durmió**
	sentimos	pedimos	dormimos
	sentisteis	pedisteis	dormisteis
	sintieron	**pidieron**	**durmieron**
Past subjunctive	**sintiera**	**pidiera**	**durmiera**
	sintieras	**pidieras**	**durmieras**
	sintiera	**pidiera**	**durmiera**
	sintiéramos	**pidiéramos**	**durmiéramos**
	sintierais	**pidierais**	**durmierais**
	sintieran	**pidieran**	**durmieran**
Present participle	**sintiendo**	**pidiendo**	**durmiendo**

Infinitive	Participles	Present indicative	Imperfect	Preterite
1. abrir *to open*	abriendo **abierto**	abro abres abre abrimos abrís abren	abría abrías abría abríamos abríais abrían	abrí abriste abrió abrimos abristeis abrieron
2. andar *to walk*	andando andado	ando andas anda andamos andáis andan	andaba andabas andaba andábamos andabais andaban	**anduve** **anduviste** **anduvo** **anduvimos** **anduvisteis** **anduvieron**
3. caer *to fall*	cayendo caído	**caigo** caes cae caemos caéis caen	caía caías caía caíamos caíais caían	caí **caíste** **cayó** **caímos** **caísteis** **cayeron**
4. conocer *to know* **c → zc** before **a, o**	conociendo conocido	**conozco** conoces conoce conocemos conocéis conocen	conocía conocías conocía conocíamos conocíais conocían	conocí conociste conoció conocimos conocisteis conocieron
5. construir *to build* **i → y,** y inserted before **a, e, o**	**construyendo** construido	**construyo** **construyes** **construye** construimos construís **construyen**	construía construías construía construíamos construíais construían	construí construiste **construyó** construimos construisteis **construyeron**

Future	Conditional	Present subjunctive	Imperfect subjunctive	Commands
abriré	abriría	abra	abriera	—
abrirás	abrirías	abras	abrieras	abre (no abras)
abrirá	abriría	abra	abriera	abra
abriremos	abriríamos	abramos	abriéramos	abramos
abriréis	abriríais	abráis	abrierais	abrid (no abráis)
abrirán	abrirían	abran	abrieran	abran
andaré	andaría	ande	**anduviera**	—
andarás	andarías	andes	**anduvieras**	anda (no andes)
andará	andaría	ande	**anduviera**	ande
andaremos	andaríamos	andemos	**anduviéramos**	andemos
andaréis	andaríais	andéis	**anduvierais**	andad (no andéis)
andarán	andarían	anden	**anduvieran**	anden
caeré	caería	**caiga**	cayera	—
caerás	caerías	**caigas**	cayeras	caed (no caigáis)
caerá	caería	**caiga**	cayera	caiga
caeremos	caeríamos	**caigamos**	cayéramos	caigamos
caeréis	caeríais	**caigáis**	cayerais	caed (no caigáis)
caerán	caerían	**caigan**	cayeran	caigan
conoceré	conocería	**conozca**	conociera	—
conocerás	conocerías	**conozcas**	conocieras	conoce (no conozcas)
conocerá	conocería	**conozca**	conociera	conozca
conoceremos	conoceríamos	**conozcamos**	conociéramos	conozcamos
conoceréis	conoceríais	**conozcáis**	conocierais	conoced (no conozcáis)
conocerán	conocerían	**conozcan**	conocieran	conozcan
construiré	construiría	construya	construyera	—
construirás	construirías	construyas	construyeras	construye (no construyas)
construirá	construiría	construya	construyera	construya
construiremos	construiríamos	construyamos	construyéramos	construyamos
construiréis	construiríais	construyáis	construyerais	construid (no construyáis)
construirán	construirían	construyan	construyeran	construyan

Infinitive	Participles	Present indicative	Imperfect	Preterite
6. continuar *to continue*	continuando continuado	**continúo** **continúas** **continúa** continuamos continuáis **continúan**	continuaba continuabas continuaba continuábamos continuabais continuaban	continué continuaste continuó continuamos continuasteis continuaron
7. dar *to give*	dando dado	**doy** das da damos dais dan	daba dabas daba dábamos dabais daban	**di** **diste** **dio** **dimos** **disteis** **dieron**
8. decir *to say, tell*	diciendo **dicho**	**digo** **dices** **dice** decimos decís **dicen**	decía decías decía decíamos decíais decían	**dije** **dijiste** **dijo** **dijimos** **dijisteis** **dijeron**
9. empezar (e → ie) *to begin* z → c before e	empezando empezado	**empiezo** **empiezas** **empieza** empezamos empezáis **empiezan**	empezaba empezabas empezaba empezábamos empezabais empezaban	**empecé** empezaste empezó empezamos empezasteis empezaron
10. escoger *to choose* g → j before a, o	escogiendo escogido	**escojo** escoges escoge escogemos escogéis escogen	escogía escogías escogía escogíamos escogíais escogían	escogí escogiste escogió escogimos escogisteis escogieron
11. esquiar *to ski*	esquiando esquiado	**esquío** **esquías** **esquía** esquiamos esquiáis **esquían**	esquiaba esquiabas esquiaba esquiábamos esquiabais esquiaban	esquié esquiaste esquió esquiamos esquiasteis esquiaron

Future	Conditional	*Present subjunctive*	*Imperfect subjunctive*	Commands
continuaré	continuaría	**continúe**	continuara	—
continuarás	continuarías	**continúes**	continuaras	**continúa (no continúes)**
continuará	continuaría	**continúe**	continuara	**continúe**
continuaremos	continuaríamos	continuemos	continuáramos	continuemos
continuaréis	continuaríais	continuéis	continuarais	continuad (no continuéis)
continuarán	continuarían	**continúen**	continuaran	**continúen**
daré	daría	**dé**	**diera**	—
darás	darías	des	**dieras**	da (no des)
dará	daría	**dé**	diera	**dé**
daremos	daríamos	demos	**diéramos**	demos
daréis	daríais	**deis**	dierais	dad (**no deis**)
darán	darían	den	**dieran**	den
diré	**diría**	diga	dijera	—
dirás	**dirías**	digas	dijeras	**di (no digas)**
dirá	**diría**	diga	dijera	diga
diremos	**diríamos**	digamos	**dijéramos**	digamos
diréis	**diríais**	digáis	dijerais	decid (**no digáis**)
dirán	**dirían**	digan	dijeran	**digan**
empezaré	empezaría	**empiece**	empezara	—
empezarás	empezarías	**empieces**	empezaras	empieza (**no empieces**)
empezará	empezaría	**empiece**	empezara	**empiece**
empezaremos	empezaríamos	**empecemos**	empezáramos	**empecemos**
empezaréis	empezaríais	**empecéis**	empezarais	empezad (**no empecéis**)
empezarán	empezarían	**empiecen**	empezaran	**empiecen**
escogeré	escogería	**escoja**	escogiera	—
escogerás	escogerías	**escojas**	escogieras	escoge (**no escojas**)
escogerá	escogería	**escoja**	escogiera	**escoja**
escogeremos	escogeríamos	**escojamos**	escogiéramos	**escojamos**
escogeréis	escogeríais	**escojáis**	escogierais	escoged (**no escojáis**)
escogerán	escogerían	**escojan**	escogieran	**escojan**
esquiaré	esquiaría	**esquíe**	esquiara	—
esquiarás	esquiarías	**esquíes**	esquiaras	**esquía (no esquíes)**
esquiará	esquiaría	**esquíe**	esquiara	**esquíe**
esquiaremos	esquiaríamos	esquiemos	esquiáramos	esquiemos
esquiaréis	esquiaríais	esquiéis	esquiarais	esquiad (no esquiéis)
esquiarán	esquiarían	**esquíen**	esquiaran	**esquíen**

Infinitive	Participles	Present indicative	Imperfect	Preterite
12. estar *to be*	estando estado	**estoy** **estás** **está** **estamos** **estáis** **están**	estaba estabas estaba estábamos estabais estaban	**estuve** **estuviste** **estuvo** **estuvimos** **estuvisteis** **estuvieron**
13. haber *to have*	habiendo habido	**he** **has** **ha [hay]** **hemos** **habéis** **han**	había habías había habíamos habíais habían	**hube** **hubiste** **hubo** **hubimos** **hubisteis** **hubieron**
14. hacer *to make, do*	haciendo **hecho**	**hago** haces hace hacemos hacéis hacen	hacía hacías hacía hacíamos hacíais hacían	**hice** **hiciste** **hizo** **hicimos** **hicisteis** **hicieron**
15. ir *to go*	**yendo** ido	**voy** **vas** **va** **vamos** **vais** **van**	**iba** **ibas** **iba** **íbamos** **ibais** **iban**	**fui** **fuiste** **fue** **fuimos** **fuisteis** **fueron**
16. leer *to read* **i → y; stressed i → í**	**leyendo** **leído**	leo lees lee leemos leéis leen	leía leías leía leíamos leíais leían	leí leíste **leyó** leímos leísteis **leyeron**
17. oír *to hear*	**oyendo** **oído**	**oigo** **oyes** **oye** **oímos** **oís** **oyen**	oía oías oía oíamos oíais oían	oí **oíste** **oyó** **oímos** **oísteis** **oyeron**

ser same

Future	Conditional	Present subjunctive	Imperfect subjunctive	Commands
estaré	estaría	esté	estuviera	—
estarás	estarías	estés	estuvieras	está (no estés)
estará	estaría	esté	estuviera	esté
estaremos	estaríamos	estemos	estuviéramos	estemos
estaréis	estaríais	estéis	estuvierais	estad (no estéis)
estarán	estarían	estén	estuvieran	estén
habré	habría	haya	hubiera	—
habrás	habrías	hayas	hubieras	—
habrá	habría	haya	hubiera	—
habremos	habríamos	hayamos	hubiéramos	—
habréis	habríais	hayáis	hubierais	—
habrán	habrían	hayan	hubieran	—
haré	haría	haga	hiciera	—
harás	harías	hagas	hicieras	haz (no hagas)
hará	haría	haga	hiciera	haga
haremos	haríamos	hagamos	hiciéramos	hagamos
haréis	haríais	hagáis	hicierais	haced (no hagáis)
harán	harían	hagan	hicieran	hagan
iré	iría	vaya	fuera	—
irás	irías	vayas	fueras	ve (no vayas)
irá	iría	vaya	fuera	vaya
iremos	iríamos	vayamos	fuéramos	vayamos; vamos
iréis	iríais	vayáis	fuerais	id (no vayáis)
irán	irían	vayan	fueran	vayan
leeré	leería	lea	leyera	—
leerás	leerías	leas	leyeras	lee (no leas)
leerá	leería	lea	leyera	lea
leeremos	leeríamos	leamos	leyéramos	leamos
leeréis	leeríais	leáis	leyerais	leed (no leáis)
leerán	leerían	lean	leyeran	lean
oiré	oiría	oiga	oyera	—
oirás	oirías	oigas	oyeras	oye (no oigas)
oirá	oiría	oiga	oyera	oiga
oiremos	oiríamos	oigamos	oyéramos	oigamos
oiréis	oiríais	oigáis	oyerais	oíd (no oigáis)
oirán	oirían	oigan	oyeran	oigan

Infinitive	Participles	Present indicative	Imperfect	Preterite
18. pagar *to pay* **g → gu** before **e**	pagando pagado	pago pagas paga pagamos pagáis pagan	pagaba pagabas pagaba pagábamos pagabais pagaban	**pagué** pagaste pagó pagamos pagasteis pagaron
19. poder *can, to be able*	**pudiendo** podido	**puedo** **puedes** **puede** podemos podéis **pueden**	podía podías podía podíamos podíais podían	**pude** **pudiste** **pudo** **pudimos** **pudisteis** **pudieron**
20. poner *to place, put*	poniendo **puesto**	**pongo** pones pone ponemos ponéis ponen	ponía ponías ponía poníamos poníais ponían	**puse** **pusiste** **puso** **pusimos** **pusisteis** **pusieron**
21. producir *to produce*	produciendo producido	**produzco** produces produce producimos producís producen	producía producías producía producíamos producíais producían	**produje** **produjiste** **produjo** **produjimos** **produjisteis** **produjeron**
22. querer *to like*	queriendo querido	**quiero** **quieres** **quiere** queremos queréis **quieren**	quería querías quería queríamos queríais querían	**quise** **quisiste** **quiso** **quisimos** **quisisteis** **quisieron**
23. reír *to laugh*	**riendo** **reído**	**río** **ríes** **ríe** **reímos** reís **ríen**	reía reías reía reíamos reíais reían	reí **reíste** **rió** **reímos** **reísteis** **rieron**

Future	Conditional	Present subjunctive	Imperfect subjunctive	Commands
pagaré	pagaría	**pague**	pagara	—
pagarás	pagarías	**pagues**	pagaras	paga (**no pagues**)
pagará	pagaría	**pague**	pagara	**pague**
pagaremos	pagaríamos	**paguemos**	pagáramos	**paguemos**
pagaréis	pagaríais	**paguéis**	pagarais	pagad (**no paguéis**)
pagarán	pagarían	**paguen**	pagaran	**paguen**
podré	**podría**	pueda	pudiera	—
podrás	**podrías**	puedas	pudieras	—
podrá	**podría**	pueda	pudiera	—
podremos	**podríamos**	podamos	pudiéramos	—
podréis	**podríais**	podáis	pudierais	—
podrán	**podrían**	puedan	pudieran	—
pondré	**pondría**	ponga	pusiera	—
pondrás	**pondrías**	pongas	pusieras	pon (**no pongas**)
pondrá	**pondría**	ponga	pusiera	ponga
pondremos	**pondríamos**	pongamos	pusiéramos	pongamos
pondréis	**pondríais**	pongáis	pusierais	poned (**no pongáis**)
pondrán	**pondrían**	pongan	pusieran	pongan
produciré	produciría	**produzca**	**produjera**	—
producirás	producirías	**produzcas**	**produjeras**	produce (**no produzcas**)
producirá	produciría	**produzca**	**produjera**	**produzca**
produciremos	produciríamos	**produzcamos**	**produjéramos**	**produzcamos**
produciréis	produciríais	**produzcáis**	**produjerais**	producid (**no produzcáis**)
producirán	producirían	**produzcan**	**produjeran**	**produzcan**
querré	**querría**	quiera	quisiera	—
querrás	**querrías**	quieras	quisieras	quiere (no quieras)
querrá	**querría**	quiera	quisiera	quiera
querremos	**querríamos**	queramos	quisiéramos	queramos
querréis	**querríais**	queráis	quisierais	quered (no queráis)
querrán	**querrían**	quieran	quisieran	quieran
reiré	reiría	**ría**	**riera**	—
reirás	reirías	**rías**	**rieras**	**ríe** (no rías)
reirá	reiría	**ría**	**riera**	**ría**
reiremos	reiríamos	**riamos**	**riéramos**	**riamos**
reiréis	reiríais	**riáis**	**rierais**	**reíd** (no riáis)
reirán	reirían	**rían**	**rieran**	**rían**

Infinitive	Participles	Present indicative	Imperfect	Preterite
24. romper *to break*	rompiendo **roto**	rompo rompes rompe rompemos rompéis rompen	rompía rompías rompía rompíamos rompíais rompían	rompí rompiste rompió rompimos rompisteis rompieron
25. saber *to know*	sabiendo sabido	**sé** sabes sabe sabemos sabéis saben	sabía sabías sabía sabíamos sabíais sabían	**supe** **supiste** **supo** **supimos** **supisteis** **supieron**
26. salir *to go out*	saliendo salido	**salgo** sales sale salimos salís salen	salía salías salía salíamos salíais salían	salí saliste salió salimos salisteis salieron
27. seguir (e → i,i) *to follow* **gu → g** before **a, o**	**siguiendo** seguido	**sigo** **sigues** **sigue** seguimos seguís **siguen**	seguía seguías seguía seguíamos seguíais seguían	seguí seguiste **siguió** seguimos seguisteis **siguieron**
28. ser *to be*	siendo sido	**soy** **eres** **es** **somos** **sois** **son**	**era** **eras** **era** **éramos** **erais** **eran**	**fui** **fuiste** **fue** **fuimos** **fuisteis** **fueron**
29. tener *to have*	teniendo tenido	**tengo** **tienes** **tiene** tenemos tenéis **tienen**	tenía tenías tenía teníamos teníais tenían	**tuve** **tuviste** **tuvo** **tuvimos** **tuvisteis** **tuvieron**

ir same (handwritten note bracketing the preterite forms of ser)

Future	Conditional	*Present subjunctive*	*Imperfect subjunctive*	Commands
romperé	rompería	rompa	rompiera	—
romperás	romperías	rompas	rompieras	rompe (no rompas)
romperá	rompería	rompa	rompiera	rompa
romperemos	romperíamos	rompamos	rompiéramos	rompamos
romperéis	romperíais	rompáis	rompierais	romped (no rompáis)
romperán	romperían	rompan	rompieran	rompan
sabré	**sabría**	**sepa**	**supiera**	—
sabrás	**sabrías**	**sepas**	**supieras**	sabe (**no sepas**)
sabrá	**sabría**	**sepa**	**supiera**	sepa
sabremos	**sabríamos**	**sepamos**	**supiéramos**	sepamos
sabréis	**sabríais**	**sepáis**	**supierais**	sabed (**no sepáis**)
sabrán	**sabrían**	**sepan**	**supieran**	sepan
saldré	**saldría**	**salga**	saliera	—
saldrás	**saldrías**	**salgas**	salieras	**sal** (**no salgas**)
saldrá	**saldría**	**salga**	saliera	**salga**
saldremos	**saldríamos**	**salgamos**	saliéramos	**salgamos**
saldréis	**saldríais**	**salgáis**	salierais	salid (**no salgáis**)
saldrán	**saldrían**	**salgan**	salieran	**salgan**
seguiré	seguiría	**siga**	**siguiera**	—
seguirás	seguirías	**sigas**	**siguieras**	sigue (no sigas)
seguirá	seguiría	**siga**	**siguiera**	siga
seguiremos	seguiríamos	**sigamos**	**siguiéramos**	sigamos
seguiréis	seguiríais	**sigáis**	**siguierais**	seguid (no sigáis)
seguirán	seguirían	**sigan**	**siguieran**	sigan
seré	sería	**sea**	**fuera**	—
serás	serías	**seas**	**fueras**	**sé** (no seas)
será	sería	**sea**	**fuera**	sea
seremos	seríamos	**seamos**	**fuéramos**	seamos
seréis	seríais	**seáis**	**fuerais**	sed (**no seáis**)
serán	serían	**sean**	**fueran**	sean
tendré	**tendría**	**tenga**	**tuviera**	—
tendrás	**tendrías**	**tengas**	**tuvieras**	**ten** (**no tengas**)
tendrá	**tendría**	**tenga**	**tuviera**	**tenga**
tendremos	**tendríamos**	**tengamos**	**tuviéramos**	**tengamos**
tendréis	**tendríais**	**tengáis**	**tuvierais**	tened (**no tengáis**)
tendrán	**tendrían**	**tengan**	**tuvieran**	**tengan**

Infinitive	Participles	Present indicative	Imperfect	Preterite
30. tocar *to play*	tocando tocado	toco tocas toca	tocaba tocabas tocaba	**toqué** tocaste tocó
c → qu before **e**		tocamos tocáis tocan	tocábamos tocabais tocaban	tocamos tocasteis tocaron
31. traer *to bring*	**trayendo** **traído**	**traigo** traes trae	traía traías traía	**traje** **trajiste** **trajo**
		traemos traéis traen	traíamos traíais traían	**trajimos** **trajisteis** **trajeron**
32. valer *to be worth*	valiendo valido	**valgo** vales vale	valía valías valía	valí valiste valió
		valemos valéis valen	valíamos valíais valían	valimos valisteis valieron
33. venir *to come*	**viniendo** venido	**vengo** **vienes** **viene**	venía venías venía	**vine** **viniste** **vino**
		venimos venís **vienen**	veníamos veníais venían	**vinimos** **vinisteis** **vinieron**
34. ver *to see*	viendo **visto**	**veo** ves ve	**veía** **veías** **veía**	**vi** viste **vio**
		vemos veis ven	**veíamos** **veíais** **veían**	vimos visteis vieron
35. volver (o → ue) *to return*	volviendo **vuelto**	**vuelvo** **vuelves** **vuelve**	volvía volvías volvía	volví volviste volvió
		volvemos volvéis **vuelven**	volvíamos volvíais volvían	volvimos volvisteis volvieron

Future	Conditional	Present subjunctive	Imperfect subjunctive	Commands
tocaré	tocaría	**toque**	tocara	—
tocarás	tocarías	**toques**	tocaras	toca (**no toques**)
tocará	tocaría	**toque**	tocara	**toque**
tocaremos	tocaríamos	**toquemos**	tocáramos	**toquemos**
tocaréis	tocaríais	**toquéis**	tocarais	tocad (**no toquéis**)
tocarán	tocarían	**toquen**	tocaran	**toquen**
traeré	traería	**traiga**	**trajera**	—
traerás	traerías	**traigas**	**trajeras**	trae (**no traigas**)
traerá	traería	**traiga**	**trajera**	**traiga**
traeremos	traeríamos	**traigamos**	**trajéramos**	**traigamos**
traeréis	traeríais	**traigáis**	**trajerais**	traed (**no traigáis**)
traerán	traerían	**traigan**	**trajeran**	**traigan**
valdré	**valdría**	**valga**	valiera	—
valdrás	**valdrías**	**valgas**	valieras	**val** (**no valgas**)
valdrá	**valdría**	**valga**	valiera	**valga**
valdremos	**valdríamos**	**valgamos**	valiéramos	**valgamos**
valdréis	**valdríais**	**valgáis**	valierais	valed (**no valgáis**)
valdrán	**valdrían**	**valgan**	valieran	**valgan**
vendré	**vendría**	**venga**	**viniera**	—
vendrás	**vendrías**	**vengas**	**vinieras**	**ven** (**no vengas**)
vendrá	**vendría**	**venga**	**viniera**	**venga**
vendremos	**vendríamos**	**vengamos**	**viniéramos**	**vengamos**
vendréis	**vendríais**	**vengáis**	**vinierais**	venid (**no vengáis**)
vendrán	**vendrían**	**vengan**	**vinieran**	**vengan**
veré	vería	**vea**	viera	—
verás	verías	**veas**	vieras	ve (**no veas**)
verá	vería	**vea**	viera	**vea**
veremos	veríamos	**veamos**	viéramos	**veamos**
veréis	veríais	**veáis**	vierais	ved (**no veáis**)
verán	verían	**vean**	vieran	**vean**
volveré	volvería	**vuelva**	volviera	—
volverás	volverías	**vuelvas**	volvieras	**vuelve** (**no vuelvas**)
volverá	volvería	**vuelva**	volviera	**vuelva**
volveremos	volveríamos	**volvamos**	volviéramos	volvamos
volveréis	volveríais	**volváis**	volvierais	volved (**no volváis**)
volverán	volverían	**vuelvan**	volvieran	**vuelvan**

APPENDIX D:
ANSWERS TO REPASOS

REPASO I (LECCIONES 1–9)

A. Regular verbs

1. vivimos, hablamos
2. lee, comprende
3. asistes, estudias
4. estudian, comen

B. Irregular verbs

1. somos, es, soy, son
2. tienes, tengo, tienen
3. vamos, va, voy
4. está, están, estoy, estás
5. salimos, sale, salgo

C. Adjectives

1. simpática, simpáticas, simpáticos
2. independientes, independientes, independiente
3. liberal, liberal, liberales, liberales
4. trabajadores, trabajadoras, trabajadora
5. española, españolas, españoles

D. Possessive adjectives

1. mi, mis
2. nuestra, nuestros, nuestras
3. su, sus
4. su, sus
5. sus, su
6. su, sus

E. «Ser» or «estar»

1. está, está
2. está, es
3. es, es
4. es, está
5. es, está
6. está, es
7. está, es

F. Personal «a»; contraction with «el»

1. a, al
2. el, a
3. a la, la
4. a la, al

G. Time, date and weather

1. Son las dos.
2. Es la una y media.
3. Son las diez menos cuarto.
4. El lunes voy al cine.
5. Hoy es el cinco de diciembre.
6. Mañana es el primero de julio.
7. Hace buen tiempo.
8. Hace frío.
9. ¿Qué tiempo hace?
10. Aquí siempre llueve.

H. Negative expressions

1. Carlos no invita a nadie.
2. Clara no come nada.
3. (Tú) no tienes ningún libro.
4. Mi papá no trabaja nunca. (Nunca trabaja mi papá.)

REPASO II (LECCIONES 10–18)

A. Verbs with irregular forms

1. digo, dice, dicen
2. doy, dan
3. conocemos, conozco
4. saben, sé
5. escoge, escojo

B. Stem-changing verbs

1. juegan, juego, jugamos
2. queremos, quiero, quieres
3. empieza, empezamos, empiezan
4. almuerzas, almuerzo, almorzamos
5. vuelvo, volvemos, vuelve
6. pedimos, pido, pides

C. Direct and indirect object pronouns

1. la, le
2. los, les
3. lo, le
4. te, te
5. me, me
6. le, lo/la
7. los/las, les

D. «Me gusta»

1. le gustan los
2. nos gusta el
3. te gustan las
4. me gustan las
5. le gustan los
6. les gusta el

E. Double object pronoun sequence

1. Te los presto.
2. Te lo doy.
3. Se los presto.
4. Se las presto.

F. Forms of the reflexive pronouns

1. me preparo
2. se prepara
3. nos preparamos
4. te preparas
5. se preparan
6. se preparan

G. Reflexive verbs

1. Me miro en el espejo.
2. Nos lavamos.
3. Paco se levanta a las cinco.
4. Te afeitas. (Ud. se afeita.)
5. ¿Cuándo se acuesta María?
6. Los estudiantes se duermen.
7. Nos divertimos.
8. Pablo y Marta van a casarse.
9. Se escriben.
10. Me lavo las manos.

H. The preterite of regular verbs

1. nadé, corrí
2. vivimos, estudiamos
3. hablaste, comprendiste
4. llamó, escribió
5. vendieron, compraron
6. recibieron, mandé
7. ayudaron, necesité
8. comprendió, leyó

I. Irregular preterites

1. fue, fueron
2. fui, fuiste, fueron
3. tuvieron, tuve, tuvimos
4. estuvo, estuvieron
5. dijiste, dijeron
6. hicieron, hizo
7. pudieron, pudimos
8. conduje, condujeron

J. Preterite of stem-changing verbs

1. jugué
2. pensó
3. almorzaron
4. durmió
5. se sintieron
6. te acostaste

REPASO III (LECCIONES 19–27)

A. Comparisons

1. más serio que
2. menos inteligentes que
3. tan grande como
4. tan pobres como
5. mejor que

B. Possessive adjectives and pronouns

1. nuestras
2. suya
3. suyos
4. suyo
5. tuya
6. suya
7. míos
8. suyo

C. Regular and irregular forms of the imperfect

1. tocaba
2. estudiábamos
3. vivía
4. salían
5. jugabas
6. estábamos
7. hacía
8. conducían
9. iba
10. íbamos
11. veía
12. éramos

D. Uses of the imperfect and the preterite

1. Jugaba al tenis.
2. Ayer jugué con mis amigos.
3. Generalmente nadábamos en la playa.
4. Esta mañana nadamos en la piscina.
5. Eran las once y hacía buen tiempo.
6. Vi a un amigo que hablaba (estaba hablando) con tu (su) novia.
7. Saqué una foto de unos niños que jugaban (estaban jugando) al fútbol.
8. Cuando volví (regresé), eran las diez.

E. «Por» and «para»

1. por
2. por
3. para
4. por
5. para
6. por
7. para
8. para

F. The present perfect

1. he llamado
2. has preparado
3. ha encendido
4. han comido
5. hemos vendido
6. han aprendido
7. han hecho
8. has dicho
9. ha puesto
10. han vuelto
11. he escrito
12. ha visto

G. Regular and irregular forms of the future

1. nadarán	5. escribirá	9. pondrá
2. irán	6. leerás	10. saldrá
3. trabajaré	7. haré	11. podremos
4. comeremos	8. querrás	12. vendrán

H. The conditional

1. visitaríamos	3. comprarías	5. vería
2. iría	4. comería	6. aprenderían

I. The impersonal reflexive construction

1. Se habla español.
2. No se dice eso.
3. ¿Cómo se va al teatro?
4. Se buscan a dos secretarias.

REPASO IV (LECCIONES 28–36)

A. Familiar «tú» commands: regular formation

1. toma, tomes	3. vive, vivas	5. vuelve, vuelvas
2. come, comas	4. conduce, conduzcas	6. piensa, pienses

B. Verbs with irregular familiar «tú» commands

1. sal, salgas	3. sé, seas	5. ven, vengas	7. haz, hagas
2. ten, tengas	4. ve, vayas	6. di, digas	8. pon, pongas

C. Present subjunctive: regular formation

1. hablen, lean	3. coma, tome	5. tome, conduzca	7. ganemos, vivamos
2. escriban, llames	4. salgamos, hagamos	6. tenga, digan	8. escuches, comprendas

D. Present subjunctive: irregular formation

1. vaya, vayan
2. sepas, sepan
3. sea, sean

E. Indicative or subjunctive?

1. trabaje	6. gana	10. tiene
2. habla	7. necesite	11. tenga
3. estudia	8. habla	12. escribe
4. escuche	9. hable	13. escriba
5. visite		

F. Indicative or subjunctive after «cuando»

1. tiene	3. hablo
2. tenga	4. hable

G. Formation of the imperfect subjunctive

1. estudiaran	3. comieran	5. tuvieran	7. dijeran
2. salieran	4. vivieran	6. estuvieran	8. hicieran

APPENDIX T:
TRANSLATIONS OF DIALOGS

LESSON 1   ADELA VILAR (FROM THE UNITED STATES)

Hello!
My name is Adela Vilar.
I'm a student at the University of California.
I'm studying psychology, history, biology . . .
But, I don't study Spanish!
Why not?
Because I already speak Spanish . . . and I speak it very well!
I speak Spanish because I'm a Chicana.
And I speak English because I'm also an American.
I'm bilingual because I speak two languages.
And you? Do you speak Spanish?

LESSON 2   ANA MARIA SOLE (FROM SPAIN)

Good morning!
My name is Ana María Solé.
I'm Catalan, from Barcelona.
I'm a secretary, and I work at the telephone company.
Do I like working here?
Yes and no.
I like to work, and I like to earn money.
But I want to work in an international company.
That's why I'm studying English and French.
When do I study?
In the evening.
And, why do I want to work in an international company?
Because I hope to travel!

LESSON 3   VICTOR MARINI (FROM ARGENTINA)

Hi, how's it going?
My name is Víctor Marini.
My last name is Italian, but I'm Argentine, one hundred percent.
I'm not a student; I'm a musician.
I play the guitar, and I sing, too.
Am I famous?
Not yet.
But I'm tall, blonde, slim and handsome . . .
I'm also a nice, intelligent young man.
And . . . I'm a good musician.
What more do I need?

LESSON 4 A SPECIAL GIFT

EDUARDO: Listen, Ricardo. I have to buy a birthday present, but I have very little money and few ideas.

RICARDO: (Is it) for a boy or a girl?

EDUARDO: For a very nice—and very special—girl!

RICARDO: Aha! How old is she?

EDUARDO: She's twenty.

RICARDO: Hmmm. Does she have a camera?

EDUARDO: No, but good cameras are very expensive.

RICARDO: Yes, that's true. How about a record?

EDUARDO: She already has lots of records.

RICARDO: A radio?

EDUARDO: A radio isn't a sentimental gift.

RICARDO: Man! What a problem! Perfume?

EDUARDO: Perfume? No, she doesn't need perfume.

RICARDO: I have an idea! Flowers!

EDUARDO: It's a good idea, but she has allergies.

RICARDO: How about a plant without flowers?

EDUARDO: A plant! A cactus! Ricardo, you're a genius!

LESSON 5 THE WEEKEND, AT LAST!

Do you study much? Do you have a lot of work? Yes, of course. But, how do you spend your free time? Pastimes are also important. Here five Hispanic students talk about their weekend plans.

ISABEL *(from Perú)*
On Saturday I'm going downtown with Monica and Susana. They're going to buy jeans. Afterwards we're going to the movies. There's a new John Travolta film. He's really handsome, isn't he?

FERNANDO *(from Chile)*
How am I going to spend the weekend? Saturday I'm going to study . . . Sunday I'm going to study . . . and study . . . and study . . . I have an exam Monday.

ELENA *(from Venezuela)*
I always spend Saturday and Sunday at the beach. Am I going to swim? Me? No, I don't like to swim. I'm going to sunbathe. And you?

FELIPE *(from Spain)*
Either Saturday or Sunday I'm going to a café with my friends. We'll have something to drink, we'll chat a little . . . What do we talk about? About work, politics, the future; and of course, about girls, too!

JORGE *(from Argentina)*
I go to a soccer match every Sunday. Today it's Argentina against Brazil. Who's going to win? What a question! Argentina, of course!

LESSON 6 REBELLIOUS OR INDEPENDENT?

My name is Ramón Hernández.
I'm a taxi driver in the capital of Puerto Rico.
I come from a small town, but now I live in San Juan.

There are more opportunities here.
My wife, her mother, our two sons and our youngest daughter are also here.
But our oldest daughter, Marta, is far away from us; she's in New York.
Of course, she's not alone . . . she's with her cousins . . .
But, she's only nineteen!
A nineteen-year-old girl should be where her parents are.
Is she independent or rebellious?

My name is Marta Hernández.
I'm the daughter of Ramón and María Hernández.
Yes, I live here in New York City.
And my family is in Puerto Rico.
I'm studying social work at Columbia University.
There are more opportunities here.
I'm not alone; I'm with my cousins.
According to my father, I'm rebellious.
Rebellious? No! Independent? Yes!

LESSON 7   BEFORE THE EXAM

How do you feel before an exam? Are you nervous? Tired? In a bad mood? Or, are you calm and in a good mood?

Here are four students at the Universidad Nacional Autónoma de México. They have an exam tomorrow in their English class. How do they feel?

RAMON ORTIZ
Ramón is in his room.
He's drinking a Coke.
He's listening to a record.
And he's looking at a book . . .
Is it his English book? The workbook?
No, it's a joke book!
But, the English exam is no joke!

ELBA MORALES
Elba is in the library.
She's studying and reviewing the book, reviewing and studying her notes.
She's not nervous.
On the contrary, she's very calm.
And why not?
Elba always studies . . .
And she always gets good grades.

MIGUEL BUSTAMENTE
Miguel is at a party.
He's dancing the salsa with a very nice girl.
They're chatting when a friend of his comes in.
"Miguel, aren't you studying for the English exam?"
"An exam? In English? When? Tomorrow? Good heavens!"

DOLORES ECHEVERRIA
Dolores is at home.
She's looking at her English book, looking and looking . . .

Is she studying?

No, she's looking at the book, but she's not studying. It's difficult to concentrate . . .

Why is it hard? Because Dolores is in love!

Dolores! The exam is tomorrow, but love is forever.

LESSON 8   A LETTER

September 18
Madison, Wisconsin

Dear Mom and Dad,

This letter is going to be short because I have to go to a class in twenty minutes. I haven't received many letters. Is it because I've only been in the United States for two weeks?

I'm fine . . . tired, but fine. I attend some very interesting classes, especially philosophy class, and I'm reading day and night. I'm lucky because my roommate is very nice. Americans speak English very rapidly and with a lot of slang, and at times it's difficult to understand the words. And, American food! I eat because I'm hungry, not because the food is good. In the cafeteria, they sell something called a "cheeseburger." It's a hamburger with cheese. Everyone eats "cheeseburgers" with french fries. And they run! They don't run because they're in a hurry. They run because it's good exercise. Dad, you're right. This is a cultural experience.

I hope to receive a letter from you very soon.

Love and kisses from,
Jaime

LESSON 9   VACATION, BEAUTIFUL VACATION!

After studying, after work and after final exams comes vacation. What joy! What do you do when you're on vacation? Let's ask some Hispanic students:

CONSUELO *(from Spain)*

Usually I don't do anything interesting, but this year I'm going to do something fascinating. Next week I leave for the United States. It's the first time I'm taking a trip to another country, and it's the first time I'm flying in an airplane. And I still have to wait another week!

JAVIER *(from Chile)*

My family has a house in Viña del Mar, near the beach, so I always spend my vacations there. When the weather's nice, I spend my days on the beach, and when the weather's bad I do other things: I read, I write letters, I go to the movies with friends . . . I don't have any special plans.

JOSE LUIS *(from California)*

Vacation? Someday I'm going to spend my vacation on the beach, but for the moment vacations are an opportunity to earn some money. It's true that I need a vacation. I work and study all year long! But I need the money more!

GUILLERMO *(from Argentina)*

This year I'm going to take a fabulous trip! In January my brother and I are going to Antarctica. What an adventure! First we're taking a plane to Ushuaia, a city on the island of Tierra del Fuego. From there we'll travel by boat. Of course, now it's summertime, but in Antarctica it's always very cold. I'm going to take my camera and take stupendous pictures. If they come out well, I hope to sell the pictures to a magazine.

VOCABULARIES

This vocabulary includes contextual meanings of all words and idiomatic expressions used in the book except most proper nouns, adjectives that are exact cognates, and most conjugated verb forms. The Spanish style of alphabetization is followed, with **ch** occurring after **c, ll** after **l,** and **ñ** after **n.** Stem-changing verbs are indicated by (**ie**), (**ue**) or (**i**) following the infinitive.

The following abbreviations are used:

adj.	adjective	*inf.*	infinitive	*pl.*	plural
adv.	adverb	*interj.*	interjection	*poss.*	possessive
conj.	conjunction	*interr.*	interrogative	*prep.*	preposition
dem.	demonstrative	*invar.*	invariable	*pret.*	preterite
dim.	diminutive	*irr.*	irregular	*pron.*	pronoun
dir.	direct	*m.*	masculine	*reflex.*	reflexive
f.	feminine	*n.*	noun	*subj.*	subject
fam.	familiar	*obj.*	object	*v.*	verb
indir.	indirect	*past part.*	past participle		

SPANISH-ENGLISH VOCABULARY

A

a to, at, in, by; **— base de** by; **— casa** (to) home; **— continuación** following (*adj.*); **— pesar de** in spite of, despite
abandonar abandon
abierto,-a open
el **abogado,** la **abogada** lawyer
el **abrazo** hug, embrace
el **abrigo** coat, overcoat
abril April
abrir to open, *past part.* **abierto**
absoluto,-a absolute

absorber to absorb
abstracto,-a abstract
absurdo,-a absurd
la **abuela** grandmother
el **abuelo,** los **abuelos** grandfather; grandparents
la **abundancia** abundance, plenty
aburrido,-a bored, boring
el **abuso** abuse
a.C. (antes de Cristo) B.C. (before Christ)
acabar de to have just; **— (con)** to finish (up, off)
acampar to camp
el **accidente** accident

el **aceite** oil
aceptable acceptable
aceptar to accept
acercarse (a + *obj.*) to approach
el **acero** steel
aconsejar to advise, warn
acordarse (ue) (de + *obj.*) to remember, recall
acostarse (ue) to go to bed
la **actitud** attitude
activo,-a active
la **actividad** activity
el **actor** actor
la **actriz** actress
actual (*adj.*) present, present-day; **—mente** (*adv.*) at present

actuar to act
el **acueducto** aqueduct
la **acumulación**
  accumulation
  adaptarse to adapt
  además (*adv.*) besides,
  furthermore
  adentro (*adv.*) inside
el **adicto** addict
  adiós goodbye
  adivinar to guess
el **adjetivo** adjective
la **administración**
  administration
el **administrador**
  administrator
  admirar to admire
el **adobe** brick (*made of
  clay and straw*)
el **adolescente** adolescent
  ¿adónde? where? (*with
  verbs of motion*)
el **adulto** adult
el **adverbio** adverb
el **aeropuerto** airport
  afeitarse to shave
el **aficionado** fan
  afligido,-a distressed,
  upset
  afuera (*adv.*) outside
  agarrar to grab
la **agencia** agency
el **agente (de viajes)** agent
  (travel)
  agitar to upset, agitate;
  agitado,-a hectic
  agosto August
  agradable pleasant,
  agreeable
el **agricultor** farmer
la **agronomía** agronomy,
  agriculture
el **agua** (*f.*) water
  agudo,-a sharp
  ahí there (*near person
  addressed*)
  ahora now
  ahorrar to save (money)
el **aire** air
  aislar isolate; **aislado ,-a**

  isolated; **aislante**
  isolating
  ¡aja! (*excl.*) aha!
  al = a + el to the; — +
  inf. on (upon) + *pres.
  part.*
el **alcance** reach
  alcanzar to reach, to
  stretch
la **alcoba** bedroom
el **alcohol** alcohol; el
  alcohólico alcoholic;
  el **—ismo** alcoholism
  alegrarse (de + *inf.***)** to
  be glad (to), happy (to)
  alegre (*adj.*) cheerful,
  joyful, lively
la **alegría** joy
  alejarse to move away
el **alemán** German
  (*language*)
la **alergia** allergy
el **alfabeto** alphabet
la **alfombra** rug, carpet
el **alga** (*f.*) seaweed
  algo (*pron.*) something,
  anything; (*adv.*)
  somewhat, rather
  alguien someone,
  somebody, anybody,
  anyone
  alguno, algún, alguna
  (*adj., pron.*) some, any,
  someone; (*pl.*) some, a
  few
la **alhaja** jewel
  aliado,-a allied
  alimentar to feed,
  nourish
el **alimento** food
el **alma** (*f.*) soul, spirit
el **almacén** department
  store
la **almohada** pillow,
  cushion
  almorzar (ue) to have
  (eat) lunch
  alquilar to rent
el **alquiler** rent
  alrededor round, around

  alto,-a tall, high, upper
el **altavoz** loudspeaker
la **alternativa** alternative
el **altillo** attic, top floor
el **alumno** student
  alzar to pick up
  allá over there, there
  allí there
el **ama de casa** (*f.*)
  housewife, housekeeper
  amable (*adj.*) kind
el **amante** person fond of,
  lover
  amar to love
  amarillo,-a yellow
la **ambición** ambition;
  ambiocioso,-a
  ambitious
el **ambiente** environment,
  atmosphere
la **ambulancia** ambulance
el **amigo,** la **amiga** friend
la **amistad** friendship; las
  amistades friends
el **amor** love; **amoroso,-a**
  loving
  amplio,-a wide,
  extensive, roomy
la **ampolleta** vial
el **amuleto** amulet
  analizar analyze
  ancho,-a wide, broad
el **anciano,** la **anciana**
  elderly person
  andar to walk
el **anfitrión,** la
  anfitriona host, hostess
el **ángel** angel
el **angloparlante** English-
  speaking person
  anglosajón (*adj.*) Anglo-
  Saxon
el **anillo** ring
  animado,-a lively
el **aniversario** anniversary
  anoche last night
el **anochecer** nightfall,
  evening
  ante (*prep.*) before, in
  the presence of

anteayer day before yesterday

antemano beforehand

el **antepasado** ancestor

anterior (*adj.*) previous

antes (*adv.*) before, formerly; **— de** (*prep.*) before (time); **— de que** (*conj.*) before

antiguo,-a ancient, old

antipático,-a unpleasant, disagreeable

el **antropólogo,** la **antropóloga** anthropologist

anunciar to announce; el **anuncio** announcement; los **anuncios** advertisements

añadir to add

el **año** year

apagar to turn off

el **aparato** appliance

aparecer to appear

aparentar to feign, pretend

la **apariencia** appearance

el **apartamento** apartment

apartarse to leave

aparte (*adv.*) aside, apart

apático,-a apathetic

el **apellido** surname

apenas (*adv.*) hardly, scarcely, just

el **aperitivo** drink before a meal

el **apetito** appetite

aplicar to apply; la **aplicación** application

apreciar to appreciate; el **aprecio** appreciation

aprender (**a** + *inf.*) to learn (to)

aprestarse to get ready

apropiado,-a appropriate

aprovechar to take advantage of; **aprovechado,-a** diligent, studious

aproximadamente approximately

el **apunte** note

apurarse to hurry, rush; **apurado,-a** hurried, rushed

aquel, aquella (**-los,-las**) (*adj.*) that, those (distant)

aquél, aquélla (**-los, -las**) (*pron.*) that (one), those

aquí here

el **árbol** tree

el **arco iris** rainbow

la **arena** sand

el **arma** (*f.*) weapon, firearm

el **armario** wardrobe (closet)

el **arquitecto,** la **arquitecta** architect; la **arquitectura** architecture

arrancar to pull out

arreglar to arrange, fix

arreglarse to get ready, fix oneself up

arrestar arrest

arriba up

el **arroz** rice

el **arte** (*m. or f.*) art

el **artículo** article

el **artista,** la **artista** artist

asegurar assure

asesinar assassinate, kill

así so, thus

el **asiático** Asian; **asiático,-a** Asian

el **asiento** seat

el **asilo** asylum

asistir a to attend

asociado,-a associated

asomar to loom

asombrarse to be surprised

el **aspecto** aspect

la **aspirina** aspirin

el **astronauta,** la **astronauta** astronaut

el **asunto** issue, matter

asustado,-a frightened

el **ataúd** coffin

la **atención** attention

atender to attend to, serve

atento,-a attentive; **atentamente** (*adv.*) attentively

el **atleta,** la **atleta** athlete; **atlético,-a** athletic

atractivo,-a attractive

atravesar to cross

atribuir to attribute

aumentar to raise, increase; el **aumento** increase, raise

aun (*adv.*) even; **— cuando** even if

aún (*adv.*) still

aunque (*conj.*) although, even though

la **aurora** dawn

el **autobús** bus

el **automóvil** automobile

el **autor,** la **autora** author

el **autorretrato** self-portrait

la **autoridad** authority

autónomo,-a autonomous

el **ave** (*f.*) bird

la **avenida** avenue

la **aventura** adventure

el **avión** airplane

el **aviso** advertisement, classified ad

¡ay! Ouch!, Oh!, Oh dear!

ayer yesterday

ayudar (**a** + *inf.*) to help (to)

el **azúcar** sugar; **azucarado,-a** sweetened

azul blue

B

el **babalao** priest (*of Afro-Caribbean religious cult*)

el **bachillerato**   high school
   diploma
bailar   to dance; el **baile**
   dance
bajo,-a   low, short
bajar   to go down, lower;
   — **a**   to go downstairs
el **balboa**   Panamanian
   currency
el **balcón**   balcony
la **banana**   banana
el **banco**   bank
la **banda**   group, gang
bañarse   to take a bath
el **baño**   bath, bathroom; el
   — **de María**   double
   boiler
barato,-a   cheap,
   inexpensive
el **barco**   boat; el **barquito**
   little boat
basarse   to be based on
base: a base de   by
básico,-a   basic
el **básquetbol**   basketball
bastante (*adj. and*
   pron.) enough,
   sufficient; — (*adv.*)
   quite, rather
bastar   to be enough,
   sufficient; ¡**basta!**
   that's enough!
el **batidor**   beater
el **bautismo**   baptism
el **bebé**   baby
beber   to drink; la **bebida**
   drink, beverage
el **béisbol**   baseball
la **belleza**   beauty; **bello,-a**
   beautiful, pretty
el **beneficio**   benefit
besar   to kiss; el **beso**
   kiss
la **Biblia**   Bible
la **biblioteca**   library
la **bicicleta**   bicycle
bien   well
las **bienes raíces**   real estate
el **bienestar**   well-being,
   welfare

el **bigote**   moustache
bilingüe   bilingual
el **billete**   bill (*currency*),
   ticket
la **biología**   biology;
   biológico,-a   biological
el **bistec**   steak
blanco,-a   white
blando,-a   soft
el **bloque**   block
la **blusa**   blouse
la **boca**   mouth
la **boda**   wedding
el **boletín**   bulletin
el **bolígrafo**   ball-point pen
el **bolívar**   Venezuelan
   currency
el **bolso**   handbag
la **bomba**   bomb
el **bombero**   fireman
bondadoso,-a   kind
bonito,-a   pretty,
   beautiful
bordeado,-a (de)
   bordered (by)
borracho,-a   drunk
las **botas**   boots
la **botella**   bottle
el **bozal**   muzzle
el **brazo**   arm
breve (*adj.*)   brief,
   short
brillante (*adj.*)   brilliant,
   bright, shining; el —
   diamond
bromear   to joke
el **bronce**   bronze
la **bruja**   witch
bruscamente   brusquely
bruto,-a   gross
bueno, buen,
   buena   good; ¡**buen**
   provecho!   good
   appetite!; **bueno** (*adv.*)
   well, all right
burgués,-a   bourgeois,
   middle class
burlarse (de)   to make fun
   (of)
buscar   to look for

C

el **caballero**   gentleman,
   knight
la **cabeza**   head
el **cacao**   cocoa, cacao plant
la **cacería**   hunt
el **cacique**   Indian chief
cada   each, every
el **café**   café; coffee
la **cafetería**   cafeteria
el **cajón**   box
la **calabaza**   pumpkin
el **calamar**   squid
los **calcetines**   socks
la **calculadora**   calculator
la **calefacción**   heat
el **calendario**   calendar
calentar (ie)   to heat
la **calidad**   quality
el **calor**   heat, warmth;
   hacer —   to be warm *or*
   hot (*weather*); **tener** —
   to be (feel) warm (*people*)
la **calzada**   road, street
la **calle**   street
la **cama**   bed
la **cámara**   camera
el **camarero**   waiter
el **camarógrafo**   cameraman
cambiar   to change; el
   cambio   change; **en** —
   on the other hand
la **camilla**   stretcher
caminar   to walk, go
el **camino**   road
el **camión**   truck; la
   camioneta   van, station
   wagon
la **camisa**   shirt; la **camiseta**
   tee-shirt, undershirt
el **campamento**   camping
la **campanilla**   little bell
la **campaña**   campaign; **la**
   tienda de —   camping
   tent
el **campeón**, la **campeona**
   champion; el
   campeonato
   championship

el **campesino** country-
dweller, small farmer
el **campo** country (*rural
area*), field
el **canal** (television)
channel
el **canario** canary
la **canción** song
la **cancha de tenis** tennis
court
el **candidato**, la **candidata**
candidate
cansarse to tire;
cansado,-a tired
cantar to sing; el, la
cantante singer; el
canto song
la **capacidad** capacity
la **capital** capital
el **capitalismo** capitalism
el **capítulo** chapter
la **cara** face
el **carácter** character
la **característica**
characteristic
¡caramba! (*interj.*) Good
heavens! My goodness!
el **carburador** carburator
la **cárcel** jail, prison
carcomer to gnaw away
at
el **cargamento** shipment
cargar to load, fill
el **cargo** post, position
el **cariño** affection;
cariñoso,-a affectionate
la **carne** meat; **la — de res**
beef
la **carnicería** butcher shop
caro,-a expensive
el **carpintero** carpenter
la **carrera** career; race
la **carretera** highway
el **carro** car
la **carta** letter
el **cartel** sign, poster
la **casa** house; **a —** (*after
verb of motion*) home;
en — at home
el **casamiento** wedding,
marriage

casarse to get married, to
marry; **casado,-a**
married
casero,-a home-made
casi almost
el **caso** case; **en — de que**
in case; **en todo —** in
any case
castaño,-a brown,
brunette, chestnut
casto,-a chaste, pure
la **catástrofe** catastrophe
la **catedral** cathedral
el **catedrático**, la
catedrática professor
católico,-a Catholic
catorce fourteen
causar to cause; la **causa**
cause
la **caza** hunt
la **cebolla** onion
la **ceguera** blindness
celebrar to celebrate
celestial heavenly
los **celos** jealousy; **tener —**
to be jealous
la **cena** supper
el **centavo** cent
el **centímetro** centimeter
el **centro** center, downtown
cepillarse to brush
(*teeth, hair*)
el **cepillo** brush; **el — de
dientes** toothbrush
la **cerámica** ceramics,
pottery
cerca (*adv.*) near, close,
nearby; **— de** (*prep.*)
near
el **cerdo** pork
la **ceremonia** ceremony
cero zero
cerrar (ie) to close;
cerrado,-a closed
la **certeza** certainty
la **certidumbre** certainty
la **cerveza** beer
ciego,-a blind
el **cielo** sky, heaven
cien *see* **ciento**
la **ciencia** science; la

— ficción science
fiction
científico,-a
(*adj.*) scientific; el
científico, la **científica**
scientist
ciento (cien) hundred,
one hundred; **cien por
ciento** one hundred
percent
cierto,-a certain, true
la **cifra** figure (*number*)
el **cigarillo** cigarette
cinco five
cincuenta fifty
el **cine** movie, movie
theater
cinematográfico,-a film-
making
cínico,-a cynical
la **cinta** tape, ribbon
el **círculo** circle
la **circunstancia**
circumstance
el **cirujano**, la **cirujana**
surgeon
la **cita** date, appointment
la **ciudad** city
el **ciudadano**, la **ciudadana**
citizen
cívico,-a civic
civil civil
la **civilización** civilization
el **clarinete** clarinet
claro,-a clear, light;
claramente clearly;
¡claro! of course!
certainly!; **¡— que sí!**
of course (it is)!; **¡— que
no!** of course not!
la **clase** class, classroom;
kind
clásico,-a classical
clasificar to classify
la **clave** key
el **cliente**, la **clienta**
customer, client
el **clima** climate
la **cocina** kitchen; cooking;
stove
cocinar to cook;

el **cocinero,** la **cocinera**
cook

coger   to catch

el **cohete**   rocket

coincidir   to coincide

la **coincidencia**
coincidence

la **cola**   line; tail

la **colecta**   collection

el **colegio**   high school

colocar   to place

el **colón**   *currency of Costa
Rica and El Salvador*

la **colonia**   colony

combinar   to combine

la **comedia**   comedy

el **comedor**   dining room

el **comentarista**
commentator

comenzar (ie) (a + *inf.*)
to begin (to)

comer   to eat

el **comercio**   commerce,
business; shop;
comercial   commercial;
el, la **comerciante**
merchant, shopkeeper

confortable   comfortable

cómico,-a   comical,
funny; el **cómico,** la
cómica   comedian,
comedienne

la **comida**   meal; food

la **comisaría**   police station

la **comisión**   commission

como   as, like, since;
tanto —   just as; **tanto
. . . —**   both . . . and;
tan + *adj. or adv.* **+ —**
as . . . as; **— si**   as if

¿**cómo?**   how?; ¿**— se
llama (Ud.)?**   what is
your name? ¡**— no!**   of
course! certainly!

la **cómoda**   bureau, chest of
drawers

la **comodidad**   comfort;
cómodo,-a   comfortable

el **compañero,** la **compañera**
companion; **— de cuarto**
roommate

la **compañía**   company

la **comparación**   comparison

comparar   to compare

el **compartimento**
compartment

compartir   to share

compasivo,-a
compassionate,
understanding

complacer   to please

complejo,-a   complex

complementario,-a
complementary

completo,-a   complete;
completamente
completely

complicar   to complicate;
complicado,-a
complicated

componer (ue)   to
compose

el **comportamiento**   behavior

la **composición**
composition

el **compositor,** la
compositora   composer

la **compra**   purchase; **hacer
las —s**   to do the
shopping; **ir de —s**   to
go shopping

comprar   to buy,
purchase; **— a plazos**
to buy on credit
(installment plan)

comprender   to
understand,
comprehend

comprensivo,-a
understanding

comprometerse   to get
engaged

la **computadora**   computer

común   common, usual,
ordinary; **por lo —**
commonly, generally

comunicarse   to
communicate

la **comunidad**   community

el, la **comunista**   communist

con   with, to; **— tal que**
so long as, provided that

concentrarse   to
concentrate

la **concentración**
concentration, major
(*academic*)

el **concepto**   concept

concienzudo,-a
conscientious

el **concierto**   concert

condenado,-a
condemned

condensado,-a
condensed

la **condición**   condition

el **condimento**   condiments,
seasonings

conducir   to drive

el **conductor**   conductor,
driver

el **conejo**   rabbit

la **conexión**   connection

la **conferencia**   conference;
lecture

confesar   to confess

la **confianza**   confidence,
trust

el **conflicto**   conflict

confrontar   to confront

confundir   to confuse, to
mistake; **—se**   to
mingle

confuso,-a   confused,
mixed-up

el **congreso**   Congress

el **conjunto**   whole

conmigo   with me

conocer   to know, to be
acquainted with, to
meet

la **conquista**   conquest; el
—dor   conqueror

consciente   conscious

la **consecuencia**
consequence

consecuente   consequent

conseguir (i)   to get,
obtain, attain, succeed in

el **consejo**   advice

**conservador,
conservadora**
conservative

conservar to keep, preserve, retain, conserve
considerar to consider
considerable considerable
consigo with him, with her
consistir (en) to consist (of)
consistente consistent, solid
constante constant; **constantemente** constantly
constatar to verify
la **construcción** construction
constructivo,-a constructive
construir to build, construct; **construído,-a** built
consultar to consult
el **consultorio** medical office
consumir to consume; el **consumo** consumption
el **contador,** la **contadora** accountant
la **contaminación** contamination, pollution
contaminar to contaminate, pollute
contar (ue) to count; tell, relate
contemplar to contemplate
contemporaneo,-a contemporary
contener (ie) to contain
el **contenido** contents
contento,-a happy, pleased, glad
contestar to answer, reply
contigo with you (*fam.*)
continuar to continue, la **continuación** continuation;

a continuación following
contra against
contradictorio,-a contradictory
contrario: al contrario on the contrary
el **contraste** contrast
contribuir to contribute; la **contribución** contribution
controlar to control
convencido,-a convinced
conversar to converse, talk; la **conversación** conversation
convertir (ie) to convert
la **cooperación** cooperation
el **coraje** courage
el **corazón** heart
la **corbata** tie
el **córdoba** currency in Nicaragua
correcto,-a correct, polite, courteous
correr to run
corresponder to be suitable; ought to
la **corrida de toros** bullfight
corriente (*adj.*) current
cortante (*adj.*) biting; bitter; freezing
cortar(se) to cut (oneself)
cortés (*adj.*) courteous; la **cortesía** courtesy
la **cortina** curtain
corto,-a short
la **cosa** thing
costar (ue) to cost; el **costo** cost; **el — de vida** cost of living
la **costumbre** custom
la **creación** creation
crear to create
crecer to grow, increase
creciente (*adj.*) growing
el **crecimiento** growth
la **creencia** belief
creer to believe, think; **¡ya lo creo!** of course! certainly!

el **crepúsculo** twilight, dusk
criar to raise (children)
el **crimen** crime
cristiano,-a Christian
Cristo Christ
la **crítica** criticism; el **crítico** critic
criticar to criticize
la **crueldad** cruelty
la **cruz** cross
el **cuaderno** notebook, workbook
la **cuadra** city block
cuadrado,-a square (*form*)
la **cuadrilla** group, gang
el **cuadro** picture, painting
cual: el cual, la cual, lo cual that, which, who, whom
¿cuál? which? what?
la **cualidad** quality
cualquier, cualquiera anybody, anyone
cuando when; **de vez en —** now and then, once in a while
¿cuándo? when?
cuanto: en cuanto as soon as; **en — a** with regard to
cuánto, -a, -os, -as how much, how many
cuarenta forty
cuarto,-a fourth
el **cuarto** room; **el — de baño** bathroom
cuatro four
cúbico,-a cubic
cubierto,-a covered
el **cubismo** Cubism; **cubista** (*adj.*) Cubist
cubrir to cover (past part. **cubierto**)
la **cuchara** spoon; la **cucharita,** la **cucharadita** teaspoon
el **cuchillo** knife
la **cuenta** bill, account; **— corriente** checking

account; — **de ahorros**
savings account
el **cuento** story
el **cuerpo** body; corps
la **cuestión** issue, matter
el **cuidado** care; **con —**
carefully
cuidar to take care of,
care for
la **culpa** blame, guilt; **tener
la —** to be to blame,
guilty
cultivar to cultivate
la **cultura** culture; **cultural**
cultural; **culturalmente**
culturally
el **cumpleaños** birthday
cumplir ... años to
become ... years old
la **cuña** influential
connection
el **cuñado,** la **cuñada**
brother-in-law, sister-in-
law
curar to cure; la **cura**
cure
la **curiosidad** curiosity;
curioso,-a curious,
strange
el **curso** course
curvo,-a curved
cuyo,-a whose, of whom

CH

el **champán (champaña)**
champagne
la **chaqueta** jacket
charlar to chat
chato,-a flat
el **cheque** check; **—s de
viajero** traveller's
checks
el **chicano,** la
chicana Mexican-
American
el **chico,** la **chica** boy, girl
el **chicle** chewing gum
chicotear to whip
el **chile** hot pepper, chili
pepper

el **chisme** gossip; el
chismoso, la **chismosa**
gossip
el **chiste** joke
el **chocolate** chocolate, hot
chocolate
el **choque** impact, collision
la **chuleta de cerdo** pork
chop
chuparse los dedos to
lick one's fingers

D

la **danza** dance
el **daño** harm, damage
dar to give; **— un paseo**
to take a walk, a ride
el **dato** fact
d.C. (después de Cristo)
A.D. (after Christ)
de of, from, about, by, to,
with, as; in (*after
superlative*); than
(*before numerals*)
debajo de below, under,
underneath; **por —**
underneath
deber to owe; must,
should, ought to; el **—**
duty, obligation
débil (*adj.*) weak
decente (*adj.*) decent
decepcionar to deceive,
fool
decidir to decide
décimo,-a tenth
decir (i) to say, tell
la **decisión** decision
declinar to decline,
diminish, draw to a
close
decorar to decorate;
decorado,-a decorated;
el **decorado** decoration
dedicar to dedicate; **—se
a** to dedicate (devote)
oneself to, to be
devoted to
el **dedo** finger, toe
el **defecto** defect

defender (ie) to defend
definido,-a defined
definitivamente finally,
once and for all
dejar to leave (behind);
let, allow, permit
del = de + el of the
delante de in front of,
ahead of, before
delgado,-a slender, slim
delicado,-a delicate
demás (*adj. and pron.*)
(the) rest, other(s)
demasiado,-a (*adj. and
pron.*) too much
(many); **—** (*adv.*) too
much
la **democracia** democracy;
democrático,-a
democratic
demográfico,-a
demographic
demostrar (ue) to
demonstrate, show
el **dentífrico** toothpaste
el, la **dentista** dentist
dentro de within
el **departamento**
department
depender de to depend on
el **dependiente,** la
dependienta salesman,
saleswoman
el **deporte** sport;
deportivo,-a sports; la
página deportiva
sports page
depositar to deposit
el **derecho** law; right;
derecho,-a right; **a la
derecha** to (on, at) the
right
derramar to shed (tears)
el **desafío** challenge
desaparecer to disappear
desarrollar to develop
el **desastre** disaster
el **desayuno** breakfast
el **descampado** open field
descansar to rest;
descansado,-a rested

descender (ie) to descend; el **descendiente** descendant

descomponer to decompose; la **descomposición** decomposition

desconocido,-a unknown

descontar (ue) to discount; **dar por descontado** to take for granted

describir to describe; la **descripción** description

descubrir to discover; el **descubrimiento** discovery

desde from, since; for (time)

desdeñoso,-a disdainful

desear to wish, desire, want

desempeñar to carry out, fulfill; **— un papel** to play a role

el **desempleo** unemployment

el **deseo** desire, wish

la **deserción** desertion

el **desfallecimiento** weakening

desgarrador,-a heartbreaking, bloodcurdling

desierto,-a deserted

la **desigualdad** inequality

el **desmayo** faint

el **desorden** mess, disorder

despertar (ie) to awaken, wake up; **—se** to wake (oneself) up

el **desprecio** scorn, contempt

después (*adv.*) afterwards, later; **— de** (*prep.*) after

destacar to stress, to emphasize

el **destino** destiny, fate

destruir to destroy

la **desventaja** disadvantage

desviarse to swerve

detener (ie) to stop, to detain

determinar to determine; **determinante** (*adj.*) determining

detrás (*adv.*) behind; **— de** (*prep.*) behind

la **deuda** debt

devastar to devastate

devolver (ue) to return, to give back

devorar to devour

el **día** day; **buenos días** good morning; **de — en — from day to day; hoy en —** nowadays; **algún —** some day

el **diablo** devil

el **diálogo** dialog

el **diamante** diamond

diario,-a daily; el **diario** newspaper

el **diccionario** dictionary

dichoso,-a happy, lucky

diecinueve nineteen

dieciocho eighteen

dieciseis sixteen

diecisiete seventeen

el **diente** tooth

diez ten

diferenciar differentiate; la **diferencia** difference; **diferente** (*adj.*) different

difícil (*adj.*) difficult, hard; **difícilmente** (*adv.*) with difficulty

la **dificultad** difficulty

diligente (*adj.*) diligent

dinámico,-a dynamic

el **dinero** money

Dios God; **¡— mío!** Good heavens!

diplomático,-a diplomatic; el **diplomático,** la **diplomática** diplomat

la **dirección** address; direction

directamente directly

el **director,** la **directora** director

dirigir to direct

el **disco** record; la **discoteca** discotheque

discreto,-a discreet, subdued

la **discriminación** discrimination

discutir to discuss; argue

diseñar to design; el **diseño** design

dislocado,-a dislocated, out of joint

disparar to shoot; el **disparo** shot

disponer to arrange, dispose

distinguir to distinguish; **distinguido,-a** distinguished

distinto,-a distinct, different

distraído,-a distracted

distribuir to distribute

diverso,-a diverse, different

la **diversión** entertainment, amusement

divertirse (ie) to have fun, have a good time; **divertido,-a** amusing, entertaining, funny

dividido,-a divided

divorciarse to get divorced, to divorce; el **divorcio** divorce

doblar to turn; to fold

doce twelve

el **doctor,** la **doctora** doctor

el **documento** document; **documental** documentary

el **dólar** dollar

doler (ue) to ache, pain; **doloroso,-a** painful

doméstico,-a domestic
dominar to dominate, control
el **domingo** Sunday
el **don** natural gift, talent
donde where, in which
¿dónde? where?
dormir (ue) to sleep; **—se (ue)** to fall asleep, sleep
dos two
la **dosis** dosage
el **drama** drama, play
dramático,-a dramatic; la **dramatización** dramatization
el **dramaturgo,** la **dramaturga** playwright, dramatist
la **duda** doubt; **sin —** doubtless, without a doubt
dudar to doubt
dudoso,-a doubtful
el **dueño** owner, master
el **dulce** candy; **el — de leche** a sweet dessert; **dulcemente** sweetly
durar to last
durante during

E

e and (*used for* **y** *before* **i-, hi-,** *but not* **hie-**)
la **economía** economy, study of economics; **económico,-a** economic; el, la **economista** economist
echar de menos to miss (*persons or things*)
la **edad** age
el **edificio** building
educarse to educate, bring up; la **educación** education, upbringing; **educativo,-a** educational
el **efecto** effect

efectuar to take place
eficiente (*adv.*) efficiently
egoísta selfish
el **ejecutivo,** la **ejecutiva** executive
el **ejemplo** example; **ejemplar** (*adj.*) exemplary
el **ejercicio** exercise
el (*pl.* **los**) the (*m.*); **el (los) que** that, who, which, he (those) who (whom), the one(s), who (that, which)
él he, him (*after prep.*)
elástico,-a elastic
la **elección** election
la **electricidad** electricity; **eléctrico,-a** electrical
el **electricista** electrician
el **electrodoméstico** electrical appliance
la **electrónica** electronics
la **elegancia** elegance; **elegante** elegant
elegir (i) to choose, select, elect
elevado,-a high
eliminar to eliminate
ella she, her (*after prep.*); **ellos, ellas** they, them (*after prep.*)
el **embajador,** la **embajadora** ambassador
embargo: sin embargo nevertheless, however
emborracharse to get drunk
emigrar to emigrate
la **emoción** emotion
empezar (ie) (a + inf.) to begin (to)
emplear to employ; el **empleado,** la **empleada** employee
el **empleo** job
en in, on, at, into, of; **— casa** at home
enamorado,-a in love

encantar to delight, please
encargarse to take charge of
encender to turn on, light; **encendido,-a** turned on, lit
encima above, on top, overhead
encontrar (ue) to meet, encounter; **—se (ue)** to find oneself, be found; **—se con** to meet, run across
la **enchilada** *a Mexican dish*
el **enchufe** influential connection (*Mex.*)
el **enemigo** enemy
la **energía** energy
enero January
el **énfasis** emphasis
la **enfermedad** illness
el **enfermero,** la **enfermera** nurse
enfermo,-a sick; el **enfermo,** la **enferma** sick person
enfrente de in front of
enfriarse to get cold, cool off
engomado,-a sticky
enjabonarse to soap oneself
enojarse to get angry, be angry; **enojado,-a** angry
enorme enormous, massive, huge; **enormemente** extremely
enriquecerse to get rich
la **ensalada** salad
la **enseñanza** teaching, education
enseñar to teach
entender (ie) to understand
entero,-a whole, entire
entonces then, at that time

entrar to enter

entre among, between

entregado,-a devoted to

la entrevista interview

el entusiasmo enthusiasm; entusiasmado,-a enthusiastic

enviar to send

la envidia envy

la época epoch, age, era, time

el equipaje baggage

el equipo team

equivalente equivalent, same

equivocarse to be wrong

la escala scale

la escalera stair, staircase

escaparse to escape, get out, run away

la escasez scarcity; escaso,-a scarce

la escena scene

la esclavitud slavery; el esclavo, la esclava slave

escoger to choose, pick, select

el escribidor writer

escribir to write; escrito,-a written

el escritor, la escritora writer

el escritorio desk

escuchar to listen

la escuela school

la escultura sculpture

ese, esa (esos, esas) (adj.) that, those (nearby); eso (neuter pron.) that; por — because of that, therefore

ése, ésa (ésos, ésas) (pron.) that (one), those

esencial essential

el esfuerzo effort

el esnob snob

el espacio space; espacioso,-a spacious

la espalda back

especial special; especialmente especially; especializado,-a specialized

el especialista, la especialista specialist

la especie species

específico,-a specific

el espectador, la espectadora spectator

el espejo mirror

la esperanza hope, prospect

esperar to wait; hope, expect

el espíritu spirit; espiritual spiritual

la esponja sponge

espontaneo,-a spontaneous

el esposo, la esposa husband, wife, spouse

esquiar to ski; el esquí ski

la esquina street-corner

estable stable

el establecimiento establishment

establecer to establish

la estación station; la — de servicio service station

estacionar to park; el estacionamiento parking; la playa de — parking lot

el estadio stadium

el estado state

el estanque pond

el estante bookcase, bookshelf

estar to be; — de vacaciones to be on vacation; — de viaje to be on a trip; — de moda to be in style, fashion; — de acuerdo to be in agreement, to agree; — en la onda to be with

it; — de vuelta to be back, returned; — en huelga to be on strike

la estatua statue

el este east

este, esta, estos, estas (adj.) this, these

éste, ésta, éstos, éstas (pron.) this (one), these

el estereotipo stereotype

el estilo style

estimar to esteem, respect

esto (neuter pron.) this

el estómago stomach

la estratificación stratification

estrecho,-a narrow

la estrella star

estricto,-a strict

estropeado,-a damaged, wrecked

estructurar to structure; la estructura structure

el, la estudiante student; estudiantil (adj.) student

estudiar to study; el estudio study

estupendo,-a stupendous

estúpido,-a stupid

eterno,-a eternal

evaluar to evaluate

la evasión evasion

evidente evident

evitar to avoid

exabrupto abrupt

exactamente exactly

la exageración exaggeration

el examen examination, exam

excavar to excavate, dig up

excelente excellent

exclusivamente exclusively, only

la excursión excursion, trip

excusarse to excuse oneself, apologize

exhibir to exhibit; la
   exhibición exhibit,
   exhibition
exigir to demand
el **exilado**, la **exilada** exile
la **existencia** existence
existir to exist
el **éxito** success; **tener —**
   to be successful
exótico,-a exotic
la **expansión** expansion
la **experiencia** experience
el **experimento** experiment
el **experto** expert
explicar to explain; la
   explicación
   explanation
explorar to explore
explotado,-a exploited
exportar to export; la
   exportación export; el
   exportador, la
   exportadora exporter
expresarse to express
   oneself; la **expresión**
   expression; **expresivo,-a**
   expressive
extendido,-a extended
extenso,-a extensive
exterior exterior, outside
el **extranjero**, la **extranjera**
   foreigner, stranger
el **extranjero** abroad,
   foreign country
extraño,-a strange
extraordinario,-a
   extraordinary
extrasensorial
   extrasensory

F

la **fábrica** factory
el **fabricante**, la **fabricante**
   manufacturer;
   fabricado,-a
   manufactured
fabuloso,-a fabulous
fácil easy; **fácilmente**
   easily

facilitar to facilitate
la **facultad** school of a
   university
la **fachada** facade
la **falda** skirt
falso,-a false
la **falta** lack
faltar to lack, need
la **fama** fame
la **familia** family; **familiar**
   (*adj.*) of the family
famoso,-a famous
la **fantasía** fantasy
el **fantasma** ghost
fantástico,-a fantastic
el **farmacéutico**, la
   farmacéutica
   pharmacist
la **farmacia** pharmacy, drug
   store
la **farmacología**
   pharmacology
el **faro** headlight
fascinar to fascinate, be
   fascinated; **fascinante**
   fascinating
el **fatalismo** fatalism
el **favor** favor; **hacerme el**
   — de + *inf.* please +
   verb; **por —** please
favorito,-a favorite
la **fe** faith
febrero February
fecundo,-a fertile
la **fecha** date (*calendar*)
la **felicidad** happiness
¡felicitaciones!
   Congratulations!
feliz happy
femenino,-a feminine
el, la **feminista** feminist
el **fenómeno** phenomenon
feo,-a ugly, homely
la **ficción** fiction; la
   ciencia — science
   fiction
la **ficha** index *or* file card
la **fidelidad** fidelity
fiel faithful
la **fiera** wild animal

la **fiesta** party, celebration
filológico,-a philological
la **filosofía** philosophy;
   filosófico,-a
   philosophical
filtrarse to filter through
el **fin** end; **el — de semana**
   weekend; **por —**
   finally, at last
el **final** end; **final** (*adj.*)
   final; **finalmente**
   finally
la **finanza** finance
fingir to pretend
firmar to sign; la **firma**
   signature; firm
la **física** physics
físico,-a physical
el **flan** custard
la **flauta** flute
la **flor** flower
la **foca** seal (*animal*)
folklórico,-a folk,
   folkloric
el **fondo** bottom, deep
   down
la **fonética** phonetics
el **fonógrafo** phonograph
la **forma** form; la **formación**
   formation
formar to form;
   formado,-a formed
la **fortuna** fortune
el **fósforo** match
la **foto (fotografía)** photo
la **fotografía** photography
el **fotógrafo**, la
   fotógrafa photographer
fracasar to fail
el **fracaso** failure
fragmentado,-a
   fragmented
francamente frankly
el **francés** French
   (language)
la **frase** sentence, phrase
la **frecuencia** frequency;
   con — frequently
frecuentemente
   frequently

frenético,-a frenetic, frenzied

frenar to brake; el freno brake

la frente forehead; — a (*prep.*) in front of; en — de in front of

fresco,-a cool, fresh; hacer — to be cool (*weather*)

frío,-a cold; hacer frío to be cold (*weather*); tener frío to be (feel) cold (*people*)

frito,-a fried

la frustración frustration; frustrado,-a frustrated

la fruta fruit

la frutería fruit store

el frutero fruit bowl

el fuego fire; a — lento simmering

la fuente fountain

fuera de (*prep.*) outside (of)

fuerte strong

la fuerza strength, force

fumar to smoke

funcionar to function

fundar to found

furioso,-a furious, angry

el furor fury, rage

el fútbol soccer

el futuro future; futuro,-a future

G

las gafas eyeglasses; las — de sol sunglasses

la galleta cookie, cracker

el ganadero cattle rancher

ganar to earn, to win; —se la vida to earn a living

la gana desire, wish; tener — de to want to, to feel like

el garaje garage

garantizar to guarantee

la garganta throat

la gasolina gasoline

gastar to spend; waste, use up

la generación generation

general: en (por lo) general in general, generally; —mente generally

la generosidad generosity; generoso,-a generous

el genio genius

la gente people

la geografía geography; geográfico,-a geographic

la geometría geometry

el gesto gesture, grimace

gobernar to govern

el gobierno government

el golpe blow, knock; de — suddenly, all of a sudden

gordo,-a fat

gótico,-a gothic

gozar de to enjoy

la grabadora tape recorder

la gracia grace, charm

gracias thanks, thank you

el grado degree, grade

graduarse to graduate

gramatical grammatical

grande, gran large, big, great

la grandeza greatness

grave grave, serious

la gripe flu

gritar to shout; el grito scream, cry

el grupo group

el guante glove

guapo,-a handsome, good-looking

guardar to keep, guard

la guerra war

el, la guía guide

la guitarra guitar

gustar to be pleasing (to), like

el gusto pleasure, taste; con mucho — gladly, with great pleasure; a — comfortable; cada uno a su — each to his own taste

H

haber to have (*auxiliary*), be (*impersonal*); había there was (were); habrá there will be; habría there would be; hay there is (are)

la habilidad skill

la habitación room, bedroom

el habitante inhabitant

hablar to talk, to speak; el hablante speaker

hacer to make, do (*past part.* hecho,-a); — daño a to do harm to, hurt; — la pregunta to ask a question; — un viaje to take a trip; — la maleta to pack the suitcase; — camping to go camping; ¿qué tiempo hace? what kind of weather is it?; hace buen tiempo it's good weather; hace mal tiempo it's bad weather; hace + (*time*) + que ago

hacia toward(s); about (time)

hallar to find

el hambre (*f.*) hunger; tener (ie) — to be hungry

la hamburguesa hamburger

la harmonía harmony

hasta (*prep.*) until, to, up to, as far as; — luego until later, see you later; — que until;

— **mañana** until
tomorrow, so long; — **la**
vista until we meet
again; — (*adv.*) even
hay there is (are) (*see*
haber)
hecho,-a made, done
(*past part. of* **hacer**)
el **helado** ice cream; la
heladería ice cream
parlor
la **herencia** inheritance,
legacy
herido,-a wounded; el
herido, la **herida**
wounded person
la **hermana** sister
el **hermano** brother
hermoso,-a beautiful,
pretty
heróico,-a heroic
la **hija** daughter
el **hijo** son
el **himno** hymn
el **hipo** hiccups
hispánico,-a Hispanic;
hispano,-a Hispanic;
hispanohablante
Spanish-speaking
la **historia** history;
histórico,-a historic
la **historieta** comic strip
el **hockey** hockey
el **hogar** home
la **hoja** leaf
¡hola! hello! hi!
el **hombre** man
homogeneo,-a
homogeneous
honorífico,-a honorary
honrado,-a honest
la **hora** hour, time (*of day*);
¿a qué —? at what
time?; **¿qué — es?**
what time is it?
el **horario** schedule
el **horóscopo** horoscope
horrendo,-a horrible
el **horror** horror, dread,
terror

hoy today; — **(en) día**
nowadays
la **huelga** strike
el **huevo** egg
la **humanidad** humanity;
humano,-a human
húmedo,-a humid
el **humor** mood, humor; **de**
buen — in a good
mood; **de mal —** in a
bad mood; **el sentido**
de — sense of humor

I

ida y vuelta round-trip
la **idea** idea
el, la **idealista** idealist
identificar to identify
el **idioma** language
la **idolatría** idolatry
la **iglesia** church
ignorar to ignore
la **igualdad** equality; **igual**
equal, the same;
igualmente equally,
likewise
ilícito,-a illicit, illegal
ilógico,-a illogical
la **ilusión** illusion
la **imagen** image
la **imaginación** imagination
imaginarse to imagine
impaciente impatient
imparcial impartial
impedir (i) to impede
imperdonable
unpardonable
imperfecto,-a imperfect
el **imperialismo**
imperialism
el **impermeable** raincoat
implacable implacable
implantado,-a implanted
implorar to implore
imponer to impose
imponerse to impose
one's authority
importar to be
important; to import

la **importancia** importance;
importante important
imposible impossible
impresionante
impressive
improbable improbable
el **impuesto** tax
inaugurar to inaugurate
el **incendio** fire, blaze
incluir to include
incompleto,-a
incomplete
incontrastable
indisputable
incorrecto,-a incorrect
increíble incredible
la **independencia**
independence;
independiente
independent
indicar to indicate; la
indicación indication
indiferente indifferent
el, la **indígena** native
el **indio,** la **india** Indian
indispensable
indispensable
el **individuo,** la
individua individual
la **industria** industry; el
industrial(ista)
industrialist; la
industrialización
industrialization;
industrializado,-a
industrialized
la **infelicidad** unhappiness
el **infinitivo** infinitive
la **inflación** inflation;
inflacionario,-a
inflationary
la **influencia** influence
influir to influence
informarse to be
informed; la
información
information
la **ingeniería** engineering;
el **ingeniero,** la
ingeniera engineer

ingenuo,-a ingenuous
ingresar to register,
   enroll; enter
inicial initial
la **injusticia** injustice;
   injusto,-a unjust,
   unfair
inmediato,-a immediate;
   inmediatamente
   immediately
la **inmensidad** immensity,
   vastness; **inmenso,-a**
   immense, huge
el, la **inmigrante** immigrant
inmoral immoral
la **inmortalidad**
   immortality; **inmortal**
   (*adj.*) immortal; el
   inmortal immortal
inoportuno,-a
   inopportune, untimely
inscribirse to enroll,
   register
insistir to insist
insoportable unbearable
la **instalación** installation
el **instante** instant
la **institución** institution
el **instituto** institute
el **instrumento** instrument
el **insulto** insult
intelectual intellectual
la **inteligencia**
   intelligence; **inteligente**
   intelligent;
   inteligentemente
   intelligently
la **intención** intention
el **intento** intent, intentions
el **interés** interest; **tener**
   (ie) — to be interested
interesar to be
   interested, to interest;
   interesante interesting
internacional
   international
interno,-a internal
la **interpretación**
   interpretation
el, la **intérprete** interpreter

íntimo,-a intimate, close
introducir to introduce
   (*a subject or object*)
la **inundación** flood,
   inundation
inútil useless
inventar to invent; el
   inventor, la inventora
   inventor
invertir to invest
la **investigación**
   investigation, research;
   el **investigador, la**
   investigadora
   investigator, researcher
el **invierno** winter
invitar to invite; el
   invitado, la invitada
   guest; la **invitación**
   invitation
involuntario,-a
   involuntary
la **inyección** injection
ir (a + *inf.*) (*irr.*) to go
   (to); **—se** to go away,
   leave; **— de compras**
   to go shopping; **— a pie**
   to walk, go by foot;
   vamos a (+ *inf.*)
   let's ...
irónicamente ironically
la **isla** island
la **izquierda** left;
   izquierdo,-a left; el, la
   izquierdista leftist

J

el **jabón** soap
el **jai alai** *a game (sport)*
   jamás ever, never
el **jamón** ham
el **jardín** garden; el
   jardinero, la jardinera
   gardener
el **jefe, la jefa** boss,
   manager, chief
el **jerez** sherry
la **jerga** slang

joven young; el, la **joven**
   young person
la **joyería** jewelry shop
judicial judicial
el **juego** game, match
el **jueves** Thursday
el, la **juez** judge
   jugar (ue) (a + *obj.*) to
   play (*game or sport*); el
   jugador, la jugadora
   player
el **jugo** juice
junio June
junto,-a together, joined,
   united
el, la **jurista** jurist, lawyer
la **justicia** justice; **justo,-a**
   just, fair
la **juventud** youth

K

el **kilo(gramo)** kilo(gram)
el **kilómetro** kilometer

L

la (*pl.* **las**) the (*f.*); **la**
   (*obj. pron.*) her, it (*f.*),
   you (*formal f.*)
el **laboratorio** laboratory
el **lado** side; **al — de**
   beside, at the side of,
   along with
la **lágrima** tear
la **lámpara** lamp
   lanzarse to rush; dash
el **lápiz** pencil
   largo,-a long
la **lástima** pity,
   compassion; **¡Qué —!**
   What a pity!
la **lata** can
   lateral side; lateral
la **latitud** latitude
la **lavadora** washing
   machine
la **lavandera**
   washerwoman,
   laundress

la **lavandería** laundry
el **lavaplatos** dishwasher
lavar to wash; —**se** to
   wash oneself
le (*obj. pron.*) him, you
   (*formal m.*); to him, her,
   it, you
la **lección** lesson
el **lector,** la **lectora** reader
la **lectura** reading
la **leche** milk
la **lechería** dairy (*store*)
la **lechuga** lettuce
leer to read
la **legumbre** vegetable,
   legume
lejano,-a far-off
lejos (*adv.*) far, distant;
   — **de** (*prep.*) far from
el **lempira** monetary unit of
   Honduras
la **lengua** language, tongue
lento,-a slow
el **leño** log
levantarse to get up, rise
la **ley** law
la **libertad** liberty
libre free, open
el **libro** book
la **licencia** license
el **líder** leader
ligero,-a light
limitado,-a limited
la **limonada** lemonade
limpiar to clean
la **limpieza** cleanliness
limpio,-a clean
lindo,-a pretty, lovely,
   nice
la **línea** line
lingüístico,-a linguistic
listo,-a ready; quick,
   clever
literario,-a literary
la **literatura** literature
lo (*neuter article*) the;
   that, what is; — **bueno**
   what is good, the good
   part; — **que** what, that
   which; — (*obj. pron.*)

him, it (*m. and neuter*),
   you (*formal m.*); — **es**
   he, it is
loco,-a crazy
el **locutor,** la **locutora**
   announcer,
   commentator
lógico,-a logical
lograr to attain, succeed
   in, manage
los the (*m.*); **los** (*obj.
   pron.*) them, you
   (*formal*)
la **lotería** lottery
lúcido,-a brilliant
luchar to struggle, to
   fight; la **lucha**
   struggle, fight
luego later, then, next;
   hasta — until later, see
   you later
el **lugar** place
la **luna** moon; **la** — **de miel**
   honeymoon
el **lunes** Monday
la **lupa** magnifying glass
lustrado,-a shined,
   polished
la **luz** light

LL

la **llama** flame
llamar to call, knock;
   llamar por teléfono to
   telephone, call by
   telephone; —**se** be
   called, be named, call
   oneself; **¿cómo se llama
   (Ud.)?** what is (your)
   name?; **me llamo María**
   my name is *or* I am
   called María
la **llanta** tire (*car*)
la **llave** key
llegar (a) to arrive (at),
   reach; la **llegada**
   arrival
llenar to fill; **lleno,-a**
   full

llevar to take, carry; —**se
   bien (con)** to get along
   well (with)
llorar to cry, weep
llover (ue) to rain
la **lluvia** rain

M

la **madera** wood; **tocar** —
   touch wood, knock on
   wood
la **madre** mother
la **madrugada** dawn
maduro,-a mature, ripe
el **maestro,** la
   maestra teacher
   (*elementary school*)
el **maíz** corn
la **maleta** suitcase
malo, mal, mala bad, ill;
   mal (*adv.*) badly
la **mamá** mama, mom,
   mother
mandar to send, order; el
   mandato command
la **mandolina** mandolin
la **manera** manner, way
la **manifestación**
   demonstration
manifestarse (ie) to show
   oneself
la **mano** (*f.*) hand
el **mantel** tablecloth
mantener (ie) to
   maintain, support
la **mantequilla** butter
la **manzana** apple
la **mañana** morning; **por la**
   — in the morning; —
   (*adv.*) tomorrow; **hasta**
   — until tomorrow, so
   long
el **mapa** map
maquillar change
   around, cover up
la **máquina** machine; **la** —
   de escribir typewriter
el **mar** sea

el **maratón** marathon
maravilloso,-a marvelous
la **marca** brand
marginado,-a on the
fringe
el **marido** husband
el **mármol** marble
el **martes** Tuesday
marzo March
más more, most, longer
(time); **— tarde** later;
— o menos more or
less; **— (grande) que**
bigger than; **— de +**
number more than
. . . ; **el — inteligente de**
. . . the most
intelligent of the . . .
masculino,-a masculine
matar to kill
las **matemáticas** mathematics
el **matemático,** la **matemática**
mathematician
la **materia** subject
materno,-a maternal
el **matriarcado** matriarchy
matricularse to enroll,
register, matriculate
el **matrimonio** marriage
máximo,-a maximum
mayo May
la **mayonesa** mayonaise
mayor greater, greatest;
older, oldest; **la — parte**
de most of; **la mayoría**
majority
me (*obj. pron.*) me, to
me, (to) myself
el **mecánico** mechanic
la **media** stocking
media: Son las dos y
media half past: It is
half past two (2:30)
la **medianoche** midnight
la **medicina** medicine
el **médico,** la **médica** doctor
la **medida** measure, step
medio,-a half, a half
el **mediodía** noon,
noontime

mejor better, best
el **membrete** letterhead
la **memoria** memory
mencionar to mention
la **mengua** failing
menor smaller, younger,
lesser; smallest,
youngest, least
menos less, least, fewer;
a — que (*conj.*)
unless; **por lo —, al —**
at least
el **mensaje** message
la **mensualidad** monthly
payment
la **mentira** lie
menudo: a menudo
often, frequently
el **mercado** market
la **mermelada** marmalade,
jam
mero,-a mere, pure,
simple
el **mes** month; **el — pasado**
last month
la **mesa** table
el **mesón** inn, old style
tavern
la **meta** goal
mezclar to mix
mi my
mí me, myself (*after*
prep.)
el **micrófono** microphone
el **miedo** fear; **tener (ie) —**
(de + obj.) to be afraid
(of)
el **miembro** member
mientras (que) (*conj.*)
while, as long as
el **miércoles** Wednesday
mil a (one) thousand
el **milagro** miracle
militar military
la **milla** mile
el **millón** million
mínimo,-a small,
minimum
el **ministerio** ministry
la **minoría** minority

el **minuto** minute
mío,-a (*adj.*) my, (of)
mine; **(el) mío, (la) mía,**
(los) míos, (las) mías
(*pron.*) mine
mirar to look at
la **misa** mass
el **misionero** missionary
mismo,-a same, very
el **misterio** mystery
la **mitad** half; **a — de**
halfway down
el **mitin** meeting, rally
mixto,-a mixed
la **mochila** backpack
la **moda** style, fashion;
estar de — to be
stylish; **el último grito**
de la — the latest
word in fashion
el **modelo** model
la **moderación** moderation
moderno,-a modern
modesto,-a modest
el **modo** manner, means,
way; **de — que** (*conj.*)
so, so that
mojado,-a wet; **el**
mojado, la **mojada**
wetback, illegal
immigrant
molestar to bother,
molest
el **momento** moment; **en**
este — at this moment;
por el — for the
moment
el **monarca** monarch
la **moneda** money, coin,
currency
monetario,-a monetary
el **monstruo** monster;
monstruoso,-a
monstrous
la **montaña** mountain
montar to mount
el **monumento** monument
la **moralidad** morality
moreno,-a brown, dark,
brunette

morir (ue)   to die
morisco,-a   Moorish
el mosaico   mosaic
mostrar (ue)   to show
la moto(cicleta)   motorcycle
el movimiento   movement
la muchacha   girl
el muchacho   boy
mucho,-a   much, many,
   very; mucho (adv.)
   much, hard, a great deal
los muebles   furniture
la muerte   death; muerto,-a
   dead; la naturaleza
   muerta   still life
   (painting)
la mujer   woman
mundial (adj.)   world,
   global
el mundo   world; todo el —
   everybody
la municipalidad
   municipality
el museo   museum
la música   music; el músico,
   la música   musician
muy   very

N

nacer   to be born
el nacimiento   birth
nacional   national
la nación   nation, country
nada   nothing, (not) ...
   anything; de —   you're
   welcome, don't mention
   it; — más   nothing,
   anything else
nadar   to swim
nadie   no one, nobody,
   (not) anyone
la naranja   orange
la nariz   nose
la naturaleza   nature; la —
   muerta   still life
   (painting)
la Navidad   Christmas;
   ¡Feliz —!   Merry
   Christmas!

necesario,-a   necessary
la necesidad   need,
   necessity
necesitar   to need
negar (ie)   to deny
el negocio   business
negro,-a   black
nervioso,-a   nervous
nevar (ie)   to snow
ni   neither, nor; ni ... ni
   neither ... nor, (not) ...
   either ... or
la nieta   granddaughter
el nieto   grandson
la nieve   snow
ninguno, ningún,
   ninguna   no, none,
   (not) ... any
la niñera   nursemaid
el niño, la niña   child
el nivel   level
no   not, no
la noche   night, evening;
   buenas —s   good
   evening, good night; de
   la —   in the evening, at
   night, P.M.; por la —
   at night
la noción   notion
nombrar   to name; el
   nombre   name; llevar
   el —   to bear the name
normal   normal, usual; la
   escuela —   teacher's
   training school;
   —mente   usually
el norte   north
nos (obj. pron.)   us, to us,
   (to) ourselves
nosotros   we, us (after
   prep.)
la nota   note; grade
notar   to notice, to note
la noticia   news
la novela   novel
el, la novelista   novelist;
   novelístico,-a
   novelistic
noveno,-a   ninth
noventa   ninety

la novia   fiancée,
   sweetheart, girlfriend
noviembre   November
el novio   fiancé, sweetheart,
   boyfriend
nuestro,-a   our, (of) ours;
   (el) nuestro, (la) nuestra,
   (los) nuestros, (las)
   nuestras (pron.)   ours
nueve   nine
nuevo,-a   new
numéricamente
   numerically
el número   number;
   numeroso,-a   numerous
nunca   never, (not) ...
   ever
nutritivo,-a   nutritious

O

o   or; o ... o   either
   ... or
la obligación   obligation
obligatorio,-a   obligatory,
   compulsory
la obra   work; el obrero, la
   obrera   worker
observar   to observe; la
   observación
   observation
obtener (ie)   to obtain,
   get
la ocasión   occasion
occidental   western
el océano   ocean
octavo,-a   eighth
octubre   October
ocultar   to hide
ocupar   to occupy, hold;
   ocupado,-a   busy,
   occupied
ocuparse de   to look after,
   deal with
ocurrir   to occur, happen
ochenta   eighty
ocho   eight
ochocientos,-as   eight
   hundred
la oda   ode

odiar   to hate
la **odontología**   dentistry
el **oeste**   west
la **oficina**   office
ofrecer   to offer
oír   to hear, listen
¡ojalá (que . . .)! *interj.*
would (that . . .)! I wish
(that . . .)
el **ojo**   eye
olvidarse (de + *obj.*)   to
forget
once   eleven
la **onda**   wave; **estar en la —**
to be "with it"
la **ópera**   opera
la **operación**   operation
la **opinión**   opinion
el **opio**   opiate
la **oportunidad**   opportunity
el, la **optimista**   optimist
opuesto,-a   opposed,
opposite
la **orden**   order, command
ordenado,-a   tidy, orderly
la **oreja**   ear
orgánico,-a   organic
el **organismo**   organism
organizar   to organize; la
organización
organization
el **orgullo**   pride;
orgulloso,-a   proud
el **origen**   origin
originarse   to originate
el **oro**   gold
la **orquesta**   orchestra
osado,-a   daring, bold,
fearless
oscuro,-a   dark
el **otoño**   fall, autumn
otro,-a   other, another
ovalado,-a   oval
¡oye!   hey, listen

P

la **paciencia**   patience;
paciente   patient
pacífico,-a   calm,
peaceful

el **padre**   father; **los —s**
parents
pagar   to pay
la **página**   page
el **pago**   payment; **el —**
inicial   down payment
el **país**   country, nation
la **palabra**   word
el **palacio**   palace
el **palo**   stick
la **pampa**   plains, grasslands
el **pan**   bread
la **panadería**   bakery
la **pandilla**   group, gang
el **panorama**   panorama,
scene, view
los **pantalones**   pants
el **pañuelo**   handkerchief,
scarf, kerchief
el **papá**   papa, dad, pop,
father
la **papa**   potato; **las —s fritas**
French fried potatoes
el **papel**   paper
para (*prep.*)   for, in order
to, to, by; **— que** (*conj.*)
so that, in order to; **¿—**
qué?   why? (*what for?*)
el **parabrisas**   windshield
la **parada**   stop (bus stop)
paralizar   to paralyze
la **parasicología**
parapsychology
parar   to stop; **parado,-a**
standing
parcialmente   partially
parecer   to appear, seem
parecido,-a   similar
la **pared**   wall
la **pareja**   pair, couple
el **pariente**   relative
el **parlamento**   parliament;
speech
el **parque**   park
la **parte**   part; **la mayor —**
de   most of, the greater
part of; **alguna —**
somewhere; **por otra —**
on the other hand; **en**
gran —   to a large

extent; **por todas —**
everywhere
participar   to participate;
el **participante**
participant; la
participación
participation
el **partido**   match, game
pasado,-a   past, last
el **pasajero**, la
pasajera   passenger
el **pasaporte**   passport
pasar   to pass (by);
happen; spend (*time*)
el **pasatiempo**   pastime,
hobby, amusement
el **paseo**   walk, stroll, ride;
boulevard; **dar un —**
to talk a walk (ride)
pasivo,-a   passive
el **paso**   step
el **pastel**   pie, pastry
paterno,-a   paternal
el **patio**   patio, courtyard
el **patriarcado**   patriarchy
el **pavo**   turkey
el **payaso**   clown
la **paz**   peace
la **pedagogía**   pedagogy
pedir (i)   to ask, to ask
for, request; el **pedido**
request
peinarse   to comb (one's
hair)
el **peine**   comb
pelearse   to fight
la **película**   movie, film
el **peligro**   danger;
peligroso,-a   dangerous
el **pelo**   hair
la **pelota**   ball
el **pensamiento**   thought
pensar (ie)   to think;
intend (+ *inf.*); **pensar**
en (+ *obj.*)   to think
about; **pensar de**   to
think of
la **pensión**   boarding house,
rooming house
peor   worse, worst

el **pepino** cucumber, pickle
pequeño,-a small, little
la **pera** pear
la **percepción** perception
perder (ie) to lose, miss;
perdido,-a lost, missed
el **perdón** pardon
perecer to perish
el **peregrino** pilgrim
perezoso,-a lazy
perfeccionar to perfect
perfecto,-a perfect;
perfectamente perfectly
el **periódico** newspaper,
periodical
el, la **periodista** reporter,
journalist
el **período** period
perjudicar to harm,
damage
permanecer to remain
permitir to permit, allow
pero but
perpetuo,-a perpetual
perplejo,-a perplexed
el **perro** dog
persistir to persist
la **persona** person
el **personaje** character
(*fictional*)
personal personal; **el
jefe de —** head of
personnel
la **personalidad** personality
la **perspectiva** perspective
pertenecer to belong to
pesar to weigh; **a — de**
in spite of, despite
pescar to fish; **el pescado**
fish
la **peseta** monetary unit of
Spain
el, la **pesimista** pessimist
el **peso** monetary unit of
several Latin American
countries
el **petróleo** petroleum, oil
el **pez** fish
piadoso,-a
compassionate, pious

el, la **pianista** pianist
picante hot (*spicy*)
picar to nibble
el **pie** foot; **ir a —** to walk,
go on foot
la **pierna** leg
pilotar to pilot
la **pimienta** pepper
el **pincel** paintbrush
pintar to paint; **el pintor,
la pintora** painter; **la
pintura** painting
la **pipa** pipe
la **pirámide** pyramid
la **piscina** swimming pool
el **piso** floor, apartment
la **pizza** pizza
planchar to iron, to press
planear to plan
el **planeta** planet
planificar to plan
la **planta** plant
la **plata** silver
el **plato** plate, dish; **el
platillo** saucer; **el —
volante** flying saucer
la **playa** beach
la **plaza** plaza, square
el **plazo** term, time period;
comprar a — to buy on
credit (*installment
plan*)
la **plomería** plumbing; **el
plomero** plumber
la **población** population
poblar to colonize, settle
pobre poor; humble,
modest; **la pobreza**
poverty
poco,-a little (*quantity*);
few; **poquito,-a** (*dim.*)
very little; **poco** *adv.*
little; **— a —** little by
little
poder (ue) to be able, can
el **poema** poem
la **poesía** poetry
el **poeta, la poetisa** poet
la **policía** police force;
policial (*adj.*) police;

la **novela policíaca**
detective novel
el **policía** policeman
la **política** politics; **el
político** politician;
político,-a political
el **pollo** chicken
pomposo,-a pompous
poner to put, put on,
place, set (*past part.*
puesto,-a)
ponerse to put (on
oneself); **— de acuerdo**
to agree; **— de pie** to
stand up
poquito,-a very little
(*dim. of* **poco**)
por for, during, in,
through, along, by,
around, in behalf of, for
the sake of, on account
of, about, because of,
per, in exchange for; **—
casualidad**
accidentally; **— ciento**
percent; **— lo común**
usually, generally; **—
ejemplo** for example;
— eso therefore,
because of that; **— favor**
please; **— fin** at last;
— lo general in
general, as a rule; **— lo
menos** at least; **¿—
qué?** why? for what
reason?; **— suerte**
luckily, fortunately; **—
supuesto** of course; **—
todas partes**
everywhere
el **porcentaje** percentage
porque because
el **portero** doorman
poseer to possess
la **posesión** possession
la **posibilidad** possibility
posible possible;
posiblemente possibly
la **posición** position
positivo,-a positive

el **postre**   dessert
el **potencial**   potential;
   potencial *adj.*
   potential
la **práctica**   practice
   practicar   to practice
   preceder   to precede
el **precio**   price
   precolombino,-a   pre-
   Columbian
   preconcebido,-a
   preconceived
el **predecesor**, la
   predecesora
   predecessor
   predecir (i)   to predict
el **predominio**
   predominance
la **preferencia**   preference
   preferible   preferable
   preferir (ie)   to prefer;
   preferido,-a   preferred,
   favorite
   preguntar   to ask (a
   question); la **pregunta**
   question; **hacer la —**
   to ask a question
el **prejuicio**   prejudice
el **premio**   prize
   prender   to seize, grasp,
   capture
la **prensa**   press
   preocuparse   to worry;
   preocupado,-a   worried
   preparar   to prepare; la
   preparación
   preparation
la **preposición**   preposition
la **presencia**   presence
   presentar   to present,
   introduce; la
   presentación
   presentation,
   introduction
el **presente**   present (*time*)
el **presidente**, la
   presidenta   president
la **presión**   pressure
   prestar   to lend
el **prestigio**   prestige

prestigioso,-a   prestigious
presumido,-a
   pretentious, conceited
el **pretérito**   preterite
el **pretexto**   pretext
   prevenir (ie)   to prevent
   prever   to foresee,
   forecast
   primario,-a   primary
la **primavera**   spring
   primero, primer,
   primera   first
el **primo**, la **prima**   cousin
   principalmente
   principally, mainly
el **principio**   beginning;
   principle
la **prisa**   haste, hurry; **tener**
   (ie) —   to be in a hurry
la **prisión**   prison
el **prisionero**, la
   prisionera   prisoner
   privado,-a   private
   pro: en pro de   in favor
   of, for
   probablemente   probably
   probar   to try; prove, test
el **problema**   problem
   procedente   coming forth
   from
   producir   to produce; la
   producción   production
el **producto**   product; **el —**
   territorial bruto   gross
   national product
la **profesión**   profession
   profesional   professional;
   el, la **profesional**
   professional
el **profesor**, la **profesora**
   professor
   profesar   to profess
   profundo,-a   deep,
   profound
   programar   to program; el
   programa   program
   progresar   to progress; el
   progreso   progress
   prohibir   to prohibit,
   forbid

prometer   to promise
pronto   soon, quickly,
   suddenly; **de —**   all at
   once, suddenly
la **propiedad**   property
propio,-a   (one's) own
proponer   to propose
proporcionalmente
   proportionately
propósito: a propósito   by
   the way; on purpose
proteger   to protect
protestar   to protest
el **provecho**   advantage;
   ¡Buen —!   hearty
   appetite! Enjoy your
   meal!
provenir (ie)   to come
   from
provinciano,-a   provincial
próximo,-a   next, coming
el **proyecto**   project, plan
prudentemente
   prudently, carefully
la **psicología**   psychology
el, la **psiquiatra**   psychiatrist
publicar   to publish
público,-a   public; **en**
   público   in public; el
   público   public, people
el **pueblo**   town, village;
   people, nation
el **puente**   bridge
la **puerta**   door
pues   well, well then, then
puesto,-a   set (*past part.*
   of **poner**)
el **puesto**   post, position
el **punto**   point, dot; **el — de**
   partida   point of
   departure; **el — de vista**
   point of view
puntuado,-a   punctuated
puro,-a   pure

Q

que   that, which, whom,
   who; than; (*indirect*
   command) have, let,

may, I wish (hope); **el
(la, los, las) —** that,
which, who, whom, he
(she, those) who, the
one(s) who; **lo —** what,
that which, which (*fact*)
¿qué? what? which?;
¿para —? why? for
what purpose? what
for?; **¿por —?** why? for
what reason?; **¿— tal?**
how are you? how are
you doing?; **¡— . . . !**
what a . . . ! how . . . !
quedar(se) to stay,
remain; be
quejarse to complain
la **queja** complaint
quemar to burn
querer to wish, want;
querido,-a dear
la **quesadilla** *Mexican dish*
el **queso** cheese
el **quetzal** *bird; monetary
unit of Guatemala*
quien *rel. pron.* who,
whom, he (those) who,
the one(s) who
¿quién? *interr.
pron.* who?; **¿a —?**
(to) whom?
quieto,-a quiet
la **química** chemistry
quince fifteen
quinientos,-as five
hundred
la **quinta** villa, large house
quinto,-a fifth
el **quiosco** kiosk, stand, stall
quitarse to take off
(oneself)
quizá(s) perhaps

R

racional rational
el **radiador** radiator
el **radical** radical, root
el **radio** radio (*set*); la **radio**
radio broadcasting

rápidamente rapidly,
quickly
rápido,-a rapid, fast
la **raqueta (de tenis)**
racquet (*tennis*)
raro,-a rare, curious,
strange; **raramente**
rarely
la **raza** race
la **razón** reason
la **reacción** reaction
real real; royal;
realmente really
la **realidad** reality
realista realistic
realizar to carry out,
accomplish
la **recepción** reception; la
recepcionista
receptionist
receptivo,-a receptive
la **receta** recipe;
prescription
recibir to receive
reciente recent;
recientemente
recently
la **reciprocidad** reciprocity
reclamar to claim,
demand
la **recomendación**
recommendation
recomendar (ie) to
recommend
reconocer to recognize
recordar (ue) to recall,
remember
recortar to cut out
recto,-a straight
el **rector,** la **rectora**
president (of university)
el **recuerdo** memory,
remembrance
recuperarse to
recuperate, recover
el **recurso** resource
la **redacción** writing, editing
redondo,-a round
reducir to reduce, cut
down, bring down

referir (ie) to refer; la
referencia reference
reflejar to reflect
reformar to reform,
change; la **reforma**
reform, change
el **refrán** proverb, saying
refrescarse to refresh;
cool off; el **refresco**
soft drink, cool drink
el **refrigerador** refrigerator
regalar to give (a gift); el
regalo gift, present
el **régimen** diet
la **región** region
regresar to return
regular regular; not bad,
so-so; **regularmente**
regularly
reír (i) to laugh
la **relación** relation
relacionado,-a related
el **relajamiento** slackening;
relaxation
relativo,-a relative
la **religión** religion;
religioso,-a religious
el **reloj** watch, clock
el **relleno** filling
el **remedio** remedy,
medicine
remoto,-a remote
remunerado,-a
remunerated
el **renacuajo** tadpole
renunciar to give up,
abandon
reparar to repair
repartir to distribute; el
reparto distribution
repasar to review
repente: de repente
suddenly
repetir (i) to repeat
la **representación**
representation; theater
performance
representar to represent;
el, la **representante**
representative

repulsivo,-a repulsive
el **requisito** requirement
la **res** beast, animal; **la carne de —** beef
resbalar to trickle
el **rescate** rescue
la **residencia** residence, student dormitory
residir to reside
la **resignación** resignation
resignado,-a resigned
resistir to resist
resolver (ue) to solve, resolve
respecto: con respecto a with regard to
respetar to respect; **respetable** respectable; el **respeto** respect
respetivo,-a respective
la **responsabilidad** responsibility
responsable responsible
la **respuesta** response, reply
restablecer to reestablish
el **restaurante** restaurant
el **resto** rest (*remainder*)
resultar to result; el **resultado** result, score, outcome
retener (ie) to retain
el **retraso** backwardness, underdevelopment
el **retrato** portrait
la **reunión** reunion, gathering
reunirse (con) to get together (with)
revisar to revise, check
la **revista** magazine
la **revolución** revolution; el **revolucionario,** la **revolucionaria** revolutionary
el **revólver** revolver
revolver (ue) to mix, stir
rico,-a rich
ridículo,-a ridiculous

riguroso,-a rigorous, exact
el **rincón** corner
el **río** river
la **riqueza** riches
el **ritmo** rhythm
el **rito** rite, ritual
robar to rob, steal; el **robo** robbery, theft
la **rodilla** knee
rojo,-a red
románico,-a Romanesque
romántico,-a romantic
romper to break; **—se** to break
ronronear to purr
la **ropa** clothes
la **rosa** rose; **rosa** pink, rose-color
el **rostro** face
roto,-a broken
rubio,-a blonde
el **ruido** noise; **ruidoso,-a** noisy
rumbo a heading for, bound for
el **rumor** rumor, murmur
la **rutina** routine; **rutinario,-a** routine

S

el **sábado** Saturday
saber to know, know how; (*pret.*) to learn, find out
saborear to savour, relish
sacar to take, take out; **— buenas notas** to get good grades; **—se el premio gordo** to win the big prize (*lottery*)
el **saco de dormir** sleeping bag
la **sal** salt
la **sala** living room
el **salario** salary
salir to leave, go out, come out; **— para** to leave for

el **salón** hall
la **salsa** Latin American dance
el **salto** leap, dash, jump; **darse un —** to stop by, drop over, take a break
la **salud** health
saludar to greet; los **saludos** regards
salvo except for
la **sandalia** sandal
la **sandía** watermelon
la **sangre** blood
satisfacer to satisfy
satisfecho,-a satisfied (*past part. of* **satisfacer**)
se *indef. subj.* one, people, you, *etc.*; *pron. used for* **le, les** to him, her, it, them; you (*formal*); *reflex. pron.* (to) himself, herself, *etc.*; *reciprocal pron.* each other, one another
el **secretario,** la **secretaria** secretary
el **secreto** secret
secundario,-a secondary
la **sed** thirst; **tener (ie) —** to be thirsty
seguida: en seguida at once, immediately
seguir (i) to follow, continue, go on
según according to
segundo,-a second
seguro,-a sure; **estar — (de)** to be sure (of, that); **seguramente** surely
seis six
seiscientos six hundred
seleccionar to select, choose
la **selva** forest, jungle
la **semana** week
el **semestre** semester
la **semilla** seed
el **senador,** la **senadora** senator

sencillo,-a simple

la **senectud** senility

sensible sensitive

sentarse (ie) to sit down; **sentado,-a** seated

sentido: sentido de humor sense of humor

el **sentimiento** sentiment, feeling

sentir gusto to taste

sentir(se) (ie) to feel, regret, be sorry

señalar to mark, point, call attention to

el **señor,** la **señora** gentleman, Mr.; woman, lady, Mrs.

la **señorita** young woman, Miss

separado,-a separated

septiembre September

séptimo,-a seventh

la **sequía** drought

ser to be; **llegar a —** to become; **el — (humano)** (human) being; **el — extraterrestre** being from outer space

seriamente seriously

la **serie** series

la **seriedad** seriousness

serio,-a serious

la **serpiente** serpent, snake

el **servicio** service

la **servilleta** napkin

servir (i) to serve; **servido,-a** served

sesenta sixty

setecientos seven hundred

setenta seventy

severo,-a severe

el **sexo** sex

sexto,-a sixth

si if, whether; **— mismo** oneself

sí yes; **creer que —** to believe so

sí *reflex. pron. after preps.* himself, herself,

yourself (*formal*), themselves, yourselves

siempre always

la **sierra** mountains, mountain range

la **siesta** nap

siete seven

el **siglo** century

significar to signify, mean; **significativo,-a** significant

siguiente following, next

el **silencio** silence; **silenciosamente** silently

la **silla** chair; el **sillón** armchair

el **símbolo** symbol; **simbólico,-a** symbolic

simpático,-a nice, pleasant, charming

simplemente simply

el **simposio** symposium

sin (*prep.*) without; **— embargo** nevertheless, however; **— que** (*conj.*) without

sino but (instead)

sincero,-a sincere

la **sinfonía** symphony

el **sinónimo** synonym

la **sirena** siren, mermaid

el **sirviente,** la **sirvienta** servant

el **sistema** system

la **situación** situation

situado,-a situated, located

sobrado,-a plenty of, to spare

sobre on, upon, about, concerning; **— todo** especially, above all

sobrevivir to survive

el **sobrino,** la **sobrina** nephew, niece

la **sociedad** society

la **sociología** sociology

el **socorro** help, assistance; **¡—!** Help!

el **sofá** sofa, couch

el **sol** sun; Peruvian monetary unit; **tomar el —** sunbathe; **hace —** it's sunny; **gafas de —** sunglasses

solamente only

solemne solemn

soler (ue) to be in the habit of

solitario,-a solitary

solo,-a alone; **sólo** *adv.* only

el **soltero,** la **soltera** bachelor, single, unmarried person

la **solución** solution

solucionar to solve, resolve

el **sombrero** hat

el **sonido** sound

la **sonrisa** smile

soñar (ue) (con) to dream (of, about)

la **sopa** soup

soportar to support, bear, stand

sorprender to surprise; **sorprendido,-a** surprised; **sorprendente** surprising

sospechar to suspect

el **sótano** cellar, basement

su his, her; your (*formal*); its, their

subir to go up, climb; lift; **— a** to go up, get into

súbitamente suddenly

el **suceso** event, happening, occurrence

sucio,-a dirty

el **sucre** monetary unit of Ecuador

el **sueldo** salary

la **suegra** mother-in-law

el **suegro** father-in-law

el **suelo** floor

el **sueño** dream; **tener —** to be sleepy

la **suerte**   luck
  tener (ie) —   to be lucky
el **suéter**   sweater
  suficiente   sufficient
  sufrir   to suffer
la **sugerencia**   suggestion
  sugerir (ie)   to suggest
  suicidarse   to commit
    suicide; el **suicidio**
    suicide
  sumar   to add (up); la
    suma   sum
la **superficie**   surface
  superior   superior, high,
    upper
el **supermercado**
    supermarket
la **superstición**
    superstition;
    supersticioso,-a
    superstitious
  supervisar   to supervise
  suponer   to suppose, *past
    part.* **supuesto,-a**
la **supresión**   suppression
  supuesto: por supuesto
    of course
el **sur**   south
el **suroeste**   southwest
el **surrealismo**   surrealism
  surtir   to supply, provide
el **sustantivo**   noun
el **susto**   fright, scare
  suyo,-a (*adj.*)   his; her;
    your (*formal*); their, of
    his (hers, yours, theirs);
    **(el) suyo, (la) suya, (los)
    suyos, (las) suyas**
    (*pron.*)   his, hers,
    theirs, yours (*formal*)

T

el **tabaco**   tobacco
el **taco**   *Mexican dish*
  tal   such, such a, similar;
    con — que (*conj.*)
    provided that; **¿qué —?**
    how are you?; **— vez**
    perhaps
el **talento**   talent

el **tamaño**   size
  también   also, too
  tampoco   neither, not . . .
    either
  tan (*adv.*)   as, so; **— +
    adj. or adv. + como**   as
    . . . as
el **tanque**   tank
  tanto,-a (-os, -as) *adj. and
    pron.*   as much (many);
    so much (many); **tanto,-a
    (-os,-as) . . . como**   as
    much (many) . . . as
  tanto *adv.*   as (so) much;
    — . . . como   both . . .
    and
la **tapa**   tidbit, appetizer
  tapar   to cover
  tardar   to be late; **tarde**
    late
la **tarde**   afternoon; **buenas
    —s**   good afternoon;
    por la —   in the
    afternoon
la **tarea**   task; homework
    assignment
la **tarjeta**   card; **la — de
    crédito**   credit card
el, la **taxista**   taxi driver
la **taza**   cup
  te *pron.*   you (*fam.*), to
    you, yourself
el **té**   tea
el **teatro**   theater
el **técnico**, la **técnica**
    technician
la **tecnología**   technology
  technológico,-a
    technological
el **techo**   ceiling; roof
la **teja**   tile
el **teléfono**   telephone;
    llamar por —   to
    telephone, call on the
    phone
el **telegrama**   telegram
la **telenovela**   serial, soap
    opera
el **teletipo**   teletype
la **televisión**   television; el
    televisor   television set

el **telón**   curtain (*theater*)
el **tema**   theme, subject
  temer   to fear
el **temperamento**
    temperament,
    disposition
el **templo**   temple
la **temporada**   season
  temporal   temporal,
    worldly
  temprano   early
la **tendencia**   tendency
  tenderse (ie)   to stretch
    out, lie down
el **tenedor**   fork
  tener (ie)   to have; **— . . .
    años**   to be . . . years
    old; **¿cuántos años tiene
    (Ud.)?**   how old are
    (you)?; **— calor**   to be
    warm (living beings); **—
    prisa**   to be in a hurry;
    — ganas de   to be
    eager to, to feel like; **—
    que +** *inf.*   to have to
    (must) + *inf.*; **— razón**
    to be right; **— hambre**
    to be hungry; **— sed**   to
    be thirsty; **— frío**   to be
    cold (*living beings*); **—
    éxito** . to be lucky
el **tenis**   tennis; la **cancha
    de —**   tennis court
la **tensión**   tension
la **tentación**   temptation
la **teocracia**   theocracy
la **teoría**   theory
  tercero, tercer, tercera
    third
  terminar   to end, finish
el **terremoto**   earthquake
  terrestre   terrestrial,
    earthly
  territorial   territorial,
    national; el **producto —
    bruto**   gross national
    product
el **territorio**   territory
la **tersura**   smoothness,
    easiness
la **tesis**   thesis

el **texto**   text, book
la **tía**   aunt
el **tiempo**   time (*general sense*); weather; a —
on time; ¿**cuánto** —?
how long?; **hacer buen (mal)** —   to be good (bad) weather; **mucho** — long, a long time;
¿**qué** — **hace?**   what kind of weather is it?
la **tienda**   store, shop
la **tierra**   land, ground, earth
el **timbre**   bell
tímido,-a   timid, shy
tintinear   to tinkle, jingle
tinto,-a   red; **el vino tinto** red wine
el **tío**   uncle; **los tíos** aunt(s) and uncle(s)
típico,-a   typical;
típicamente   typically
el **tipo**   type, kind
tirar   to shoot
el **titán**   titan
titular   to title; **titulado,-a** qualified, titled
el **título**   title, degree
la **toalla**   towel
el **tocadiscos**   phonograph, record player
tocar   to play (*instrument*); touch; ring
todavía   still, yet; — **no** not yet
todo,-a   all, whole, entire, every; **todo el mundo** everybody; **todo el año** all year; **todas los días** every day; **sobre** — especially, above all; **todo**   (*pron.*) everything
tolerar   to tolerate, stand; **tolerante**   tolerant
tomar   to take, eat, drink; — **el sol**   to take a sunbath; — **decisiones** to make decisions
el **tomate**   tomato

la **tontería**   foolishness; stupid remark
tonto,-a   foolish, stupid
el **toro**   bull; el **torero** bullfighter
la **torta**   cake
la **tortilla**   omelette (*Spain*); flat bread (*Mexico*)
la **tostada**   toast
trabajar   to work; el **trabajo**   work, job; **trabajador,-a**   hard-working
la **tradición**   tradition; **tradicional**   traditional; **tradicionalmente** traditionally
traducir   to translate
traer   to bring
el **tráfico**   traffic; **la congestión de** — traffic jam, congestion
la **tragedia**   tragedy
el **traje**   suit; **el** — **de baño** bathing suit
tranquilo,-a   calm, tranquil, quiet; **tranquilamente** quietly, calmly
transformar   to transform, change
transparente   transparent
el **transporte** transportation; **el** — **público**   public transportation
tras   behind, after; **día** — **día**   day after day
trasladar   to move, transfer
traspasar   to go through, go past, beyond
tratar (de + obj.)   to treat, deal (with); **tratar de +** *inf.*   to try to + verb; el **trato**   behavior, dealings
través: a través de across, through
travieso,-a   playful
el **trayecto**   journey
trece   thirteen

treinta   thirty
el **tren**   train
tres   three
el **triángulo**   triangle
la **tribu**   tribe
la **trinidad**   trinity
triste   sad
la **tristeza**   sadness
el **triunfo**   triumph
la **trompeta**   trumpet
tu   your (*fam.*)
tú   you (*fam.*)
el **turismo**   tourism
el **turista**, la **turista**   tourist
tuyo,-a *adj.*   your (*fam.*), of yours; (**el**) **tuyo**, (**la**) **tuya**, (**los**) **tuyos**, (**las**) **tuyas** *pron.*   yours

U

último,-a   last (in a series); **últimamente** lately
único,-a   only, unique
la **unidad**   unity, unit; **unido,-a**   united
el **uniforme**   uniform
la **universidad**   university
universitario,-a university
el **universo**   universe
uno, un, una   a, an, one; **unos,-as**   some, a few, several; about (*quantity*)
urbano,-a   urban
usar   to use; el **uso**   use
usted   you (*formal*)
usualmente   usually
útil   useful
utilizar   to use, utilize
utopista   Utopian

V

las **vacaciones**   vacation
vacilar (en)   to hesitate (to)
vacío,-a   empty

la **vainilla**   vanilla
valer   to be worth; — **la pena**   to be worthwhile
válido,-a   valid
valiente   valiant, brave
el **valor**   value
la **vanguardia**   vanguard
variar   to vary
varios,-as   various, several
la **variedad**   variety; **las —es**   variety show
el **vaso**   drinking glass
el **vecino**, la **vecina**   neighbor
vegetariano,-a   vegetarian
veinte   twenty
la **velocidad**   velocity, speed
la **vena**   vein
vencido,-a   defeated
vender   to sell
venerar   to revere, worship
venir (a + *inf.*)   to come (to)
la **ventaja**   advantage
la **ventana**   window
ventilado,-a   ventilated
ver   to see; **vamos a —**   let's see; **nos vemos**   we see each other
el **verano**   summer
el **verbo**   verb
la **verdad**   truth; ¿**—?**   isn't it true?
verdadero,-a   true, real
verde   green
verdoso,-a   greenish
el **verdugo**   executioner
la **verdura**   vegetable
la **versión**   version
el **vestíbulo**   vestibule, hall
el **vestido**   dress
vestido,-a   dressed (*past part. of* **vestirse**); **bien vestido,-a**   well-dressed
el **vestigio**   vestige
vestirse (i)   to get dressed, to dress

el **veterinario**, la **veterinaria**   veterinarian
la **vez** *pl.* **veces**   time (*series*), occasion; **a la —**   at the same time; **a veces**   sometimes; **alguna —**   some time, ever; **de — en cuando**   once in a while, from time to time; **en — de**   instead of; **muchas veces**   many times, often; **otra —**   again; **por primera —**   for the first time; **tal —**   perhaps; **una —**   once
viajar   to travel; el **viaje**   trip; **hacer un —**   to take a trip; ¡**feliz —!**   have a good trip!
el **viajero**, la **viajera**   traveller
vicioso,-a   vicious
la **víctima**   victim
la **vida**   life; **el costo de —**   cost of living; **ganarse la —**   to earn a living; **el nivel de —**   standard of living
viejo,-a   old; el **viejo**, la **vieja**   old man, old woman
el **viernes**   Friday
el, la **vigilante**   policeman, policewoman
la **villa**   large house, country house
el **vinagre**   vinegar
el **vino**   wine
la **violencia**   violence
violento,-a   violent; **violentamente**   violently, abruptly
el **violín**   violin
la **visibilidad**   visibility
la **visión**   vision
visitar   to visit
la **vista**   sight, view; **hasta la —**   until we see each other again
la **vitrina**   shop window, showcase

la **vivienda**   housing, dwelling
vivir   to live
vivo,-a   alive, living
el **vocabulario**   vocabulary
vocacional   vocational
volante   flying; el **platillo —**   flying saucer
el **volante**   steering wheel
el **volibol**   volleyball
el **volumen**   volume
la **voluntad**   will
voluntario,-a   voluntary
volver (ue)   to return, come back
vosotros,-as   you (*fam. pl.*), yourselves
votar   to vote; el **voto**   vote
la **voz**   voice; **en — alta**   aloud, loudly; **en — baja**   softly, in a whisper
la **vuelta**   return; **estar de —**   to be back, to have returned; **el billete de ida y —**   round-trip ticket
vuestro,-a (*adj.*)   your (*fam. pl.*), of yours
(**el**) **vuestro**, (**la**) **vuestra**, (**los**) **vuestros**, (**las**) **vuestras** *pron.*   yours

Y

y   and
ya   already, now; **— no**   no longer
el **yanqui**   Yankee (North American)
el **yate**   yacht
yo   I
la **yuca**   yucca

Z

el **zaguán**   hall
la **zanahoria**   carrot
la **zapatería**   shoe store
el **zapato**   shoe

A

a un, una; algún, alguna
ability la capacidad
able: be able poder (ue)
accelerator el acelerador
accept aceptar
accident el accidente
accidentally por casualidad
according to según
account la cuenta; **checking —** la cuenta corriente; **savings —** la cuenta de ahorros
across a través de
act actuar
active activo,-a
actor, actress el actor, la actriz
address la dirección
admire admirar
advantage la ventaja
advertisement, announcement el anuncio; **want ad** el aviso
advice el consejo
advise (that) aconsejar (que)
affectionate cariñoso,-a
afraid: be afraid (that) tener (ie) miedo (de que)
after después de, después de + *inf.*
afternoon la tarde; **in the —** por la tarde
again otra vez
against contra; en contra de (*opposed to*)
age la edad
ago hace + *time*
agree (with) estar de acuerdo (con)
air pollution la contaminación del aire
airplane el avión
airport el aeropuerto
alcohol el alcohol
all todo,-a; **— right** regular
almost casi
alone solo
along por (*by way of*)

already ya
also también
always siempre
amazement el asombro
ambassador el embajador, la embajadora
ambulance la ambulancia
American americano; **North —** norteamericano; **South —** sudamericano
among entre
amusing divertido,-a
ancient antiguo,-a
and y (e)
angry enojado,-a; furioso,-a; **get — (with)** enojarse (con)
announcer el locutor, la locutora
another otro
answer *v.* contestar; **answer** *n.* la respuesta
anthropologist el antropólogo, la antropóloga
any alguno (algún), alguna
anyone alguien
anything algo
apartment el apartamento, el piso
apathetic apático,-a
appear parecer (*seem*)
apple la manzana
appointment la cita
April abril
architect el arquitecto, la arquitecta
architecture la arquitectura
arm el brazo
armchair el sillón
around alrededor de
arrange arreglar
arrive llegar
article el artículo
as . . . as tan . . . como; **as much/many . . . as** tanto . . . como; **as soon as** así que; en cuanto
ask preguntar (*question*); **— a question** hacer una

pregunta; **—** pedir (i) (*request*)
astonish: be —ed (that) asombrarse de (que)
at a; en; **— least** por lo menos
athlete el atleta, la atleta
atmosphere el ambiente
attend asistir (a)
attitude la actitud
August agosto
aunt la tía
authority la autoridad
autumn el otoño
avenue la avenida
avoid evitar

B

back *n.* la espalda; **be —** estar de vuelta; **in — of** detrás de
backpack la mochila
bad *adj.* malo,-a; **it's — that** es malo que; **bad, badly** *adv.* mal; **very —** muy mal
baggage el equipaje
bakery la panadería
balcony el balcón
ball la pelota
banana la banana
bank el banco
baseball el béisbol
basement el sótano
basketball el básquetbol (baloncesto)
bathe, take a bath bañarse
bathing suit el traje de baño
bathroom el baño
be estar (*condition*); ser (*characteristic*); **— to blame** tener (ie) la culpa; **— . . . years old** tener (ie) . . . años
beach la playa
because porque; **— of, due to** por eso (*for that reason*)
become ponerse + *adj.*
bed la cama; **go to —** acostarse (ue)

bedroom la alcoba, el dormitorio, la habitación, el cuarto, la recámara

beef la carne de res

beer la cerveza

before antes (de que); **— . . . -ing** antes de + *inf.*

begin comenzar (ie) (a), empezar (ie) (a)

belief la creencia

believe creer

benefit el beneficio

best mejor

better mejor; **it's — that** es mejor que

between entre

bicycle la bicicleta

big grande

birthday el cumpleaños

black negro,-a

blame la culpa; **be to —** tener (ie) la culpa

block la cuadra (*city*)

blond rubio,-a

blouse la blusa

blue azul

boat el barco

body el cuerpo

book el libro

bookcase el estante

boots las botas

boring, bored aburrido,-a

born: be — nacer

boss el jefe, la jefa

bother molestar; **it —s me (that)** me molesta (que)

boy el muchacho; el chico

boyfriend el novio

brake el freno

bread el pan

break romper; romperse

bride la novia

bridge el puente

bring llevar (*to carry*); traer (*to bring along*); **— up** criar (*raise children*)

broad ancho,-a

broken roto,-a

brother el hermano

brunette moreno,-a

brush cepillarse (*hair, teeth*)

build construir

building el edificio

bus el autobús; **— stop** la parada del autobús

business el negocio; los negocios (*general sense*); **—man, —woman** el comerciante, la comerciante

busy ocupado,-a

but pero; sino (*on the contrary*)

butcher shop la carnicería

butter la mantequilla

buy comprar

by por (*during, in exchange for, on behalf of*); **— the way** a propósito

C

cafe el café

cafeteria la cafetería

cake la torta

calculator la calculadora

call llamar; **— on the telephone** llamar por teléfono

calm tranquilo,-a

camera la cámara

camp, go camping hacer camping

can (be able to) poder (ue)

candy el dulce

car el coche

card la tarjeta; **credit —** la tarjeta de crédito

care (about) importar; **I — (that)** me importa (que); **take — of** cuidar

career la carrera

Careful! ¡Cuidado!

carpenter el carpintero

carpet la alfombra

carrot la zanahoria

carry llevar

ceiling el techo

century el siglo

ceremony la ceremonia

certain cierto,-a; **—ly** por cierto

certainty la certeza

chair la silla

champion el campeón, la campeona

change *v.* cambiar; **change** *n.* el cambio (*general sense*); la moneda (*coins*)

chat charlar

cheap barato,-a

check *v.* revisar (*look over, inspect*); **check** *n.* el cheque; la cuenta (*bill*)

cheerful alegre

cheese el queso

chest of drawers la cómoda

chicken el pollo

child el niño, la niña; **children** los niños

choose escoger; elegir (i) (*elect, select*)

church la iglesia

cigarette el cigarrillo

citizen el ciudadano, la ciudadana

city la ciudad

class la clase; **—room** la clase

clean *v.* limpiar; **clean** *adj.* limpio,-a

close cerrar (ie)

close (to) cerca de

closet el armario

clothes, clothing la ropa

coat el abrigo

coffee el café

coin la moneda

cold *n.* el frío; **cold** *adj.* frío,-a; **be —** tener (ie) frío; **it's —** hace frío; **— drink** el refresco

color el color

comb *v.* peinarse; **comb** *n.* el peine

come venir (ie)

comedy la comedia

comfortable cómodo,-a

comics las historietas

commercial (advertisement) el anuncio

company la compañía
complain (about) quejarse (de)
compose componer
concert el concierto
congratulations las felicitaciones
conscious consciente
conservative conservador,-a
contented contento,-a
contribute contribuir
control controlar
cool fresco,-a; **it's —** hace fresco
corner la esquina (*of a street*)
cost *v.* costar (ue); **cost** *n.* el costo; **— of living** el costo de vida
count contar (ue)
couple la pareja
country el país (*nation*), el campo (*countryside*)
court la cancha; **tennis —** la cancha de tenis
courteous atento,-a
cousin el primo, la prime
create crear
crime el crimen
cry llorar (*weep*)
culture la cultura
cup la taza
cure curar
curtains las cortinas
custard el flan
custom la costumbre
customer el cliente, la clienta
cut cortar, cortarse (*oneself*)

D

Dad papá
dance bailar
dark moreno,-a (*a person*); oscuro,-a (*a place or thing*)
date la cita (*appointment*); la fecha (*calendar*); **What is today's —?** ¿Cuál es la fecha de hoy?
daughter la hija
day el día
dead muerto,-a

death la muerte
December diciembre
decorate decorar
defend defender (ie)
demand exigir; reclamar (*claim*)
democracy la democracia
demonstration la manifestación
dentist el dentista, la dentista
deny (that) negar (ie) (que)
department store el almacén
design diseñar
desk el escritorio
destiny el destino
destroy destruir
develop desarrollar
devote oneself (to) dedicarse (a)
die morir (ue, u) *past part.* muerto
difference la diferencia
difficult difícil
dining room el comedor
diploma, degree el título
direct dirigir
director el director, la directora
dirty sucio,-a
disagreeable antipático,-a
disadvantage la desventaja
discotheque la discoteca
discover descubrir
discuss discutir
dishwasher el lavaplatos
distribute distribuir; repartir
divorce el divorcio; **get —d** divorciarse
do hacer
doctor el médico, la médica
document el documento
door la puerta
doubt (that) dudar (que); **doubt** *n.* la duda; **—less** sin duda
down: go down bajar
downtown el centro
dramatist el dramaturgo, la dramaturga
dream (of) soñar (ue) (con)
dress *v.* vestir; **— oneself, get —ed** vestirse (i)
dress *n.* el vestido

drink beber; tomar (*have something to drink, drink alcoholic beverages*); **cold —** el refresco
drive conducir
during durante

E

each cada *invar.*
ear la oreja
early temprano
earn ganar; **— a living** ganarse la vida
earth la tierra
easy fácil
eat comer
egg el huevo
eight ocho
eight hundred ochocientos
eighteen diez y ocho (dieciocho)
eighth octavo,-a
eighty ochenta
elect elegir (i)
election las elecciones
eleven once
employee el empleado, la empleada
employment el empleo
empty vacío,-a
end terminar (*finish*)
engineer el ingeniero, la ingeniera
engineering la ingeniería
English el inglés; **speak —** hablar inglés
enjoy gozar (de)
enroll (in) matricularse (en)
environment el ambiente
equal igual
equality la igualdad
escape escaparse
esencial essential
eternal eterno,-a
even aún *adv.*
evening: Good evening Buenas tardes
event el suceso

event

487

every cada; — **day** todos los días

everywhere por todas partes

exam el examen; **entrance —** el examen de ingreso

example el ejemplo; **for —** por ejemplo

Excuse me Con su permiso; Perdón

executive el ejecutivo, la ejecutiva

exercise el ejercicio

expensive caro,-a

experiment el experimento

explain explicar

express (oneself) expresar(se)

eye el ojo

F

face la cara

fact el hecho

fair justo,-a (*just*)

faith la fe

faithfulness la fidelidad

fame la fama

family la familia; **of the —, familial** familiar

famous famoso,-a

fan el aficionado, la aficionada (*devotee*)

far (from) lejos (de)

fascinate fascinar; **I am —d by** me fascina

fashion la moda

fast rápido,-a

fat gordo,-a

fate el destino

father el padre

fault la culpa (*blame*)

favorite preferido,-a

fear *v.* temer; **fear** *n.* el miedo

February febrero

feel sentir (ie) (*sense*); **— like** tener (ie) ganas de

feeling el sentido

fiancé(e) el novio, la novia

fifteen quince

fifth quinto,-a

fifty cincuenta

fight *n.* pelear; **fight (with each other)** pelearse

fight *n.* la lucha (*struggle*)

fill llenar

film la película (*movie and roll of —*)

finally por fin (*at last*)

finger el dedo

finish terminar; acabar de + *inf.* (*to have just*)

fire el incendio; **—man** el bombero

first primero (primer), primera

fish el pescado

five cinco

five hundred quinientos

fix arreglar (*repair*); **fix oneself up, get ready** arreglarse

floor el piso (*of a building*); el suelo (*of a room*)

flower la flor

flute la flauta

flying saucer el platillo volante

follow seguir (i); **—ing** siguiente

foolish tonto,-a; **—ness** la tontería

foot el pie

for para (*purpose, in order to*); por; en pro de (*in favor of*)

forbid (that) prohibir (que)

forehead la frente

foreign extranjero,-a; **— country** el extranjero (*abroad*)

foreigner el extranjero, la extranjera

forget (to) olvidarse (de)

fork el tenedor

former anterior (*previous*)

fortunately por suerte

forty cuarenta

fountain la fuente

four cuatro

four hundred cuatrocientos

fourteen catorce

fourth cuarto,-a

free libre

Friday (el) viernes

friend el amigo, la amiga

friendly amable

from de; **— time to time** de vez en cuando

fruit la fruta; **— store** la frutería

full lleno,-a

fun: have fun divertirse (ie); **fun** *adj.*, **funny** divertido,-a

furious furioso,-a

furniture los muebles

future el futuro

G

game el partido (*match*)

garage el garaje

garden el jardín

gasoline la gasolina

generally generalmente; por lo general

generation la generación

generous generoso,-a

gentleman el señor

get conseguir (i); obtener (ie); **— + *adj.*** ponerse (*become*) + *adj.*; **— a grade** sacar una nota; **— along (with)** llevarse bien (con); **— off, — down** bajar (de); **— on** subir (en); **— up** levantarse

ghost el fantasma

gift el regalo

girl la muchacha; la chica; **girlfriend** la novia

give dar; ofrecer; **— a present** regalar

glad: be glad (about) alegrarse (de)

glass el vaso (*drinking*)

glasses las gafas (*eye*)

gloves los guantes

go ir; **— away** irse; **be going to** ir a; **— down** bajar; **— on foot, walk** ir a pie; **— shopping** ir de compras; **— out** salir; **— up** subir

god el dios; **My God! My goodness!** ¡Dios mío!

good bueno (buen), buena; **Good heavens!** ¡Caramba!

Good afternoon Buenas tardes

Good evening Buenas noches

Good morning Buenos días
Good night Buenas noches
Goodbye Adios; Hasta mañana
   (*See you tomorrow*)
govern gobernar (ie)
government el gobierno
graduate graduarse
grandfather el abuelo
grandmother la abuela
grandparents los abuelos
great grande (gran); **Great!**
   ¡Qué bien!
green verde
groom el novio
ground floor la planta baja
guilt la culpa; **be guilty** tener
   la culpa

H

hair el pelo
hall el vestíbulo
ham el jamón
hamburger la hamburguesa
hand la mano
handkerchief el pañuelo
handsome guapo,-a
happen pasar
happiness la felicidad
happy alegre, contento,-a,
   feliz; **be — (that)** alegrarse
   de (que)
hardworking trabajador,-a
hat el sombrero
have tener (ie); **— just . . .ed**
   acabar de + *inf.*; **— to** tener
   (ie) que
he él
head la cabeza
headlight el faro
headline el título
health la salud; **—y, in good —**
   de buena salud
hear oír
heart el corazón
Hello Hola; Buenos días
help (to) ayudar (a); **Help!**
   ¡Socorro!
her la (*dir. obj. pro.*); le, se
   (*indir. obj. pro.*); su (*poss.*
   adj.)

hers suyo,-a
here aquí
hesitate (to) vacilar (en)
Hi! ¡Hola!
high alto,-a; **— school**
   colegio; escuela secundaria
him lo (*dir. obj. pron.*); le, se
   (*indir. obj. pron.*)
his su (*poss. adj.*); suyo,-a
history la historia
home el hogar; **at —** en casa;
   go — ir a casa
homework assignment la tarea
honest honrado,-a
honeymoon la luna de miel
hope (that) esperar (que); **let's**
   — (that) ojalá (que)
horoscope el horóscopo
hospital el hospital
hot: it's hot hace calor; **be —**
   (warm) tener (ie) calor
hour la hora
house la casa
housewife el ama (*f.*) de casa
how cómo; **how?** ¿cómo? —
   . . .! ¡qué + *adj.*! **— are you?**
   ¿Cómo está Ud.? **— do you**
   say . . . ? ¿Cómo se dice . . . ?
   —'s everything? ¿Qué tal?
   (for) — long? ¿hace cuánto
   tiempo que . . . ? **— much?**
   ¿cuánto?
hundred, one hundred ciento
   (cien)
hungry: be hungry tener (ie)
   hambre
hurry: be in a hurry tener (ie)
   prisa
hurt doler (ue); **my arm —s**
   me duele el brazo
husband el esposo

I

I yo
ice cream el helado; **— parlor**
   la heladería
if si
immediately inmediatamente
important importante
impossible imposible

improbable improbable
improve mejorar
in en; **— case (of/that)** en caso
   de (que); **— front of** delante
   de; **— order to** para
include incluir
increase aumentar
independent independiente
indispensable indispensable
individual el individuo
inequality la desigualdad
inflation la inflación
injure herir; **injured person**
   el herido, la herida
inside dentro de
insist (on) insistir en + *inf.*; **—**
   (that) insistir en (que) +
   subj.
instead of en vez de
instrument el instrumento
intelligent inteligente
intend pensar (ie) + *inf.*
interest interesar; **be —d in**
   tener (ie) interés en; **I am—ed**
   in me interesa + *n.*
interesting interesante
interview la entrevista
introduce presentar (*people*)
inventor el inventor, la
   inventora
investigation la investigación
invite invitar
it lo; la
its su *poss. adj.*

J

jacket la chaqueta
January enero
jeans los jeans
job el trabajo; el empleo
journalist el periodista, la
   periodista
juice el jugo
July julio
June junio

K

key la llave; **— to success** la
   llave del éxito

kill matar
kind amable
kitchen la cocina
knee la rodilla
knife el cuchillo
know conocer (*be familiar,*
acquainted with); saber (*have*
knowledge of, know how to)

L

lack faltar; **— of open space**
la falta de espacio libre
lady la señora
lamp la lámpara
land la tierra
language la lengua
last *v.* **(for)** durar (por); **last**
pasado (*most recent, time*);
último,-a (*in a series*)
late tarde
latest último,-a
Latin America Latinoamérica;
—n (el) latinoamericano, (la)
latinoamericana
law la ley; **study of —** el
derecho
lawyer el abogado, la abogada
lazy perezoso,-a
learn (how to) aprender (a)
least: at least por lo menos
leave salir (*go out*); dejar (de)
(*stop*)
lecture la conferencia
left izquierdo,-a; **(turn) to the**
— (doblar) a la izquierda
leg la pierna
lend prestar
less than menos que; **less +**
adj. **+ than** menos . . . que
letter la carta
lettuce la lechuga
level el nivel
liberal liberal
liberty la libertad
library la biblioteca
lie la mentira
lie down acostarse (ue)
life la vida; **cultural —** la vida
cultural
light, turn on encender (ie)

light *n.* la luz (*pl.* luces)
light *adj.* claro,-a
like como (*as*)
like gustar; **I like . . .** me
gusta . . . ; **I like better** me
gusta más (*prefer*)
listen escuchar; **Listen!**
¡Escuche! ¡Oiga! ¡Oye!
literature la literatura
little pequeño,-a (*size*); poco,-a
(*quantity*); **a —** un poco
live vivir
living room la sala
long largo,-a
look at mirar; **Look!** ¡Mira!;
— for buscar
loose ancho,-a
lose perder (ie)
lot: a lot (of) mucho,-a
love *v.* querer (ie); **love** *n.* el
amor; **in —** enamorado,-a
luck la suerte; **be —y** tener
(ie) suerte
lunch el almuerzo; **eat —, have**
— almorzar (ue)

M

machine la máquina
magazine la revista
maintain mantener (ie)
major la concentración, la
especialidad (*field of study*)
make hacer; **— fun of**
burlarse de
man el hombre
manner, mode el modo
many muchos,-as
map el mapa
March marzo
market el mercado
marriage el matrimonio
marry, get married (to) casarse
(con)
mathematician el matemático,
la matemática
mathematics las matemáticas
mature maduro,-a
May mayo
mayonnaise la mayonesa
me, to me me

mean querer (ie) decir
(*signify*)
meat la carne
mechanic el mecánico
medicine la medicina
meet encontrar (ue)
middle medio,-a
midnight la medianoche
milk la leche; **— store, dairy**
la lechería
million millón; **one million**
un millón
mine mío
miracle el milagro
mirror el espejo
miss echar de menos (*a person*
or place); perder (ie) (*a bus*)
Miss Señorita, la señorita
Mom mamá
Monday el lunes
mood el humor; **in a bad —**
de mal humor; **in a good —**
de buen humor
more más; **— than** más que;
— . . . than más . . . que
morning la mañana; **Good —**
Buenos días; **in the —** por la
mañana
most la mayoría de; **most of the**
time la mayoría de las veces
mother la madre
motor el motor
motorcycle la motocicleta (la
moto)
mountain la montaña
movement el movimiento
movies, movie theater el cine
Mr., Sir Señor, el señor
Mrs., Ma'am, Madam Señora,
la señora
much, a lot (of) mucho,-a
music la música
must deber; **one —** hay que
my mi

N

name el nombre; **What's his/**
her/your —? ¿Cómo se
llama?; **My — is . . .** Me
llamo . . .

napkin la servilleta
narrow estrecho,-a
near, nearby cerca (de)
necessary necesario,-a
need necesitar; faltar (*lack*);
  me falta (*I need*)
neighbor el vecino, la vecina
neither tampoco; — . . . **nor**
  ni . . . ni
nervous nervioso,-a
never, not ever nunca; no . . .
  nunca
new nuevo,-a
newlyweds los recién casados
news las noticias
newspaper el periódico, el diario
newsstand el quiosco
next próximo,-a; — **to** al lado
  de
nice simpático,-a
night la noche; **at —** por la
  noche; **last —** anoche
nine nueve
nine hundred novecientos
nineteen diez y nueve
  (diecinueve)
ninety noventa
ninth noveno,-a
no *interj.* no; **no** *adj.*
  ninguno (ningún), ninguna
  (*not any*)
nobody, no one nadie
noise el ruido
noon el mediodía
normal: it's normal that es
  normal que; **—ly** por lo común
nose la nariz
not no (+ *negative expression*)
notebook el cuaderno
notes los apuntes
nothing nada; — **to do** nada
  que hacer
notice darse cuenta (de)
November noviembre
now ahora
nurse el enfermero, la enfermera

O

obtain obtener (ie); conseguir (i)
occur ocurrir

ocean el mar
October octubre
of de; — **course** claro, por
  supuesto; — **course not** claro
  que no
offer ofrecer
office el consultorio (*medical*);
  la oficina (*business*)
often a menudo
Oh! ¡Ay!
oil el aceite
old viejo,-a; **—er** mayor; **—est**
  el, la mayor; **be . . . years old**
  tener (ie) . . . años
on en, sobre; — **condition**
  (that) a condición de (que);
  — **top of** encima de
once una vez; — **in a while**
  de vez en cuando; — **more**
  otra vez
one uno (un), una
onion la cebolla
only solamente
open abrir; **open(ed)**
  abierto,-a (*past part. of* abrir)
opera la ópera
operation la operación
or o (u)
orange la naranja
order: in order to para
other otro,-a; **(the) others** los
  demás
Ouch! ¡Ay!
ought deber
our, of ours nuestro,-a
outside (of) fuera (de)
over encima de
owe deber
own propio,-a

P

pack: pack a suitcase hacer la
  maleta
paint pintar
painter el pintor, la pintora
painting la pintura (*general*);
  el cuadro (*specific*)
pants los pantalones
parents los padres
park (a car) estacionar

park el parque
party la fiesta
pass pasar
passenger el pasajero, la
  pasajera
passport el pasaporte
past *n.* el pasado; **past** *adj.*
  pasado,-a
pastry el pastel
pay pagar
peace la paz
pear la pera
pen el bolígrafo
pencil el lápiz (*pl.* lápices)
people la gente, el pueblo (*a
  nation*); — **from outer space**
  seres extraterrestres
pepper la pimienta
percent por ciento
permit permitir (que)
person la persona
pharmacist el farmacéutico, la
  farmacéutica
phenomenon el fenómeno
phone *see* **telephone**
photograph la foto
pillow la almohada
pipe la pipa
pity la lástima; **it's a —** (shame)
  (that) es lástima que
place el lugar
plant la planta
plate el plato
play el drama; la obra de teatro
play jugar (ue) (*a sport, game*);
  tocar (*an instrument*)
player el jugador, la jugadora
playwright el dramaturgo, la
  dramaturga
plaza la plaza
please por favor
plumber el plomero
poor pobre
poem el poema
poet el poeta, la poetisa
point el punto
police la policía (*group*), el
  policía (*individual*); — **station**
  la comisaría
polite atento,-a
political político,-a

politician el político
politics la política
pollute contaminar
pork el cerdo; — chop la chuleta de cerdo
portrait el retrato
possible posible
post el puesto (*position*)
postcard la tarjeta
potato la papa, la patata; French fries papas fritas
poverty la pobreza
power el poder
predict predecir (i)
prefer (that) preferir (ie) (que)
present presentar
present actual (*present day*); el presente (*time*)
president el presidente, la presidente
press la prensa
pretty bonito,-a; lindo,-a
price el precio
pride el orgullo
probable probable
problem el problema
product el producto
professor el profesor, la profesora
program el programa
prohibit (that) prohibir (que)
promise prometer
propose proponer
protect proteger
proud orgulloso,-a; be — that estar orgulloso de (que)
prove probar (ue)
provided, providing (that) con tal que
purchase la compra
put poner; — on ponerse (*clothing*)

Q

question la pregunta
quit dejar de

R

racquet la raqueta (*tennis*)
radio el radio (*receiver*)

rain llover (ue); **it's raining** llueve; —coat el impermeable
raise subir (*lift, increase*); **raise (children)** criar
rather bastante
read leer
ready listo,-a
reality la realidad
realize darse cuenta (de)
receive recibir
recognize reconocer
recommend (that) recomendar (ie) (que)
record el disco; — player el tocadiscos
red rojo,-a
reduce reducir
reestablish restablecer
refrigerator el refrigerador
register (in) matricularse (en)
regret (that) sentir (ie) (que)
relatives los parientes
relaxed tranquilo,-a
religion la religión
remember acordarse (ue); recordar (ue)
rent *v.* alquilar
repair reparar
repeat repetir (i)
represent representar
representative el representante, la representante
request (that) pedir (i) (que)
require exigir
requirement el requisito
respect respetar
responsibility la responsabilidad
rest descansar
restaurant el restaurante
return regresar; volver (ue)
review repasar
rice el arroz
rich rico,-a
right el derecho; be — tener razón; — away en seguida; — now ahora mismo; turn right doblar a la derecha
ring el anillo

ripe maduro,-a
rise levantarse
river el río
road el camino
robbery el robo
role el papel
roof el techo
room el cuarto, la habitación; —mate el compañero, la compañera de cuarto
round trip ida y vuelta
rug la alfombra
run correr

S

sad triste
sadness la tristeza
salad la ensalada
salary el sueldo
salesman, saleswoman el, la dependiente
salt la sal
same mismo,-a
sandals las sandalias
satisfy satisfacer; *p.p.* satisfecho,-a
Saturday el sábado
saucer el platillo
save ahorrar (*money*)
say decir (i)
scarce escaso,-a
scarf el pañuelo
school la escuela; — of a university la facultad
science la ciencia
scientist el científico, la científica
score el resultado
sea el mar
season la estación
seasonings los condimentos (*spices*)
second *n.* un segundo (*time*); second *adj.* segundo,-a
secretary el secretario, la secretaria
see ver; — you soon! ¡Hasta la vista!
seem parecer
select escoger

selfish   egoísta
sell   vender
send   enviar, mandar
sensitive   sensible
September   septiembre
serious   grave, serio,-a
serve   servir (i)
service station   estación de servicio
seven   siete
seven hundred   setecientos
seventeen   diez y siete (diecisiete)
seventh   séptimo,-a
seventy   setenta
shave (oneself)   afeitar(se)
she   ella
shirt   la camisa
shoes   los zapatos; — store   la zapatería; tennis —   zapatos de tenis
shoot   tirar
short   bajo,-a (*stature*); corto,-a (*brief*); — story   el cuento
shorts   los pantalones cortos
should   deber
shoulders   las espaldas
show   enseñar; mostrar (ue)
sick: be sick   estar enfermo,-a; — person   el enfermo, la enferma
sign   firmar
silly   tonto,-a
since   como
sing   cantar; —er   el cantante, la cantante
single (person)   el soltero, la soltera (*unmarried*)
sister   la hermana
sit down   sentarse (ie)
six   seis
six hundred   seiscientos
sixteen   diez y seis (dieciséis)
sixth   sexto,-a
sixty   sesenta
ski   esquiar; skis   los esquís
skirt   la falda
sleep   dormir (ue); fall a—   dormirse (ue)
sleeping bag   el saco de dormir
slender, slim   delgado,-a

slow   lento,-a
smoke   fumar
sneakers   los zapatos de tenis
snow v.   nevar (ie); snow n.   la nieve
so   así; para que (*so that*); por eso (*because of*); — long!   ¡Hasta luego!; so-so   más o menos
soap   el jabón
soccer   el fútbol; — game   el partido de fútbol
society   la sociedad
socks   los calcetines
solve   solucionar
some   alguno (algún), alguna
someone   alguien
something (to do)   algo (que hacer)
sometimes   a veces
son   el hijo
sonata   la sonata
song   la canción
sorry: be sorry   sentir (ie)
soul   el alma (*f.*)
soup   la sopa
Spain   España
Spanish   el español
speak   hablar
speaker   el locutor, la locutora (*announcer*)
spend   gastar (*money*); pasar (*time*)
spoon   la cuchara (*large*); tea—   la cucharita
sport   el deporte
sports   deportivo,-a; — page   la página deportiva
spring   la primavera
stadium   el estadio
stairs, staircase   la escalera
stand up   levantarse
standard of living   el nivel de vida
state   el estado
station   la estación
stay   quedarse (*remain*)
steak   el bistec
steal   robar
steering wheel   el volante
still   aún; aun (*yet*); todavía

stockings   las medias
stomach   el estómago
stop (oneself)   parar(se); stop + verb   dejar de + *inf.*
store   la tienda (*shop*)
stove   la cocina eléctrica, la cocina de gas
straight ahead   derecho; continue (go) —   seguir (i) derecho
strange   raro,-a (*odd, curious*)
street   la calle
strike   la huelga
strong   fuerte
structure   la estructura
struggle   la lucha
student   el, la estudiante
studies   los estudios
study   estudiar
style   la moda (*fashion*); be in — estar de moda
success   el éxito
successful: be successful   tener éxito
suffer   sufrir
sugar   el azúcar
suggest (that)   sugerir (ie) (que)
suggestion   la sugerencia
suit   el traje
suitcase   la maleta
summer   el verano
sun   el sol; it's sunny   hace sol
sunbathe   tomar el sol
sunglasses   las gafas de sol
Sunday   el domingo; on —s   los domingos
supermarket   el supermercado
superstition   la superstición
support   mantener (ie)
suppose   suponer
sure   cierto,-a; seguro,-a; be — (that)   estar seguro,-a de (que)
surgeon   el cirujano, la cirujana
surprising   sorprendente
sweater   el suéter
swim   nadar; swimming pool   la piscina
symphony   la sinfonía
system   el sistema

T

table la mesa
tablecloth el mantel
take tomar; **— an exam** tomar
un examen; **— along** llevar;
— off quitarse; **— out** sacar;
— place tener (ie) lugar; **— a
trip** hacer un viaje
tall alto,-a
tank el tanque
tape la cinta; **— recorder** la
grabadora
taxes los impuestos
tea el té
teach enseñar
teacher el maestro, la maestra
(*elementary school*)
teaspoon la cucharita
teeshirt la camiseta
telephone el teléfono; **—
number** el número de
teléfono
television la televisión; **—
channel** el canal; **— serial**
la telenovela (*soap opera*); **—
set** el televisor
tell contar (ue); decir (i)
ten diez
tennis el tenis; **— court** la
cancha de tenis; **— ball** la
pelota de tenis
tent la tienda de campaña
tenth décimo,-a
terrible muy mal
test el examen
thank you gracias
that que; ese, esa (*dem. adj.*);
aquel, aquella (*over there*); **—
one** áquel, ése, ésa (*dem.
pro.*); **— is** es
theater el teatro
their, theirs su, suyo,-a
them los, las (*dir. obj. pron.*);
les, se (*indir. obj. pron.*)
then entonces
theory la teoría
there ahí, allí; **over —** allá; **—
is, — are** hay
therefore por eso

they ellos, ellas
thing la cosa
think (about, of) pensar (ie)
(en, de); **to my way of —ing**
a mi modo de pensar
third tercero (tercer), tercera
thirsty: be thirsty tener (ie) sed
thirteen trece
thirty treinta
this este,-a (*dem. adj.*); **— one**
éste, ésta (*dem. pron.*)
thousand mil; **one —** mil
three tres
three hundred trescientos
through por
Thursday el jueves
thus así
ticket el billete, el boleto
tie la corbata
tight estrecho,-a
time el tiempo (*passing*); . . .
for (a long —) hace (mucho
tiempo) que . . . ; **on —** a
tiempo; **what — is it?** ¿qué
hora es?; **time** la época
(*historical*); la vez (*pl.* veces)
(*occasion*); **from — to —** de
vez en cuando
tire *n.* la llanta
tire (of) cansarse (de); **tired**
adj. cansado,-a
title el título
to a; **in order —** para
today hoy
toe el dedo
together juntos,-as
tomato el tomate
tomorrow mañana
too también (*also*)
tooth el diente; **—brush** el
cepillo de dientes
toward para
towel la toalla
town el pueblo
trade el oficio (*vocation*)
traffic congestion la congestión
de tráfico
tragedy la tragedia
train el tren
transform transformar

translate traducir
transportation el transporte
travel viajar; **— agent** el
agente de viajes, la agente
. . . ; **traveler** el viajero, la
viajera
tree el árbol
trip el viaje; **be on a —** estar
de viaje
truck el camión
true (isn't it?) ¿verdad?; ¿no?
trumpet la trompeta
truth la verdad
try (to) probar (ue), tratar (de)
Tuesday el martes
turkey el pavo
turn off apagar; **— on**
encender (ie)
twelve doce
twenty veinte
twice dos veces
two dos
two hundred doscientos
type el tipo (*kind*)
typewriter la máquina de escribir

U

ugly feo,-a
uncle el tío; **—s and aunts** los
tíos
under debajo de
undershirt la camiseta
understand comprender;
entender (ie)
unemployment el desempleo
unhappiness la infelicidad
united unido,-a; **— States** los
Estados Unidos
university la universidad
unknown desconocido,-a
unless a menos que
until hasta; hasta que
upon al
us, to us nos
use usar
useful útil
useless inútil
usually usualmente; por lo
común

V

vacation las vacaciones; **be on — ** estar de vacaciones
value el valor
van la camioneta
variety show las variedades
various varios,-as
vegetables las legumbres; las verduras
very muy
veterinarian el veterinario, la veterinaria
village el pueblo
victim la víctima
vinegar el vinagre
violin el violín
visit visitar
voice la voz (*pl.* las voces); **in a loud voice (loudly)** en voz alta; **in a soft voice (softly)** en voz baja
vote *v.* votar; **vote** *n.* el voto

W

wait esperar
wake up despertarse (ie)
walk andar, caminar; **take a —** dar un paseo
wall la pared
want (that) querer (ie) (que), desear (que)
war la guerra
wash (oneself) lavar(se)
waste perder (ie)
watch *v.* mirar
watch *n.* el reloj
water el agua (*f.*)
watermelon la sandía
way el modo (*manner*)
we nosotros
weak débil
wear llevar, usar
weather el tiempo; **How's the**

—? ¿Qué tiempo hace?; **it's good —** hace buen tiempo; **it's bad —** hace mal tiempo
wedding la boda (*celebration*); el casamiento (*ceremony*)
Wednesday el miércoles
week la semana; **—end** el fin de semana
weigh pesar
welcome: you're welcome de nada
well bien; **very —** muy bien
what? ¿cómo? ¿qué?; **what a/ an . . . !** qué + *noun*!
when cuando; ¿cuándo?; al + *inf.*; **When?** ¿a qué hora? (*what time*)
where donde; ¿dónde?; **from — ** ¿de dónde?; **(to) —** ¿adónde?
which que; ¿qué?; ¿cuál?
while mientras (que); al + *inf.*
white blanco,-a
who, whom que; ¿quién?; ¿quiénes?; **Who is it? Who's that?** ¿Quién es?
whole todo,-a
whose ¿de quién es . . . ?
why ¿por qué?
wide ancho,-a
wife la esposa
win ganar
window la ventana
wind el viento; **it's —y** hace viento
windshield el parabrisas
wine el vino; **red —** el vino tinto; **white —** el vino blanco
winter el invierno
wish desear; **— to** tener ganas de (*feel like*)
with con; **— much pleasure** con mucho gusto; **— me** conmigo; **— you** (*fam.*) contigo

without sin; sin que; **— . . .ing** sin + *inf.*
woman la mujer
word la palabra
work trabajar
worker el obrero, la obrera
works las obras
workshop el taller
world el mundo
worse peor
worth: be worth valer; **be — while** valer la pena
write escribir
wrong: be wrong equivocarse; no tener (ie) razón

Y

year el año
yellow amarillo,-a
yes sí
yesterday ayer; **day before —** anteayer
yet todavía; aun
you tú (*subj. pron. fam.*); vosotros (*subj. pron. fam. pl.*); Ud. (*subj. pron. formal*); Uds. (*subj. pron. formal pl.*); ti (*obj. of prep. fam.*); te (*dir. obj. pron. fam.*); lo (*dir. obj. pron. formal, masc.*); los (*dir. obj. pron. formal pl., masc.*); la (*dir. obj. pron. formal, fem.*); las (*dir. obj. pron. formal, pl., fem.*); le (*indir. obj. pron. formal*); les (*indir. obj. pron. formal, pl.*); se (*indir. obj. pron. formal*)
you're welcome de nada
young joven; **—er, —est** menor; **— lady** la señorita; **— person** el joven, la joven
your tu, vuestro (*fam. pl.*), su
yours: of yours tuyo, suyo

position with infinitives and the present progressive 136-37, 144, 156-57

se indirect object 156-57

obligation, expressions of 343

otro 64

para 277

participles
past 285-86, 287, 297
present 99, 107, 123, 225

passive voice 327-28
replaced by **se** construction 329

past participle
irregular forms 287, 297
regular formation of 285-86
used as an adjective 285-86, 328

pedir *vs.* **preguntar** 177

pensar en *vs.* **pensar de** 169

pero *vs.* **sino** 321

personal **a** 73, 405

pluperfect 300

plural forms 62-63

poder
future 310
meanings in imperfect and preterite 266-67
present indicative 178
preterite 215
vs. **saber** 179

poner
commands 355
future 310
past participle 287
present indicative 118

por 278

possessive adjectives 85-86, 288-89

possessive pronouns 288-89

preguntar *vs.* **pedir** 117

preposition + *infinitive* 216, 343-44, 415

present participle 99, 107, 123, 225

present perfect 297-98

present progressive 99

preterite
of irregular verbs 205, 208, 214, 225, 226

of stem-changing verbs 203, 205, 227
regular formation of 203, 205
verbs with different meanings in the imperfect and the preterite 266-67
vs. imperfect 254, 255, 263-64, 264-65, 266

probability
expressed by conditional 320
expressed by future 312

progressive tenses 99, 263

pronouns
as objects of prepositions 40, 144
demonstrative 133
direct object 134-36, 155
indirect object 143-44, 146-47, 155, 156-57
se 156-57
possessive 288-89
neuter **lo** 157-58
reflexive 182
relative 111-12, 404-5
subject 26-27

pronunciation
of consonants 25, 36, 47, 72, 83, 96, 106, 117, 131, 141, 164, 213, 223
of diphthongs 11-12
of vowels 151

punctuation 3

que (conjunction) 10, 142

que (relative pronoun) 111-12, 404-5

¿qué? 63

querer
future 310
present indicative 168
preterite 226
meanings in imperfect and preterite 266-67

questions 37, 40-41

¿quién? ¿quiénes? 41

reflexive verbs 180-82, 183-84, 195
idiomatic meanings 191
impersonal **se** construction 329
reciprocal meaning 193

relative pronouns 111-12, 404-5

saber
future 310
meanings in imperfect and preterite 266-67
present indicative 152
present subjunctive 387
preterite 215
saber + *infinitive* 152
vs. **conocer** 154
vs. **poder** 179

se (indirect object pronoun) 156-57

se (reflexive pronoun) 180-82
in impersonal constructions 329
in reciprocal constructions 193

sequence of tenses
in conditional sentences 428
in subjunctive clauses 406-7, 426

ser
commands 355, 362
imperfect 254
present indicative 48
present subjunctive 387
preterite 214
to form the passive 327-28
vs. **estar** 89, 102, 328

si in conditional sentences 428

sino *vs.* **pero** 321

spelling changes in verbs 204, 238, 352, 362, 373

stem-changing verbs
e → i, i 177, 227
e → ie 168-69, 203, 205
e → ie, i 168-69, 227
o → ue 178, 203, 205
o → ue, u 178, 227
u → ue 153, 178, 203

stress 19-20, 199

stressed possessive adjectives and pronouns 288-89

subject pronouns 26-27

subjunctive, imperfect
after **si** 428
formation of 424-25, 427
uses of 426

subjunctive, introduction to 365-66

subjunctive, present
irregular forms 387

PERMISSIONS AND ACKNOWLEDGMENTS

Permission to reprint and include copyrighted works from the following authors is gratefully acknowledged.

José B. Adolph, "Nosotros, no," by permission of the author.

Rafael Alberti, "Oyes, ¿qué música?" and "Miró," reprinted by permission of Carmen Balcells.

Jorge Luis Borges, "New England 1967" from *Elogio de la sombra,* © Emecé Editores, Buenos Aires, 1969.

Camilo José Cela, *Libro Primero, La Rosa,* by permission of the author.

Julio Cortázar, "La noche boca arriba," reprinted by permission of Editorial Sudamericana.

Marco Denevi, "No hay que complicar la felicidad," by permission of the author.

Ramón Gómez de la Serna, *Greguerías,* reprinted by permission of Eduardo A. Ghioldi.

Rodolfo Corky Gonzales, excerpt from "Yo soy Joaquín," by permission of the author.

Liebman, Walter, Glazer, *Latin American University Students: A Six Nation Study,* reprinted by permission of Harvard University Press.

Ricardo Elias Morales, unpublished poem "Trinidad," by permission of the author.

Pablo Neruda, "Oda a la lluvia" and "Oda al hombre sencillo," reprinted by permission of Carmen Balcells.

Arturo Uslar Pietri, "Un destino para Iberoamérica," by permission of the author.

Mario Vargas Llosa, excerpt from *La tía Julia y el escribidor,* reprinted by permission of Carmen Balcells.

"*Whatever Will Be, Will Be* (Que Será, Será)" written by Jay Livingston and Ray Evans © 1955 by Artists Music, Inc. (ASCAP), used by permission.

ILLUSTRATION CREDITS

By page numbers

Peter Menzel: 1, 3, 36, 43 (top), 45, 56, 57 (bottom), 79, 96, 113, 116, 141, 161 (bottom left), 171, 180, 197 (top left), 235 (both), 357, 369 (bottom), 401 (top left), 402, 422. *Dorka Raynor:* 2, 58, 68, 73, 93 (bottom right), 103, 105, 115, 128, 129, 140, 148, 161 (top), 161 (bottom right), 162, 172, 197 (top right), 236, 237, 246, 248, 336–7, 345, 348, 349, 359, 369 (top), 371, 377, 380, 390, 401 (top right), 409. *Gene Kupferschmid:* 8, 55, 93 (top right), 95, 391, 423. *Jerry Frank:* 9 (DPI), 10. *Linda Segal:* 13, 339. *Alain Keler: (Editorial Photocolor Archives):* 16, 82 (top), 271 (right), 401 (bottom). *Bernard Kupferschmid:* 17, 18, 35, 46, 47 (both), 69, 71 (right), 174, 175, 185, 187 (bottom), 221, 230, 294, 326, 337, 338, 368, 370, 411, 420. *HRW:* 23 (left), 106, 117, 138, 151, 188, 211, 222 (top), 258, 291 (both), 304 (left), 314, 325, 336, 412, 420. *Helen Saunders:* 23 (right), 23 (bottom), 81, 187 (top), 388. *Michal Heron (Monkmeyer):* 24. *David Powers:* 25. *Mimi Forsyth (Monkmeyer):* 33, 131. *Photo Researchers:* 43 (bottom). *Eric Kroll (Taurus photos):* 57 (top). *Venezuelan Tourist Office:* 71 (left). *DPI:* 72. *Commonwealth of Puerto Rico:* 82 (bottom). *Sybil Shelton (Monkmeyer):* 93, 198, 323. *United Nations:* 93 (bottom left). *Rapho / Photo Researchers:* 94, 197 (bottom), 302, 413. *OAS:* 124, 219 (both). *Helena Kolda:* 130, 249, 283. *Walter Aguiar:* 150. *David J. Kuperschmid:* 163, 222 (bottom), 260, 304 (right), 316, 360. *The Museum of Modern Art, NY:* 209, 231. *The Solomon R. Guggenheim Museum:* 210. *Colombia Information Service:* 212 (both). *New York Public Library:* 232. *Magnum:* 261. *Hugh Rogers (Monkmeyer):* 270. *Laimute Druskis (Editorial Photocolor Archives):* 271 (left). *Paul Conklin (Monkmeyer):* 272. *Editorial Photocolor Archives:* 273. *Margarita Clarke:* 282. *UPI:* 303. *Bill Anderson (Monkmeyer):* 305.